D1694800

König
Das PICmicro Profi-Buch

Anne König
Manfred König

Das PICmicro
Profi-Buch

Einführung ● Programmiertechnik ● Anzeigen und Ausgeben ●
Eingänge erfassen ● Serielle Kommunikation ● PIC-Interfacing ●
Entwicklungssysteme ● Programmiersprachen

Mit 133 Abbildungen und 65 Tabellen

Franzis'

Die Deutsche Bibliothek – CIP-Einheitsaufnahme

Das PICmicro-Profi-Buch [Medienkombination] : Einführung,
Programmiertechnik, Anzeigen und Ausgeben, Eingänge erfassen,
serielle Kommunikation, PIC-Interfacing, Entwicklungssysteme,
Programmiersprachen / Anne König ; Manfred König. - Poing :
Franzis, 1999
    ISBN 3-7723-4284-1

© 1999 Franzis´ Verlag GmbH, 85586 Poing

Alle Rechte vorbehalten, auch die der fotomechanischen Wiedergabe und der Speicherung in elektronischen Medien.
Die meisten Produktbezeichnungen von Hard- und Software sowie Firmennamen und
Firmenlogos, die in diesem Werk genannt werden, sind in der Regel gleichzeitig auch
eingetragene Warenzeichen und sollten als solche betrachtet werden. Der Verlag folgt
bei den Produktbezeichnungen im wesentlichen den Schreibweisen der Hersteller.

Satz: Conrad Neumann, München
Druck: Freiburger Graphische Betriebe, 79108 Freiburg
Printed in Germany - Imprimé en Allemagne.

ISBN 3-7723-4284-1

Vorwort

Erfahrungen, sagt man, kann man nicht weitergeben. Jeder muß seine Fehler selber machen. Mit diesem Buch hoffen wir diese Weisheit teilweise zu widerlegen.

Nach vielen Jahren Arbeit mit den PICmicros haben wir bereits eine Menge Fehler hinter uns gebracht, aber auch schon manche schönen Erfolge erzielt. Daher glauben wir, daß ein Bericht über unsere Erfahrungen für viele PICmicro-Anwender und solche, die es werden wollen, von Nutzen ist.

Das Buch ist nicht als Einsteigerbuch gedacht. Grundkenntnisse über µController und Assemblersprache sollten beim Leser bereits vorhanden sein. Ebenso wird ein gewisses Verständnis für die digitale Elektronik im Umfeld eines µControllers vorausgesetzt.

Die minimale Ausrüstung, die Sie brauchen, besteht in einem Programmiergerät und einem kleinen Multimeter. Je nach Anwendung ist ein Oszilloskop sinnvoll bzw. notwendig. Die Autoren sind selber lange Zeit ohne In-Ciruit-Emulator ausgekommen. Der Komfort eines solchen Systems erleichtert die Arbeit jedoch sehr.

Wir möchten den Herstellern der Hochsprache-Compiler herzlich für Ihre Unterstützung danken. ElektronikLaden Herr Danne (CCS), Bengt Knudsen (CC5X), E-LabComputers Herr Hoffmann (PICCO 32) und IAR Systems AG Herrn Hartmann (IAR-EW).

Ebenfalls danken wir Arizona Microchip, insbesondere der Münchner FAE-Crew um Herrn Martin Brughardt dafür, daß sie uns Unterlagen und Entwicklungstools zur Verfügung gestellt haben und uns jederzeit mit Rat und Tat zur Seite standen.

Auch dieses mal widmen wir dieses Buch unseren drei Hausgenossinnen Lilli, Zuckerschnäuzchen und Weiße Pfote. Wuff.

Inhalt

1 Einführung in die PICmicro-Welt

Es war Liebe auf den ersten Blick, als wir vor einigen Jahren die PIC16C5X Familie kennenlernten. Dennoch mußten wir uns in der ersten Zeit immer wieder mit der Frage auseinandersetzen, ob es nicht riskant sei, mit einem derartig exotischen Controller zu arbeiten. Man weiß ja nie, ob so ein Bauteil in einiger Zeit noch verfügbar ist. Die Zweifel sind mittlerweile völlig ausgeräumt. Von exotisch kann überhaupt keine Rede mehr sein. Wir sind in allerbester Gesellschaft mit unserer Begeisterung, und die Verkaufszahlen sowie die Entwicklung der Firma Arizona Microchip geben uns die Gewißheit, daß auch noch in ferner Zukunft PIC-µController erhältlich sind. Die PIC16-Familie hat sich unter den bekannten Größen der µControllerwelt mittlerweile den zweiten Platz erworben.

Seit unserem letzten Buch hat die PIC16 Familie eine Menge Zuwachs bekommen. Es gibt drei verschiedene Klassen von PIC-µControllern, die alle auf dem Grundkonzept der **PIC16C5X** aufbauen.

Die einzelnen Klassen unterscheiden sich voneinander in der Länge des Befehlswortes. Man spricht vom 12 Bit-, 14 Bit- und 16 Bit-Core. Der Core ist der Controllerkern.

	CORE	Vertreter				
Base line	12 Bit	12C508,	12CE518,	16C5X,	16HV540	
Mid-range	14 Bit	12C671,	12CE673,	14C000,	16C55X,	16C6X,
		16C7X,	16C8X,	16F8X,	16F87X,	16C92X
high end	16 Bit	17CXX,	18C242,	18F641,	18F852	

Mit den **PIC12C50X** und den **PIC12C67X** sind µController mit 8 Pin-Gehäusen hinzugekommen. Durch Verwendung des internen RC-Oszillators sind somit bis zu 6 Pins zur freien Verfügung.

Für die Speicherung von systemspezifischen Daten haben die PIC's der **12CE51X**- und **12CE67X**-Reihe ein serielles EEPROM miteingebaut. Es wird wie ein gewöhnliches serielles I^2C-EEPROM angesprochen, allerdings werden diese Pins nicht nach draußen geführt. Das I^2C-Protiokoll muß dabei „zu Fuß" programmiert werden.

Ein weiteres, neues Gehäuse hat 14 Pins. Der Baustein **PIC16C505** hat dieses Gehäuse und ebenfalls einen internen RC-Oszillator. Damit stehen dem Benutzer 12 Pins zur Verfügung, von denen einer nur ausschließlich Eingang sein kann. Alle anderen sind Portpins und können sowohl als Ein- als auch als Ausgang konfiguriert werden.

Ein weiteres, interessantes Derivat aus der PIC16C5X-Familie ist der **16HV540**. Er toleriert eine Versorgungsspannung von bis zu 15 Volt. Der PortB hat 8 IO-Pins, die zwischen GND und dieser Versorgungsspannung schalten. Der PortA hat 4 Pins, welche von einer intern heruntergeregelten Spannungsversorgung gespeist werden. Somit schalten diese Pins zwischen GND und 3 bzw. 5 Volt, je nachdem, was in OPTION2 ausgewählt wurde. OPTION2 steuert unter anderem den Pegel der Portversorgung.

Der **PIC14C000** ist besonders geeignet für Akku-Lade- und Überwachungssysteme sowie USV's. Ferner bietet er sich für Datenerfassungsysteme und Regelungsaufgaben an. Er besitzt zu den bereits bekannten Peripherals auch noch einen onboard Temperatursensor und einen 4 Bit Strom-DA-Wandler.

Die **PIC16C9XX** sind Derivate mit einem flexiblen integrierten LCD-Ansteuermodul. Die Pinanzahl liegt bei 64 oder 68, je nach Gehäuseform. Bei den Peripheriemodulen sind sie ausgestattet wie der PIC16C64, jedoch mit 4k x 14 Programmspeicher und wahlweise einem 5 kanaligen 8 Bit AD-Wandler.

Momentan wird der high-end-Bereich nur von den Vertretern der **PIC17CXX**-Familie repräsentiert. Spätestens in der zweiten Hälfte des Jahres 1999 wird die **PIC18CXX**-Familie verfügbar sein. Sie vereint die Befehlssätze der 16er und 17er. Der adressierbare Speicherbereich, sowohl Daten- als auch Befehlsbereich, wird enorm vergrößert.

Die Quasi-Standardbausteine der **PIC16C6X**- und **PIC16C7X**-Familie stellen den großen Pool dar, aus dem für fast alle Anwendungen der optimale Baustein hervorgeht.

Lassen Sie sich nicht dadurch verwirren, daß wir immer vom PIC16C74 sprechen, wo er doch schon vom PIC16C74A und B abgelöst wurde. Generell gilt für die Namenserweiterungen mit 'A' oder 'B', daß der Leistungsumfang in der Regel gleich geblieben ist. Eventuell ist das Brownout-Feature hinzugekommen oder eine Verbesserung eines Peripheriemoduls, oder das Silizium des Chips ist durch einen neuen Prozess sehr viel kleiner geworden. In einem solchen Fall ist der neuere Chip besser und billiger als der alte. Ob eine Serienproduktion mit einem alten Chip so einfach auf den neuen Chip umstellbar ist, muß sorgfältigst geprüft werden. Vorsicht! Datenbuch konsultieren.

Folgende wichtige Bausteinparameter bestimmen die einzelnen Typen aus dem Pool:

Gehäuseform:	PLCC, DIP, SDIP, SOIC, SSOP, ...
Anzahl Pins:	8 ... 80
Programmspeichergröße:	512 Worte ... 8k Worte ... 16k (Zukunft)
Datenspeichergröße:	24 Byte ... 368 Byte ...2k Byte (Zukunft)
AD-Wandler:	keiner, 8, 10 oder 12 Bit Wandlungsergebnis
analoge Komparatoren:	keine oder 2
serielle Schnittstellen:	keine, I²C, USART, SPI (CAN in Zukunft)
internes EEPROM:	keines, 64/256 Byte
interne Referenzspannungsquelle:	keine, bandgap, precision

Eine ausführliche Behandlung all dieser Typen und Derivate ist hier nicht sinnvoll. Wenn Sie auch zu dem Schluß kommen, daß die PIC16 µController mehr als nur einen Blick wert sind, legen Sie die beiliegende CD-ROM in Ihr Laufwerk und holen Sie sich die Datenblätter im PDF-Format in Ihren Rechner. Im Anhang dieses Buches finden Sie einige Tabellen, damit Sie eine kleine Vorstellung von der Typenvielfalt bekommen.

Wir werden uns in diesem Buch hauptsächlich mit den PIC16 Derivaten beschäftigen, d.h. mit der Base Line und den Mid Range Produkten. Dabei werden wir den kleineren Derivaten besondere Aufmerksamkeit schenken. Wir sind uns ganz sicher, daß sie auf lange Sicht nicht von den größeren verdrängt werden. Ihre enorme Leistungsfähigkeit bei erstaunlich niedrigen Preisen eröffnet unzählige Einsatzmöglichkeiten. In vielen Anwendungsfällen nutzen wir den Komfort der größeren PICs absichtlich nicht, um darzustellen, wie die Peripheriemodule durch Software realisiert werden können.

Die meisten Anwendungen aus diesem Buch müßten ohne größere Schwierigkeiten von einem PIC16C6X sowohl auf einen PIC16C5X als auch auf einen PIC17C4X übertragbar sein. Bei einzelnen Makros werden wir sowohl die 16C5X- als auch die 16C6X-Variante zeigen.

Das Ziel dieses Buches ist unter anderem, konkrete elementare und komplexe Anwendungen darzulegen. Bezüglich der technischen Einzelheiten und Spezifikationen der PIC16 verweisen wir auf die entsprechenden Datenbücher von Arizona Microchip (siehe CD-ROM).

Eine zusammenhängende Darstellung der Special-Function-Register und ihrer Bits im Anhang soll das lästige Blättern im Datenbuch reduzieren. Jedoch sind diese nur für die am häufigsten vorkommende Klasse von PICs gültig.

Mit wachsender Größe der PIC-Familie gibt es immer mehr Abweichungen von den ursprünglich einheitlichen Bitdefinitionen!!

Bei allen Typen, die in der Gültigkeitsliste nicht genannt sind, müssen Sie mit kleinen Abweichungen rechnen.

Alle Datenblätter der aktuellen PIC μController sind auf der beiliegenden CD-ROM. Weiterhin finden Sie dort alle Applikationsschriften von Arizona Microchip und die aktuelle Software, wie z.B. das komplette Programmpaket MPLAB mit Editor, Assembler, Simulator sowie Programmier- und Emulatorunterstützung. Zum Darstellen der PDF-Files ist der Adobe Reader auch auf der CD-ROM zu benutzen.

1.1   Was ist das Besondere am PIC16 Konzept?

- einfache Harvard-Architektur
- kleiner, aber gut durchdachter Befehlssatz
- alle Befehle bestehen aus einem Wort (12 bzw. 14 Bit)
- hohe Geschwindigkeit
- alle Befehle dauern einen Zyklus lang; Sprungbefehle zwei Zyklen;
- ordentliche Treiberleistung der Ausgänge (25 mA)
- sehr kostengünstige OTP-Bausteine
- preiswerte Entwicklungswerkzeuge

Die einfache Architektur bedeutet für den Anwender, daß Programm- und Datenspeicher getrennt sind. Damit war es möglich, eine unterschiedliche Wortlänge für Daten und Programm zu schaffen.

Während die Daten 8 Bit Format haben, bestehen die Programmworte aus 12 bzw. 14 oder 16 Bit. Zusammen mit dem kleinen Befehlssatz hat dies zur Folge, daß alle Befehle zusammen mit ihren Argumenten in ein Wort passen.

Zudem ist die Abarbeitungsstrategie der Befehle so, daß jeder Befehl gleich lange dauert, mit Ausnahme der Fälle, in denen eine Verzweigung stattfindet. Diese Befehlsfrequenz ist ein Viertel der externen Oszillatorfrequenz.

Die Vorteile dieses Konzepts liegen auf der Hand: Man kann sich die wenigen Befehle gut merken. Trotz einiger akrobatischer Klimmzüge, die gelegentlich nötig werden, läßt sich schnell und sehr kompakt programmieren, d.h. man bekommt in einen kleinen Speicher unglaublich viel hinein und man hat immer einen guten Überblick über den Zeit- und Platzbedarf der einzelnen Programmteile.

Logischerweise finden keine zwei Adressen Platz in einem Wort, so daß alle Operationen mit zwei Registern ihren Umweg über das W-Register nehmen müssen. Das W-Register hat natürlich keine Adresse und ist auch kein normales Register.

Ein wichtiger Sicherheitsaspekt der Ein-Wort-Befehle ist der, daß man mit einem unkontrollierten Sprungbefehl nie zwischen ein Befehlswort und das zugehörige Datenbyte geraten kann, wenn ein Programm einmal abstürzen sollte.

1.2   Die Hardware Grundausrüstung

Alle PIC16 besitzen eine unterschiedliche Anzahl IO Pins, welche alle einzeln als Ein- bzw. Ausgänge konfiguriert werden können. Ein 8 Bit Timer/Counter gehört auch zur Minimalausstattung, welcher ursprünglich den Namen RTCC trug. Von diesem Namen distanzierte sich Arizona Microchip seit dem Auftauchen der PIC16CXX-Linie und benannte ihn um in TMR0. Logisch – warum sollte er denn anders heißen als TMR1 und TMR2? Es gibt außerdem bei allen PIC16 einen Watchdogtimer und einen Vorteiler, der entweder dem TMR0 oder dem Watchdogtimer zugeordnet werden kann.

1.2.1 Oszillator-Optionen

Damit ein µController überhaupt arbeiten kann, braucht er außer einer Stromversorgung auch einen Takt. Bei den PIC's haben Sie die Auswahl aus mehreren Oszillatorbeschaltungen:

Folgende vier Oszillatoroptionen sind bei fast allen PIC-Derivaten verfügbar:

- RC-Oszillator

- XT-Oszillator

- HS-Oszillator

- LP-Oszillator

Bei den PIC17-Typen findet man noch einen extra ausgewiesenen Modus, in dem ein externer Clock eingespeist wird. Sein Name ist:

EC-Option

Vor allem bei den kleinen acht-pinnigen PIC's finden wir die Oszillatoroption:

INTRC (interner RC-Oszillator)

Um nicht unnötig Pins für die Takterzeugung zu verschwenden, wurde diese Variante eingeführt. Die beiden Pins, die auch für den Oszillator verwendet worden wären, stehen jetzt zur freien Verfügung.

Eine neue Oszillatoroption bei den PIC16F62X ist die **ER-Option**. Mit diesem 'external biased ER Mode' können Frequenzen von 10 kHz bis 8 MHz bereitgestellt werden, wobei dieser externe Widerstand vom Pin OSC1 nach GND im Bereich von 38 kOhm bis 1 MegaOhm liegen darf.

Die letzte Neuerung, ebenfalls aus dem PIC16F62X, ist der

Dual speed internal RC-Oscillator.

Hierbei wird mit einem Bit in PCON (OSCF) zwischen dem internen RC-Oszillator und dem ER-Mode umgeschaltet. Das Herunterschalten der Taktfrequenz und damit die Reduzierung der Stromaufnahme kann damit jederzeit programmgesteuert durchgeführt werden.

1.2.2 Der Datenspeicher und die Special-Function-Register

Die Register des Datenspeichers werden 'File Register' genannt. Bei allen PIC16 ist ein Teil des Datenspeichers für spezielle File Register reserviert. Zur Basisausrüstung der Special-Function-Registers gehören das TMR0 Zählerregister, die Port-Register, ein Zeigerregister FSR, das Statusregister und der Programcounter. Alle Register, die nicht als Special-Function-Register definiert sind, heißen 'General Purpose Registers'. Sie dienen dem Programmierer als Variablenbereich.

Bei den meisten Mitgliedern der PIC16 Familie ist der Datenspeicher in zwei bis vier Bänke aufgeteilt. Bei den PIC16C5X enthält jede Bank 32 Register, davon 8 Special-Function-Register. Diese 8 Register finden wir auch bei allen größeren PIC16 an den Adressen 0 bis 7 wieder.

Es sind:

ADR	Name	Funktion
0	INDF	benutzt für indirekte Adressierung
1	TMR0	8 Bit Timer
2	PC	Program Counter
3	STATUS	Status Register
4	FSR	File Select Register (Zeigerregister)
5	PORTA	
6	PORTB	
7	PORTC	(nur bei PIC16C55 und '57)

Zum TMR0 gibt es ein Konfigurationsregister, welches seit den historischen Anfängen den Namen OPTION-Register trägt. Es programmiert den Vorteiler mit Werten von 1:2 bis 1:256. Außerdem wird über dieses Register die Zuordnung des Vorteilers und die Verwendung von TMR0 als Timer bzw. Counter mit positiver oder negativer Flanke selektiert. Wenn man einen Vorteiler von 1:1 möchte, muß man den Vorteiler dem Watchdog zuordnen. Bei den PIC16C5X-Typen ist ein spezieller Befehl (OPTION) nötig, um die Konfiguration vornehmen zu können. Das Register ist nicht lesbar.

Alle Typen mit einer Programmwortlänge 14 und 16 können das OPTION-Register direkt adressieren, d.h. schreiben und lesen. Bei Verwendung der höheren PIC's sollte man den OPTION-Befehl nicht mehr verwenden. Wer weiß, wie lange er aus Kompatibilitätsgründen noch unterstützt wird. Plötzlich entfällt er, und ein Programm, das jahrelang produziert wurde, funktioniert mit den neuen Bausteinen nicht mehr.

Bei den PIC16C6X, -7X und -8X gibt es zum Teil sehr viel mehr Special-Function-Register. Jedes Hardwaremodul hat Control- Status- und Datenregister, mittels derer alle Einstellungen gemacht werden, Statusinformationen abgefragt werden und Daten gelesen und geschrieben werden.

1.2.3 IO-Ports

Zu allen Ports gibt es Konfigurationsregister, welche die Namen TRISA, TRISB und TRISC haben und welche die Verwendung der Portpins als Ein- bzw. Ausgänge festlegen (1=Eingang, 0=Ausgang). Resetzustand ist '1', d.h. alle Portpins der PIC16 Bausteine sind als Eingänge definiert. Für die Zeit vom Einschalten der Versorgungsspannung bis die Software die entsprechenden Ports auf die richtigen Ausgangspegel gebracht hat, muß der Entwickler mit pullup- oder pulldown-Widerständen dafür sorgen, daß nichts passiert, was die Elektronik beschädigt. Diesen Nachteil hat bislang jeder uns bekannte µController. Wir würden uns freuen, wenn bald der erste µController käme, der diesen Nachteil nicht aufweist. Vielleicht wird es ein PIC16CXX.

Bei den PIC16CXX liegen die TRIS Register und das OPTION Register in der Bank1 und können wie jedes andere Register behandelt werden. Bei den 'kleinen' PIC16C5X können sie nur mit Spezialbefehlen beschrieben und nicht gelesen werden.

Bei den größeren PIC16 Typen hat jede Registerbank 128 Plätze, davon 32 Special-Function-Register. Die zusätzlichen Special-Function-Register sind u. a. die Register PORTD und PORTE sowie ihre zugehörigen TRIS Register.

Über die Grundausrüstung hinaus gibt es bei vielen PIC16CXX zwei weitere Timer mit speziellen Eigenschaften:

- TMR1, 16 Bit breit, ist Capture- und Compare-fähig

- TMR2, zusätzlicher Postscaler, Autoreloadwert, PWM-fähig

Die übrigen Special-Function-Register sind Control- und Statusregister für die Hardwaremodule.

1.2.4 TMR0

Der TMR0 ist ein Timer/Counter mit einem 8 Bit-Register. Er hat keinen Postscaler. Den Vorteiler teilt er sich mit dem Watchdogtimer. Durch die interne Clocksource für den TMR0 ist er geeignet, eine genaue Zeitbasis für Zeitschleifen zu bilden. Außerdem hat der TMR0 die Möglichkeit, von außen Clockimpulse zu erhalten. Somit kann eine vom Befehlstakt unabhängige Frequenz als Basis dienen. Der T0CKI-Eingang, der dafür vorgesehen ist, heißt bei den PIC16C5X RTCC-Eingang. Er war nur Eingang und hatte nichts mit dem PortA zu tun. Bei den Typen der PIC16CXX-Reihe ist dieser Eingang der PortA.4 und kann auch als unabhängiger Ein- oder Ausgang fungieren, wenn er vom TMR0 nicht als Clockeingang benötigt wird. Dieser Pin ist übrigens bislang der einzige echte open collector-Pin bei den PIC16 µControllern. Bei der Verwendung als Ausgang ist also darauf zu achten, daß ein pullup-Widerstand vorhanden ist.

1.2.5 Watchdogtimer

Dieser Timer ist unabhängig vom Rest des μControllers. Er hat seinen eigenen internen unabhängigen RC-Oszillator, egal ob der Baustein ein HS oder XT-Type ist. Wenn z.B. ein PIC16C55RC verwendet wird, hat der RC-Oszillator für den Betriebsclock nichts mit dem RC-Oszillator des Watchdogs zu tun. Wie im vorigen Abschnitt bereits angesprochen, teilt sich der Watchdogtimer den Vorteiler mit dem TMR0 (RTCC). Mit Hilfe des OPTION-Registers kann der Vorteiler dem einen oder dem anderen zugeordnet werden. Die Tiefe des Vorteilers ist ebenfalls im OPTION-Register wählbar. Für den Fall, daß eine Applikation keinen Watchdogtimer wünscht, kann beim Programmieren des Bausteins im Programmiergerät ein Konfigurationsbit so gesetzt werden, daß der Watchdogtimer ausgeschaltet ist. In diesem Zustand muß er nicht mehr beruhigt werden.

Eine Ausnahme bildet der PIC16HV540, bei welchem der Watchdog per Software ein- und ausgeschaltet werden kann.

1.3   Der Befehlssatz

Den Befehlssatz finden Sie in den Datenbüchern in drei Kategorien eingeteilt. Wir übernehmen diese Einteilung und Anordnung, obwohl sie nicht unseren Vorstellungen entspricht. Siehe Tabelle in Abschnitt 1.3.1.

Die erste Kategorie enthält die Operationen mit File Registern, in die sich auch die Befehle NOP und CLRW verirrt haben.

An der Befehlsliste erkennen Sie, daß es keine Operationen mit zwei File Registern gibt und auch keine Operationen mit Fileregistern und Konstanten. Das ist logisch, weil alle Befehle nur ein Wort lang sind. Der zweite Operand ist immer das W-Register. Das bedeutet natürlich, daß für solche Operationen immer zwei Befehle nötig sind.

Sehr nützlich ist, daß das Zielregister bei allen Befehlen mit File Register-Operanden wählbar ist. Entweder ist es das adressierte FileRegister oder W-Register.

In der Microchip Assemblermnemonik wird das so geregelt, daß das Ziel hinter dem Operanden, durch Komma abgetrennt, angegeben wird.

0 oder W bedeutet : Ziel ist W (Arbeitsregister)

1 oder F bedeutet : Ziel ist File Register(default)

Wir haben uns zu Gewohnheit gemacht, die Angabe wegzulassen, wenn das Fileregister als Ziel gemeint ist, und wenn das W-Register als Ziel gelten soll, schreiben wir «,W» hinter den Operanden.

Beispiel:

```
DECF        COUNT,W     ; W:=COUNT-1
DECF        COUNT       ; COUNT:= COUNT-1
```

Beachten Sie bitte sorgfältig die Anmerkungen über die Flags in den Befehlslisten! Ungewöhnlich ist die Verwendung des CY-Flags beim Befehl SUBWF, das gesetzt wird, wenn es **keinen** Übertrag gab!!! Beachten Sie auch, daß zwar bei den Befehlen DECF und INCF das ZR-Flag gesetzt wird, nicht aber bei DECFSZ und INCFSZ.

Unüblich, aber nützlich ist das Setzen des ZR-Flags beim Befehl MOVF. Beim MOVWF wird dagegen das ZR-Flag nicht gesetzt. Der Befehl MOVF FREG veranlaßt also scheinbar gar nichts, er setzt aber das ZR-Flag, wenn FREG den Wert 0 hat. Ist der Wert ungleich null, wird das ZR-Flag gelöscht.

Wenn man nicht möchte, daß das Statusregister durch einen MOVF-Befehl verändert wird, kann man dies durch zwei SWAPF-Befehle vermeiden.

Wenn Sie die Operationen mit Fileregistern betrachten, könnten Sie meinen, es gäbe nur eine Art der Adressierung, nämlich die direkte, bei der die Adresse des angesprochenen Fileregisters direkt als Teil des Befehls aufgenommen wird. Es gibt jedoch eine indirekte Adressierung, die sich aber in der Form des Befehls von der direkten nicht unterscheidet. Das Register FSR (File Select Register) enthält dabei die Adresse des indirekt adressierten Registers. Wenn man in einem Befehl nun die Adresse 0 angibt, wird die Operation mit dem indirekt adressierten File Register durchgeführt. (Es gibt kein physikalisches Fileregister mit der Adresse 0).

Die Fileregister-Adressen sind bei den PIC16C5X fünf Bit, bei den PIC16CXX sieben Bit breit. Dies hat zur Folge, daß man 32 bzw. 128 Fileregister adressieren kann. Bei vielen Typen gibt es noch ein oder zwei Adressbits mehr, welche aber im Befehl keinen Platz mehr haben und deshalb ausgelagert werden. Wie dies genau geschieht, wird in Kapitel 2.1 erklärt.

Bei der indirekten Adressierung wird die Adresse mitsamt den zusätzlichen Bits einfach in das FSR geschrieben. **Bei den PIC16C5X ist aber zu beachten, daß die ungenutzten Bits des FSR immer als 1 gelesen werden. Wenn man das FSR abfragt, darf man nicht vergessen, die ungenutzten Bits herauszumaskieren.**

An den Befehlen der zweiten Kategorie (Bit Orientierte File Register Operationen) erkennen Sie, daß man jedes Bit des Datenspeichers einzeln setzen und löschen kann, und daß man aufgrund eines jeden Bits eine Programmverzweigung durchführen kann. Es gibt keine besonderen Befehle, welche aufgrund der Flags im STATUS-Register bedingte Sprünge ausführen, so wie Sie das vielleicht von anderen Assemblersprachen kennen. Wenn Sie in einem PIC16 Programm 'Befehle' wie BZ (branch if zero) oder BNC (branch if not carry) lesen, dann handelt es sich um kleine Makros, welche alle uns bekannten PIC16-Assembler als Service zur Verfügung stellen.

Hinter dem Makro BZ LABEL stehen also die beiden Befehle:

```
BTFSC     STATUS,ZR     ; Überspringe den nächsten Befehl,
                        ; wenn das ZR-Flag gelöscht ist.
GOTO      LABEL         ; Sprung, wenn ZR gesetzt
```

Wir haben uns den Gebrauch dieser kleinen Zwei-Byte-Makros im Laufe der Zeit abgewöhnt, dagegen finden wir die folgenden Ein-Byte-Makros sehr nützlich für die Übersichtlichkeit:

- SKPZ anstelle von BTFSS STATUS,ZR

- SKPNZ anstelle von BTFSC STATUS,ZR

- SKPC anstelle von BTFSS STATUS,CY

- SKPNC anstelle von BTFSC STATUS,CY

Zu den Befehlen der dritten Kategorie gehören diejenigen, welche Operationen zwischen dem W-Register und Konstanten ausführen. Die beiden Befehle SUBLW und ADDLW gibt es bei den PIC16C5X noch nicht. Beim Befehl SUBLW wird das CY-Flag genauso ungewöhnlich gesetzt wie beim Befehl SUBWF.

Dazu gesellen sich die Befehle GOTO und CALL. Für den Anfänger bieten diese Befehle einige Tücken. Die konstanten Argumente dieser Befehle sind Programmadressen, zu denen verzweigt wird. Nun gibt es für diese Argumente nur eine bestimmte Anzahl Bits Platz in den Befehlen, was zur Folge hat, daß man mit ihnen nur einen begrenzten Adressraum erreichen kann. Der physikalisch vorhandene Programmspeicher ist aber meist größer. Zum Umgang mit diesem Problemkreis lesen Sie bitte Kapitel 2.2.

Ein wichtiger Befehl ist der Befehl RETLW. Er hat die Funktion «Return from Subroutine», jedoch lädt er zusätzlich noch ein konstantes Argument in das W-Register. Damit ist dieser Befehl in der Lage, Daten aus dem Programmspeicher zu lesen, wie in Kapitel 2.3 näher beschrieben wird.

Die Befehle TRIS und OPTION sind bei den PIC16C5X notwendig, da die entsprechenden Register dort keine normalen schreib- und lesbaren Fileregister sind. Obwohl sie bei den Mid Range Typen nicht notwendig sind, sind sie dort auch implementiert, werden aber vom Assembler als 'not recommended' bezeichnet. Um also mit zukünftigen Entwicklungen der PIC16-µController nicht zu kollidieren, sollte man diesen Hinweis ernst nehmen und auf die Verwendung dieser Befehle verzichten.

1.3.1 Die Befehlsliste der PIC16C5X und PIC16CXX

Befehle, die nur der PIC16CXX kennt, sind gekennzeichnet. Ebenso sind Befehl markiert, die bei den PIC16CXX nicht mehr verwendet werden sollen.

BYTE ORIENTED FILE REGISTER OPERATIONS

Befehl + Operanden	Operation	Status Flags	Kommentar
ADDWF F,D	D = W + F	CY,DC,ZF	
ANDWF F,D	D = W AND F	ZF	
CLRF F	F = 0	ZF	
CLRW	W = 0	ZF	
COMF F,D	D = NOT F	ZF	
DECF F,D	D = F – 1	ZF	
DECFSZ F,D	D = F – 1, SKIP IF ZR	none	
INCF F,D	D = F + 1	ZF	
INCFSZ F,D	D = F + 1, SKIP IF ZR	none	
IORWF F,D	D = W OR F	ZF	
MOVF F,D	D = F	ZF	
MOVWF F	F = W	none	
NOP	no operation	none	
RLF F,D	rot left thru CY	CY	
RRF F,D	rot right thru CY	CY	
SUBWF F,D	D = F – W	CY,DC,ZF	
SWAPF F,D	D = F, nibble swap	none	
XORWF F,D	D = W XOR F	ZF	

BIT ORIENTED FILE REGISTER OPERATIONS B = 0..7 (BITNR)

Befehl + Operanden	Operation	Status Flags	Kommentar
BCF F,B	clear F(B)	none	
BSF F,B	set F(B)	none	
BTFSC F,B	skip IF F(B) clear	none	
BTFSS F,B	skip IF F(B) set	none	

LITERAL AND CONTROL OPERATIONS

Befehl + Operanden	Operation	Status Flags	Kommentar
ADDLW K	W = W + K	CY,DC,ZF	nur PIC16CXX
ANDLW K	W = W AND K	ZF	
CALL ADR	CALL subroutine	none	
CLRWDT	clear watchdogtimer	TO,PD	
GOTO ADR	go to adress	none	
IORLW K	W = W OR K	ZF	
MOVLW K	W = K	none	
RETFIE	return from INT	GIE	nur PIC16CXX
RETLW K	return with W=K	none	
RETURN	return	none	nur PIC16CXX
SLEEP	go to Standby mode	TO, PD	
SUBLW K	W = K – W	CY, DC, ZF	nur PIC16CXX
TRIS F	trisreg = W		nur PIC16C5X
XORLW K	W = W XOR K	ZF	

1.4   Der Unterschied zwischen PIC16C5X und PIC16CXX

Die PIC16C5X werden von Arizona Microchip als 'Base line' und die PIC16CXX als 'Mid range' bezeichnet. Das Grundkonzept beider Gruppen und der Befehlssatz sind im wesentlichen gleich. Die Unterschiede :

Die **PIC16C5X** haben eine Befehlsbreite von 12 Bit, eine Stacktiefe von 2 Worten und keine Interrupts. Einige Spezialregister, wie TRISx und OPTION, sind nicht lesbar und auch nur mit einem Spezialbefehl beschreibbar. Die verschiedenen Familienmitglieder unterscheiden sich in der Größe der Programm- und Datenspeicher sowie in der Anzahl der Portpins, d.h. der Gehäusegröße. Die PIC12C(E)5XX haben die gleichen Eigenschaften. Der PIC16HV540 macht mit einer Stacktiefe von 4 eine Ausnahme. Die Typen PIC16C55X gehören überhaupt nicht hier her. Sie haben einen 14 Bit-Core.

Die **PIC16CXX** haben eine Befehlsbreite von 14 Bit, folglich einen größeren Rambereich, eine Stacktiefe von 8 Worten und eine Menge Interruptquellen. Außerdem wurden zwei neue Befehle implementiert (Addition und Subtraktion mit Konstanten). Alle Spezialregister sind jetzt mit normalen MOV-Befehlen schreib- und lesbar. Bestimmte von der Hardware zur Verfügung gestellte Statusbits sind natürlich nur lesbar.

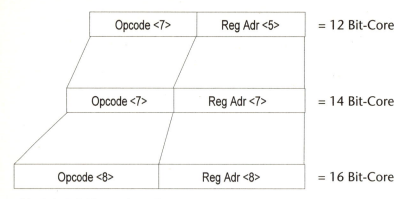

Abb. 1.1: Befehlswortdarstellung

Zur Kategorie der PICs mit 14 Bit-Core gehören noch die PIC12C(E)67X.

Das Besondere an den Mitgliedern der PIC16CXX Gruppe ist, daß sie unterschiedliche Hardwaremodule besitzen wie AD-Wandler, Timerfunktionen zum Teil mit Autoreload, Capture, Compare, PWM, serielle Module und viele andere.

Aus dem derzeit noch separaten CAN-Controller MCP2510 wird in Bälde auch ein Modul werden, das wir in einem PIC μController wiederfinden.

Eine Auswahl der zur Zeit verfügbaren Derivate finden Sie im Anhang. Es wird empfohlen, sich über den aktuellen Stand beim Distributor zu erkundigen. Sie können aber auch bei Microchip auf der Web-Site nachsehen: www.microchip.com.

1.5   Die Hardwaremodule

Ein Hardwaremodul ist ein funktionales Gebilde, das per Software angesprochen wird und hardwaremäßig Funktionen realisiert. Jedes Hardwaremodul hat zugehörige Register, über welche die Eigenschaften konfiguriert werden und über die der Zustand bzw. Daten abgefragt werden können. Ein Modul kann eine Schnittstelle nach draußen haben, das muß aber nicht sein. Das simpelste Hardwaremodul ist ein IO-Port. und ein Hardwaremodul ohne Schnittstelle nach draußen ist der TMR2.

Hardwaremodule kann man danach in zwei Kategorien unterteilen, jenachdem, ob sie notfalls durch Software ersetzt werden können oder nicht.

Die Hardwaremodule der zweiten Gruppe entscheiden darüber, welche Bausteine für eine bestimmte Aufgabe in Frage kommen und welche nicht.

Hardwaremodule dieser entscheidenden Kategorie sind die Ports, der AD-Wandler und der EE-Datenspeicher.

Dabei stellen sich also die Fragen:

- Wieviele Pin werden benötigt?
- Ist der on-board-AD-Wandler einsetzbar?
- Ist der on-board-EE-Datenspeicher groß genug?

Weitergehende Erörterungen zu dieser Thematik finden Sie im Abschnitt

«Typenauswahl – keine Qual der Wahl».

In den folgenden Punkten sollen die Eigenschaften und die Bedienung der Hardwaremodule im Detail besprochen werden. Als Abschluß werden Programmzeilen dargestellt, mit denen beispielhafte Konfigurationen gezeigt werden und mit denen z.B. Daten abgeholt oder geschrieben werden.

1.5.1 IO-Ports

Je nach Gehäusegröße eines PIC16 Bausteins werden unterschiedlich viele Portpins zur Verfügung gestellt. Mit Ausnahme eines open-drain-Ausgangs (T0CKI) sind alle anderen Portpins mit push-pull Ausgängen ausgerüstet, die auch in den tri-state-Zustand versetzt werden können. Die Eingänge sind entweder als TTL- oder ST- Eingangsstufen realisiert (ST = Schmitt-Trigger).

Alle IO-Portpins sind bitweise als Ein- oder Ausgang konfigurierbar. Bei den PIC16CXX-Typen kommt noch hinzu, daß der PortB über je einen weak pullup-Widerstand pro Pin verfügt. Sie sind gemeinsam mit einem Bit im OPTION-Register ein- und ausschaltbar.

Den einzelnen Ports sind folgende Register zugeordnet:

- Port A: PORTA-Register, TRISA-Register, ggfs ADCON1-Register oder CMCON-Register
- Port B: PORTB-Register, TRISB-Register, OPTION-Register
- Port C: PORTC-Register, TRISC-Register
- Port D: PORTD-Register, TRISD-Register, TRISE-Register
- Port E: PORTE-Register, TRISE-Register, ggfs ADCON1-Register

Die Bedienung der IO-Ports ist im Grunde genommen sehr einfach. Die Ausgabewerte werden in das PORTx-Register geschrieben, und die Eingangswerte werden von der selben Registeradresse gelesen. Beim Lesen wird der Wert zurückgegeben, der direkt am Portpin anliegt. Wird also zum Beispiel eine LED direkt angesteuert, wird der Ausgangspegel derart verfälscht, daß er nicht korrekt zurückgelesen werden kann.

Die Auswahl, welcher Portpin Ein- oder Ausgang sein soll, geschieht über das TRISx-Register. Beim Reset sind die Bits in diesem Register 1, was 'Eingang' bedeutet, eine 0 heißt 'Ausgang'. Das TRISx-Register ist bei den PIC16CXX auch wieder lesbar. Bei den PIC16C5X ist das TRISx- Register nicht mit einem MOV-Befehl ansprechbar, deshalb ist es auch nicht zurücklesbar. Es ist nur mit einem Spezialbefehl beschreibbar, den es bei den künftigen Versionen nicht mehr gibt. (der TRISx-Befehl) Falls beim PIC16C5X einzelne Portpins in ihrer Richtung veränderlich sein sollen, muß man sich eine Variable extra aufrecht erhalten, in der immer der jeweilige Wert des TRISx-Registers gespeichert ist. Wir nennen eine solche Variable ein «Schattenbyte». Im Schattenbyte wird die Veränderung der Richtung vorgenommen und anschließend mit dem TRISx-Befehl an den Port gegeben.

Beispiel: TRISB = 0FH; die vier Pintreiber <4...7> sind auf Ausgang geschaltet, die Pintreiber <0...3> sind auf Eingang geschaltet. Auf den Pins <4...7> werden die Werte im PORTB-Register ausgegeben. Beim Einlesen der Pins <0...3> werden die Werte gelesen, die direkt an den Pins anliegen. Bei den Pins <4...7> wird der Wert gelesen, der auch im PORTB-Register steht und zuvor ausgegeben wurde.

Achtung: Bei Verwendung von Portpins mit ständig wechselnder Richtung muß man vorsichtig mit den «read-modify-write-Befehlen» umgehen!

Stellen Sie sich folgende Befehlsfolge vor:

```
BSF      PortB,0
MOVLW    1
TRIS     PortB
NOP
CLRW
TRIS     PortB
```

Nach dieser Befehlsfolge ist logischerweise das Bit 0 des PortB noch 1, obwohl wir zwischenzeitlich die Richtung des Ports umgedreht haben. Wenn wir aber an Stelle des NOP-Befehls beispielsweise den Befehl BCF PortB,1 ausgeführt hätten, dann wäre der Wert von PortB.0 möglicherweise nicht mehr 1, obwohl dieser Befehl das Bit 0 eigentlich gar nicht betrifft. Es ist aber ein read-modify-write-Befehl, der alle Bits liest, so wie sie an den Pins anliegen, und nach der Manipulation wieder ausgibt. Alle Pins, die zum Zeitpunkt des read-modify-write-Befehls Eingänge waren, können ihren Wert verändern.

Merke: Verlasse Dich nie darauf, daß ein Portbit einen einmal geschriebenen Wert noch hat, wenn der Pin zwischenzeitlich Eingang war.

Es kann weitere Gründe geben, warum der eingelesene Wert nicht gleich dem ist, der er sein sollte:

• Zum Ersten ist ein Kurzschluß möglich oder eine Überlastung.

• Ein weiterer Grund kann sein, daß ein Hardwaremodul wie etwa der AD-Wandler, der Parallel Slave Port oder die analogen Kompataroren von einem Port Besitz ergriffen haben, d.h., daß die entsprechenden Control-Register falsch oder gar nicht programmiert wurden und dadurch die normale Funktion eines Portpins abgeschaltet wurde.

• Wenn es sich um den Pin PortA.4 handelt, sollten Sie daran denken, daß sein Ausgang vom Typ 'open collector' ist.

Im folgenden Abschnitt sollen die Besonderheiten der einzelnen Ports aufgezeigt werden.

• Die Ports A und E sind bei einem PIC16CXX mit AD-Wandler nach dem Reset analoge Eingänge. Um sie als digitale Ein- oder Ausgänge verwenden zu können, muß in das ADCON1-Register der entsprechende Wert geschrieben werden. '0000 0011' bzw. '0000 0111', je nach Typ, setzt alle diese Pins von Port A und E auf digitale Verwendung.

Bei den PIC16C62X-Typen sind an den Pins des PortA auch die Komparatoreingänge. Deshalb ist bei Verwendung eines dieser Bausteine darauf zu achten, daß das CMCON-Register bei der Initialisierung auf den gewünschten Wert gestellt wird. Der Resetwert dieses Registers unterbindet digitale und analoge IO-Fähigkeiten. Um die digitale Funktion zu erhalten, muß eine 07H in das CMCON-Register geschrieben werden.

• Am Port B kann per Software pro Pin ein weak pull-up Widerstand zugeschaltet werden. Diese pull-up's ersetzen keine externen pull-up-Widerstände, die für ordentliche Resetzustände sorgen sollen. Sie sind für das Lesen einer Tastenmatrix gedacht.

• Der Port C beinhaltet Pins, die auch zu seriellen Modulen gehören können. Hier muß der Programmierer selbst aufpassen, daß er das TRISC-Reigster in entsprechender Weise lädt. So kann der Oszillator des TMR1 nicht schwingen, wenn die Portpins 0 und 1 auf Ausgang geschaltet sind. Ebenso sind die CCP-Ein- bzw. Ausgänge in korrekter Weise zu definieren, entweder als Capture-EINGANG oder als Compare- bzw. PWM-AUSGANG.

• Der Port D wird automatisch zum Eingang gemacht, wenn das TRISE-Register versehentlich ganz mit Einsen geladen wird. Der Parallel Slave Mode wurde damit eingeschaltet!

• Der Port E gehört ebenfalls dem PSP-Modul an. Er stellt die Eingangspins für die Steuerleitungen zur Verfügung. Diese Pins werden also beim Einschalten des PSP-Modus auf Eingang geschaltet.

Es folgen nun einige Konfigurationsbeispiele für den PIC16C74

Einstellung des PortA auf folgende Konfiguration:

A.0 und A.1	analoge Eingänge
A.2	digitaler Ausgang; Resetwert: high
A.3	analoge Referenz
A.4	TMR0-Eingang
A.5	digitaler Eingang

Konfigurationsprogramm:

```
      BANK_1
      MOVLW    03BH        ; Ein-/Ausgangsverhalten zuweisen
      MOVWF    TRIS_A      ; Adresse: 85H
      MOVLW    05H         ; dig/analog Verhalten zuweisen
      MOVWF    ADCON1      ; Adresse: 9FH
      MOVLW    b'xx1xxxxx  ; das '1'-Bit definiert den Pin A.4
                           ; zum Zählereingang für TMR0
      MOVWF    R_OPTION    ; Adresse: 81H
      BANK_0
      MOVLW    04H         ; Resetwert zuweisen (A.2 = high)
      MOVWF    PORT_A      ; Adresse: 05H
```

Einstellung des PortB auf folgende Konfiguration:

B.0	Interrupteingang, negative Flanke, weak pullup eingeschaltet
B.1 bis B.3	dig. Ausgang; Resetwert: xxxx 101x
B.4 und B.5	dig. Eingang, Interrupt bei Veränderung, weak pullup eingeschaltet
B.6 und B.7	dig. Ausgang; Resetwert: 10xx xxxx

Konfigurationsprogramm:

```
      BANK_1
      MOVLW    031H        ; Ein-/Ausgangsverhalten zuweisen
      MOVWF    TRIS_B      ; Adresse: 86H
      MOVLW    b'00xxxxxx' ; Bit 7 schaltet die weak pull-up's
                           ; ein; Bit6 selektiert die negative
                           ; Flanke für den INT-Eingang
```

```
MOVWF       R_OPTION        ; Adresse: 81H
BANK_0
MOVLW       08CH            ; Resetwerte zuweisen ( 10001010 )
MOVWF       PORT_B          ; Adresse: 06H
MOVLW       b'1xx11xxx'     ; Bit7 = globaler Interrupt-Enable,
                            ; Bit4 schaltet den externen
                            ; Interrupteingang INT ein, Bit3
                            ; schaltet den Interrupt on change
                            ; ein.
MOVWF       INTCON
```

Bei der Bedienung der Interrupts müssen noch ein paar Details beachtet werden. So müssen z.B. die Interruptflags in den unteren drei Bits von INTCON am Ende der Interrupt-Service-Routine 'von Hand' gelöscht werden, andernfalls wird der Interrupt sofort wieder aktiviert.

Bei Verwendung des 'Interrupt on change' soll der Port im Programm nicht permanent abgefragt werden, sonst kann es sein, daß bei einem Auftreten einer Änderung diese nicht mehr erkannt wird. Demzufolge wird auch kein Interrupt mehr ausgelöst.

Den Port nur dann lesen, wenn ein Interrupt on change aufgetreten ist!

Einstellung des PortC auf folgende Konfiguration:

C.0 und C.1	Anschlüsse für den externen Quarz an TMR1 zur Erzeugung von 32kHz (für eine unabhängige Uhr)
C.2	dig. Ausgang; Resetwert: xxxx x1xx
C.3 bis C.5	Verwendung als SPI-Port
C.6 und C.7	Verwendung als V.24 Ein- bzw. Ausgang RxD und TxD

Konfigurationsprogramm:

```
BANK_1
MOVLW       093H            ; Ein-/Ausgangsverhalten zuweisen
MOVWF       TRIS_C          ; Adresse: 87H
BANK_0
MOVLW       04H             ; Resetwerte zuweisen ( 0000 0100 )
                            ; Der SCL-Pin muß auf inaktiven
                            ; Pegel gelegt werden. Siehe
                            ; Einstellung im SSPCON !!
MOVWF       PORT_C          ; Adresse: 07H
```

Auf die Einstellungen der Hardwaremodule SPI und USART möchten wir an dieser Stelle nicht eingehen. Etwas später in diesem Kapitel werden diese Module im Detail besprochen.

Konfiguration des PortD

Beim Port D sieht die Definition aus wie beim Port C. Er besitzt allerdings ein Peripheriemodul, das seine Funktion mitentscheidet. Es handelt sich um den Parallel-Slave-Port. Ist dieser eingeschaltet, kann der Port D über das TRIS_D-Register nicht mehr zum Ausgang gemacht werden.

Achtung: Typische Anfängerfalle. Durch eine unbedachte Änderung des TRIS_E-Registers werden alle PORT_D-Pins zu Eingängen (PSP-Modus eingeschaltet).

Konfiguration des PortE

Der PortE ist wie der PortA auch als analoger Port verwendbar. Allerdings nicht einzeln, sondern nur ganz oder gar nicht. Das heißt, daß der Wert im ADCON1 darüber entscheidet, ob digitale Einstellungen möglich sind, genauer gesagt, ob digitale Eingänge möglich sind. Wenn ein Port auf analog geschaltet wird, werden beim digitalen Lesen nur noch Nullen gelesen. Der analoge Eingang läßt sich aber mit einem digitalen Ausgang überschreiben.

Einstellung des PortE auf folgende Konfiguration:

E.0 und E.1	analoge Eingänge
E.2	digitaler Ausgang; Resetwert: high

Konfigurationsprogramm:

```
        BANK_1
        MOVLW    b'xxx0x011'   ; Ein-/Ausgangsverhalten zuweisen
        MOVWF    TRIS_E        ; Adresse: 89H
        MOVLW    0H            ; analoges Verhalten zuweisen
        MOVWF    ADCON1        ; Adresse: 9FH
        BANK_0
        MOVLW    04H           ; Resetwert zuweisen (E.2 = high)
        MOVWF    PORT_E        ; Adresse: 09H
```

Man beachte die große NULL im TRIS_E-Wert. Dieses Bit schaltet das Parallel-Slave-Port-Verhalten ein. NULL ist aus. Damit die Steuereingänge /RD, /WR und /CS funktionieren, müssen zwei Bedingungen erfüllt sein. Erstens muß per TRIS_E jeder Pin zum Eingang gemacht werden und zweitens muß das Analogverhalten ausgeschaltet sein. Unabhängig davon, ob Sie mittels dieser beiden Bedingungen den Port_E richtig konfiguriert haben, kann am Port_D kein digitales Ausgangs-signal mehr erzeugt werden. Grund: Die Kontrolle über die Ausgangstreiber des Port_D wurde vom PSP-Modul übernommen.

1.5.2 AD-Wandler

Bei den PIC16C7X Bausteinen ist ein on-board AD-Wandler vorhanden. Er hat eine 8 Bit Auflösung, und seine Eingänge sowie die zu verwendende Referenzspannungs-quelle sind sehr flexiblel zu konfigurieren. Als Richtwert kann man bei einem Quellenwiderstand des zu messenden Signals von 10 kOhm von einer Sampling-und Wandlungszeit von etwa 20 µsek ausgehen. Im konkreten Anwendungsfall sind die Zeiten basierend auf dem Wert Ri Innenwiderstand der Quelle) und der Wandlungsfrequenz des PIC16 nach den im Datenbuch abgedruckten Formeln zu berechnen. Je nachdem, welcher Typ verwendet wird, stehen 4 oder 8 analoge Ein-gänge bereit, wovon der Pin PortA.3 für eine externe Referenzquelle verwendbar ist, wenn VDD als Referenz nicht gewünscht ist.

Die dem AD-Wandler zugeordneten Register sind:

ADRES-Register, ADCON0-Register, ADCON1-Register.

Egal, welcher PIC16C7X verwendet wird, bei der Benützung des AD-Wandlers sind folgende Punkte zu beachten:

Als erstes ist bereits bei der Hardwareinitialisierung am Anfang des PIC16-Pro-gramms, das ADCON1-Register entsprechend der aktuellen Beschaltung zu setzen. Damit wird festgelegt, welche Pins als analoge Eingangspins verwendet werden und welche Pins zu digitalen Ein- bzw. Ausgängen werden. Die Auswahl der Referenz-spannungsquelle wird damit auch getroffen. Im ADCON0 ist die Clockauswahl ge-mäß der verwendeten Taktfrequenz und die Kanalauswahl zu treffen. Die Bits für die Kanalauswahl müssen bei der Kanalumschaltung immer wieder verändert werden. Die Clockauswahl bleibt immer bestehen. Mit dem ADCON0.0 (ADON-Bit) wird der AD-Wandler eingeschaltet. Mit dem ADCON0.2 (GO-Bit) wird der Wandlungsvor-gang gestartet. Per Hardware wird dieses Bit wieder zurückgesetzt und signalisiert da-mit, daß die Wandlung fertig ist. Die Wandlungszeit ist direkt aus dem gewählten AD Conversion Clock abzuleiten. Die Samplingzeit, die auch beim Umschalten und an-schließenden Wandlungsstart zum Tragen kommt, sollte für jede Anwendung berech-net werden. Berechnungsbeispiel: siehe Datenbuch Abschnitt AD-Wandler.

Achtung: Nach dem Power on Reset sind die dem AD-Wandler zugeordneten Pins grundsätzlich analoge Eingänge. Damit ist die digitale Einlesefunktion der Pins, die u.a. analoge Eingänge sein können, komplett außer Betrieb gesetzt. Das Be-schreiben des TRISA oder TRISE Registers hat keinen Sinn!

Das ADCON1 Register muß entsprechend gesetzt werden, auch wenn sie keinen AD-Wandler nutzen!

Bei gelöschtem TRIS-Bit ist es wohl möglich, daß eine digitale Ausgabe stattfindet und das analoge Eingangssignal stört.

Konfiguration

Address	Name	BIT 7	BIT 6	BIT 5	BIT 4	BIT 3	BIT 2	BIT 1	BIT 0
1F	ADCON0	ADCS1	ADCS0	CHS2	CHS1	CHS0	GO-/DON		ADON
9F	ADCON1						PCFG2	PCFG1	PCFG0

IO-Register

05	PORTA	nur zur Beachtung, welche analog belegt sind
09	PORTE	nur zur Beachtung, welche analog belegt sind
85	TRISA	die Bit, welche analogen Eingängen entsprechen, sind ohne Wirkung
89	TRISE	die Bit, welche analogen Eingängen entsprechen, sind ohne Wirkung

Interrupt

0B/8B	INTCON	GIE	PEIE	RTIE	INTE	RBIE	T0IF	INTF	RBIF
0C	PIR1	PSPIF	ADIF	RXIF	TXIF	SSPIF	CCP1IF	TMR2IF	TMR1IF
8C	PIE1	PSPIE	ADIE	RXIE	TXIE	SSPIE	CCP1IE	TMR2IE	TMR1IE
0D	PIR2								CCP2IF
8D	PIE2								CCP2IE

Ergebnis

1E	ADRES	A/D Result Register

Bits in ADCON1

PCFG	RA	RA1	RA2	RA5	RA3	RE0	RE1	RE2	VREF
000	A	A	A	A	A	A	A	A	VDD
001	A	A	A	A	VREF	A	A	A	RA3
010	A	A	A	A	A	D	D	D	VDD
011	A	A	A	A	VREF	D	D	D	RA3
100	A	A	D	D	A	D	D	D	VDD
101	A	A	D	D	VREF	D	D	D	RA3

Initialisierung:

```
BANK_1
MOVLW    OFFH      ; alles Eingänge
MOVWF    TRIS_A    ; Adresse: 85H
MOVLW    0H        ; analoges Verhalten zuweisen
MOVWF    ADCON1    ; Adresse: 9FH
BANK_0
```

Vorbereitung kurz vor der Wandlung:

Achtung: Samplingzeit beachten! Wenn mehrere Kanäle eingelesen werden, muß der Eingangsmultiplexer umgeschaltet werden. Dabei ist auf genügend zeitlichen Abstand zwischen Umschalten und Wandlungstarten zu achten.

```
MOVLW    0C1H      ; AD-Teil einschalten, Channel 0
                   ; selektieren, internen AD-Wandler-
                   ; clock auswählen
MOVWF    ADCON0
```

Start der Wandlung:

```
BSF      ADCON0,2  ; setze GO-Bit
```

Abfrage ob fertig:

```
REP   BTFSC   ADCON0,2   ; DONE-Bit abfragen
      GOTO    REP
```

Das Wandlungsergebnis kann anschließend im File Register ADRES abgeholt werden. Bei den künftigen AD-Wandler-Modulen mit 10 bzw. 12 Bit Wandlungsergebnis steht das Ergebnis in den File Registern ADRESH und ADRESL. Mit einem zusätzlichen Bit in ADCON1 (ADFM) kann bestimmt werden, ob das Ergebnis links- oder rechtsbündig in die Ergebnisvariablen eingetragen wird. Der Rest ist mit NULLEN aufgefüllt.

Ein weiterer Unterschied zwischen dem 8, 10 und 12 Bit-Wandlern ist die höhere Kapazität des Haltekondensators. Mit nunmehr 120 pF muß noch besser darauf geachtet werden, zu messende Signale möglichst niederohmig anzubieten.

Bei den 12 Bit-Wandlern wird es ganz edel. Hier lassen sich sogar Vrefl und Vrefh einstellen. Damit kann auch ein kleinerer Spannungsbereich auf die ganze Auflösung abgebildet werden. Erstmals werden wir diese 12 Bit-AD-Wandler in den PIC16C773 und 774 finden. Damit der AD-Wandler nicht mehr durch die digitalen Pins vom Rest des Controllers gestört wird, haben die PIC16C773 und 774 einen extra Pin für die AD-Wandlerversorgungsspannung.

Die 10-Bit-Wandler der PIC16F87X-Derivate sind kompatibel zu den AD-Wandlermodulen der PIC16C7X-Typen. Lediglich das Register ADRES wurde in ADRESH, umgetauft und ein neues Register namens ADRESL wurde hinzugefügt. Das Register ADRESL wurde in die BANK1 auf den gleichen Offset wie ADRES gelegt, also Adresse 9EH.

Das Konfigurationsregister ADCON1, bisher nur für die Pinkonfiguration zuständig, hat das Bit ADFM hinzubekommen. Im Resetzustand ist das Bit 0, d.h., daß der Hauptwert des Ergebnisses in ADRESH (früher ADRES) liegt und die zwei weiteren Bits in den höchsten Bits von ADRESL. Die sechs least significant Bits von ADRESL sind 0. Durch setzen des Bits ADFM läßt sich die Darstellung umkehren. Dann liegen die beiden höchsten Bits in den Bits 0 und 1 von ADRESH und der ganze Rest im ADRESL.

1.5.3 Drei verschiedene Timer/Counter

TMR0:

Dieser Timer/Counter ist ein 8 Bit Zähler mit einem 8 Bit Prescaler. Er ist die Standardausrüstung jedes PIC16. Bei den PIC16C5X hatte er bisher keinen Überlauf-Interrupt. Dieser Mangel wurde aber durch die Nachfolgetpyen PIC16C55X behoben. Diese Typen unterscheiden sich nicht nur durch die zusätzliche Interruptstruktur von den alten PIC16C5X-Derivaten. Sie sind zwar 5X-kompatibel, aber sie verstecken in ihrem Inneren einen 14-Bit-Core.

Achtung: Die Variablen liegen folglich an anderen Adressen.

Bei den PIC16CXX ist dieser Interrupt auch verfügbar.

Der Zählereingang wird grundsätzlich mit der Taktfrequenz synchronisiert. Damit werden zwei Eigenschaften des TMR0 festgelegt. Zum einen *steht* der Timer im

Sleep-Modus und zum anderen wird dadurch die maximale Eingangsfrequenz definiert. Bei einem Tastverhältnis von 1:1 und keinem Vorteiler ist sie knapp Fosc/4.

Die Register des TMR0 sind:

TMR0-Register (RTCC), OPTION-Register

Das TMR0-Register (früher RTCC) ist das Zählerregister des Timer 0. Es kann gelesen, geschrieben und gelöscht werden. Bei Schreiben und Löschen des TMR0-Registers wird der Vorteiler, sofern er dem TMR0 zugeordnet ist, gelöscht. Aus diesem Grunde ist es nicht empfehlenswert in Applikationen, bei denen es um genaue Zeiten geht, das TMR0-Register zu manipulieren. Mit den sechs unteren Bits des OPTION-Registers wird die Betriebsart eingestellt, d.h. Clocksource und Prescaler werden ausgewählt. Bei externer Speisung des Timers kann sogar die Flanke programmiert werden, bei der der Zähler inkrementiert wird. Übrigens, der Prescaler ist nur einmal vorhanden. Er muß entweder dem TMR0 oder dem Watchdogtimer zugeordnet werden.

Konfiguration von TMR0 als Zähler:

Address	Name	BIT 7	BIT 6	BIT 5	BIT 4	BIT 3	BIT 2	BIT 1	BIT 0
81	OPTION	/RBPU	INTEDG	RTS = 1	RTE	PSA	PS2	PS1	PS0

IO-Register

05	PORTA			A 5	A 4	A 3	A 2	A 1	A 0
85	TRISA			TRISA 5	TRISA 4 = 1	TRISA 3	TRISA 2	TRISA 1	TRISA 0

Interrupt

0B/8B	INTCON	GIE	PEIE	T0IE	INTE	RBIE	T0IF	INTF	RBIF

Ergebnis

01	TMR0	Timer0

Konfigurieren als Zähler:

```
        BANK_1
        MOVLW     b'xx100000'   ; Zähler von lo-hi Flanken,
                                 ; ohne Vorteiler
        MOVWF     OPTION         ; Adresse: 81H
```

```
MOVLW     010H          ; Port_A.4 ist ein Eingang
MOVWF     TRIS_A        ; Adresse: 85H
BANK_0
```

Konfiguration von TMR0 als Timer:

Address	Name	BIT 7	BIT 6	BIT 5	BIT 4	BIT 3	BIT 2	BIT 1	BIT 0
81	OPTION	/RBPU	INTEDG	RTS = 0	RTE	PSA	PS2	PS1	PS0

Konfigurieren als Timer:

```
BANK_1
MOVLW     b'xx0x0000'   ; Timer ohne Vorteiler
MOVWF     OPTION        ; Adresse: 81H
BANK_0
```

Für beide Fälle gilt: Wenn ein Überlauf-Interrupt erwünscht ist, hat folgende weitere Initialisierung des INTCON-Registers zu geschehen.

```
MOVLW     b'1x1xxxxx'   ; Bit7 = globaler Interrupt-
                        ; Enable, Bit5 schaltet den
                        ; TMR0-Überlauf- Interrupt ein
MOVWF     INTCON        ; Adresse: 0BH oder 8BH, egal
```

TMR1:

Der TMR1 ist ein 16 Bit Zähler mit programmierbarem Prescaler. Die Werte für den Prescaler sind 1, 2, 4 oder 8. Hinter dem Prescaler kann das Signal für den TMR1 synchronisiert werden.

Wird es nicht synchronisiert, läuft der Timer im Sleep-Modus weiter.

Damit sind Echtzeitaufgaben lösbar, und der Baustein kann trotzdem in den stromsparenden Sleepmodus gefahren werden. Beim Interrupt durch den TMR1-Überlauf kann dann der PIC-Kern aufgeweckt werden und in entsprechender Weise auf die Situation reagieren. Außer der Eigenschaft, daß der TMR1 aus- und wieder einschaltbar ist, kann er wahlweise mit dem internen Takt oder mit einem externen Takt arbeiten. Der externe Takt kann zudem noch durch die integrierte Oszillatorschaltung erzeugt werden. Es sind nur ein Quarz und zwei Kondensatoren notwendig.

Die Register des TMR1 sind:

TMR1L-Register, TMR1H-Register, T1CON-Register

Mit dem Register T1CON wird der TMR1 konfiguriert. Dabei kann ausgewählt werden, ob der Timer vom internen Clock oder von extern getaktet wird. Das Bit T1CON.2 (T1INSYNC) ist dafür zuständig, ob der Timer synchronisiert wird. Ferner ist der TMR1 abschaltbar und hat, wie bereits erwähnt, einen eigenen Oszillatorkreis, der ein- und ausgeschaltet werden kann. Damit ist ein völlig unabhängiger 32,768 kHz Quarzgenerator mit Timer realisierbar, der auch im Sleep-Modus weiterarbeitet. Bei Verwendung des eingebauten Oszillatorkreises für den Quarz werden im Gegensatz zur einfachen Einspeisung am Pin RC.0 eines externen Clocks zwei Portpins benötigt. Als zusätzlicher Pin wird C.1 benötigt.

Konfiguration von TMR1 als Zähler:

Address	Name	BIT 7	BIT 6	BIT 5	BIT 4	BIT 3	BIT 2	BIT 1	BIT 0
10	T1CON			CKPS1	CKPS0	OSCEN=0	INSYNC	T1CS=1	T1ON=1

IO-Register

07	PORTC	C 7	C 6	C 5	C 4	C 3	C 2	C 1	C 0
87	TRISC	TRISC 7	TRISC 6	TRISC 5	TRISC 4	TRISC 3	TRISC 2	TRISC 1	TRC 0=1

Interrupt

0B/8B	INTCON	GIE	PEIE	T0IE	INTE	RBIE	T0IF	INTF	RBIF
0C	PIR1	PSPIF	ADIF	RCIF	TXIF	SSPIF	CCP1IF	TMR2IF	TMR1IF
8C	PIE1	PSPIE	ADIF	RCIF	TXIF	SSPIE	CCP1IE	TMR2IE	TMR1IE

Ergebnis

0E	TMR1L	Timer Least Significant Byte
0F	TMR1H	Timer Most Significant Byte

Konfiguriert TMR1 als Zähler:

```
MOVLW     03H          ; Zähler, keine Prescaler,
                       ; synchronisiert
MOVWF     T1CON
```

Konfiguriert TMR1 als Zähler eines eigenen 32768 Hz Oszillators ('TIMER'):

```
MOVLW     0FH          ; TMR1 ein, ext. Clock, nicht
                       ; synchronisiert Oscillator
                       ; eingeschaltet
MOVWF     T1CON
```

Konfiguration TMR1 als Timer:

Address	Name	BIT 7	BIT 6	BIT 5	BIT 4	BIT 3	BIT 2	BIT 1	BIT 0
10	T1CON			CKPS1	CKPS0	OSCEN	INSYNC	T1CS=0	T1ON=1

Interrupt

0B/8B	INTCON	GIE	PEIE	T0IE	INTE	RBIE	T0IF	INTF	RBIF
0C	PIR1	PSPIF	ADIF	RCIF	TXIF	SSPIF	CCP1IF	TMR2IF	TMR1IF
8C	PIE1	PSPIE	ADIF	RCIF	TXIF	SSPIE	CCP1IE	TMR2IE	TMR1IE

Ergebnis

0E	TMR1L	Timer Least Significant Byte
0F	TMR1H	Timer Most Significant Byte

Konfiguriert TMR1 als Timer (interner Clock):

```
MOVLW      01H          ; Timer mit dem internen
                        ; Clock, kein Vorteiler
MOVWF      T1CON
```

Wie bereits erwähnt, ist der TMR1 ein 16 Bit-Zähler: Da wir ihn aber nur byteweise lesen können, ergibt sich ein Problem, wenn zwischen dem Lesen des ersten und zweiten Bytes der Timer einen Byte-Übertrag vollzieht.

Die Lösung mittels Software sieht so aus, daß Sie zuerst das high-Byte lesen, dann das low-Byte und zum Abschluß noch einmal das high-Byte auf Gleichheit prüfen. Wenn beide Male das high-Byte gleich war, ist alles in Ordnung. Wenn nicht, muß das low-Byte noch einmal gelesen werden, und dann ist der Wert auch fehlerfrei. Dieses Verfahren kostet aber Zeit. Wer diese Zeit nicht hat, muß die Capture-Eigenschaft eines CCP-Moduls verwenden. Dieses Modul wird aber an einer anderen Stelle beschrieben.

TMR2:

Der TMR2 ist wiederum ein 8 Bit Zähler. Die einzig mögliche Clocksource ist der interne Takt (OSC/4). Er gelangt über einen Prescaler an den Zählereingang. Der Prescaler kann auf die Werte 1, 4 oder 16 eingestellt sein. Der nachgeschaltete Postscaler, der alle Werte von 1 bis 16 annehmen kann, zählt die TMR2-Überläufe und gibt den eigenen Überlauf dann an die Interruptstruktur des PIC16 weiter. Das Ausgangssignal des TMR2 ohne Postscaler kann wahlweise auch als Baudclock für das SSP-Modul verwendet werden. In Verbindung mit einem CCP-Modul kann mit dem TMR2 ein pulsweitenmoduliertes Ausgangssignal erzeugt werden. Im Gegensatz zu den anderen Zählern, die von '0' bis '0FFH' zählen und dann wieder bei '0' beginnen, ist es beim TMR2 möglich, das Hochzählen auf einen vorgegebenen Wert zu begrenzen, d.h. die Periodendauer des Timers zu verkürzen.

Die Register des TMR2 sind:

TMR2-Register, T2CON-Register, PR2-Register

Mit dem T2CON ist der Prescaler und der Postscaler programmierbar. Genauso wie der TMR1 ist auch der TMR2 als Ganzes ein- und ausschaltbar. Der Zähler selbst ist, wie erwähnt, ein 8 Bit-Zähler, der über das Register TMR2 schreib- und lesbar ist. Über das PR2 Register, genannt Period-Register, kann das Hochzählen des Zählers auf den Wert begrenzt werden, der im PR2-Register steht. Wichtig ist dabei, daß das Umladen des Register PR2 weder den Prescaler noch den Zähler selbst beeinflußt. Jeder Zählerstand von '0' bis zu dem Wert, der im PR2 Register steht, liegt gleich lange an. Damit ist die Periodendauer des TMR2 gleich (PR2-Wert +1). Der begrenzte TMR2 ist damit auch für genaue Timingaufgaben geeignet.

Konfiguration von TMR2 als Timer:

Address	Name	BIT 7	BIT 6	BIT 5	BIT 4	BIT 3	BIT 2	BIT 1	BIT 0
12	T2CON		OUTPS3	OUTPS2	OUTPS1	OUTPS0	T2ON=1	CKPS1	CKPS0
92	PR2	Timer2 period Register							

Interrupt

0B	INTCON	GIE	PEIE	T0IE	INTE	RBIE	T0IF	INTF	RBIF
0C	PIR1	PSPIF	ADIF	RCIF	TXIF	SSPIF	CCP1IF	TMR2IF	TMR1IF
8C	PIE1	PSPIE	ADIF	RCIF	TXIF	SSPIE	CCP1IE	TMR2IE	TMR1IE

Ergebnis

11	TMR2	Timer2

TMR2 konfigurieren:

```
MOVLW    04H          ; TMR2 ein, kein Vorteiler, kein
                      ; Nachteiler
MOVWF    T2CON
```

Wenn ein Überlauf-Interrupt erwünscht ist, müssen weitere Initialisierungen vorgenommen werden. Für den TMR1 gilt das in gleicher Weise.

```
MOVLW     b'11xx xxxx'  ; Bit7 = globaler Interrupt-
                        ; Enable, Bit6 zulassen der
                        ; peripheren Interrupts
MOVWF     INTCON        ; Adresse: 0BH oder 8BH, egal
MOVLW     b'xxxx xx1x'  ; Bit1 schaltet den TMR2-
                        ; Überlauf-Interrupt ein,
MOVWF     PIE1          ; Adresse: 08CH
```

Beim Auftreten eines Überlaufes wird nun ein Interrupt ausgelöst. Das Interruptflag ist in PIR1 (Adresse: 0CH). Es muß vom Programmierer nach der Bedienung gelöscht werden.

1.5.4 CCP-Modul

Das CCP-Modul ist eine programmierbare, hardwaremäßig realisierte Erweiterung zu den Zählern TMR1 und TMR2.

Das CCP-Modul kann entweder in Verbindung mit dem TMR1 Capture- und Compareaufgaben erledigen oder mit dem TMR2 die PWM-Ausgabe realisieren.

Je nach PIC16-Typ sind bis zu zwei CCP-Module vorhanden, welche unabhängig voneinander verwendbar sind. Bei den PIC17-Typen sind sogar drei CCP-Module verfügbar.

Die Register des CCP-Moduls sind:

CCP1CON-Register, CCPR1L-Register, CCPR1H-Register

CCP2CON-Register, CCPR2L-Register, CCPR2H-Register.

Mit dem CCPxCON-Register wird das Modul in den gewünschten Modus geschaltet. Dabei sind drei grundsätzlich verschiedene Modi zu unterscheiden:

1. Der Erste ist der Capture-Modus, mit dem die Werte in den Registern TMRxL und TMRxH in die Register CCPRxL und CCPRxH übernommen werden, wenn ein bestimmtes, programmierbares Ereignis eintritt. Die Ereignisse sind, welche und die wievielte Flanke den Capturevorgang auslösen soll.

2. Der zweite Modus ist der Compare-Modus. Die Meldungen, die dabei vom CCP-Modul abgegeben werden können, sind dreierlei. Das Setzen des Interrrupts ist in jedem Falle dabei, sofern dieser im Interrupt Enable Register freigeschaltet ist. Eine wohlbekannte Meldung ist das Setzen oder Rücksetzen des zum Modul gehörenden CCPx Ausgangs (Port C.1 bzw C.2). Die letzte Art der Reaktion ist

abhängig vom CCP-Modul, welches die Meldung absetzt. Das CCP1-Modul kann im Mode '0BH' den TMR1 zurücksetzen. Das CCP2-Modul kann zusätzlich dazu auch noch den AD-Wandler starten, aber natürlich nur dann, wenn er entsprechend vorbereitet wurde und auch eingeschaltet ist.

3. Der PWM-Modus funktioniert nur zusammen mit dem TMR2. Dabei wird mit der PR2 Register die gesamte Periode des Signals eingestellt, und das CCPRxL Register stellt das Duty cyle Register dar. Der entsprechende Pin vom Port C gibt dann das pulsweitenmodulierte Signal ab. Für erhöhte Auflösung kann der Duty-Cycle-Wert auf 10 Bit erhöht werden, die zwei niedrigsten Bits sind ins CCP1CON-Register bzw. ins CCP2CON zu schreiben.

Konfiguration TMR1 und CAPTURE:

Address	Name	BIT 7	BIT 6	BIT 5	BIT 4	BIT 3	BIT 2	BIT 1	BIT 0
10	T1CON			T1CKPS1	T1CKPS0	T1OSCEN	T1NSYNC	TMR1CS	TMR1ON
17	CCP1CON			CCP1X	CCP1Y	CCP1M3	CCP1M2	CCP1M1	CCP1M0
1D	CCP2CON			CCP2X	CCP2Y	CCP2M3	CCP2M2	CCP2M1	CCP2M0

IO-Register

07	PORTC	C 7	C 6	C 5	C 4	C 3	CCP1	CCP2	C 0
87	TRISC	TRISC 7	TRISC 6	TRISC 5	TRISC 4	TRISC 3	TRC 2=1	TRC 1=1	TRC 0=1

Interrupt

0B/8B	INTCON	GIE	PEIE	T0IE	INTE	RBIE	T0IF	INTF	RBIF
0C	PIR1	PSPIF	ADIF	RCIF	TXIF	SSPIF	CCP1IF	TMR2IF	TMR1IF
8C	PIE1	PSPIE	ADIF	RCIF	TXIF	SSPIE	CCP1IE	TMR2IE	TMR1IE
0D	PIR2								CCP2IF
8D	PIE2								CCP2IE

Ergebnis

0E	TMR1L	Timer1 Least Significant Byte
0F	TMR1H	Timer1 Most Significant Byte
15	CCPR1L	Timer1 Capture Register (LSB)
16	CCPR1H	Timer1 Capture Register (MSB)
1B	CCPR2L	Timer1 Capture Register (LSB)
1C	CCPR2H	Timer1 Capture Register (MSB)

```
MOVLW      01H        ; Timer mit dem internen
                      ; Clock, kein Vorteiler
MOVWF      T1CON
MOVLW      04H
MOVWF      CCP1CON
```

Für das eben als Capture definierte CCP1-Modul muß noch der Portpin RC.2 zum Eingang gemacht werden. Das programmierte Capture-Ereignis ist eine fallende Flanke an diesem Pin. Daß dieses Ereignis aufgetreten ist, sehen Sie, wenn Bit CCP1IF in PIR1.2 gesetzt ist. Jetzt können Sie den Ergebniswert aus CCP1L und CCP1H lesen und das Interruptflag löschen. Wenn Sie wieder auf die negative Flanke warten wollen, lassen Sie die Einstellung so wie sie ist, andernfalls laden Sie eine 05H in CCP1CON und das nächste Capture-Ereignis ist die nächste positive Flanke.

Konfiguration TMR1 und COMPARE:

Address	Name	BIT 7	BIT 6	BIT 5	BIT 4	BIT 3	BIT 2	BIT 1	BIT 0
10	T1CON			T1CKPS1	T1CKPS0	T1OSCEN	T1NSYNC	TMR1CS	TMR1ON
17	CCP1CON			CCP1X	CCP1Y	CCP1M3	CCP1M2	CCP1M1	CCP1M0
1D	CCP2CON			CCP2X	CCP2Y	CCP2M3	CCP2M2	CCP2M1	CCP2M0
15	CCPR1L	Timer1 Compare Register (LSB)							
16	CCPR1H	Timer1 Compare Register (MSB)							
1B	CCPR2L	Timer1 Compare Register (LSB)							
1C	CCPR2H	Timer1 Compare Register (MSB)							

IO-Register

07	PORTC	C 7	C 6	C 5	C 4	C 3	CCP1	CCP2	C 0
87	TRISC	TRISC 7	TRISC 6	TRISC 5	TRISC 4	TRISC 3	TRC 2=0	TRC 1=0	TRC 0=1

Interrupt

0B/8B	INTCON	GIE	PEIE	T0IE	INTE	RBIE	T0IF	INTF	RBIF
0C	PIR1	PSPIF	ADIF	RCIF	TXIF	SSPIF	CCP1IF	TMR2IF	TMR1IF
8C	PIE1	PSPIE	ADIF	RCIF	TXIF	SSPIE	CCP1IE	TMR2IE	TMR1IE
0D	PIR2								CCP2IF
8D	PIE2								CCP2IE

Vorgabe

0E	CCPR1L	CCPR1 Least Significant Byte
0F	CCPR1H	CCPR1 Most Significant Byte

Falls der Capture-Pin ein Ausgang ist, dann erzeugt eine entsprechende Flanke an diesem Ausgang einen Interrupt, sofern dieser freigeschaltet ist.

```
MOVLW     01H          ; Timer mit dem internen
                       ; Clock, kein Vorteiler
MOVWF     T1CON
MOVLW     08H
MOVWF     CCP1CON
```

Vor dem Schreiben der 08H in das CCP1CON-Register war der Zustand von PortC.2 abhängig von dem Wert, der im PortC-Register stand, vorausgesetzt, der Pin wurde zum Ausgang gemacht. Durch das Beschreiben des CCP1CON-Registers nimmt der Pin den gegenteiligen Zustand an von dem, den er annehmen soll, wenn eine Gleichheit zwischen TMR1L, TMR1H und CCPR1L,CCPR1H festgestellt wird. 08H heißt 'set pin' bei Gleichheit, d.h. durch das Beschreiben von CCP1CON wird der Pin low. Da der Compare-Mode ein 'single shot'-Mode ist wird der Pin nicht wieder zurückgesetzt, wenn der Timer1 weitergelaufen ist und keine Gleichheit mehr besteht. Zum Rücksetzen muß das CCP1CON-Register null gesetzt werden. Damit wird wieder der Wert aus dem PortC-Register an den Pin gegeben.

Konfiguration TMR2 und PWM:

Address	Name	BIT 7	BIT 6	BIT 5	BIT 4	BIT 3	BIT 2	BIT 1	BIT 0
12	T2CON		TOUTPS3	TOUTPS2	TOUTPS1	TOUTPS0	TMR2ON	T2CKPS1	T2CKPS0
17	CCP1CON			CCP1X	CCP1Y	CCP1M3	CCP1M2	CCP1M1	CCP1M0
1D	CCP2CON			CCP2X	CCP2Y	CCP2M3	CCP2M2	CCP2M1	CCP2M0
92	PR2	Timer2 period Register							
15	CCPR1L	Timer2 Duty Cycle Register							
16	CCPR1H	Timer2 Duty Cycle Register (Slave)							
1B	CCPR2L	Timer2 Duty Cycle Register)							
1C	CCPR2H	Timer2 Duty Cycle Register (Slave)							

IO-Register

07	PORTC	C 7	C 6	C 5	C 4	C 3	CCP1	CCP2	C 0
87	TRISC	TRISC 7	TRISC 6	TRISC 5	TRISC 4	TRISC 3	TRC 2=0	TRC 1=0	TRC 0=1

Interrupt

0B/8B	INTCON	GIE	PEIE	T0IE	INTE	RBIE	T0IF	INTF	RBIF
0C	PIR1	PSPIF	ADIF	RCIF	TXIF	SSPIF	CCP1IF	TMR2IF	TMR1IF
8C	PIE1	PSPIE	ADIF	RCIF	TXIF	SSPIE	CCP1IE	TMR2IE	TMR1IE
0D	PIR2								CCP2IF
8D	PIE2								CCP2IE

```
       BANK_1
       MOVLW    .242        ; frequenzbestimmend
       MOVWF    PR2         ; Adresse: 92H
       BANK_0
       MOVLW    07H         ; Timer mit dem internen
                            ; Clock, maximaler Vorteiler
       MOVWF    T2CON       ; Adresse: 12H
       MOVLW    0CH         ; PWM-Modus
       MOVWF    CCP1CON     ; Adresse: 17H
       MOVLW    40H         ; Initialwert für das
                            ; dutycycle Register
       MOVWF    CCPR1L      ; Adresse: 15H
```

1.5.5 SSP-Modul, synchroner serieller Port

Dieses Modul ist sehr vielseitig und deshalb ist es auch nicht ganz mühelos anzuwenden. Seitdem wir Übung im Umgang mit diesem Modul haben, schätzen wir seine Vorzüge.

Es unterstützt primär zwei Protokolle:

- SPI-Modus

- I²C-Modus

Dabei ist es wichtig zu sagen, daß bei neueren Bausteinen der I2C-Teil wesentlich verbessert wurde. Bisher war es nur ein I2C-Slave-Modul, jetzt unterstützt es auch den Master-Mode. Der Slave-Mode war für uns relativ wenig wert, denn in unseren Applikationen war immer der PIC µController der Master. Die Slave-Elemente waren in der Regel serielle EEPROM's vom Type 24CXX, oä.

Der SPI-Modus war auch bisher schon sehr gut zur Controllerkoppelung einzusetzen. Schieberegister und Anzeigentreiber sind ebenso einfach ansteuerbar wie die seriellen EEPROM's mit SPI- bzw. Microwire-Standard. Auch dieser Teil des Moduls wurde verbessert. Jetzt sind weitere Eigenschaften frei programmierbar. Als erstes möchte ich dabei den inaktiven Pegel der CLOCK-Leitung erwähnen. Ferner ist der Bewertungszeitpunkt des Eingangssignals einstellbar.

Kurzum, das SSP-Modul wird viel mächtiger und flexibler. Übrigens, bisher lautete die Kurzbezeichnung SSP-Modul. Für die neue, bessere Variante wurde die Bezeichnung MSSP-Modul gewählt.

Die Behandlung des seriellen EEPROM's 24C01 wird im Kapitel «serielle Kommunikationen» besprochen. Das Ansprechen eines seriellen EEPROM's vom Typ 93LC56, welches eigentlich das Microwire-Protocoll von National Semiconductor unterstützt, haben wir auch mit dem SPI-Modus des SSP-Moduls durchgeführt. Daß wir dabei zu einem kleinen Trick greifen mußten, werden Sie ebenfalls im Kapitel über «serielle Kommunikationen» finden. Desweiteren werden serielle AD- und DA-Wandler mit dem SPI-Modus bedient.

Konfiguration für SPI Operation:

Address	Name	BIT 7	BIT 6	BIT 5	BIT 4	BIT 3	BIT 2	BIT 1	BIT 0
14	SSPCON	WCOL	SSPOV	SSPEN =1	CKP	SSPM3	SSPM2	SSPM1	SSPM0

IO-Register

07	PORTC	RX	TX	SDO	SDI	SCK	C 2	C 1	C 0
87	TRISC	TRISC 7	TRISC 6	TRC 5=0	TRC 4=1	TRC 3	TRISC 2	TRISC 1	TRISC 0

Interrupt

0B/8B	INTCON	GIE	PEIE	T0IE	INTE	RBIE	T0IF	INTF	RBIF
0C	PIR1	PSPIF	ADIF	RCIF	TXIF	SSPIF	CCP1IF	TMR2IF	TMR1IF
8C	PIE1	PSPIE	ADIF	RCIF	TXIF	SSPIE	CCP1IE	TMR2IE	TMR1IE

Status und Transfer

94	SSPSTAT			D_/A	P	S	R-/W	UA	BF
13	SSPBUF	Synchronous Serial Port Receive Buffer/Transmit Register							

Durch das Schreiben ins SSPBUF-Register wird eine Transmission ausgelöst. Damit wird bei jedem Clockpuls am SDO-Pin ein Bit rausgeschoben und am SDI-Pin ein Bit eingeholt. Um zu verhindern, daß das SSPOV-Bit (Overflow) in SSPCON fälschlicherweise gesetzt wird, wenn z.B. nur gesendet werden soll, muß regelmäßig das Register SSPBUF ausgelesen werden. Wann ein neues Byte ins SSPBUF-Register geschrieben werden darf, ist am BF-Bit im SSPSTAT-Register zu sehen. Ist dieses Bit '1', dann ist der Empfang komplett, das empfangene Zeichen kann gelesen werden und ein neues Byte kann geschrieben werden.

Im folgenden Programmstück soll eine einfache SPI-Konfiguration gezeigt werden:

```
MOVLW       30H        ; schneller Mastermode, Clock-
                       ; idle-state=high, SSP-Modul
                       ; eingeschaltet
MOVWF       SSPCON     ; Adresse: 14H
```

1.5.6 SCI-Modul

Mit dem SCI-Modul ist eine komplette Standardschnittstelle implementiert worden, die bei einer µProzessorlösung immer einen Baustein erfordert hatte, wie den 8250 alleine oder den 8251 mit Baudratengenerator. Das SCI-Modul in den PIC16CXX Bausteinen stellt den Baudratengenerator zur Verfügung, ohne daß dadurch ein Timer geopfert werden muß. Außer den beiden synchronen Master- und Slavemodi wird auch der bestens beim PC-Benutzer bekannte asynchrone Modus unterstützt. Leider hat dieses Modul nicht jeder größere Baustein. Gelegentlich mußten wir vom PIC16C64 auf seinen größeren Bruder den PIC16C65 ausweichen, obwohl der größere Speicher und die zusätzlichen Register nicht benötigt wurden.

Die Register des SCI-Moduls sind:

TXSTA-Register, RCSTA-Register, TXREG-Register, RCREG-Register, SPBRG-Register

Die Register TXSTA und RCSTA sind kombinierte Control- und Statusregister, mit denen das SCI-Modul konfiguriert wird und Informationen für den Anwender zurückgeben werden. Diese sind im TXSTA Register das Bit TRMT, welches anzeigt, daß der Transmitbuffer leer ist und das nächste Byte zum Senden übergeben werden kann. Ebenso im TXSTA Register enthalten ist das Bit zum Auswählen des Baudratenbereiches (BRGH). Im RCSTA Register befinden sich Errorbits und das neunte gelesene Datenbit (RX9). Beim Erfragen, ob ein Byte empfangen wurde, ohne den Interrupt zu benutzen, muß das RCIF Bit im Interruptregister abgefragt werden. Die Datenregister TXREG und RCREG beinhalten die 8 Bit Daten, die gesendet werden bzw. empfangen wurden. Das SPBRG Register, das Baudratengenerator-Steuerregister, ist einfach mit einem Teilerwert zu beschreiben, der oft direkt aus einer im Datenbuch abgedruckten Tabelle zu entnehmen ist. Er ist sehr flexibel und bietet Baudraten an, die weit über das Übliche hinaus gehen.

Im dann folgenden Konfigurationsbeispiel möchte ich mich auf die asynchrone V24-Operation beschränken. Das dürfte wohl die häufigste Verwendung sein.

Konfiguration und Status

Address	Name	BIT 7	BIT 6	BIT 5	BIT 4	BIT 3	BIT 2	BIT 1	BIT 0
18	RCSTA	SPEN	RC8/9	SREN	CREN		FERR	OERR	RCDE8
98	TXSTA	CSRC	TX8/9	TXEN	SYNC		BRGH	TRMT	TXD8
99	SPBRG	Baudraten-Generator-Register							

IO-Register

07	PORTC	RX	TX	C 5	C 4	C 3	C 2	C 1	C 0
87	TRISC	TRC 7=1	TRC 6=0	TRISC 5	TRISC 4	TRISC 3	TRISC 2	TRISC 1	TRISC 0

Interrupt

0B/8B	INTCON	GIE	PEIE	T0IE	INTE	RBIE	T0IF	INTF	RBIF
8C	PIE1	PSPIE	ADIE	RCIE	TXIE	SSPIE	CCP1IE	T2IE	T1IE
0C	PIR1	PSPIF	ADIF	RCFIF	TXIF	SSPIF	CCP1IF	T2IF	T1IF

Transfer

19	TXREG	TX7	TX6	TX5	TX4	TX3	TX2	TX1	TX0
1A	RCREG	RX7	RX6	RX5	RX4	RX3	RX2	RX1	RX0

Wir nehmen folgende Rahmenbedingungen an:

Der PIC16C74 läuft mit 10 MHz, eine Baurate von 9600 soll eingestellt werden, 1 Stopbit.

```
MOVLW      90H
MOVWF      RCSTA         ; Adresse: 18H
BANK_1
MOVLW      24H
MOVWF      TXSTA         ; Adresse: 98H
MOVLW      .64
MOVWF      SPBRG         ; Adresse: 99H
BANK_0
```

Abfrage nach einem empfangenen Zeichen:

```
LOOP    BTFSS       PIR1,RCIF       ; Adresse: OCH; dafür muß
                                    ; übrigens kein Interrupt
                                    ; eingeschaltet sein
        GOTO        LOOP
        MOVF        RCREG,W         ; Adresse: 1AH
        MOVWF       ...             ; z.B. ins Eingangsfifo
```

Prüfung, ob ein zu sendendes Byte ins TXREG geschrieben werden darf:

```
        BANK_1
LOOP    BTFSS       TXSTA,TRMT      ; Adresse: 98H
        GOTO        LOOP            ; TSR noch nicht leer
        BANK_0
        MOVF        ...,W           ; z.B. aus dem Ausgangsfifo
        MOVWF       TXREG           ; Adresse: 19H
```

Falls 1½ oder zwei Stopbits eingefügt werden sollen, muß nach dem high-werden des TRMT-Bits eine entsprechende Pause eingelegt werden, bis das nächste Byte in das TXREG geschrieben werden darf.

1.5.7 PSP-Modul

Mit Hilfe der Eingänge /CS, /WR und /RD des Parallel Slave Ports kann ein µProzessor genauso einfach auf einen PIC16 zugreifen, wie auf eine PIO. Das PSP-Modul stellt also einen bidirektionalen Eingangsspeicher dar, der über einen /WR-Puls beschrieben und über einen /RD-Puls ausgelesen werden kann. Zusammen mit den entsprechenden Interruptroutinen kann damit eine sehr schnelle 8 Bit breite Kommunikation realisiert werden. Der PIC16CXX kann damit also einen intelligenten und mächtigen IO-Baustein für ein Prozessorsystem darstellen.

Die Register des PSP-Moduls sind:

TRISE-Register, PORTD-Register.

Nur ein Bit des TRISE Registers schaltet dieses mächtige Feature ein. Die am PSP beteiligten PortD-Pins werden damit sofort in ihrer Verwendung und Richtung entsprechend gesetzt. Damit die Steuereingänge funktionieren, müssen sie auf digitales Verhalten und auf Tri-state geschaltet sein.

Ein unachtsam gesetztes TRISE Register reißt die Ports D und E aus dem gewohnten Rythmus und man muß sich nicht wundern, wenn die Bitset- und Bitresetbefehle inbesonders am PortD nichts mehr bewirken. Durch das Interrruptbit PSPIF erfährt der µController, daß auf den PSP zugegriffen wurde. Um Timingprobleme und zusätzliche externe Logik zu vermeiden, halten wir eine Regelung für sinnvoll,

die entsprechend der verwendeten Taktfrequenz vorschreibt, mit welchen bestimmten minimalen Wartezeiten zwischen zwei Zugriffen auf den PSP gearbeitet werden
darf. Kurz gesagt, man darf nicht schneller auf den Parallel-Slave-Port einhacken,
als der Controller in der Lage ist, diese Daten auch zu verarbeiten.

Konfiguration PSP Operation:

Address	Name	BIT 7	BIT 6	BIT 5	BIT 4	BIT 3	BIT 2	BIT 1	BIT 0
89	TRISE	IBF	OBF	IBOF	PSP-MODE = 1	-	TRISE2	TRISE1	TRISE0

IO-Register

08	PORTD	D 7	D 6	D 5	D 4	D 3	D 2	D 1	D 0
88	TRISD	TRISD 7	TRISD 6	TRISD 5	TRISD 4	TRISD 3	TRISD 2	TRISD 1	TRISD 0
09	PORTE	-	-	-	-	-	E 2	E 1	E 0

Interrupt

0B/8B	INTCON	GIE	PEIE	T0IE	INTE	RBIE	T0IF	INTF	RBIF
0C	PIR1	PSPIF	ADIF	RCIF	TXIF	SSPIF	CCP1IF	TMR2IF	TMR1IF
8C	PIE1	PSPIE	ADIF	RCIF	TXIF	SSPIE	CCP1IE	TMR2IE	TMR1IE

PSP-Mode einschalten:

```
        BANK_1
        MOVLW     .02         ; größer gleich 2, damit Port_E
                              ; digital
        MOVWF     ADCON1      ; Adresse: 9FH
        MOVLW     17H         ; PSP-Mode + Port_E: digitale
                              ; Eingänge
        MOVWF     TRISE       ; Adresse: 89H
        BANK_0
```

Abfrage nach Ereignissen am PSP-Port:

```
        BANK_1
        BTFSC     TRISE,IBF
        GOTO      EINGANG     ; ein Byte empfangen
        BTFSC     TRISE,IBOF
        GOTO      EINGOV      ; overrun-error; zwei Byte
                              ; gekommen, ohne daß eins
                              ; abgeholt wurde
```

Darf der PIC wieder ein Byte ins PSP-Ausgangsregister schreiben?

```
          MOVF              ... , W
          BANK_1
LOOP      BTFSC             TRISE,OBF
          GOTO              LOOP
          BANK_0
          MOVWF             PORTD       ; Adresse: 08H
```

Aus unserer Erfahrung mit den Problemen des Datenaustausches ist es ratsam, sich Handshake-Bits zu spendieren, damit nichts schief geht. Wird z.B. gleichzeitig mit dem Schreiben eines Bytes des Prozessors in das PSP-Eingangsregister ein Flag gesetzt, welches nach Verarbeitung dieses Bytes vom PIC zurückgesetzt wird, weiß der Prozessor genau, daß er weiterschreiben darf. Umgekehrt ist es der Übertragungsgeschwindigkeit sicher zuträglich, wenn mit einem Handshake-Bit gearbeitet wird. Bei der Centronics wird es ebenfalls so gehandhabt.

1.5.8 EE-Datenspeicher

Das EEPROM Speichermodul, das es nur bei den Typen PIC16C8X gibt, ermöglicht es, über einen Stromausfall oder dem Abschalten des Gerätes hinaus Informationen zu behalten.

Die Register des EEPROM Speichermoduls sind:

EEADR-Register, EEDATA-Register, EECON1-Register, EECON2-Register.

Die Bedienung dieses Speichers ist einfacher und schneller als bei seriellen EEPROMs. Beim on-board EEPROM Speicher ist das Datenbyte und die Zieladresse parallel in die Register EEDATA und EEADR zu schreiben. Das Starten des Schreibvorgangs geschieht einfach durch das Setzen des WR Bits im EECON1 Register. Vorher muß allerdings noch sichergestellt werden, daß es sich nicht um ein zufälliges oder sogar fehlerhaftes Schreiben handelt. Dazu muß in das Register EECON2 zuerst eine '055H' und dann eine '0AAH' geschrieben werden. Die Erlaubnis den jeweils nächsten Wert ins EEPROM zu schreiben, bekommt man von den Bits 3 und 4 des EECON1 Registers.

Konfiguration:

Address	Name	BIT 7	BIT 6	BIT 5	BIT 4	BIT 3	BIT 2	BIT 1	BIT 0
88H	EECON1				EEIF	WRERR	WREN	WR	RD
89H	EECON2	EEPROM control register							

Interrupt:

0Bh	INTCON	GIE	EEIE	T0IE	INTE	RBIE	T0IF	INTF	RBIF

Transfer:

08H	EEDATA	EEPROM data register
09H	EEADR	EEPROM adress register

Byte ins EEPROM schreiben:

```
EEWR    BCF         INTCON,GIE      ; EEADR und EEDATA muss
                                    ; gesetzt sein
                    BANK1
        BSF         EECON1,WREN
        MOVLW       55H
        MOVWF       EECON2
        MOVLW       0AAH
        MOVWF       EECON2
        BSF         EECON1,WR
        BANK0
        BSF         INTCON,GIE
        RETURN
```

Lesen eines EEPROM-Inhalts:

```
EERD    BANK1                       ; EEADR muss gesetzt sein
        BSF         EECON1,RD
        BANK0
        MOVF        EEDATA,W        ; Ergebnis in EEDATA
```

1.5.9 Watchdogtimer

Er ist ein unahängiger, selbstständiger RC-Oszillator, der keinerlei externe Componenten benötigt. Durch das Bit WDTE im Configurationswort wird *beim Programmieren des Bausteins* im Programmiergerät festgelegt, ob der Watchdog scharf sein soll oder ob er nicht arbeiten soll. Wenn diese EPROM-Zelle nicht programmiert wird, ist sie '1' und der Watchdog arbeitet. Beruhigt wird er regelmäßig per Programm. Dazu ist der Spezialbefehl 'CLRWDT' zu benutzen. Er ist der letzte Spezialbefehl, der auch noch bei den Controllern der PIC16CXX-Reihe vorhanden ist.

Das OPTION-Register ist das einzige Register, das für den Watchdogtimer zuständig ist. Es entscheidet über die Verwendung und den Wert des Prescalers.

Konfiguration des Watchdogtimers:

Address	Name	BIT 7	BIT 6	BIT 5	BIT 4	BIT 3	BIT 2	BIT 1	BIT 0
81	OPTION	/RBPU	INTEDG	RTS	RTE	PSA = 1	PS2	PS1	PS0

Konfiguration auf maximale Timeout-Periode

```
BANK_1
MOVLW       b'xxxx1111'    ; Prescaler to WDT, maximaler
                           ; Vorteiler
MOVWF       OPTION         ; Adresse: 81H
BANK_0
```

1.5.10 Die analogen Comparatoren mit integriertem Referenzspannungsgenerator

Dieses Peripheriemodul ist nunmehr bei einigen Bausteinen verfügbar. Da wären die Urtypen PIC16C620 bis 622, die PIC16CE623 bis 625 und die PIC16F627 und 628, letztere sogar mit Flashprogrammspeicher. Zusätzlich zum altbewährten PIC14C000 gibt es in Bälde auch den PIC18C601 und den PIC18C561, die alle mit zwei Comparatoren ausgerüstet sind.

Auch hier gleich zu Anfang der wichtige Hinweis: Nach dem Power on Reset sind die Pins von PortA analoge Eingänge. Um digitale Ein- oder Ausgabe zu ermöglichen, muß zuerst das CMCON Register mit dem Wert '07H' beschrieben werden. Dieses Register ist auch zum Einstellen der anderen sieben Comparatormodi zu verwenden und auch für die Comparator-input Schalter und die Ausgangszuweisung. Ohne Veränderung dieses Registers befinden sich die Comparatoren im Reset-Zustand.

Im Gegensatz zum PSP-Modul und dem AD-Wandler, werden die TRISA-Werte nicht durch die Komparatormodi überschrieben. Sie müssen vom Anwender in der Weise gesetzt werden, daß sie mit dem gewählten Modus konform sind.

Mit dem VRCON Register wird der interne Referenzspannungsgenerator gesteuert. In zwei unterschiedlich groß abgestuften Bereichen kann eine Vref von 0 ... 3,125 Volt oder 1,25V... 3,59 Volt erzeugt werden. Voraussetzung für diese Werte sind 5 Volt VDD. Die erzeugte Vref dient den Comparatoren im Modus 2 als Vergleichsspannung, sie kann aber auch auf dem Portpin A.2 ausgegeben werden. In diesem Falle ist das TRISA.2 auf Eingang (1) zu setzten, damit die analoge Ausgabe nicht vom digitalen Ausgang überlagert wird. Die Belastbarkeit des analogen Ausgangssignals ist gering, so daß am besten ein Pufferverstärker einzufügen ist. Für eine ordentliche, stabile VDD ist auch zu sorgen, weil Vref wie erwähnt von ihr abgeleitet wird.

Konfiguration

Address	Name	BIT 7	BIT 6	BIT 5	BIT 4	BIT 3	BIT 2	BIT 1	BIT 0
1Fh	CMCON	C2OUT	C1OUT			CIS	CM2	CM1	CM0
9Fh	VRCON	VREN	VROE	VRR		VR3	VR2	VR1	VR0

IO-Register

05	PORTA				A 4	A 3	A 2	A 1	A 0
85	TRISA				TRISA 4	TRISA 3	TRISA 2	TRISA 1	TRISA 0

Interrupt

0Bh	INTCON	GIE	PEIE	T0IE	INTE	RBIE	T0IF	INTF	RBIF
0Ch	PIR1		CMIF						
8Ch	PIE1		CMIE						

Konfiguration des Referenzspannungsmodul

Address	Name	BIT 7	BIT 6	BIT 5	BIT 4	BIT 3	BIT 2	BIT 1	BIT 0
9Fh	VRCON	VREN	VROE	VRR		VR3	VR2	VR1	VR0
1Fh	CMCON	C2OUT	C1OUT			CIS	CM2	CM1	CM0
85h	TRISA				TRIS4	TRIS3	TRIS2	TRIS1	TRIS0

Beispiel für die Initialisierung der Komparatoren mit Referenzspannungsquelle beim PIC16C622:

```
RINIT   BANK_1
        MOVLW      0A6H        ; Vref = 2,1875 V bei
                               ; Vdd = 5 Volt
        MOVWF      VRCON       ; Vref intern, RA2 frei
        BANK_0
CINIT   MOVLW      02H         ; comparator mode 2, ohne
                               ; Interrrupt
        MOVWF      CMCOM       ; zwei Eingänge an zwei
                               ; Komparatoren mit einer
                               ; internen Referenzspg. an den
                               ; nichtinvertierenden
                               ; Eingängen beider Komparatoren
```

```
BANK_1
MOVLW      07H           ; PortA.0 bis .2 inputs A.3, .4
                         ; outputs
MOVWF      TRISA
BANK_0
```

1.6   Eigenschaften der PICs in Bezug zur Software

In den nun folgenden Abschnitten werden Details der Architektur beschrieben und wie man mit ihnen umgeht. Dabei wird auch deutlich, daß sich die 'größeren' PIC's als komfortabler herausstellen.

1.6.1 Der Umgang mit den Registerbänken

Die meisten PIC16 Typen haben einen Datenspeicher, der in mehrere Bänke aufgeteilt ist. Das bedeutet, daß ein oder mehrere zusätzliche Bits zur Adressierung von Datenspeicher nötig sind, als in den Befehl hineinpassen. Diese Bits müssen in andere Register ausgelagert werden. Diesen Vorgang nennt man Bankselektierung. Bei den Low End PIC16 gibt es bisher nur den PIC16C505, den PIC16C57 und den PIC16C58A, welche vier Bänke besitzen, während bei den PIC16CXX grundsätzlich zwei und mehr Registerbänke vorhanden sind.

Wir wiederholen hier die wichtige Tatsache, daß bei den PIC16C5X der Befehl 12 Bit breit ist, davon stehen bei den File-Register-Befehlen 5 Bit für die Register-Adresse zur Verfügung. Bei den Mid Range Typen ist der Befehl 14 Bit breit und davon stehen 7 Bit für die Register-Adresse zur Verfügung. Somit hat eine Registerbank bei den PIC16C5X Typen 32 Register und bei den PIC16CXX 128 Register.

Registerbankselektion bei PIC16C5X

Wie bereits erwähnt, gibt es bei den PIC16C5X die Typen PIC16C505, PIC16C57 und PIC16C58A, die mehrere Registerbänke besitzen. Zur Selektion dieser Bänke sind 2 Bits im FSR zu setzen. Das sind die Bits 5 und 6, welche im Falle einer indirekten Adressierung sowieso gesetzt wären. Denn bei der indirekten Adressierung schreibt man die gesamte Register-Adresse einschließlich der zusätzlichen Bits einfach in das FSR und braucht sich daher um das Selektieren von Register-Bänken nicht mehr zu kümmern.

Damit beim Programmieren keine Probleme entstehen, schreiben Sie sich am besten einige Makros, welche BANK_0, BANK_1... heißen.

Für den PIC16C57 und PIC16C58A lauten diese:

BANK_0	MACRO		BANK_1	MACRO	
	BCF	FSR,5		BSF	FSR,5
	BCF	FSR,6		BCF	FSR,6
	ENDM			ENDM	
BANK_2	MACRO		BANK_3	MACRO	
	BCF	FSR,5		BSF	FSR,5
	BSF	FSR,6		BSF	FSR,6
	ENDM			ENDM	

Registerbankselektion bei PIC16CXX

Etwas anders verhält es sich bei den PIC16CXX Derivaten. Die meisten haben zur Zeit zwei Register-Bänke mit je 128 Registern. Jedoch wird sich das bald ändern. Die Typen PIC16F873/74 haben jetzt schon vier Bänke. Die ein bzw. zwei Bits für die Bankselektierung werden anders als bei den 5X-Typen, in das Statusregister (Bit 5,6) geschrieben. Bei der indirekten Adressierung über das FSR wird die Adresse als Ganzes in das FSR-Register geschrieben, was aber bei vier Bänken nicht mehr möglich ist. Für die größten PIC16 mit 368 Byte Datenspeicher wird bei der indirekten Adressierung zusätzlich noch ein Bit vom Status-Register (Bit 7) benötigt. Bei allen kleineren PIC's können alle Register über eine 8-Bit-Adresse angesprochen werden, d.h., der FSR alleine reicht aus.

Auch hier macht man sich am besten Makros für die Bankselektierung.

Für die PIC16CXX bis 368 Bytes müssen folgende Makros verwendet werden:

BANK_0	MACRO		BANK_1	MACRO	
	BCF	STATUS,5		BSF	STATUS,5
	BCF	STATUS,6		BCF	STATUS,6
	ENDM			ENDM	
BANK_2	MACRO		BANK_3	MACRO	
	BCF	STATUS,5		BSF	STATUS,5
	BSF	STATUS,6		BSF	STATUS,6
	ENDM			ENDM	

Für die PIC16CXX Typen mit bis zu 192 Bytes reichen die ersten beiden Makros:

```
BANK_0    MACRO                    BANK_1    MACRO
          BCF        STATUS,5                BSF        STATUS,5
          ENDM                               ENDM
```

Achtung: Bei den größeren Typen sollten Sie sich immer den Fileregisterplan (register-file-map) im Datenbuch ansehen. Es gibt nämlich auch Typen, welche in den vier Bänken einen bankübergreifenden Bereich haben (70H – 7FH). D.h., wenn Sie auf ein Register dieses Bereiches zugreifen, dann greifen Sie immer auf das gleiche Register zu, egal, welche Bank Sie selektiert haben.

Ein guter Rat noch am Schluß, um Fehler zu vermeiden, die durch falsche Bankselektion entstehen. Betrachten Sie die Selektion der Bank_0 als Grundzustand. Lassen Sie die Bankselektion nur solange auf einer anderen Bank als der Bank_0 stehen, wie unbedingt nötig.

1.6.2 Der Umgang mit den Programmseiten.

Eine ähnliche Situation wie beim Datenspeicher findet man auch beim Programmspeicher. Es gibt zwei Verzweigungsbefehle, GOTO und CALL, und außerdem kann man auch noch verzweigen, indem man direkt auf den Programmcounter zugreift, welcher ein normales Special Function Register ist. Bei den PIC16C5X hat der GOTO Befehl 9 Bit für die Verzweigungsadresse, so daß man damit innerhalb eines Programmraumes von 512 Worten verzweigen kann. So einen Programmspeicherblock nennt man eine Page, das deutsche Wort Seite ist nicht gebräuchlich. Bei den PIC16CXX sind elf Bit für die Adresse verfügbar, so daß eine Page 2 K Worte groß ist.

Die höheren Adressbits für den Programmspeicher werden wiederum in andere Register ausgelagert.

Pageselektion bei PIC16C5X

Beim PIC16C5X sind es im Statusregister die Bits 5 und 6, nur die PIC16C57 und PIC16C58A benötigen bisher diese beiden Bits, die PIC16C56 und PIC16C505 benötigen nur Bit 5. Bei den Typen, die keine Pageselektion haben, stehen diese Bits für den beliebigen Gebrauch zur Verfügung.

Jedoch raten wir nicht, diese Bits ohne Not zu verwenden. Wenn man diese Bits für irgendetwas verwendet, kann man in der Produktion nicht einfach einen größeren PIC als Ersatz nehmen!

Die entsprechenden Makros für die Pageselektierung lauten für die PIC16C57 (für die PIC16C56 und 16C505 reichen Page0 und Page1, wobei STATUS,6 immer NULL bleibt):

PAGE0	MACRO		PAGE1	MACRO	
	BCF	STATUS,5		BSF	STATUS,5
	BCF	STATUS,6		BCF	STATUS,6
	ENDM			ENDM	
PAGE2	MACRO		PAGE3	MACRO	
	BCF	STATUS,5		BSF	STATUS,5
	BSF	STATUS,6		BSF	STATUS,6
	ENDM			ENDM	

Nun gibt es noch eine weitere Einschränkung, wenn man den CALL Befehl benutzt. Dieser hat nämlich bei allen Typen ein Bit weniger für die Programmadresse in seinem Befehlscode, so daß man ohne weitere Vorkehrungen nur in die erste Hälfte einer Page mit einem CALL verzweigen kann.

Bei den PIC16C5X hilft da auch kein Page Select, da die Statusbits nur für die höheren Adressbits zuständig sind. Es genügt, daß nur die erste Zeile eines Unterprogramms in der ersten Hälfte der Page liegt. Das Unterprogramm kann sich dann getrost über die Grenze der halben Page hinaus erstrecken. Falls es sehr viele Unterprogramme gibt, die in der Summe die ganze Page füllen, ist folgender Ausweg möglich. Sie legen den Einsprung in der unteren Hälfte der Page und springen dann mit einem GOTO-Befehl in die obere Hälfte, wo Sie die Routine selbst abgelegt haben.

Pageselektion bei PIC16CXX

Beim PIC16CXX gibt es ein File Register, welches PCLATH, sprich PC-Latch-high, heißt. Es ist das zwischengespeicherte höhere Byte des Programmcounters. Zwischengespeichert werden muß es deshalb, weil das Programm sonst beim Setzen dieses Bytes sofort abstürzen würde, noch bevor man in die Lage käme, das lower Byte des Programmcounters zu schreiben. Es bleibt ohne Beachtung, solange der Programmablauf keinen Verzweigungsbefehl enthält. Beim nächstfolgenden GOTO, CALL oder Schreibbefehl in das PC Register wird das PCLATH Register in den echten höheren Teil des Programmcounters übernommen.

Da bei einem GOTO oder CALL-Befehl bereits 11 Bit im Befehlswort enthalten sind, werden nur mehr die Bits 3 und 4 des Registers PCLATH benötigt. Bei einem 2 K großen PIC bleibt das PCLATH-Register NULL, wo hingegen bei einem 4 und 8 K Worte-PIC diese Bits benötigt werden.

Folgende Makros reichen für 4K-Typen:

PAGE0	MACRO		PAGE1	MACRO	
	BCF	PCLATH,3		BSF	PCLATH,3
	ENDM			ENDM	

Bei den 8 K Typen muß zusätzlich noch das Bit 4 von PCLATH bedient werden, und es werden die Makros PAGE2 und PAGE3 nötig.

1.6.3 Übersicht zur Register-Bank- und Programm-Page-Selektion

Da das Status-Register im einen Fall für die Programm-Selektion benutzt wird, im anderen dagegen für die Registerbank-Selektion, fassen wir hier noch einmal zusammen:

Zusammenstellung der Page- und Bank-Selektionen

	Program-Page-select	Register-Bank-select
PIC16C5X	STATUS <5:6> (7:future)	FSR <5:6>
PIC16CXX	PCLATH	STATUS <5:6> (7:future)

1.6.4 Der Umgang mit dem FSR

Die Adressierung der Variablen erfolgt entweder direkt oder über ein Zeigerregister, genannt FSR (File Select Register). Wenn man die direkte Adressierung benutzt, muß man daran denken, daß man je nach verwendetem PIC16-Typen das höchste Bit bzw. die höheren Bits der Adresse durch Selektion einer Bank bewerkstelligen muß. Bei den PIC16C5X ist hierbei das FSR-Register zu beachten, bei den PIC16CXX ist das Registerpage-Bit im STATUS-Register. Am besten ist es, wenn man die Selection der Bank_0 als Grundzustand betrachtet und nur auf Bank_1 oder höher umschaltet, wenn man eine Variable in diesem Bereich anspricht.

Das Problem der Bankselektion ergibt sich momentan noch selten, wenn man die Adressierung über das FSR vornimmt. Bei den großen PIC16CXX (mit 368 Byte RAM) jedoch kommen noch die Registerbank 2 und 3 dazukommt, wodurch auch bei der indirekten Adressierung über das FSR ein weiteres Bit benötigt wird (IRP; STATUS.7). Das Register, auf welches das FSR zeigt, wird angesprochen, als hätte es die Adresse 0. Man bezeichnet dieses File-Register auch INDF (Indirektes File Register). Damit gibt es keinen formalen Unterschied zwischen Operationen mit direkter Adressierung und solchen mit Adressierung über das FSR. Man beachte aber, daß es kein physikalisch vorhandenes Register mit der Adresse 0, 80H, 100H, 180H gibt.

Eine Tücke gibt es bei der Verwendung des FSR beim PIC16C5X. Das FSR-Register hat bei den PIC16C52 – 56 eine Breite von 5 Bit. Bei den Typen PC16C57 und 58 sind es 7 Bit. Der Rest an Bits bis zur vollen Bytebreite von 8 Bit existiert nicht. **Auch wenn man sie mit NULLEN beschreibt, beim Lesen kommen EINSEN zurück.**

Eine typische Verwendung des FSR ist die, daß man auf einen Variablenblock zeigt, dessen Register nacheinander bearbeitet werden. Man erhöht das FSR dabei solange, bis man am Ende des Variablenblocks ankommt. Wenn man nun das Ende des Variablenblocks dadurch erkennen möchte, daß das FSR den Endwert erreicht hat, dann kommt man an diesem Ende nie an, wenn man vergißt, aus dem gelesenen Wert des FSR die höchsten Bits zu entfernen. Weil es sich dabei um einen ganz simplen Vorgang handelt, der eigentlich gar nicht fehlerhaft sein kann, kommt Ratlosigkeit auf.

1.6.5 Daten aus dem Programmspeicher holen

Ein Controller, der nicht in der Lage ist, Tabellen im Programmspeicher abzulegen, hat nur einen sehr begrenzten Wert. Beispiele sind: Pulsweitentabellen, Pixelgrafikmuster, Barcodes oder andere Code- oder Umsetzungstabellen. Ein Programm zum Lesen von Tabellenwerten heißt Table-Read-Programm.

Die Methode, Tabellenwerte aus dem Programmspeicher zu holen, basiert auf dem Umstand, daß das niederwertige Byte des Programmcounters bei allen PIC16 als normales Special Function Register beschrieben werden kann. Man kann mit diesem Register, welches wir PC nennen, alle Operationen durchführen, die auch mit allen anderen File-Registern möglich sind. Bisher haben wir zwar noch keine sinnvolle Verwendung für den Befehl RRF PC gefunden. Sinnvoll ist jedoch der Befehl ADDWF PC im folgenden Beispiel:

```
MUL10      MOVF          ZIF,W
           ANDLW         0FH
           ADDWF         PC
           RETLW         0
           RETLW         .10
           RETLW         .20
           RETLW         .30
           ...
```

Table-Read-Programm

Wir gehen davon aus, daß ZIF eine Zahl 0..9 ist. Die Anweisung ANDLW 0FH ist als Vorsichtsmaßnahme gedacht, für den Fall, daß ZIF den erlaubten Bereich verläßt. ZIF kann daher auch im ASCII Format 30H..39H vorliegen. Addiert man zum augenblicklichen Wert des PC das W Register, dann springt man an die entsprechende RETLW Anweisung. Bei W = 0 ist dies die direkt hinter dem ADDWF Befehl stehende Anweisung.

Im vorliegenden Fall liefert der Aufruf CALL MUL10 im W Register das 10fache von ZIF zurück. Auf diese Weise wurde die Multiplikation mit 10 in nur sieben Befehlszyklen durchgeführt. Man beachte dabei, daß CALL und RETLW und auch ADDWF PC jeweils 2 Befehlszyklen benötigen.

Zwei wichtige Dinge müssen beim Aufruf von Table-Read-Programmen beachtet werden:

• Falls die Eingangsgröße, im obigen Falle ZIF, fälschlicherweise einen Wert besitzt, der die Tabellenlänge übersteigt, kann man an ungeahnten Programmstellen landen. Sicherer ist es deshalb, den Eingangswert auf den Maximalwert abzufragen oder die Tabelle mit einigen zusätzlichen Werten aufzufüllen. Im vorliegenden Fall haben wir den Eingangswert schon durch ANDLW 0FH auf 0 ... 15 begrenzt. Zusätzlich könnte man die Tabelle noch mit 6 Zeilen RETLW 0FFH auffüllen. Die Programmzeilen, mit denen abgefragt wird, ob der Eingangswert kleiner als 10 ist, würde nämlich Zeit kosten. Der Rückgabewert 0FFH weist jedoch sofort auf einen Fehlerfall hin.

• Der zweite wichtige Punkt, auf den man zu achten hat, ist, daß ein Übertrag vom niederwertigen Byte auf das höherwertige Byte des Programmcounters zu vermeiden ist. Alle Versuche, einen solchen Übertrag während der Laufzeit zu entdecken, sind in der Regel unsinnige Spielereien, da ja nach dem Feststellen des Übertrages durch das Abfragen der Programm Counter wieder verändert wird. Es gibt nur eine sinnvolle Lösung dieses Problems, nämlich den Übertrag zu vermeiden. Bezüglich der Tabellen, die eventuell in der zweiten Hälfte einer Page liegen, gilt beim Aufruf das, was oben über den CALL Befehl und die Lage der Unterprogramme gesagt wurde. Zusätzlich dazu muß sich die ganze Tabelle innerhalb eines Blocks von 256 Speicherplätzen befinden. Größere Tabellen spaltet man einfach auf.

1.6.6 Der Umgang mit Interrupts

Ein Interrupt ist eine Programmunterbrechung, welche aufgrund bestimmter Ereignisse stattfinden kann. Ein Ereignis, welches einen Interrupt hervorrufen kann, heißt Interruptquelle. Das laufende Programm kann natürlich bestimmen, ob es unterbrochen werden will oder nicht.

Zunächst erklären wir kurz, was bei einer Programmunterbrechung geschieht: Der Programmcounter wird gerettet, und das Programm verzweigt an eine Bedienungsadresse, genannt Interruptvektor, welche bei der PIC16CXX-Reihe bei Adresse 4 liegt. Damit man weiß, welche Interruptquelle die Ursache war, wird ein Bit in einem Interrupt Control Register gesetzt. Dieses Bit muß meist per Software wieder zurückgesetzt werden, damit nicht sofort nach der Rückkehr aus dem Bedienungsprogramm der gleiche Interrupt wieder ausgelöst wird.

Das Bedienungsprogramm muß mit dem Befehl RETFIE (Return From Interrupt) beendet werden. Dadurch wird der gerettete Programmcounter wieder geladen und das Programm fährt dort fort, wo es unterbrochen wurde. Damit während einer Interruptbedienung keine weiteren Interrupts stören, wird das globale Interruptenable Bit (GIE) im INTCON automatisch gelöscht. Durch den Befchl RETFIE wird es wieder gesetzt. Ein Problem kann auftreten, wenn man im Verlauf eines Programms das GIE-Bit löschen will. Wenn nämlich gerade während dieses BCF Befehls ein Interrupt eintritt, wird er noch zugelassen, und bei Beendigung der Bedienungsroutine wird das GIE-Bit wieder gesetzt.

Abhilfe schafft man dadurch, daß man das GIE-Bit in einer Schleife solange löscht bis es wirklich «0» ist.

```
LOOP      BCF            INTCON,GIE
          BTFSC          INTCON,GIE
          GOTO           LOOP
```

Vor- und Nachteile

Bevor wir uns mit der Handhabung dieser Vorgänge beschäftigen, wollen wir gleich bemerken, daß die PIC16C5X keine Interrupts besitzen. Es gibt viele Situationen, in denen das Fehlen der Interrupts ein echtes Handikap darstellt. Es gibt aber auch viele Situationen, wo man durch die Interrupts eine Menge Schwierigkeiten bekommt. Bei allen Anwendungen muß man sich fragen, ob die Vor- oder Nachteile der Interrupts überwiegen.

Nützlich oder gar notwendig sind Interrupts dann, wenn man schnell auf Ereignisse reagieren muß, besonders wenn es sich um sehr kurze Vorgänge handelt. Auch wenn man bestimmte Prozesse bequem ein- und ausschalten möchte, können Interrupts nützlich sein.

Zwei schwerwiegende Nachteile sind aber zu berücksichtigen:

- Im gesamten Programm kann an jeder beliebigen Stelle zwischen zwei Befehlen eine Unterbrechung auftreten. Man hat immer die Folgen im Auge zu behalten.

- Außerdem sind Interrupts beim Testen von Programmen ziemlich lästig.

Unsere persönliche Meinung: Wenn es keine wichtigen Gründe für die Benutzung von Interrupts gibt, ist dies bereits ein Grund dagegen.

Interruptquellen der PIC16CXX

Es gibt eine Fülle von Interruptquellen, die glücklicherweise sehr übersichtlich dargestellt sind. Dabei ist es hilfreich, daß die Interruptquellen klar in zwei Gruppen eingeteilt sind.

Die erste Gruppe ist die Grundausstattung, die jedes Derivat der PIC16CXX-Familie besitzt. Diese sind:

- TMR0 Overflow

- Flanke an PORTB,0 (wahlweise positive oder negative Flanke)

- Änderung an PORTB,4-7

Der Pin PORTB,0 wird auch als INT bezeichnet.

Die zweite Gruppe sind die Interrupts, welche den Hardwaremodulen zugeordnet sind.

Interrupt Register

Für den Umgang mit Interrupts stehen einige Register zur Verfügung, mit deren Hilfe man festlegt, welche Interrupts erlaubt sind, und solche, die die Information enthalten, welche Quelle die Ursache eines Interrupts war. Die ersten heißen Interrupt-Enable-Bits, die zweiten heißen Interrupt-Flags.

Für die drei Quellen der ersten Gruppe ist dies das Register INTCON, welches sowohl die Enable-Bits als auch die zugehörigen Interrupt-Flags enthält. Im INTCON-Register befindet sich auch das GIE-Bit, welches das globale Interrupt-Enable-Bit ist. Außerdem enthält es das Enable-Bit (PEIE) für die Gesamtheit der zweiten Gruppe.

Für die zweite Gruppe sind die individuellen Enable-Bits in den Registern PIE1 und PIE2. Die zugehörigen Interruptflags, die anzeigen, welche Quelle den Interrupt ausgelöst hat, befinden sich in PIR1 und PIR2.

Weitere Register sind eventuell zu bedienen, um bestimmte Optionen festzulegen. Im Register OPTION ist beispielsweise das Bit 6 reserviert für die Festlegung der Flanke am PORTB,0. Dieses Bit ist «1» zu setzen für Interrupt bei positiver Flanke, bei negativer Flanke setzt man es «0».

Interruptbedienungsroutine

Das Interruptprogramm muß im allgemeinen Falle außer der eigentlichen Bedienungsroutine folgende Schritte enthalten:

- Retten des W und STATUS Registers

- Interruptflags prüfen und in die richtige Bedienung verzweigen

- Interruptflag löschen – sonst kommt er immer wieder!!

- Zurückladen von STATUS und W Register

Das Retten des Status- und W-Registers ist nötig, da ein Interrupt an jeder beliebigen Stelle des Programms auftreten kann. Zum Retten dieser beiden Register benötigen wir zwei Register, die wir hier S_Stack und W_Stack nennen.

Die Routine zum Retten des W-Registers und des STATUS-Registers lautet folgendermaßen:

```
PUSH      MOVWF          W_STACK
          MOVF           STATUS,W
          BANK_0                        ; Bank frei wählbar
          MOVWF          S_STACK
```

Das Retten des W-Registers geschieht in der Bank, in der man *vor dem Interrupt* war. Von dort wir es auch wieder zurückgeholt, da man ja beim POP zuerst das STATUS-Register wieder zurückholt. Für W_STACK muß man den Platz in allen Registerbänken freihalten.

Achtung: Nicht jeder PIC16 mit dem 14-Bit-Core hat in allen Bänken RAM-Variable. Beispiel: PIC16C554, 556, PIC16C620 und 621

Bei diesen Typen muß man sich die Bank-Information vom Bit 5 des STATUS-Registers ins Bit 7 (IRP) kopieren. Am Ende der ISR wird dann aufgrund dieses Bits in die höhere Bank geschaltet oder nicht. Bei diesen und anderen Fälle schadet es nicht, einen Blick in die SUB-Directory ...\MPLAB\TEMPLATE\CODE zu riskieren.

Vor dem Retten des STATUS-Registers muß man jedoch diejenige Bank selektieren, in der man sich beim POP befinden wird, sagen wir Bank 0.

Den Befehl BANK_0 müssen wir hinter dem MOVF STATUS,W setzen, da wir mit dem BANK_0 Befehl das Statusregister verändern.

Beim Zurückladen muß man sich eines Tricks bedienen.

Falsch ist:

```
NOPOP      MOVF        S_STACK,W
           MOVWF       STATUS
           MOVF        W_STACK,W      ; verändert STATUS,ZR
```

Nach dieser Befehlsfolge hat das Status-Register zwar kurzfristig seinen alten Wert wieder, aber durch den Befehl MOVF W_STACK dauert dieser Zustand nicht lange an. Manchmal stört es doch sehr, daß der MOVF-Befehl das ZR-Flag verändert.

Richtig ist:

```
POP        MOVF        S_STACK,W
           MOVWF       STATUS
           SWAPF       W_STACK        ; verändert STATUS nicht
           SWAPF       W_STACK,W
```

Der SWAPF-Befehl beeinträchtigt das STATUS-Register nicht, so daß durch zweimaliges Aufrufen dieses Befehls der MOVF-Befehl umgangen werden kann.

Man erkennt, daß mit Interrupts zwar ein schnelles Reagieren auf ein Ereignis möglich ist, jedoch das Bedienungsprogramm einige Befehle in Anspruch nimmt, vor allem, wenn mehrere Interrupts zugelassen sind und noch ein Verzweigungsteil nötig ist. Das einfache Umladen eines Registers, z.B. eines Timerstandes oder eines AD-Wandlerwertes, benötigt das W-Register. Durch den Trick mit dem SWAPF-Befehl kann man sich wenigstens das Retten des STATUS-Registers ersparen.

Es gibt einige wichtige Anwendungsfälle für Interrupts, bei denen in der Interruptroutine weder das STATUS- noch das W-Register verwendet werden, so daß man sich das Retten und Zurückladen sparen kann. Ein wichtiges Beispiel ist der Fall, bei dem man nur die Anzahl Interrupts in einer Variablen ICOUNT zählen will.

Als Beispiel betrachten wir den Sachverhalt, daß wir am INT Eingang Flanken zählen wollen. Das zugehörige Interruptflag ist im INTCON Register und heißt INTF.

Da der Befehl INCF das ZR Flag verändert, umgeht man das Problem trickreich, indem man den Befehl INCFSZ verwendet, welcher sich «flagneutral» verhält:

```
INTPRG     INCFSZ      ICOUNT         ;verändert STATUS nicht
           NOP
           BCF         INTCON,INTF
           RETFIE
```

Sogar ein Doppelregister ICOUNTL, ICOUNTH kann man so hochzählen:

```
INTPRG      INCFSZ          ICOUNTL
            GOTO            FERTIG
            INCFSZ          ICOUNTH
            NOP
FERTIG      BCF             INTCON,INTF
                            RETFIE
```

Achtung:

Man sollte übrigens auch dann ein Interruptprogramm schreiben, wenn man gar keinen Interrupt verwendet. Es könnte ja sein, daß ein Interrupt Register einmal nicht den Wert hat, den es haben soll. Für diesen Fall sollte an der Stelle des Interruptvektors wenigstens ein RETFIE oder sogar eine Fehlerroutine stehen. In der Zeit der Programmentwicklung und Fehlerbeseitigung kann es ja vorkommen, daß wie von Geisterhand in File Register geschrieben wird, die gar nicht gemeint waren.

Auf jeden Fall ist es wichtig, nicht nur das vom Interrupt zu lösende Problem zu betrachten, sondern auch das Restprogramm. Wieviel Unterbrechung verträgt das Restprogramm? Zeitkritische Anwendungen können durch das zwischenzeitliche Auftauchen eines Interrupts eventuell empfindlich gestört werden, vor allem, wenn man die Interruptroutinen genüßlich ausweitet.

Wir haben es uns zur Gewohnheit gemacht, innerhalb einer Interrupt-Routine nur das notwendigste zu erledigen. Dem Hauptprogramm wird dann ein Flag hinterlassen, damit es den weniger zeitkritischen Teil erledigen kann. Da das Interrupt-Flag selbst vor Verlassen der Interruptroutine gelöscht werden muß, wählt man dafür ein Bit in einer Steuervariablen.

1.7   Gehäuseformen der PIC16 Familie

Die Pinanzahl reicht mittlerweile von 8 bis momentan 84. Wie üblich werden auch die PIC16 Bausteine in verschiedenen Gehäuseausführungen geliefert. Wir möchten hier nur eine kleine Aufzählung vornehmen. Bezüglich der genauen Abmessungen der Gehäuse und welcher Typ mit welchem Gehäuse lieferbar ist, möchten wir auf das Datenbuch bzw. die Datenblätter verweisen.

Folgende Gehäusearten stehen zur Auswahl:

PDIP, SDIP, PLCC, SOIC, SSOP, PQFP

Für alle PIC12-17 Typen, die mit einem EPROM-Speicher ausgestattet sind gibt es auch Fenstertypen, allerdings meist nur von den DIL-Gehäusen. Sie heißen CERDIP-Gehäuse, und hinter der Typenbezeichnung steht dementsprechend ein JW. Alle Typen mit Flash-Speicher werden meist nur im Plastikgehäuse geliefert. Die UV-Lampe ist nun nicht mehr nötig zum Löschen dieser Bausteine.

1.8   Typenauswahl – keine Qual der Wahl

Wie wir aus unserer langjährigen Erfahrung gesehen haben, ist die Auswahl des optimalen PIC16-Typen nur in den seltensten Fällen eine Qual der Wahl. Mit nur wenigen Überlegungen läßt sich meist feststellen, welcher Baustein der Günstigste ist.

- Die erste Frage, die aufgrund der Gesamtschaltung geklärt werden muß, ist die, wieviele Pins benötigt werden. Damit steht die Mindestgröße schon einmal fest.

In Anbetracht der Preise der PIC16-Familie lohnt es sich kaum, Leitungen zu multiplexen, um mit einem kleineren Typen auszukommen. Der externe Aufwand für das Multiplexen besteht aus den Kosten für die zusätzlichen Bauteile und mehr Platzbedarf auf der Leiterplatte. Außerdem muß selektiert werden und danach ein Read- oder Write-Befehl ausgegeben werden, wodurch sich die Geschwindigkeit der IO-Zugriffe deutlich reduziert.

Wenn es sehr viele Leitungen werden, die eingelesen oder geschaltet werden müssen, stellt sich die Frage, ob das überhaupt noch eine µController-Anwendung ist, oder ob nicht bereits ein µProzessor mit externem Bus sinnvoll ist (PIC17C4X-Serie). Auch die Lösung mit *zwei* PICs ist in diesem Falle einer Überlegung wert.

- Die zweite Frage gilt dem AD-Wandler. Wenn ein AD-Umsetzer benötigt wird, stehen nunmehr einige Typen mit 8, 10 und 12 Bit Auflösung zur Auswahl.

- Die letzte Frage gilt den benötigten Peripherals. Grundsätzlich läßt sich sagen, daß fast jedes Peripheriemodul auch per Software mit normalen Pins realisiert werden kann.

Gewisse Einschränkungen muß man hier natürlich hinnehmen:

- Die wichtigste ist wohl die zur Verfügung stehende Zeit. Viele Applikationen lassen es nicht zu, daß sich der Controller beispielsweise ausschließlich einer seriellen Schnittstelle widmet, da andere Teile der Anwendung zwischenzeitlich auch bedient werden müssen. So muß die Bedienung des Peripheriemoduls häufig mit anderen Aufgaben geschachtelt werden. Dies erfordert eine Menge Akrobatik vom Entwickler, welche natürlich auch Kosten verursacht. Manchmal ist aber auch diese Vorgehensweise aus Zeitgründen nicht möglich. Die Lösung, einen schnelleren PIC16 zu wählen, um ein Peripheriemodul durch Software zu ersetzen, ist meist nicht empfehlenswert. Der Preis für einem bis zu 20 MHz geeigneten Typen ist erheblich höher als der eines langsameren. Außerdem sind aus Gründen der EMV-Problematik die Taktfrequenzen immer so niedrig wie möglich zu wählen.

- Als zweite Einschränkung muß noch in Erwägung gezogen werden, wie komplex das restliche Programm ohnehin schon ist. Die Überschaubarkeit, Wartbarkeit und Stabilität eines Programmes sollte nicht außer Acht gelassen werden.

Vielleicht ist es etwas gewagt und nicht immer zutreffend, aber trotzdem möchten wir folgende Unterschiede aufzeigen. Inwieweit sie für Sie bzw. Ihren speziellen Fall anzuwenden sind bzw. zutreffen, sind Sie sicher in der Lage selbst zu entscheiden.

teurerer PIC16	billigerer PIC16
kurze Entwicklungszeit	längere Entwicklungszeit
einfaches Programm	komplexeres Programm
gute Überschaubarkeit	geringere Überschaubarkeit
leichte Wartbarkeit	schwierigere Wartbarkeit
geringere Fehleranfälligkeit	höhere Fehleranfälligkeit
Routineprogrammierung	höherer Anspruch an den Entwickler

Wie sehr die Nachteile der komplexeren Programmierung ins Gewicht fallen, hängt natürlich von der Gesamtkomplexität ab. Häufig ist der PIC16 für eine Applikation ohnehin unterfordert, und es macht kaum Mühe, ihn mit einer seriellen Kommunikation oder einer pulsweitenmodulierten Ausgabe zu beschäftigen. Ist jedoch der zusätzliche Entwicklungsaufwand für den Verzicht auf ein Peripheriemodul sehr hoch, so entscheidet die angestrebte Stückzahl, ob die gesparten Bauteilkosten den Aufwand rechtfertigen.

Für den Fall, daß man einen Vertreter der PIC16C5X-Serie gewählt hat, ist noch zu beachten, daß man außer dem Verzicht auf Peripheriemodule auch noch weitere Einschränkungen in Kauf nehmen muß: die geringe Stacktiefe, kein Interrupt, weniger Fileregister,...

Die PIC16C554 und 16C558 sind keine PIC16C5Xer. Sie haben einen 14Bit-Core (mit Interrupt,...) und gehören dem entsprechend in die Midrange-Klasse 16CXX.

Die Programmspeichergröße möchte ich nur am Rande erwähnen, weil es die meisten Derivate in verschiedenen Versionen gibt: ½k, 1k, 2k, 4k, 8k, und sogar 16k Befehlsworte.

Im Zweifel wählen wir für den Prototypen einen größeren PIC. Dieser hat fast alle Module und sicher genügend Programm- und Datenspeicher. Wenn die Funktionalität erfüllt ist, machen wir uns daran, den momentan kleinsten zu suchen, der in Frage kommt. Es entscheidet sich ohnehin meist im Vorfeld, ob ein 5Xer anzustreben ist oder, ob es edler sein darf oder muß.

1.9   Die PIC17-Architektur und ihre Highlights

Die PIC17-Familie, die es bereits von Anfang an gegeben hat, gehört zum high end-Bereich. Sie unterscheidet sich grundlegend von den PIC16-Derivaten durch den Hardware-Multiplizierer und dadurch, daß hier auch externer Programmspeicher ansprechbar ist.

In den folgenden Abschnitten möchten wir nur die Unterschiede zu den kleineren PIC's darstellen.

1.9.1 Was ist das Besondere am PIC17 Konzept?

* Befehlssatz der PIC16CXX-Familie und einige Befehle mehr

* Die Befehle MOVF, TRIS und OPTION gibt es nicht mehr. Das Befehlswort ist jetzt 16 Bit breit.

* hohe Geschwindigkeit; bis zu 33MHz

* höhere Treiberleistung der Ausgänge als bei der PIC16-Familie

Während die Daten 8 Bit Format haben, bestehen die Programmworte aus 16 Bit.

Nach wie vor gibt es nur Ein-Wort-Befehle.

1.9.2 Die Hardware Grundausrüstung

Alle PIC17 besitzen eine unterschiedliche Anzahl IO Pins, welche alle einzeln als Ein- bzw. Ausgänge konfiguriert werden können. Gehäuse kleiner als 40 polig sind nicht verfügbar. Bereits in der Minimalausstattung gibt es Peripherals satt.

Der Datenspeicher und die Special-Function-Register

Die Register des Datenspeichers sind ähnlich organisiert wie bei den PIC16CXX-Bausteinen. Auch hier ist bereits die Grundausstattung recht ordentich. Ein Register ist allerdings neu. Es ist das Bankselectregister BSR. Kein Wunder, es sind ja auch bis zu 15 Bänke für die PIC17-Derivate angedacht. Das OPTION-Register gibt es nicht mehr, und die TRIS-Register heißen jetzt DDR, sprich Datadirectionregister.

IO-Ports

Die IO-Ports der PIC17-Familie sind zahlreicher und kräftiger. Ebenfalls wurde dem Umstand Rechnung getragen, daß ST-Eingänge öfter benötigt werden, als bei den PIC16 vorhanden.

Der TMR0 der PIC17-Derivate

Der TMR0 ist hier ein 16 Bit-Timer. Er hat einen Prescaler und ist grundsätzlich synchronisiert. Der Port-Pin A.1 ist der zugeordnete Timer0-Eingang. Drei weitere Timer stehen auch noch zur Verfügung.

Watchdogtimer

Dieser Timer ist unabhängig vom Rest des µControllers und teilt sich nichts mehr mit dem TMR0. Im Gegensatz zu früher kann er auch als normaler Timer ohne Wachhund betrieben werden. Dabei ist sein Eingang gleich dem Deviceclock, und der Timeroverflow (nach 65536 Cyclen) löscht nur das Bit /TO in CPUSTA. Mit dem Befehl CLRWDT kann es wieder gesetzt werden.

1.9.3 Zusätzliche Befehle der PIC17CXX

In diesem Abschnitt beschränken wir uns auf die Befehle, die es bei der PIC17-Kategorie mehr gibt als bei den PIC16.

Arithmetische und logische Instruktionen

```
ADDWFC f,d    Add W and Carry to f          (W + f + C) → d
DAW f,d       Dec. adjust W, store in f,d   W adjusted → f and d
MULLW k       Multiply literal and W        (k x W) → PH:PL
MULWF f       Multiply W and f              (W x f) → PH:PL
NEGW f,d      Negate W, store in f and d    (W + 1) → f,(W + 1) → d
RLNCF f,d     Rotate left (no carry)
RRNCF f,d     Rotate right (no carry)
SETF f,d      Set f and Set d               0xff ® f,0xff → d
SUBWFB f,d    Subtract from f with borrow   (f - W - c) → d
```

Bit Handling Instruktionen

```
BTG f,b      Bit toggle f                    .NOT. f(b) → f(b)
```

Program Control Instruktionen

```
CPFSEQ f     Compare f/w, skip if f = w      f-W, skip if f = W
CPFSGT f     Compare f/w, skip if f > w      f-W, skip if f > W
CPFSLT f     Compare f/w, skip if f< w       f-W, skip if f < W
DCFSNZ f,d   Decrement f, skip if not 0      (f-1) → d, skip if not 0
INFSNZ f,d   Increment f, skip if not        (f+1) → d, skip if not 0
             zero
LCALL k      Long Call (within 64k)          (PC+1) → TOS;
                                             k ® PCL, (PCLATH) → PCH
RETFIE       Return from interrupt,          TOS → PC,
             enable interrupt                0 → GLINTD
TSTFSZ f     Test f, skip if zero            skip if f = 0
```

Data Movement Instruktionen

```
MOVFP f,p    Move f to p                     f → p
MOVLB k      Move literal to BSR             k → BSR (3:0)
MOVLP k      Move literal to RAM page        k → BSR (7:4)
             select
MOVPF p,f    Move p to f                     p → W
TABLRD t,i,f Read data from table latch      TBLATH → f if t=1,
             into file f, then update        TBLATL → f if t=0;
             table latch with 16-bit         ProgMem(TBLPTR) → TBLAT;
             contents of memory location     TBLPTR + 1 →
             addressed by table pointer      TBLPTR if i=1

TABLWT t,i,f Write data from file f to       f → TBLATH if t = 1,
             table latch and then write      f → TBLATL if t = 0;
             16-bit table latch to           TBLAT v ProgMem(TBLPTR);
             program memory location         TBLPTR + 1 →
             addressed  by  table            TBLPTR if i=1
             pointer

TLRD t,f     Read data from table  latch     TBLATH → f if t = 1
             into file f (table latch        TBLATL → f if t = 0
             unchanged)
TLWT t,f     Write data from file f into     f → TBLATH if t = 1
             table latch                     f → TBLATL if t = 0
```

1.10 Die PIC18-Architektur und ihre Features für den Anwender

Das ist ein kurzer Ausblick in die nahe Zukunft (3.-4.Q 99)

1.10.1 Was ist das Besondere am PIC18 Konzept?

Die neue PIC18-Architektur ist weitgehend kompatibel mit den PIC16CXX und PIC17CXX-Familien. Nur wenige Befehle sind leicht verändert.

Geschwindigkeit und Befehlswortlänge

Die Verarbeitungsgeschwindigkeit wurde vervierfacht, d.h., daß ein PIC18 bei 10 MHz jetzt mit 10 MIPS aufwartet. Damit soll diese neue Familie um 50% effektiver sein als die PIC16CXX-Familie und um 30% effektiver als die PIC17CXX-Vertreter.

Erreicht wurde diese Verbesserung durch das breite Befehlswortformat. Mit seiner Gesamtbreite von 16 Bit sind jetzt der Opcodeteil 8 Bit breit und der Argumenten-teil auch. Damit werden 77 Befehle zur Verfügung gestellt, und maximal direkt adressierbar sind jetzt 256 Register.

Programmspeicher, Datenspeicher und die Special-Function-Register

Der gesamte adressierbare Programmspeicher kann nun maximal 2 MByte betragen. Er ist nicht mehr Read-only sondern man kann jetzt auch in den Programm-speicher schreiben.

Der Datenspeicherbereich ist auf 4 KByte gewachsen, und es kann nun mit insge-samt drei Zeigerregistern (FSR) darauf zugegriffen werden.

Die Arbeit mit den FSR's wird auch komfortabler. Pre- und post-inkrement und -dekrement sind jetzt möglich. Man kann auf den Inhalt von (FSR plus W) zugrei-fen.

Die Einteilung des Datenspeichers scheint gut durchdacht zu sein. Es existieren bis zu 16 Registerbänke á 256 Bytes. Die special function registers sind im Gegensatz zu früher nach ganz oben gewandert. Sie 'wachsen' von 4095 (0FFFH) nach 3968 (0F80H). Diese halbe Bank ergibt zusammen mit der unteren Hälfte der Bank 0 die sogenannte ACCESS-Bank. Durch ein Bit im Opcode wird festgelegt, ob die Bank aufgrund des BSR (Bank-select-register) ausgewählt wird oder, ob die ACCESS-Bank angesprochen wird. Damit hat man optimal schnellen und unkomplizierten Zugriff auf die SFR's und globale Variable, die man sich vorzugsweise in die untere Hälfte der Bank 0 legt. Damit ist dem Schreckgespenst 'banking', was wir noch von der 5X-Familie kennen, ein großer Zahn gezogen, wenn ihm nicht gar der Schrekken gänzlich genommen wird.

Die Zwei-Wort-Befehle und neue Sprungbefehle

Bei den Befehlen ist neu, daß die GOTO- und CALL-Befehle jetzt 2 Worte lang sind. Der Befehl MOVFF ist ebenfalls 2 Worte lang und kann jetzt von Datenspeicher nach Datenspeicher, und von Datenspeicher nach Programmspeicher und umgekehrt kopieren. Übrigens, vor den 2-Wort-Befehlen muß man keine Angst haben. Falls der größte anzunehmende Fehler passiert, daß der Controller nicht auf den ersten Teil eines solchen Befehls springt, sondern auf den zweiten Teil, geschieht überhaupt nichts, denn den zweiten Teil interpretiert er als NOP-Befehl. Damit ist es sogar möglich, einen 2-Wort-Befehl mit einem SKIP-Befehl zu überspringen.

Erwähnen möchte ich noch, daß künftig auch relative Sprünge möglich sind. Sowohl bedingte als auch unbedingte.

Peripheriemodule

Die kürzlich weiterentwickelten Peripherals sind auch in die PIC18-Familie eingegangen, doch das ist noch nicht alles.

Als letztes Feature möchte ich das verbesserte Interrupt-Handling ansprechen. Interrupts mit verschiedenen Prioritäten werden unterschiedliche Interrupt-Vektoren haben. Diese Familie wird voraussichtlich die erste sein, die ein CAN-Hardware-Modul onboard hat.

Wir freuen uns auf die neue PIC18-Familie.

Auf der Web-site von Microchip ist bei Erscheinen dieses Buches ein Datenblatt zu bekommen.

2 Die Entwicklungsumgebung MPLAB

2.1 Überblick

In den folgenden Abschnitten werden wir den Umgang mit der integrierten Entwicklungsumgebung MPLAB von Arizona Microchip zeigen.

2.1.1 Zum Umfang von MPLAB zählt:

- Das **Projektmanagement**
- Ein komfortabler **Texteditor**
- Der Assembler **MPASM**
- Der Simulator **MPSIM**
- Die Emulatorunterstützung
- Die In-circuit-debugger-Unterstützung
- Die Programmiergeräte-Schnittstelle

Hochsprachen-Compiler lassen sich übrigens auch integrieren. Mit einem Button in der Toolbar werden z.B. die Compiler von IAR, CCS und HITECH oder der MPLAB-C17 von Microchip gestartet. Deshalb heißt dieser Button auch nicht ASSEMBLE oder COMPILE sondern MAKE PROJECT.

Durch die komplette Ausstattung dieser integrierten Entwicklungsumgebung MPLAB ist es nicht nötig, diese für irgendwelche Aufgaben zu verlassen. Programmcodeteile aus alten Quellfiles importieren, Trace-Ergebnisse exportieren und drucken verschiedenster Texte oder Ergebnisse kann man logischerweise auch.

2.1.2 Kurze Einweisung in MPLAB

Was ist auf dem MPLAB-Desktop alles dargestellt? Ganz oben ist wie üblich die **Menüzeile**. Alle verfügbaren Befehle können über die Pulldown-Menüs ausgeführt werden. Zusätzlich zu dieser Menüzeile steht gleich darunter die sogenannte **Toolbar**. Es gibt vier Toolbars. EDIT, DEBUG, PROJECT und USER heißen sie und beinhalten unterschiedliche Buttons, welche genau einem Befehl zugeordnet sind.

Damit können wichtige Befehle besonders schnell aufgerufen werden. Meine bevorzugte Toolbar ist die 'USER'-Toolbar. Falls sie einem Benutzer so wie sie ist nicht gefällt, kann er sie im ENVIRONMENT SETUP selbst konfigurieren. Mit dem ganz linken Button kann man zwischen den Toolbars umschalten.

Der Name der aktuellen Toolbar steht an Ende der Statuszeile. Die **Statuszeile** ist am unteren Fensterrand. Sie beinhaltet noch einiges mehr an Informationen für den Benutzer. Solange kein Projekt geöffnet ist, wird ganz links die Versionsnummer des MPLAB angezeigt. Wenn ein Projekt geöffnet ist, erscheint dort die Information Zeile und Spalte des Schreibcursors innerhalb des Files, welches gerade aktiviert ist. Einige Spalten weiter steht der aktuelle PIC-Typ, der Programmcounter, der Inhalt des W-Registers und das STATUS-Register mit den Flagbezeichnungen Carry, Zero und Decimalcarry. Das übernächste Feld ist der Developementmode und schließlich am Ende der Name der Toolbar, die gerade aktiv ist. Bei den Feldern Programmcounter und Developement-Mode kann man durch einen Doppelklick ein Änderungsfenster öffnen. Noch tiefer möchte ich hier nicht eintauchen, denn das Hilfesystem von MPLAB ist sehr aufschlußreich.

2.2   Das Projektmanagement

Hierbei handelt es sich um einen entscheidenden Baustein des MPLAB. Im Zusammenhang mit dem MPLAB versteht man unter Projektmanagement das Management der Dateien und deren Behandlung in der integrierten Entwicklungsumgebung MPLAB, sowie das Management der Tools und Einstellungen im MPLAB. Um sicher im MPLAB arbeiten zu können, muß ein 'Projekt' definiert werden.

2.2.1   Was ist ein Projekt

Da es sich um einen wichtigen Begriff handelt, gleich an dieser Stelle die Erklärung, was ein 'PROJEKT' ist.

Ein Projekt hat einen Namen, der mit den Namen des Sourcefiles oder anderen Files nichts zu tun haben muß. In diesem Projekt wird ein HEX-Filename definiert und ein dazugehöriger ASM-Filename komplett mit seinen Eigenschaften. Unter seinen Eigenschaften versteht man, ob case-sensitive Behandlung (Groß-Kleinschreibung) erfolgt, ob ein LST-File erzeugt wird, ob nur Warnings und Errors ausgegeben werden sollen oder auch Messages (Mitteilungen). Eventuell vorhandene Includefiles können in Editorfenstern dargestellt werden. Watchfenster, RAM-Fenster und Codefenster können ebenfalls auf dem Bildschirm plaziert werden und als Bestandteil des Projekts definiert werden. Wird ein Projekt in einer beliebigen Konstellation verlassen, und Sie öffnen es später wieder, so stellt es sich wieder genauso dar wie vorher. Das betrifft nicht nur die Variablen im Watchfenster, sondern auch Größe und Ort eines Includefile-Fensters. Ebenso ist ein Teil der Projektdefinition der verwendete PIC-Typ und der Entwicklungsmodus (nur Editor, Simulator oder Emulator, und ggfls. welcher Emulator).

Somit ist klar, daß zu einem Zeitpunkt nicht mehr und nicht weniger als *ein* Projekt geöffnet sein kann.

Alle Files eines Projekts müssen in einer Subdirectory sein! Vor allem das PJT (Projekt)-File selbst. Dieses Verzeichnis kann ein Unterverzeichnis von C:\MPLAB sein, muß es aber nicht. Eine Ausnahme gilt für die von Microchip vordefinierten Include-Files, die den Registerumfang eines bestimmten PIC's definieren und einiges mehr. Diese Files (z.B.: P16C74B.INC) werden, wenn sie im Projektverzeichnis nicht gefunden werden, im MPLAB-Hauptverzeichnis (C:\MPLAB) gesucht.

2.2.2 Wir erstellen ein Projekt

Das Definieren (create new) eines neuen Projekts ist nicht schwierig, aber es sind ein paar kleine Hürden zu nehmen:

Öffnen des Fensters project/new.

Als erstes muß hier die Directory angewählt werden, wo sich alle Dateien dieses Projekts befinden sollen. Falls es eine neue Subdirectory sein soll, muß sie vorher erzeugt werden. Anschließend wird links oben der Projektname eingegeben werden.

Ich wechsle in das Verzeichnis C:\MPLAB\BOZEN (mit einem Doppelklick auf BOZEN)

Die in 'BOZEN' bereits vorhandenen Projekte werden angezeigt.

Ich gebe links oben den neuen Projektnamen 'ALFA' ein. Die File-Extension '.PJT' muß beibehalten werden.

Im anschließenden project/edit-Fenster kann man viel einstellen, aber nur die folgenden Tätigkeiten *müssen* sein:

1. Anklicken des Projektfiles *.hex; Nicht davon irritieren lassen, daß hier ALFA.HEX steht.

2. Anklicken des Button 'node properties' (Eigenschaften).

3. Das jetzt erscheinende Fenster einfach mit 'ok' wegklicken (später kurz betrachten).

4. Jetzt erscheint die Möglichkeit 'add node' (vorher hatten wir diesen Button nicht!).

5. Wir klicken auf 'add node'.

6. Jetzt wird der Sourcefilename 'BETA' eingegeben. Diese Datei muß noch nicht existieren. Jetzt ändert sich auch der HEX-Filename in BETA.HEX.

7. Mit 'ok' verlassen wir dieses Fenster.

8. fertig

Was auf dem Bildschirm dargestellt wird, muß jetzt definiert werden:

Ein bestehendes Sourcefile laden wir mit file/open. Gesichert wird es ganz normal mit save. Für ein neues Sourcefile bemühen Sie den Menüpunkt file/new, um ein Fenster zu öffnen. Wir schreiben dann das Programm, und mit file/save as speichern wir das Sourcefile mit dem Namen 'BETA.ASM' ab. Genausogut können wir ein bestehendes File, z.B. einen vordefinierten Programmrahmen, öffnen, editieren und anschließend mit save as abspeichern.

Plazieren und in der Größe verändern erledigen wir mit den Windows eigenen Funktionen.

Abspeichern des Projekts:

Dazu können Sie auf die grüne Diskette klicken, oder Sie speichern mit project/save. Die grüne Diskette ist u.a. in der USER-Toolbar enthalten.

Nachdem das erste Mal assembliert oder compiliert wurde, sind die Variablen Ihres Programms verfügbar. Ab jetzt ist es möglich, ein Watchfenster mit diesen Variablen zu eröffnen.

Mit window/new watchwindow definieren wir ein Fenster, in dem dann die Variablen in unterschiedlichen Formaten dargestellt werden können. Die Darstellungsformate sind binär, byteweise, wortweise und noch einige mehr.

2.3   Der Editor

MPLAB besitzt einen komfortabler **Texteditor** für den Sourcecode (ASM, INC, und andere Files). Falls Sie auch Gefallen an diesem Editor haben und ihn gerne auch außerhalb von MPLAB benutzen möchten (als Ersatz für Notepad oder EDIT), könnten Sie sich unter der Adresse http://www.lancs.ac.uk/people/cpaap/pfe/default.htm die aktuelle Version des PFE für 16 Bit und 32 Bit holen. 'Im Vergleich zum PFE ist das Notepad eher ein Notpad.' Zitat aus dem Internet. Auch zum Editor existiert ein umfangreicher Hilfstext. Übrigens: Die Mühe, die sich Microchip bei den Hilfstexten gemacht hat, hat sich echt gelohnt und verdient ein Lob.

2.4   Der Assembler MPASM

Der Assembler **MPASM** ist selbstverständlich auch Bestandteil von MPLAB. Er ist direkt über einen Button (make project) aufrufbar. Im Menü project/install language tools sollte der Assembler mit der Eigenschaft 'windowed' versehen werden. Dann wird zum Assemblieren nicht auf das DOS-Fenster umgeschaltet. Ab der MPLAB-Version 4.00 habe ich diese Einstellung bereits so vorgefunden. Im Hilfstext des MPASM sind im Appendix E (Quick-Reference) auch die Befehlslisten (mit kurzer Erklärung) aller unterstützten PIC-µController-Familien enthalten.

2.4.1 Der Umgang mit dem Assembler

Alle in diesem Buch vorgestellten Programme und Programmteile sind in der Syntax des «MPASM» von Arizona Microchip geschrieben. Daneben gibt es noch Assembler von Drittanbietern, wie z.B. Parallax, UCASM (von Elektronikladen und Wilke Technology vertrieben) und diverse Sharewareassembler. Wer mit MPLAB arbeitet, braucht eigentlich keinen weiteren Assembler, aber es gibt auch andere komplette Systeme, die vielleicht ihren eigenen Assembler verwenden. Lediglich das Ausgangs-HEX-File muß zum verwendeten Programmer passen.

Ein Assembler übersetzt den Quellcode Zeile für Zeile, entdeckt Fehler gegen die Syntaxregeln und legt Listen von allen im Quellcode benutzen Namen an. Dem Assembler müssen daher außer dem Programm auch noch weitere Mitteilungen gemacht werden, welche man Assembleranweisungen nennt. Die Assembleranweisungen des MPASM entsprechen den üblichen Gepflogenheiten. Wir werden über diese Anweisungen nur soweit sprechen, wie sie für die Anwendungen in diesem Buch von Bedeutung sind.

EQU-Anweisung

Mit der EQU Anweisung wird einem Variablennamen ein Wert zugewiesen, welcher z.B. seine Adresse im RAM ist. Es wird keine Initialisierung der Variablen vorgenommen. Im ersten Programmteil hinter den Port-Definitionen müssen den Variablen Startwerte zugewiesen werden. Auf die gleiche Weise wird einer Konstanten ein Wert zugeteilt. Formal gibt es keinen Unterschied zwischen der Deklaration einer Konstante und einer Variable. Dennoch ist dringend anzuraten, im Deklarationsteil Variable und Konstante sorgfältig zu trennen und sie auch gut zu kommentieren. Wenn man die Variablen in der Reihenfolge ihrer Adressen deklariert, riskiert man nicht, eine Adresse versehentlich zweimal zu vergeben.

Ob ein deklarierter Name als Konstante oder als Variable gilt, wird nur durch den Befehl entschieden, in dem der Name benutzt wird. Der Assembler wird sich nicht aufregen, wenn Sie den gleichen Namen einmal in einer MOVF Anweisung und ein anderes Mal in einer MOVLW Anweisung benutzen. Sinnvoll ist dies in der Regel dann, wenn Sie die Adresse einer Variablen in das Zeigerregister FSR laden.

Nehmen wir an, Sie haben eine Variable namens QUELLE. Sie deklarieren diese Variable beispielsweise mit:

```
QUELLE    EQU   20H
```

Damit haben Sie der Variablen Quelle die Adresse 20H zugeordnet.

Die Anweisung MOVF QUELLE,W bringt den Inhalt des Fileregisters 20H in das W-Register, während die Anweisung MOVLW QUELLE das W-Register mit 20H lädt. Der Assembler wird also keine Meldung wie «Type mismatch» bringen.

Denken Sie auch daran, daß Sie jeder Variablen, bevor Sie sie zum ersten Mal benutzen, im Programm einen Anfangswert zuordnen müssen. Die normalen Fileregister haben nach dem Reset keinen definierten Wert (einen sogenannten Resetvalue). Lediglich die Special-Function-Register haben zum Teil einen definierten Resetwert, welchen man aus dem Datenbuch entnehmen kann.

CBLOCK-Anweisung

Mit der CBLOCK-Anweisung können vielen Variablen Adressen zugeordnet werden, ohne eine Verwendung der EQU-Anweisung für jede Variable einzeln.

```
CBLOCK    20H
LAB1, LAB2,            ; Kommentar
LAB3
LAB4                   ; Kommentar
LAB5, LAB6             ; Kommentar
ENDC
```

Automatisch sorgt die CBLOCK-Anweisung dafür, daß die Adressen ab 20H aufsteigend vergeben werden. Keine wird vergessen, keine wird doppelt belegt. Der Kommentar, in dem der Verwendungszweck der Variablen beschrieben wird, ist wie gezeigt auch möglich.

#DEFINE-Anweisung

Mit der #DEFINE-Anweisung kann man einen beliebigen String durch einen anderen String ersetzen. Wir machen von dieser Anweisung im Zusammenhang mit der

Bezeichnung von Bits gerne Gebrauch. Obwohl die Bit-Befehle, z.B. BSF, BCF, zwei Argumente haben (Fileregister und Bitnummer), ist es trotzdem möglich, mit der #DEFINE-Anweisung den ganzen Ausdruck durch einen Namen zu ersetzen.

Wenn man z.B. einen Signalausgang hat, welcher an PortB,2 liegt, kann man diesen mit dem Namen SIGNAL benennen, wenn man im Deklarationsteil dies mit der Anweisung

```
#DEFINE    SIGNAL      PORTB,2
```

vereinbart hat.

Die Frage ist, welchen Vorteil bzw. welchen Nachteil diese Benennung hat. Bei den Portpins handelt es sich um Signale, deren Namen für den Anwender eine feste Bedeutung haben. Für den Programmierer ist es nicht von großer Bedeutung, in welchem Port und an welchem Pin sich ein bestimmtes Signal befindet. Hinzu kommt, daß die Pinbelegung sich im Verlaufe der Projektentwicklung noch ändern kann. Aus diesen Gründen machen wir in der Regel bei den Portpins von der #DEFINE-Anweisung Gebrauch.

Anders verhält es sich, bei den Bits welche sich in Steuer- oder Fehlervariablen befinden. Hier *kann* es vorkommen, daß der Programmierer gerne wissen möchte, in welcher Variablen sich das entsprechende Bit befindet, woraus er erkennen kann, welche Bedeutung es hat. Es kommt auch sehr oft vor, daß man beim Programmerstellen einen Suchlauf nach Variablen wie STEUER oder FEHLER durchführt, was nicht funktionieren würde, wenn man die Benennung wie bei den Port-Signalen handhabt. Außerdem ist es manchmal praktisch, Bits aus verschiedenen Variablen mit gleichen Namen zu benennen. Deshalb werden wir bei Bits in normalen Registern die #DEFINE-Anweisung häufig nicht benutzen, sondern nur die EQU-Anweisung für die Nummer der Bits.

Beispiel:

```
BSF   INTCON,GIE
```

Hier sieht man sofort, daß es sich um das Zulassen der Interrupts geht. Dazu kommt, daß jeder Entwickler diese Bits bei ihren Namen kennt, und eine Umbenennung nur zu Verwirrungen führt.

Label

Label sind Namen für Programmadressen. Man benutzt sie meist dann, wenn man auf eine Programmzeile mit GOTO- oder CALL-Befehl verzweigen will. Die Namen der Label werden dadurch deklariert, daß man sie in die entsprechende Programmzeile vor den Befehl schreibt.

Wichtig ist dabei die folgende Regel:

Label müssen in der ersten Spalte beginnen, dagegen dürfen Befehle oder Assembler-Anweisungen nicht in der ersten Spalte beginnen.

Diese Regel hat einen sehr wichtigen Sinn: Dem Assembler wird auf diese Weise signalisiert, daß es sich um einen Label handelt und nicht um einen Befehl. Ohne diese Regel würde er bei einem falsch geschriebenen Befehl glauben, es handle sich um einen Label, und folglich diesen Fehler nicht melden.

Die Namen der Label müssen mit einem Buchstaben oder einem Unterstrich beginnen. Innerhalb des Labels dürfen alphanumerische Zeichen, Unterstrich und Fragezeichen vorkommen. Label dürfen bis zu 31 Zeichen lang sein.

LIST-Anweisung

Mit der LIST-Anweisung werden dem Assembler verschiedene Anweisungen vermittelt. Die wichtigste Option dieser Anweisung ist die Deklaration des verwendeten Prozessors, welche aber auch mit der PROZESSOR-Anweisung durchgeführt werden kann. Auch das Ausgabeformat des HEX-Files wird mit einer Option festgelegt.

Option	Default	Bedeutung
c=nnn	132	Spaltenbreite des LST-Files
n=nnn	59	Zeilen pro Seite
f=<Format>	inhx8m	HEX-Fileformat
p=<Typ>	kein Default	alle Typen, von PIC 12 bis PIC 18
r=<radix>	hex	hexadezimal,octal,dezimal

Auszug aus den LIST Optionen

Alle Optionen des LIST-Befehls finden Sie im Hilfstext unter dem Punkt 'directive language', also der Sprache, die die Assembler-Anweisung für den MPASM beschreibt.

INCLUDE-Anweisung

Mit dieser Anweisung wird eine externe Datei geladen, die während des Assemblierens mit übersetzt wird. Die INCLUDE-Anweisung kommt genau an die Stelle im Programmtext, wo der externe Text hingehört. Die Stellung der INCLUDE-Anweisung ist ganz besonders wichtig, wenn damit Programmcode für Unterprogramme und Tabellen eingebunden wird.

Im Programmkopf wird in der Regel mit dieser Methode eine Standarddefinitionsdatei eingebunden. Sinn und Zweck dieser Datei sind, allgemeine Definitionen wie Namen von Special-Function-Registern, Bitnummern dieser Register und die Resetvektoren der PIC16C5X-Reihe vorab zu deklarieren. Bei den PIC16CXX ist der Resetvektor immer «000».

Im Programmpaket «MPLAB» sind INCLUDE-Dateien für alle PIC-Typen enthalten.

Die Endung dieser Art von INCLUDE-Dateien ist üblicherweise «.INC», früher «.EQU». Letztere weist auf den Inhalt hin, der natürlich aus einer Menge von EQU-Anweisungen besteht.

Wenn man mit dem MPASM in herkömmlicher Manier arbeitet, ist es oft praktisch, ein Paket von Unterprogrammen, welches für ein Programmwerk benötigt wird, in einer INCLUDE-Datei abzulegen und durch den Assembler an die entsprechende Programmspeicherstelle zu legen.

Arbeitet man mit dem Assembler und dem Linker, werden die Unterprogramme aus anderen Objektfiles mit der EXTERN-Anweisung eingebunden.

TITLE-Anweisung

Mit dieser Anweisung wird ein Ausdruck festgelegt, der beim LIST-File im Kopf jeder Seite erscheint. Falls man verschiedene Versionen eines Programms hat, kann man *(sollte man)* den Titel oder den Platz darunter für Notizen verwenden, damit man beim Öffnen eines Programmtextes sofort sieht, welche besonderen Eigenschaften das jeweilige Programm hat, bzw. welchen Status diese Version hat.

ORG-Anweisung

Diese Anweisung teilt dem Assembler mit, an welche Programmspeicherzelle er das nächste Wort Programmcode legen soll. Seitdem es Flash-Versionen der PIC-µController gibt, kann nicht nur der Programmcode im Programmspeicher stehen.

END-Anweisung

Wie bei allen Assemblern üblich, gibt es auch hier die END-Anweisung, die das Programm beendet. Alle Zeichen hinter dieser Anweisung werden nicht mehr berücksichtigt. Auch das ist eine Assembleranweisung, die nicht in der ersten Spalte beginnen darf. Wenn Sie das bis zum Ende Ihres Programms vergessen haben, ist auch nicht schlimm. Der MPASM sagt es Ihnen schon.

FILL-Anweisung

Dieser Assemblerbefehl gibt dem Programmierer die Möglichkeit, alle unbenutzten Programmspeicherzellen mit einem bestimmten Wert zu füllen.

Die wichtigste Nutzung dieser Anweisung ist, den unbenutzten Speicherbereich mit einem GOTO Befehl zu füllen. In der Entwicklungsphase ist dies nützlich, falls man aufgrund eines Programmierfehlers an eine Stelle gerät, die man eigentlich nicht erreichen sollte. Wenn man den unbenutzten Speicherbereich mit dem Code für «GOTO FORREST» füllt, muß nur der Label «Forrest» mit einem «NOP»-Befehl dahinter existieren, dann kann ein Breakpoint auf diese Adresse gelegt werden, und das Ereignis kann mit dem In-Circuit-Emulator sicher erkannt werden.

Auch in der endgültigen Version (für die Produktion) ist das Füllen mit einem GOTO Befehl aus Sicherheitsgründen sinnvoll, denn theoretisch kann aufgrund eines defekten Bits oder einer starken elektromagnetischen Einwirkung das Programm aus dem Tritt geraten. In diesem Fall kann man das Programm schnell wieder in einen sicheren Zustand bringen.

Ein weiteres sinnvolles Einsatzgebiet für diese Anweisung ist das produzieren von Daten für einen externen Speicher.

Die Anweisung hat zwei Parameter. Der erste ist das Zeichen, welches zum Füllen verwendet werden soll. Der zweite gibt die Anzahl an, wie oft das Zeichen einzusetzen ist.

Je nachdem, ob ein 8- oder 16-Bit-Datensatz erstellt wird, ändert der Parameter für die Anzahl seine Bedeutung. Also beim Herstellen eines 8-Bit-Satzes heißt es, n Byte werden eingetragen. Bei einem 16-Bit-Satz werden n Worte eingesetzt.

DATA-Anweisung

Mit dieser Anweisung werden Bytes, Worte, Characters und Texte der Reihe nach in den Programmspeicher geschrieben. Falls ein 16-Bit-Satz erstellt wird und keine gerade Anzahl von Bytes spezifiziert wird, bleibt die rechte Hälfte des letzten Wortes frei, d.h. null.

Richtig sinnvoll ist diese Anweisung bei den Typen, die auf den Programmspeicher direkt (nicht nur über RETLW) zurückgreifen können. Ansonsten haben Daten im Programmspeicher nur dokumentarischen Wert.

RES-Anweisung

Um Speicherzellen zu reservieren, kann man die RES-Anweisung benutzen. Hierbei handelt es sich immer um Worte. Wird ein 8-Bit-Satz erstellt, heißt das, daß bei der

Anweisung „RES 8" 16 Byte reserviert werden. Für diese Speicherzellen wird kein Eintrag in der Intel-Hex-Datei vorgenommen.

DB-Anweisung

Bei dieser Anweisung wird genauso verfahren wie bei der DATA-Anweisung. Die Zeichen oder Werte werden der Reihe nach in den Speicher gelegt. Ist die Anzahl ungerade und wird ein 16-Bit-Satz erstellt, bleibt auch hier die rechte Hälfte des letzten Wortes gleich null.

DE-Anweisung

Diese Anweisung heißt eigentlich 'define eeprom-data'. Sie ist für das interne EEPROM der PIC 16C84 u.ä. gedacht. Diese DE-Anweisung behandelt die Daten etwas anders. Je nach Zeichen oder Byte wird eine Basiseinheit eines Satzes verwendet. Also bei einem 8-Bit-Satz werden die Zeichen jeweils in ein Byte gesetzt. Beim 16-Bit-Satz bleibt das erste Byte eines Wortes grundsätzlich frei. Ein Wert größer als 255 wird nicht angenommen, also wie bereits gesagt, ein Zeichen oder ein Byte.

DT-Anweisung

Diese Anweisung führt bei einem 8-Bit-Satz zu einer Fehlermeldung. Für die Erzeugung von EEPROM-Daten mit dem MPASM ist dieser Befehl nicht geeignet.

Sinn und Zweck dieses Befehls ist es, RETLW-Befehle zu produzieren. An den untenstehenden Beispielzeilen aus einem Listfile können Sie ersehen, wie die Syntax dieses Befehls aussieht.

```
0010   3400 3417   DT        BMUL,WMUL
0012   3441        DT        'A'
0013   3441 346E   DT        "Anne"
       346E 3465
```

DW-Anweisung

Auch diese Anweisung führt bei einem 8-Bit-Satz zu einer Fehlermeldung, aber es erfolgt trotzdem eine exakte Durchführung, d.h. es legt alle gegebenen Werte jeweils in einem Wort ab.

MACRO-Anweisung

Die MACRO-Anweisung ist ein wichtiges Mittel zur übersichtlichen Gestaltung der Quell-Datei. Der Programm-Text, der auf die MACRO-Anweisung folgt, wird als Textblock gespeichert. Dieser Textblock kann an jeder Stelle des Programms durch den Namen des Makros ersetzt werden. Ein Makro ist also die Vereinbarung eines

Namens als Abkürzung für einen aus einer oder mehreren Zeilen bestehenden Programmtextes. Das Ende dieses Programmtextes wird mit der Anweisung ENDM gekennzeichnet.

Wieviel Komfort dabei angeboten wird, hängt vom jeweiligen Assembler ab. In der heutigen Zeit kann man auf jeden Fall von einem ordentlichen Assembler erwarten, daß er symbolische Namen für Variable, Konstante und Label zuläßt, die erst beim «Aufruf» des Makros festgelegt werden. Symbolische Parameter schreibt man einfach hinter die MAKRO-Anweisung. Wenn es mehrere Parameter sind, werden sie durch Komma getrennt.

Wenn der Assembler den Namen eines Makros im Programm findet, fügt er an dieser Stelle das zum Makro gehörige Maschinenprogramm ein. Dabei setzt er an die Stellen, die durch symbolische Namen noch undefiniert blieben, die Werte ein, die am Ort des Aufrufes angegeben werden.

Ein Beispiel für eine MACRO-Anweisung (MACRO-Definition)

```
SERIN  MACRO      TRANS
       CLRF       TRANS
       ...                        ;
       ENDM
```

Ein Makro-Aufruf könnte lauten:

```
       SERIN      ZEICHEN
```

Dann wird die Registeradresse des Zeichens in den entsprechenden Maschinencode überall da eingefügt, wo Platz für die Registeradresse des symbolischen Parameters TRANS freigelassen wurde.

Wenn ein Makro aufgerufen wird, wird der gesamte Code des Makros an dieser Stelle in das Hexfile eingefügt, im Gegensatz zum Aufruf eines Unterprogramms, bei dem an der Stelle des Aufrufs nur der Befehl CALL erscheint!

Lokale Label in Makros:

Wenn in Makros Label verwendet werden, müssen diese als lokale Label definiert werden. Diese geschieht mit der Anweisung «local».

```
DELAY      MACRO           X
LOCAL      LOOP
           MOVLW           X
           MOVWF           COUNT
LOOP       DECFSZ          COUNT
           GOTO            LOOP
           ENDM
```

2.4.2 Die Verwendung von Makros

Wie ausgiebig man Gebrauch von Makros macht, hängt von einer Fülle von Umständen ab. Jemand, der immer ähnliche Problemkreise zu behandeln hat, wird sicher auf die Dauer ausgiebig mit Makros arbeiten. Man kann mit Hilfe der Verwendung von Makros aus der Assemblersprache eine Art Hochsprache entwickeln. Hier wollen wir nur ein paar Argumente für und wider die Verwendung von Makros aufführen.

Vor- und Nachteile

Es gibt eine Reihe von Gründen, warum man Makros verwendet. Der erste, aber bei weitem nicht der wichtigste ist die Bequemlichkeit. Man kann mit Hilfe von Makros eine ganze Menge Schreibarbeit sparen, vor allem deshalb, weil symbolische Namen der Parameter dabei automatisch durch die aktuellen Werte ersetzt werden.

Wichtiger aber als die gesparte Schreibarbeit ist die **Übersichtlichkeit** des Programmes. Ein Programm liest sich sicher leichter, wenn beispielsweise an einer Stelle SERIN ZEICHEN steht, als wenn eine 20 Zeilen lange Prozedur zum seriellen Einlesen eines Wertes in die Variable ZEICHEN dort stünde.

Einen weiteren Grund für die Verwendung von Makros erkennen Sie an dem Beispiel BANK_1. Dieses Makro enthält beim PIC16CXX nur die einzige Zeile: BSF STATUS.5. In diesem Falle wäre vielleicht noch die #DEFINE-Anweisung sinnvoll einsetzbar, aber bei mehreren Zeilen ist dies nicht möglich. Der Nutzen des Makros ist hier **die Entlastung des Gedächtnisses** von Einzelheiten: War es jetzt das STATUS-Register oder das FSR, und welches Bit war es auch noch?

Ein dritter Grund für die Verwendung eines Makros ist die Flexibilität. Es gibt viele Programmzeilen, die Gegenstand späterer **Änderungen** sind. Wenn solche Programmzeilen als Makros ausgeführt sind, braucht man die Änderungen nur einmal in der Makro-Anweisung durchzuführen und nicht an allen Stellen, wo das Makro aufgerufen wird.

Wie immer im Leben gibt es zu allen Vorteilen auch Nachteile. Wenn man ein Makro aufrufen will , muß man genau wissen, was dieses Makro tut, welche Variablen und Portpins es verändert, welche Parameter es benutzt und in welcher Reihenfolge. Das gleiche gilt, wenn man an Programmen arbeitet, die viele Makros enthalten. Bei uns ist die Verwendung von Makros auf ganz bestimmte Fälle beschränkt.

Ein weiterer Nachteil ist manchmal, daß man den **Überblick über die tatsächliche Länge und Dauer von Programmteilen** verliert. Dieser Nachteil ist durch einen Assemblerlauf und anschließendes Nachschauen im List-File zu beheben, was allerdings einige Mühe bereitet. Ebenso können mit Hilfe der integrierten Stopuhr die

Laufzeiten von Programmteilen ermittelt werden. Dieses Vorhaben stellt sich allerdings auch nicht immer so einfach dar, auch ohne Makros.

Auf eine kleine **Tücke** möchten wir aufmerksam machen, auf die auch ein fortgeschrittener Programmentwickler bei mangelnder Aufmerksamkeit hereinfallen kann. Der Name eines Makros geht einem in Fleisch und Blut über. Um die entsprechende Tätigkeit auszuführen, schreibt man nur noch diesen Namen hin und vergißt, daß sich viele Zeilen dahinter verbergen. Aus programmtechnischen Gründen möchte man diese Tätigkeit von einem Bit gesteuert ausführen oder nicht. Wenn man diesen «Befehl» nun mit SKPZ oder BTFSS ... überspringt, kommt dabei eine ganz unvorhergesehene Verzweigung zutage.

Einen weiteren Gesichtspunkt bei der Verwendung von Makros sollte man auch nicht vergessen, nämlich die **Handhabung von Makros durch die Simulator/ Emulator-Software**. Sie läßt keinen Breakpoint auf einem Makroaufruf zu, wenn man das Quellfile zum Debuggen geladen hat. Da die Software während des Single-Step Programms auch keine Kenntnis von der Adresse des Makro-Endes hat, gibt es auch keine Option, welche das Makro als ganzes überspringt so wie beim Unterprogramm.

Verwendet man hingegen das Programmfenster zum Debuggen, kann man zwar einen Breakpoint in die Zeilen des Macros setzen, aber dieser Breakpoint wird dann bei jedem Aufruf des Makros wirksam, und das nicht nur an der Programmstelle, wo man den Breakpoint gesetzt hat.

Vordefinierte Makros

Es gibt Kurz-Makros, die vom Assembler vordefiniert sind, die also verwendet werden können, ohne zuvor deklariert zu werden.

Einige dieser Makros bestehen aus einem Befehl und dienen nur der Übersichtlichkeit. Für den Befehl

```
BTFSS      STATUS,ZR
```

läßt der Assembler auch die Schreibweise

```
SKPZ
```

zu. Von diesem freundlichen Angebot sollte man unbedingt Gebrauch machen. Man beachte, daß die Flags des Status-Registers bei den Verzweigungen keinerlei Sonderposition gegenüber allen anderen Bits besitzen!

Außer SKPZ sind auch noch die Kurzschreibweisen SKPNZ,SKPC,SKPNC erlaubt.

Auch die Zwei-Zeilen-Makros sind sehr nützlich, jedoch mit Vorsicht zu benutzen. Anstelle der beiden Befehle

```
SKPNZ    ;
GOTO     LABEL
```

ist die Schreibweise

```
BZ       LABEL
```

erlaubt. Ebenso gibt es die Schreibweisen BNZ,BC,BNC.

Auch dieser Komfort steigert die schnelle Erfassung eines Programmablaufs. Dennoch ist es ratsam, nicht zu vergessen, daß sich hinter diesen «Befehlen» in Wirklichkeit jeweils zwei Befehle verbergen. Unschön ist die folgende Befehlsfolge:

```
        BNZ      LABEL
        BSF      REG,BIT
LABEL   ...
```

Der Assembler macht daraus nämlich

```
        SKPZ
        GOTO     LABEL
        BSF      REG,BIT
LABEL   ...
```

Schöner und kürzer wäre stattdessen:

```
        SKPNZ
        BSF      REG,BIT
LABEL   ...
```

Wobei im letzteren Falle auch noch der Label überflüssig ist, was für ein übersichtliches Quellfile von Nutzen ist. Eine unnötig lange Symboltabelle mit Labels an nebensächlichen Stellen ist kein Qualitätsmerkmal. Sie behindert komfortables Arbeiten mit dem In-Circuit-Emulator.

Vergleich: Makros und Unterprogramme

Auch Unterprogramme bestehen aus Blöcken von Befehlen. Im Gegensatz zu den Makros verkürzen sie nicht nur den Quellcode, sondern auch das Maschinen-Programm, denn sie stehen nur einmal im Programm. Der Aufruf eines Unterprogramms kostet zwar vier Befehlszyklen (CALL und RETURN brauchen jeweils zwei Zyklen), doch der Aufruf eines Unterprogrammes ist tatsächlich nur ein einziger Befehl.

Das Wort «Aufruf» verwenden wir daher in Bezug auf ein Makro ungerne, da es eigentlich nur das Einfügen einer Reihe von Befehlszeilen ist, die durch einen Makro-Namen ein Symbol bekommen.

Man braucht eigentlich nicht zu erwähnen, daß symbolische Namen bei Unterprogrammen nicht möglich sind, da das Unterprogramm ja nur ein einziges Mal im Speicher liegt, und dort muß es sich für feste Werte entscheiden. Die einzige Möglichkeit, ein Unterprogramm flexibel zu machen, ist die Verwendung von Variablen oder Variablenblöcken, auf die das FSR-Register zeigt.

2.4.3 Musterprogramme

Musterprogramme sollen zeigen, wie sich der grobe Aufbau eines Quellcodefiles darstellt. Seit kurzem stellt Microchip für fast jeden PIC-Typ ein sogenanntes Template-File zur Verfügung. Es beinhaltet den Programmrahmen und einige Macros. Zu finden sind diese Templates beim installierten MPLAB in den SUB-Directories:

C:\...\MPLAB\TEMPLATE\CODE*.* und

C:\...\MPLAB\TEMPLATE\OBJECT*.*

Aus unserer langjährigen Praxis haben sich auch immer wieder verwendete Programmrahmen herauskristallisiert. Da unsere Programme darauf basieren, möchten wir sie hier auch darstellen. Um den Unterschied zwischen Assembleranweisungen und echten Befehlen, die Code produzieren, zu zeigen, steht bei einem echten Befehl in der ersten Spalte (links neben dem Strich) ein 'x'.

Programmgerüst für den PIC16C55

Um dem PIC16-Einsteiger zu vermitteln, wie er die Assembleranweisungen anzuwenden hat, und zu zeigen, wie ein komplettes Programmgerüst aussehen kann, haben wir das Skelett eines typischen Programms dargestellt.

```
          TITLE          „ „
;
          INCLUDE „PICREG.INC“
          LIST        P=16C55,F=INHX8M
          ; 1 = Eingang, 0 = Ausgang
;=======================================================
;                                   TRIS      RESETVALUE
;==================== PORT A
;         EQU         0              ;0        0
;         EQU         1              ;0        0
;         EQU         2              ;1        x
;         EQU         3              ;0        1
RES_A     EQU
TR_A      EQU
```

```
;===================== PORT_B
;          EQU         0                    ;1      x
;          EQU         1                    ;0      1
;          EQU         2                    ;0      0
;          EQU         3                    ;0      1
;          EQU         4                    ;0      1
;          EQU         5                    ;1      x
;          EQU         6                    ;1      1
;          EQU         7                    ;0      1
RES_B    EQU
TR_B     EQU
;===================== PORT_C
;          EQU         0                    ;0      1
;          EQU         1                    ;0      1
;          EQU         2                    ;0      1
;          EQU         3                    ;0      1
;          EQU         4                    ;1      x
;          EQU         5                    ;0      1
;          EQU         6                    ;0      1
;          EQU         7                    ;1      x
RES_C    EQU
TR_C     EQU
;
          ORG         PIC55
X         GOTO        MAIN
;
          ORG         0
;
;Platz für die Unterprogramme, Tabellen unter 100H
;
;====================================================
X    MAIN   CLRF        STATUS
X           MOVLW       RES_A
X           MOVWF       PORT_A
X           MOVLW       RES_B
X           MOVWF       PORT_B
X           MOVLW       RES_C
X           MOVWF       PORT_C
X           MOVLW       TR_A
X           TRIS        PORT_A
X           MOVLW       TR_B
X           TRIS        PORT_B
X           MOVLW       TR_C
X           TRIS        PORT_C
;
```

```
x  |         MOVLW      01H              ;RTCC intern getaktet
   |                                     ; Vorteiler = 4
x  |         OPTION
   |  ;
   |  ;Variableninitialisierung
   |  ;
x  |  LOOP   Hauptschleife
x  |         GOTO       LOOP
   |         END
```

Programmgerüst für den PIC16C74

Im folgenden Musterprogrammrahmen ist der PIC16C74 als Controller angegeben.
Da dieser einen Interrupt hat, erweitert sich der bisherige Rahmen um eine Inter-
ruptserviceroutine.

```
              TITLE      „Firmware V.1.13"
        ; Platz für Programmbeschreibung
              INCLUDE    „P16c74a.inc"
              LIST       P=16C74A,F=INHX8M
        ; Portdefinition incl. TRIS- und RES-Value-Ermittlung
        VAR1  EQU        20H              ; Variablendefinitionen
              ...
        #DEFINE SIGNAL   PORTB,0          ; Signaldefinitionen
        ;
        MACRO  WUNTIL                     ; Macro-Definitionen
              ...
              ENDM
        ;
              ORG        0
x  |          GOTO       INIT
   |          ORG        4                ;feste Adresse bei 16CXX
x  |  INTPROG ...
x  |          RETFIE
x  |          INCLUDE    „MATHE.INC"      ;mathematische U-Progs
x  |          INCLUDE    „DISP.INC"       ;Ausgabe-Unterprogramme
x  |  INIT    ...                         ;Hardwareinitialisierungen
x  |          ...                         ;Variableninitialisierung
x  |  LOOP    WUNTIL
x  |          ...
x  |          GOTO       LOOP
   |          END
```

2.4.4 Herstellen von EEPROM-Daten mit MPASM

Das folgende Listing zeigt, daß es möglich ist, mit dem Assembler 8- und 16-Bit-Daten herzustellen. Die dafür verwendbaren Befehle habe wir oben bereits besprochen. Ob diese Daten für ein serielles EEPROM sind oder für einen parallelen Flash-Speicher, ist eigentlich unwichtig. Die möglichen Output-File-Formate sind die drei Intel-Hex-Formate, die MPASM produzieren kann.

```
;EEPROM-Daten
            LIST        P=EEPROM8          ; hier steht alternativ
                                           ; EEPROM16
            INCLUDE     „MEMORY.INC"
            LIST        M=_24C08B
            ORG         0
ANFTXT      DATA        „abcdABCD"         ;
            FILL        0X06,20            ;
RSVRT       RES         8 (Word)           ; reserviert 8 x 2 Byte
            VARIABLE    I
I = 0
LOOPANF     WHILE       I < 0X0A
            DATA        I                  ;
I += 1
LOOPEND     ENDW
BLOCKD      DB          1,2,4,5,'a'        ;
            ORG         100                ;
BLOCKT      DE          „my programm",5 ;
            END
```

Mit Hilfe der Assemblervariablen I und einer WHILE-Schleife haben wir Datenbytes mit den Werten von 00 bis 09 erzeugt. Andere Konstruktionen sind also auch denkbar.

2.5 Der Simulator MPSIM

Der Simulator **MPSIM** war früher ein separates DOS-Programm. Seit er in der Windows-Umgebung MPLAB mit intgriert ist, hat er meiner Meinung nach seinen Wert mehr als verdoppelt. Die Bedienung ist die Gleiche wie beim Emulator, nur mit dem Unterschied, daß keine Zugriffe auf eine Hardware stattfinden. Der Programmablauf ist gut nachvollziehbar und steuerbar. Die Variablen sind permanent im Blickfeld, und das Ändern von Variablen ist ein Klax.

Man befindet sich automatisch in der Simulatorumgebung, wenn der DEVE-LOPEMENT-Mode entsprechend eingestellt ist. Es ist ein Unterpunkt des OPTI-ON-Menüs, mit dem jederzeit der Mode verändert werden kann.

2.6   Die Emulatoren

Jeder, der professionell mit der Entwicklung von Hard- und Software für die PIC-µController zu tun hat, wird an einem Emulator nicht vorbei kommen. Wir behaupten nicht, daß man zwingend einen Emulator benötigt, aber jeder Arbeitsschritt ist mit seiner Hilfe effektiver abzuwickeln.

In der IDE MPLAB werden mehrere Emulatoren und der Hardware-Simulator unterstützt. Egal, ob Sie den guten alten **PIC-Master**, den low cost **ICE PIC** oder den neuen **MPLAB-ICE** haben, Sie arbeiten mit der gleichen Oberfläche. Der Funktionsumfang ist natürlich unterschiedlich, je nachdem, welches Entwicklungstool Sie einsetzen.

Wenn ein Emulator im System vorhanden ist, kann jetzt der Development-Mode auch auf das Arbeiten mit einem bestimmten Emulator umgeschaltet werden.

2.6.1 Die wichtigsten Befehle für den Programmablauf

Die nachfolgenden Befehle sind für den Emulatorbetrieb, ggfs. auch für den Simulator- und Debuggerbetrieb geeignet. Das sind bei weitem nicht alle Befehle, aber doch die am meisten verwendeten.

Reset   shortcut: F6

Mit diesem Befehl wird der PIC-µController bzw. der Emulatorchip in den Resetzustand versetzt, d.h., daß die Ports wieder Eingänge sind und die Special-Function-Register ihre Resetwerte haben.

Halt   shortcut: F5

Damit stoppen Sie den Programmablauf. Das gilt für den Run-Modus genauso wie für den Animate-Modus. Falls der Run-Modus gestoppt wurde, werden jetzt die Watchfenster auf den neuesten Stand gebracht.

Animate   shortcut: CTRL F9

Programmstart, mit der Nebenbedingung, daß die Watchfenster mit den Variablen permanent up to date gehalten werden. Logischerweise läuft das Programm dabei nicht in Echtzeit. De facto ist das eine automatische Step-by-step-Abarbeitung.

Run   shortcut: F9

Dieser Befehl startet das Programm in Echtzeit. Keinerlei Anzeigen auf dem Bildschirm werden erneuert, nur die Statuszeile ist gelb. Das Programm ist mit dem

Halt-Befehl anhaltbar. Der Reset-Befehl stoppt es nur im Simulator-Mode, im Emulator-Mode läuft der PIC dann wieder vom Resetvektor aus weiter.

Step shortcut: F7

Damit lassen sich alle Befehle einzeln, eben Schritt für Schritt abarbeiten. Kommt ein Unterprogramm, steppt man in das Unterprogramm hinein.

Step over shortcut: F8

Dieser Befehl entspricht dem STEP, nur wird bei diesem Befehl ein Unterprogramm komplett in einem Step ausgeführt.

linke Maustaste

Positionieren des Cursors in einer beliebigen Programmzeile, hinter der auch ein Op-Code steht.

rechte Maustaste

Damit wird ein Auswahlmenü sichtbar, mit dem ein Breakpoint, ein Tracepoint oder ein Triggerpoint gesetzt wird. Nicht alle diese Funktionen werden immer unterstützt.

Am Breakpoint bleibt ein Programm stehen, wenn es mit RUN gestartet wurde und an dieser Adresse ankommt.

Der Befehl und einige weitere Informationen werden abgespeichert, wenn das Programm über einen Trace-Point läuft.

Kommt der Ablauf eines Programms an einem Triggerpoint vorbei, so wird ein Ausgang des Emulators, genannt 'TRIG0', während dieses Befehls high. Kommt man zyklisch an einen Triggerpoint, so ist ein Oszilloskop mit diesem Signal triggerbar. Wenn auf ein anderes Ereignis getriggert wird, dieses Signal aber unter anderem auch dargerstellt wird, so sieht man, wann das Programm an der Stelle des Triggerpoints vorbeigekommen ist.

2.6.2 Der ICE-PIC

Der ICE-PIC-Emulator ist der kleinste hier vorgestellte Emulator. Er ist von RF-Solutions, also ein Third-party-Emulator. Er ist modular aufgebaut, was dazu führt, daß für unterschiedliche PIC-Typen unterschiedliche Tochter-Boards benötigt werden. Der Hardware-Echtzeit-Tracespeicher, den der ICEPIC noch nicht hat, ist bei seinem großen Bruder ICEPIC2 verfügbar. Das hauptsächliche Unterscheidungsmerkmal zu den anderen beiden Emulatoren ist, daß der ICEPIC über eine serielle

RS232-Schnittstelle mit dem Rechner verbunden ist. Bei einer Baudrate von 57,6 kBaud hat man nicht den Eindruck, auf eine Reaktion warten zu müssen.

Stromversorgung und Clocksource

Beim ICE-PIC gibt es keine Unterscheidung, von wo die Stromversorgung für den Emulatorchip herkommt. Er wird immer vom System, und nicht vom Zielsystem versorgt, d.h., daß nur 5 Volt-Systeme bearbeitet werden können.

Bei der Clockerzeugung ist der ICE-PIC auch nicht sehr flexibel. Er hat einen Sockel für einen Quarz-Oszillator auf dem Tochterboard. Dieser kann ausgetauscht werden, um die gewünschte Frequenz zu erreichen. Die Einspeisung eines externen Clocksignals ist problematisch, weil das Verbindungskabel eine hohe Kapazität aufweist. Die einzige Möglichkeit, mit der Clockeinspeisung zu tricksen, ist, das Clocksignal vom Zielsystem über eine extra Leitung direkt in den Pin 8 des Quarz-Oszillator-Sockels einzuspeisen.

Um variable Frequenzen mit einem RC-Oszillator emulieren zu können, müssen Sie einen externen RC-Oszillator aufbauen, über einen Pin vom PIC kann ein zusätzlicher Kondensator auf Masse oder hochohmig gelegt werden, und über einen Verstärker kann dieses Clocksignal an Pin 8 gelegt werden.

Die eiserne Regel:

PC einschalten; ICE-PIC einschalten und dann Zielsystem mit Strom versorgen

Beim Ausschalten muß die umgekehrte Reihenfolge befolgt werden.

Wenn man ein Programm simuliert, ist die Programmlaufzeit doch drastisch länger als in einem Emulator. Das ist der Grund dafür, warum ich gerne in den Emulator gehe, auch wenn ich nur Software-Routinen teste, die keine IO's benötigen. Verwende ich dafür den ICE-PIC, dann kann ich mir das Zielsystem und dessen Stromversorgung sparen, denn der ICE-PIC läuft auch ohne Zielhardware. Beim PIC-Master ging das nicht.

Tätigkeiten beim erstmaligen Arbeiten mit dem ICE-PIC:

- im option/developmentmode-Menü den ICE-PIC auswählen
- gleich die Schnittstellengeschwindigkeit auf 57600 Baud einstellen
- im tools/configure probe-Menü den richtigen PIC-Typen auswählen

2.6.3 Der PIC-Master und PIC-Master CE

Diese Emulatoren von Microchip selbst sind abgekündigt. Der Support wird einige Zeit aufrecht erhalten, aber neue Bausteine werden hier nicht mehr implementiert. Wenn man einige besondere Eigenschaften seines neuen Bruders nicht braucht, kann man eventuell beim derzeit noch laufenden Ausverkauf einen guten Emulator für einen sehr guten Preis erwerben. Der Nachteil dieser beiden Geräte ist, daß sie eine eigene 8 Bit-ISA-Bus-Steckkarte benötigen. Wenn Sie allerdings PCMCIA-fähig sind, können Sie diese Emulatoren auch über ein PCMCIA-Link von RF-Sulotions an den Rechner stecken.

Grundsätzliche Vorsichtsmaßnahmen

Auch beim PIC-MASTER und PIC-Master CE gibt es die eiserne Regel. Sie muß beachtet werden, sonst schießt man den Emulator ab, bevor die Arbeit so richtig begonnen hat.

Arbeitsbeginn:

1. PC eingeschalten; Emulator einschalten

2. Dann wird MPLAB gestartet

3. Das entsprechende Projekt wird geladen

4. Die Stromversorgung der Zielhardware wird einschaltet; davor kann kein Programmschritt laufen.

5. Programm starten, und Fehlersuchen ...

Arbeitsunterbrechungen:

mit F5 (HALT) das Programm anhalten

mit F6 (RESET) einen Reset durchführen

Zielhardware von der Stromversorgung trennen, PC läuft weiter; MPLAB kann im Hintergrund weiterlaufen, muß es aber nicht.

Arbeitswiederaufnahme:

Zielhardware wieder an die Stromversorgung hängen

Programm starten

Arbeitsende:

1. mit F5 Programm anhalten

2. mit F6 Reset durchführen

3. Zielhardware von der Stromversorgung trennen

4. alle Files abspeichern

5. Projekt speichern und beenden/MPLAB verlassen

6. Emulator ausschalten

7. PC ausschalten

Vielleicht bin ich etwas übervorsichtig, aber feste 'Rituale' sind immer gut. Stellen Sie sich vor, Ihr Programm hat einen Fehler, der Kunde steht mit dem Chef hinter Ihnen und Sie werden mit Fragen bombardiert. Wie gut ist es dann, wenn Sie automatisch die richtige Reihenfolge einhalten.

> **Die Reihenfolgen, wie der Strom dem Emulator und Zielsystem zugeführt bzw. abgeschaltet wird, sind unbedingt zu befolgen, da ansonsten ein Schaden am Emulator entstehen kann.**

Wenn der Emulator über sein eigenes Netzteil versorgt wird, sollte darauf geachtet werden, daß er vor dem PC ausgeschaltet wird, sonst versorgt dieses Netzteil über den Emulator den PC. Der Einsatz einer sogenannten Master-Slave-Steckdose ist empfehlenswert. Nur wenn der PC an der Mastersteckdose eingeschaltet ist, bekommen die Slavesteckdosen Strom.

Stromversorgung und Clocksource

Bezüglich der Auswahl der Clocksource und der Stromversorgung ist der PIC-Master schon sehr viel flexibler als sein kleiner Kumpel ICE-PIC.

Die Versorgung des Emulatorchips wird mit dem Jumper J5 auf der Emulator-Probe ausgewählt. Auch mit diesem Emulator sind nur 5 Volt-Systeme zu bearbeiten.

Die Generierung des Taktsignals kann hier in vielfältiger Weise geschehen. Auf 'intern' gejumpert (J4) kommt ein Quarz-Oszillator zum Zug, der austauschbar ist. Auf 'extern' gejumpert kann die Oszillatorbeschaltung des Zielsystems verwendet werden. Über zwei DIP-Switches können die Einstellungen des Configurationwords auf der Probe eingestellt werden, d.h., daß der RC-Oszillator auf der Zielhardware genauso gut funktioniert, wie ein Quarz oder ein Resonator vom Zielsystem.

Tätigkeiten beim erstmaligen Arbeiten mit dem PIC-Master:

- im option/developmentmode-Menü den PIC-Master auswählen

- die IO-Adresse einstellen (Standardeinstellung ist 300H); auf der Einsteckkarte frei wählbar

- im tools/configure probe-Menü den richtigen PIC-Typen auswählen

2.6.4 Der MPLAB-ICE

Das ist der neuere Bruder vom alten PIC-Master. Sein Interface zum Host ist die parallele Schnittstelle. Gleich an dieser Stelle soll erwähnt werden, daß kein Dongle zusätzlich an dieser Schnittstelle hängen soll. Das gleiche gilt für etwaige Speichermedien. Falls Sie solche Notwendigkeiten haben, spendieren Sie dem MPLAB-ICE einen separaten LPT-Port.

Einstellung der LPT-Port-Eigenschaften: tools/mplab-ice configuration

Die eiserne Regel:

Bei diesem Emulator ist die Reihenfolge der Stromzuführung doppelt wichtig.

1. PC eingeschalten; Emulator einschalten

2. Dann wird MPLAB gestartet

Beim Starten von MPLAB ist es wichtig, daß der MPLAB-ICE eingeschaltet ist, sonst bekommt die Software Kommunikationprobleme und einige Fehlermeldungen erscheinen.

Stromversorgung und Clocksource

Ob das Prozessormodul vom Pod oder von der Zielhardware mit Strom versorgt wird, ist auch beim MPLAB-ICE wählbar, und zwar per Software. Im Gegensatz zum PIC-Master wird allerdings kein fester Quarz-Oszillator mehr für die interne Takterzeugung verwendet. Der Takt wird jetzt über eine interne PLL per Software realisiert.

Einstellungen:

- Stromversorgungsquelle: options/processor setup/hardware

- Clocksource: options/processor setup/clock frequency

Ist beides auf 'intern' gestellt, kann auch dieser Emulator als schneller Simulator verwendet werden.

Niederspannungs-Emulation

> Normalerweise wird der Emulator intern vom Pod versorgt. Bei low voltage-Emulation muß das Zielsystem den Emulator versorgen. Diese Fähigkeit des neuen Emulators birgt seine Risiken für Leib und Leben des Zielsystems. Das kommt daher, weil der Emulator zum Initialisieren kurzzeitig vom System versorgt wird. Ein Zielsystem für z.B. 3 Volt, was zu diesem Zeitpunkt mit dem Emulator verbunden ist, wird dadurch möglicherweise zerstört. Nach dieser Initialisierung kann man auf low voltage-Emulation umschalten. Jetzt erst kann man den Deviceadapter gefahrlos in das Zielsystem stecken. Anschließend wird die Stromversorgung des Zielsystems eingeschaltet. Zum Schluß wird noch ein 'SYSTEM RESET' (CRTL-SHFT-F3 oder system reset im Menü debug) im MPLAB durchgeführt. Die Warnung 'low voltage' wird mit 'ok' quittiert.
>
> **Achtung:** Beim Abschalten nicht vergessen, das Zielsystem wieder vom Emulator zu trennen, sonst passiert beim nächsten Einschalten genau das, was wir gerade eben beschrieben haben!

Besondere Tätigkeiten beim Einrichten des MPLAB-ICE:

• im option/developmentmode-Menü den MPLAB-ICE auswählen

• den LPT-Port einstellen

• im tools/mplab-ice configuration-Menü den richtigen PIC-Typen auswählen

In dem letzten Menü kann auch eine Probe vom alten PIC-Master ausgewählt werden. Man benötigt dazu allerdings einen Adapter. Die MPLAB-ICE-spezifischen Eigenschaften sind dann natürlich nicht mehr zu haben.

2.7 Der In-circuit-Debugger MPLAB-ICD

Das neueste Entwicklungstool aus dem Hause Microchip ist der **MPLAB-ICD**. Es ist ein kostengünstiger In-ciruit-debugger für die PIC16F87X-Familie. 'Alte' PIC's können den ICD-Mode nicht unterstützen. Aber ein PIC16C7X-System kann mit einem PIC16F87X-PIC ICD-fähig gemacht werden. Das ist ein im Leistungsumfang eingeschränkter Emulator. Mehr dazu gleich nach den generellen Betrachtungen. Falls die Mitglieder dieser Familie für Ihr Projekt übers Ziel hinausschießen, können Sie nach der Fertigstellung Ihrer Software mit einem PIC16F87X auf einen kleineren PIC umsteigen, der genau Ihren Anforderungen entspricht.

2.7.1 Software-Vorraussetzungen

Um mit dem MPLAB-ICD arbeiten zu können, benötigen Sie eine Version größer gleich 4.10 von MPLAB.

2.7.2 Überblick und Einführung in den MPLAB-ICD

Die Konfiguration sieht so aus, daß das MPLAB-ICD-Modul seriell mit dem PC verbunden ist. Die 'Nabelschnur' des MPLAB-ICD geht entweder direkt in das Zielsystem, (Variante 1) oder auf die Header-Platine (Variante 2), welche ihrerseits im Zielsystem steckt.

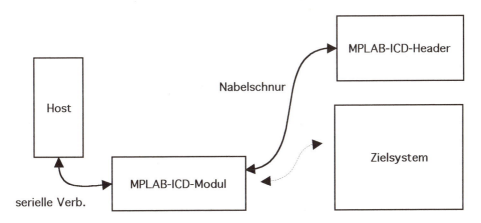

Der Unterschied besteht darin, daß bei der Variante 1 das Zielsystem eventuell sogar einen PIC16F877 im SMD-Gehäuse direkt aufgelötet hat, welcher kurz vor der Auslieferung das aktuelle Programm programmiert bekommt. Vorher wurde er vielleicht über spezielle Testroutinen, die ebenfalls über den ICD programmiert werden, getestet bzw. abgeglichen. Die ermittelten Kalibrierdaten werden mit dieser Testsoftware in den EEPROM-Speicher des PIC16F877 geschrieben. Hier wird der MPLAB-ICD im Produktionsbereich eingesetzt. Wenn Ausgaben von Testroutinen gespeichert werden, ist gleichzeitig ein Teil der Qualitätssicherung erledigt.

Bei Variante 2 handelt es sich eventuell um ein System mit einem PIC16C74B, der irgendwann in einem Programmiergerät programmiert wird und dann in das Zielsystem eingelötet oder gesteckt wird. In diesem Falle ist der MPLAB-ICD im Entwicklungseinsatz, also als Emulator des kleinen Mannes. Über einen geeigneten Sockelkonverter kann damit ein System mit jedem beliebigen PIC-µController entwickelt und getestet werden.

2.7.3 Bedienung des MPLAB-ICD

Hardwaremäßig sind die Steckverbindungen so herzustellen, wie in der Abbildung im letzten Abschnitt gezeigt. Ein eigenes Netzteil hat der ICD nicht. Er wird vom 5 Volt-Zielsystem versorgt. Dazu muß der Strom, den der ICD benötigt (70 mA), mit einkalkuliert werden, oder das Zielsystem bekommt für die Zeit, in der der ICD mitversorgt werden muß, etwas Unterstützung.

Die Ports RB6 und RB7 werden vom ICD belegt. Entweder werden sie für die Zeit des In-circuit-debuggens freigeschaltet oder gänzlich frei gelassen.

Softwaremäßig sind einige Punkte zu beachten:

- ein Stacklevel muß reserviert werden
- die letzten 100H Worte des Programmspeichers sind reserviert (1F00H ... 1FFFH)
- sechs Plätze im Datenspeicher sind reserviert (70H, 1EBH ... 1EFH)
- am Programmspeicherplatz 000H muß ein NOP stehen

Ansprechbar ist der MPLAB-ICD vom MPLAB aus. Er stellt sich wie ein Emulator dar und wird über das Menü options/developmentmode ausgewählt. Nach diesem Anmeldevorgang erscheint das MPLAB-ICD-Fenster, welches Sie minimieren können, aber nicht schließen dürfen.

In diesem Fenster müssen Sie einige Einstellungen sicherstellen:

- low voltage programming: disable
- code protect: off
- Start address: 0x0000 ; end address: 0x1F00H
- enable debug mode: eingeschaltet

Neben der Schnittstellennummer und der Übertragungsgeschwindigkeit kann eingestellt werden, was bei einem Programmstopp an Information vom MPLAB-ICD an das MPLAB zurück übergegeben wird.

Bei *MINIMUM* werden nur FSR, PCLATH, STATUS und W übertragen. Neben der Option *ALL REGISTERS* und *SFR'S ONLY* gibt es noch einen Kompromiss. Sein Name ist *MINIMUM & WATCHWINDOWS,* und hier werden das Minimum und die Inhalte der Watchfenster übertragen. Vor der Option ALL REGISTERS muß gewarnt werden. Der Befehl STEP dauert in dieser Einstellung an die 2 Sekunden. Beschränkt man sich also auf das Notwendige, wird man mit einer ordentlicher Reaktionsgeschwindigkeit belohnt.

2.7.4 Kurzes Demonstrationsbeispiel

Vorrausetzung MPLAB-Software korrekt installiert

1. MPLAB starten; angenommen SIMULATOR-Modus ist aktiv; PIC16F877 auswählen

2. Projekt D877 erstellen; Sourcefilename: DEMO877.ASM

3. Fenster darstellen und Assemblieren

4. die Stromversorgung für den vorbereiteten Aufbau MPLAB-ICD-Modul plus Demoboard einschalten

5. mit options/developmentmode umschalten auf MPLAB-ICD

6. MPLAB-ICD-Fenster erscheint; Einstellungen wie im letzten Abschnitt beschrieben vornehmen

7. self-test ausführen; es muß eine Versionsauskunft erscheinen und self test ok;

8. mit 'program' das Programm in den PIC16F877 programmieren

9. mit RUN, HALT, STEP, u.s.w. den Programmablauf testen

2.8   Programmiergeräte

In der IDE MPLAB werden auch noch die Programmiergeräte **PRO Mate II** und **PICSTART Plus** unterstützt. Welches der beiden Programmiergerät man hat und an welcher seriellen Schnittstelle es hängt, ist einstellbar.

Das Programmieren der PIC's überläßt man meist irgendeinem Gerät wie dem PICSTART Plus, dem PROMATE II oder einem der vielen anderen Third-party-Programmiergeräte. Weil die beiden eben erwähnten Programmer von Microchip direkt im MPLAB integriert sind, sollen sie an dieser Stelle näher besprochen werden. Der PICSTART Plus ist der kleine, kostengünstige Developementprogrammer, der alle PIC-μController programmieren kann. Developementprogrammer heißt, daß er nicht für die Produktion zugelassen ist. Beim Programmieren für die Produktion muß der Programmer in der Lage sein, den Programmspeicher bei 3 und 6 Volt prüfen zu können.

Achtung: 'Code Protection-Fuse' bei den Fenstertypen

Bei den PIC16CXX ist diese Fuse an eine andere Stelle gewandert, als sie bei den PIC16C5X war. Die PIC16CXX-Bausteine sind nicht mehr löschbar, wenn die Code-Protection-Fuse programmiert wurde!!

Fenstertypen nicht schützen, dann können sie vielfach verwendet werden.

2.8.1 PICSTART PLUS

Da der PICSTART Plus mit einem 40 poligen DIL-Sockel ausgerüstet ist, sind alle PIC's in dieser Gehäusevariante erledigt, für SSOP, PLCC oder andere Gehäuse muß man sich eines Adapters bedienen.

2.8.2 Der PROMATE II

Der PROMATE II, ein Programmer, der für die Produktion zugelassen ist, hat keinen festen Sockel. Auf ihm können viele verschiedene Sockel-Adapter installiert werden. Einer von ihnen ist der ICSP-Sockel-Adapter, der noch eine besondere Rolle spielen wird. ICSP heißt: in ciruit serial programming.

Bezüglich der Programmierweise unterscheiden sich die PIC's mit dem 14 und 16 Bit-Core von denen mit dem 12 Bit-Core. Die PIC's der 16C5X-Serie mit dem 12 Bit-Core werden parallel programmiert. Die PIC16CXX-Serie, mit dem 14 Bit-Core, wird seriell programmiert. Derzeit müssen fünf Ausnahmen genannt werden. Die PIC12C50X, die PIC12CE51X und der PIC16C505 haben zwar einen 12 Bit-Core, aber sie werden trotzdem seriell programmiert. Wie soll auch ein 8 Pin-Baustein parallel programmiert werden?

2.8.3 In-ciruit-serial-programming ICSP

Die Vorteile der seriellen Programmierung sind:

- Es ist möglich, die Hardware komplett zu fertigen. Auch der PIC-µController wird schon eingelötet, aber ohne Programm. Erst bei der Kundenbestellung entscheidet es sich, welches Programm in die Baugruppe geladen wird.

- Durch dieses Vorgehen ist auch gewährleistet, daß die jeweils letzte Version eines Programms zur Auslieferung gelangt.

- Die Möglichkeit Kalibrierwerte mit in den Programmspeicher eines OTP's zu programmieren, besteht übrigens auch. Eventuell lädt man vorab ein Testprogramm, mit dessen Hilfe diese Werte ermittelt werden. In einem zweiten Programmierlauf wird die Testroutine überschrieben, und das eigentliche Programm mit den aktuellen Kalibrierwerten wird gebrannt. Bei einem PIC, der nur einmal programmierbar ist, ist dies ebenfalls möglich. Hier wird nur ein GOTO-Befehl ins Testprogramm mit einem NOP-Befehl überprogrammiert und ein GOTO zum eigentlichen Programm eingefügt.

Der wichtige Vorteil an diesem Verfahren ist, daß die seriell programmierbaren PIC's eben über nur wenige Leitungen programmiert werden und damit auch einfach im System, sprich auf der Leiterplatte.

Die Voraussetzungen für die serielle Programmierung sind:

- Die Belastung der Versorgungsspannung muß sich in Grenzen halten.

- Der MCLR-Pin muß in der Lage sein, die Spannung VPP, die bei 13 Volt liegt, zu verkraften.

- Die Pin RB6 und RB7 müssen so beschaltet sein, daß der Programmer diese Leitungen treiben darf.

- Selbstverständlich muß die gesamte Schaltung den ganzen Versorgungsspannungsbereich vertragen, der beim Programmieren und Verifizieren durchlaufen wird.

Wenn es sich um ein 5 Volt-System handelt, muß sich die ganze Elektronik im Bereich von 3 bis 6 Volt korrekt verhalten.

Ein großer Elko im Versorgungsspannungskreis muß eventuell nach der Programmierung eingelötet werden. Man kann auch mit Dioden auf schaltungstechnischem Wege für ausreichende Entkopplung sorgen.

Es ist also egal, ob es ein **Fenstertyp**, ein **OTP**-Baustein oder ein **Flash**baustein ist, wenn er einen **14 Bit-Core** hat oder zu den wenigen Ausnahmen gehört, ist er **seriell programmierbar**. Auch wenn er bereits eingelötet ist.

Besondere Eigenschaften der Flash-Bausteine:

Damit sind die ersten Vertreter der PIC16F87X-Bausteine gemeint.

Sie warten mit erfreulichen Features auf, die das Design von Systemen vereinfacht.

Ein Softwareupdate im Feld wird ein Klax. Siehe TB025 (technical brief).

Das Register EECON1 ist um ein Bit erweitert worden, welches den Zugriff auf den Programmspeicher bzw. Datenspeicher schaltet. Im Datenblatt der PIC16F87X sind 4 Routinen enthalten, die den Lese- und Schreibzugriff auf den Programmspeicher und das Daten-EEPROM zeigen. Zu beachten ist dabei, wie die Configurationsbits CP0, CP1, CPD und WRT stehen. Die CPX-Bits sind für die Code protection zuständig, das CPD-Bit schützt den Daten-EEPROM-Speicher, und das WRT-Bit erlaubt den Schreibzugriff auf den Programmspeicher. Diese Configuration-Bits können mit diesem internen Write nicht erreicht werden. Dafür ist ein Programmiergerät im High voltage programming-mode nötig.

Auch der neue Low voltage programming-mode kann die Configuration-Bits nicht verändern. Dieser Mode ist neu und ermöglicht ICSP, ohne 13 Volt an den MCLR/ VPP-Pin legen zu müssen. Stattdessen müssen nur 5 Volt an RB3 gelegt werden, um den Baustein seriell zu programmieren. Diese Möglichkeit wird durch ein Configurations-Bit gesteuert, welches auch nur im High voltage programming-mode veränderbar ist. Im LVP-Mode entfällt der Pin RB3 für den normalen Gebrauch.

In die fertige Hardware wird also ein folgendermaßen vorbereiteter PICmicro eingesetzt:

Im highvoltage-programming-Mode werden die Konfigurationsbits entsprechend programmiert und ein 'Kommunikations'- und 'Lader'-Programm einprogrammiert.

Nach dem Einsetzen dieses Baustaeins kann mit dem System kommuniziert werden und alles an Programmen, was benötigt wird, über die Schnittstelle programmiert werden.

3 Anzeigen und Ausgeben

In der Regel setzen wir einen Ausgang auf Low oder High, indem wir das entsprechende Bit eines Ports auf 0 oder 1 setzen. Damit dieser Wert auch auf den Pin ausgegeben wird, muß das entsprechende Bit des zugehörigen TRIS-Registers auf Ausgang geschaltet sein (d.h. gleich 0).

Will man einen Pin als open-collector-Pin betreiben, dann beschaltet man den Pin mit einem pull-up-Wiederstand. Das entspechende Bit des Portregisters setzt man permanent auf 0 und schaltet das TRIS-Register auf Eingang, um ein High am Pin zu erhalten.

Wichtig ist, daß man darauf achtet, daß die 0 im Portregister auch wirklich erhalten bleibt. Wenn zwischenzeitlich ein Read-modify-Write-Befehl auf dieses Portregister erfolgt, während der Pin auf Eingang steht, dann wird die 1 am Portpin gelesen und beim Zurückschreiben in das Portlatch geschrieben. Wir machen noch einmal darauf aufmerksam, daß dies auch dann geschieht, wenn der Read-modify-Write-Befehl ein ganz anderes Bit betraf.

Es kann nicht schaden, wenn man sicherheitshalber die Null neu schreibt, bevor man auf Ausgang schaltet. Dies ist aber meist wieder ein Read-modify-Write Befehl.

Es ist eine gute Praxis, wenn man sich Makros für alle Zugriffe auf die Hardware schreibt (z.B. LEDON,LEDOFF, ZUEND...). Damit ist man gegen alle Änderungen der Hardware gewappnet.

; Makros für PIC16CXX

```
SETRIS      MACRO       PORT,PIN
            BANK_1
            BSF         PORT,PIN
            BANK_0
            ENDM
CLTRIS      MACRO       PORT,PIN
            BANK_1
            BCF         PORT,PIN
            BANK_0
            ENDM
```

; Makros für PIC16C5X

```
SETRIS    MACRO       PORTC,PIN
          BSF         CTRIS,PIN      ; notwendiges Schattenregister
                                     ; einem einzigen
          MOVF        CTRIS,W        ; Port zugeordnet!!!
          TRIS        PORTC          ; PORTC fix, aber wegen
                                     ; Aufrufkompatibilität
          ENDM                       ; zur 16CXX-Variante des Macros
                                     ; vorhanden
CLTRIS    MACRO       PORTC,PIN
          BCF         CTRIS,PIN
          MOVF        CTRIS,W
          TRIS        PORTC
          ENDM
```

Toggeln eines Bits

Das Toggeln eines Bits ist eine lästige Angelegenheit. Schön wäre es, wenn man den Befehl BTG FILE, BIT zur Verfügung hätte. Den gibt es aber nur bei den PIC17/18.

Es gibt zwei verschiedene Möglichkeiten, ein Bit zu toggeln: Entweder man „x-odert" das Fileregister mit einer Maske oder man hat eine lästige Fallunterscheidung.

Für beide Methoden schreiben wir uns ein Makro. Das erste nennen wir TOGGLE. Es hat den Vorteil, daß wir damit auch mehrere Bits gleichzeitig toggeln können. Ein Nachteil könnte sein, daß das W-Register benutzt wird. Auch, daß man zusätzlich zu dem Namen des Bits, der ja in der Regel ein Signalname ist, noch den Namen der Maske definieren muß, stört ein wenig.

```
TOGGLE    MACRO       FILE,MASKE
          MOVLW       MASKE
          XORWF       FILE
          ENDM
```

Das zweite Makro ist aufruf-kompatibel zu dem BTG-Befehl. Es ist kein Muster an Eleganz (braucht 4 bzw.5 Befehle).

```
BTG       MACRO       FILE, BIT
          LOCAL       SETBIT
          BTFSS       FILE, BIT
          GOTO        SETBIT
          BCF         FILE, BIT
          BTFSC       FILE, BIT      ; SKIP wird immer ausgeführt
SETBIT    BSF         FILE, BIT
          ENDM
```

3.1   Siebensegment-LED-Anzeige

Wenn Leuchtdioden zu einer Siebensegmentanzeige zusammengestellt sind, ergibt sich eine einfache Möglichkeit, Daten darzustellen. Diese Art der Anzeigen ist unkompliziert, preisgünstig und flexibel. Wählt man low-current-Typen, kann man auf zusätzliche Treiberbausteine völlig verzichten. Wir werden also mit einem Port die Segmentansteuerung vornehmen und mit einem weiteren einzelnen Pin den gemeinsamen Anschluß der Segmente bedienen.

Bei der von uns gewählten Anzeige ist der gemeinsame Anschluß für alle Segmente die gemeinsame Kathode. Um ein Segment der Anzeige zum Leuchten zu bringen, wird die gemeinsame Kathode auf 0 Volt gelegt und der Segmentanschluß (Anode) auf eine positive Spannung. Zwischen dem Segmentanschluß und dem Portausgang müssen wir noch einen Widerstand zur Strombegrenzung einfügen, weil der Portausgang 5 Volt liefert, und das ist zu viel für die LED's. Bei dem gewünschten Strom von etwa 3,6 mA ist der Widerstand 1 kOhm. Aufmerksamkeit hat man hier der Strombilanz zu schenken. Bei sieben Segmenten und dem Dezimalpunkt fließen maximal 8 mal 3,6 mA, d.h. 28,8 mA, die von einem PIC16-Port spielend verkraftet werden. Bei größeren Anzeigen muß man beachten, daß ein ganzer Port maximal 200mA treiben kann.

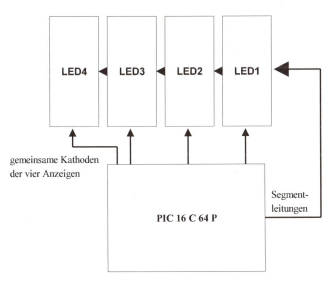

Abb. 3.1: Blockschaltbild

Der Vorteil dieser Ansteuerungsart ist, daß man mehrere Anzeigen parallel an die Segmenttreiber anschalten kann. Jede Anzeige hat ihre eigene gemeinsame Kathode. Damit ist es möglich, über die Segmentleitungen den Code für eine Anzeige auszugeben, während die anderen Kathodenleitungen hochohmig sind (die Portpins sind Eingänge). Da sich die Anzeigen die Segmentleitungen teilen, wird reihum der Ausgabecode auf die Segmentleitungen geschaltet, und mit der entsprechenden Kathodenleitung die zugehörige Anzeige aktiviert. Wir sprechen von einer gemultiplexten LED-Anzeige, und den Vorgang, die Anzeigen reihum immer wieder anzusprechen, bezeichnen wir als Auffrischen.

Die Zeit für das Reihum-Schalten ist nicht kritisch. Da die LED's praktisch nicht nachleuchten, ist nur die Trägheit des Auges maßgebend für die Wiederholfrequenz. Die Erfahrung zeigt, daß mit 50 Hertz eine flackerfreie Anzeige realisiert werden kann, d.h., daß wir alle 20 msek die Ausgabe auffrischen müssen. Bei einer vierstelligen Anzeigen ist daher alle 5 msek eine Auffrischung fällig.

3.1.1 Erstellen der Code-Tabellen

Um die Tabellen erstellen zu können, müssen wir das Bild der Siebensegmentanzeige mit den üblichen Bezeichnungen der einzelnen Segmente vor Augen haben.

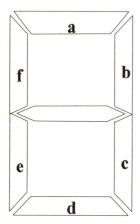

Abb. 3.2: Bezeichnung der einzelnen Segmente

Die folgende Tabelle ist die Grundlage der Siebensegment-Codeerstellung. Sie gibt an, welche Segmente bei welchen Zeichen zu leuchten haben.

Die auszugebenden Zeichen sind die Ziffern 0 bis 9 und die Buchstaben a bis f.

Ausgabecodes für die darstellbaren Zeichen

	dp	g	f	e	d	c	b	a	Ausgabecode
0			X	X	X	X	X	X	3FH
1						X	X		06H
2		X		X	X		X	X	5BH
3		X			X	X	X	X	4FH
4		X	X			X	X		66H
5		X	X		X	X		X	6DH
6		X	X	X	X	X		X	7DH
7						X	X	X	07H
8		X	X	X	X	X	X	X	7FH
9		X	X		X	X	X	X	6FH
a		X	X	X		X	X	X	77H
b		X	X	X	X	X			7CH
c			X	X	X			X	39H
d		X		X	X	X	X		5EH
e		X	X	X	X			X	79H
f		X	X	X				X	71H

In unserem Beispiel wurden die µController-Portpins mit den Segmenten 1 : 1 verbunden. Es gab keine zwingenden Gründe, durch Vertauschungen das Layout zu vereinfachen. Wenn sich in einer anderen Umgebung die Notwendigkeit ergibt, muß die unten stehende Tabelle korrigiert werden. In späteren Anwendungen werden Sie Beispiele sehen, bei denen die Segmente auf mehrere Ports verteilt werden mußten.

In dem hier dargestellten Beispiel verwenden wir den ganzen PortD für die Segmentansteuerung.

Verknüpfung zwischen PortD und den Anzeigeelementen

PortD	7	6	5	4	3	2	1	0
Segmente	dp	g	f	e	d	c	b	a

Durch diese Verknüpfung können die Ausgabecodes der oben stehenden Tabelle direkt am PortD ausgegeben werden.

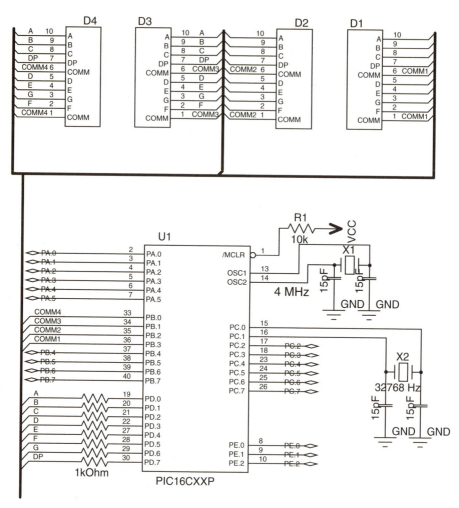

Abb. 3.3: Schaltplan der LED-Applikation

Das Codierprogramm MKCODE

Das Unterprogramm MKCODE erzeugt aus einer zweistelligen Zahl zwei Codes, welche im RAM an den Stellen abgelegt werden, auf die der FSR zeigt. Der Eingang des Programms MKCODE ist die Variable ZAHL, welche entweder im hexadezimalen Format angezeigt wird oder als BCD-Zahl angenommen wird. Als erstes wird die niederwertigere Hälfte der Zahl verwendet, um den ersten Code aus der Tabelle für die Ausgabecodes zu lesen. Nach dem Wegschreiben des ersten Ausgabecodes und Inkrementieren des Zeigers wird die höherwertige Hälfte für die gleiche Proze-dur verwendet und der zweite Ausgabecode erzeugt. Vor dem Verlassen von MKCODE wird der FSR noch einmal inkrementiert, für den Fall, daß anschließend ein zweites Ziffernpaar umzurechnen ist.

Das Auffrisch-Programm LEDOUT

Dieses Programm wird vom Rahmenprogramm alle 4 msek aufgerufen. An dem folgenden Struktogramm erkennen Sie, daß wir nicht sofort die neuen Werte ausge-ben, sondern zuerst die Kathodenleitung der alten Anzeige abschalten. Würden wir das nicht tun, wären für einige μsek die neuen Anzeigecodes an der alten Stelle. Dies ist optisch zwar nicht erkennbar, aber es werden unnötige Schaltvorgänge durchge-führt, die die Abstrahlung der Schaltung erhöhen. Nach dem bereits erwähnten Abschalten der alten Kathodenleitung ändern wir den Portausgang ohne Belastung und anschließend aktivieren wir die neue Kathodenleitung.

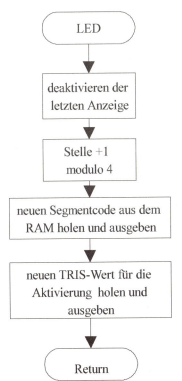

Abb. 3.4: LED-Auffrischroutine

Bei dieser Routine wird davon ausgegangen, daß die Ausgabecodes aufeinanderfolgend im RAM abgelegt wurden. Im Rahmenprogramm wird jedes Mal, wenn sich die Werte ändern, der zugehörigen LED-Code aus einer Tabelle geholt und wieder in diese RAM-Variablen geladen.

Die Programme MKCODE und LEDOUT finden Sie im File LED.INC.

3.1.2 Ein kleiner Test

Um uns davon zu überzeugen, daß unsere Routinen für die LED-Anzeige auch wirklich funktionieren, binden wir sie schnell in einen kleinen Rahmen ein, in dem wir ein 16 Bit-Wort hochzählen und dieses ausgeben lassen. Dieses Wort besteht aus den beiden Bytes ZAHL_LO und ZAHL_HI. Die zeitliche Organisation sieht dabei so aus, daß nach jeweils 8 Auffrischzyklen dieses Wort erhöht wird. Die Zählvariable, welche die Auffrischzyklen zählt, heißt AUFZYC.

Siehe Listing von LEDTEST.ASM.

Anhand der Spieldatei LED_FUN.ASM soll demonstriert werden, wie einfach mit Hilfe der Routinen aus dem Modul LED.AM das Ausgeben von beliebigen Zeichen ist.

Siehe Listing des Programms LED_FUN.ASM.

3.1.3 Blinkende Anzeigen

Blinkende Anzeigen sind ein wichtiges Mittel, über interne Zustände eines Gerätes zu informieren. Durch das regelmäßige Blinken eines Gerätes erkennt man, daß die Anzeige nicht zufälligerweise eingeschaltet ist. Mit der Frequenz des Blinkens kann man noch zusätzliche Mitteilungen an die Außenwelt mitteilen. Schnelleres Blinken signalisiert meist eine größere Dringlichkeit der Meldung. Bei der Anzeige durch LED's wählt man oft die Farbe grün, um ordnungsgemäße Zustände anzuzeigen, wie z.B. Gerät in Betrieb oder Akkuspannung gut. Rote Farben dienen dagegen der Warnung. Wenn ein Gerät eine Wartung verlangt, sind akustische Meldungen im Intervallbetrieb nützlich. Bei Verwendung eines Piezosummers ist die programmtechnische Bedienung einer akustischen Meldung genau wie bei der blinkenden LED einfach durch Toggeln eines Portpins in regelmäßigen Abständen durchzuführen.

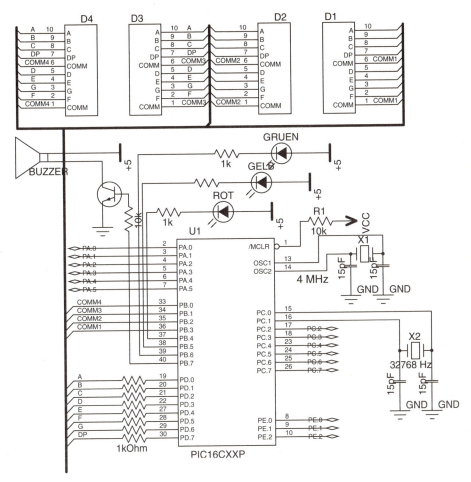

Abb. 3.5: Schaltplan: Blinkende LED's

Falls nur eine blinkende Anzeige an einem Gerät zu programmieren ist, wird man in regelmäßigen Abständen einen Zähler bis zum Umschalten abwärts zählen. Wenn er den Wert 0 erreicht hat, toggelt man den Pin und lädt den Zeiger neu. Man kann dabei ohne Probleme die Ein- und Ausschaltdauer unterschiedlich lang dauern lassen.

Wenn man jedoch eine größere Anzahl von Blink- und Hupmeldungen zu verwalten haben, muß dies in einer gemeinsamen Prozedur für alle LEDs reihum durchgeführt werden. Die Prozedur nennen wir **BLINK**.

Um eine gemeinsame Prozedur durchführen zu können, nehmen wir an, daß alle Blink- und Hupzeiten Vielfache einer Basiszeit sind, beispielsweise 100 msek. Dagegen kann kaum etwas eingewendet werden, denn kürzere Blinkzeiten und eine höhere Auflösung sind vom Auge ohnehin nicht wahrnehmbar.

Die Prozedur BLINK ist ein nettes Beispiel für geschickte Programmiertechnik. Für den Zuschauer ist das Spiel der LEDs beeindruckend, vor allem, wenn es dabei auch noch im Takt hupt. Damit die Ausführungen nicht zu abstrakt bleiben, schildern wir ein konkretes Beispiel:

Es sind drei Leuchtdioden zu bedienen, welche wir der besseren Verständigung halber als rote, grüne und gelbe LED bezeichnen. Dazu kommt noch ein Piezosummer, den wir kurz Hupe nennen. Die vier dafür benötigten Ausgänge, sollen an einem gemeinsamen Port an nebeneinanderliegenden Pins liegen. Die Anoden der LED's hängen über je einem Vorwiderstand an der positiven Versorgungsspannung, so daß ein Low-Pegel am µControllerausgang die jeweilige LED zum Leuchten bringt. Die Hupe benötigt etwas mehr Strom. Daher wird sie über einen NPN-Transistor angesteuert, dessen Basis vom µController gesteuert wird, d.h., die Polarität dieses Ausgangs ist high, wenn die Hupe leuchten soll.

Wir nehmen an, daß die LEDs an den Pins 4, 5 und 6 des PORTB liegen und die Hupe am Pin B.7.

```
#DEFINE    ANZPORT   PORT_B
#DEFINE    GRUEN     4
#DEFINE    ROT       5
#DEFINE    GELB      6
#DEFINE    HUPE      7
```

Wie so oft ist hier die Wahl geeigneter Variablen das entscheidende Mittel, die Reihumbedienung komfortabel zu machen.

In einer **gemeinsamen Zustandsvariablen** SIGBYTE wird angezeigt, an welchen der Portpins zur Zeit das Blinken ein- bzw. ausgeschaltet ist.

Für Blinken setzen wir eine 1 an dem dem Portbit entsprechenden Bit der Zustandsvariablen. Beispiel: SIGBYTE = 60H bedeutet, daß nur die beiden LEDs an den Pins 5 und 6 blinken sollen. Das lower Nibble ist immer 0, da es nicht benötigt wird.

Zu jedem Pin benötigt man drei Parameter: Eine Zählvariable CNTx und zwei Reloadwerte RLDx für die Ein- und Ausschaltzeiten. Praktisch ist es, wenn man die Reloadwerte in die beiden Nibbles eines einzigen Bytes packt, da man diese dann immer nur mit Hilfe des SWAPF-Befehls zu vertauschen braucht, wenn zwischen Ein- und Ausschalten gewechselt wird.

Falls aber einige Blinkzeiten nicht in ein Nibble hineinpassen, kann man in dieses Byte anstelle der Blinkdauern nur Ordnungszahlen einfügen, mit deren Hilfe man aus einer Tabelle dann die Blinkdauer in Form von Vielfachen von 100 msek holt. Das Tabellenprogramm heißt GETCNT.

Für eine komfortable Reihumbedienung legen wir die zugehörigen Variablen im RAM hintereinander.

```
;========================== Variable für Blink
B_VAR      EQU      40H
BLCNT      EQU      B_VAR
BSEL       EQU      B_VAR+1      ; BSEL rotiert10H,20H,40H,80H
SIGBYTE    EQU      B_VAR+2      ; Sigbyte enthält Info, welche
                                 ; Alarme aktiv sind
CNTROT     EQU      B_VAR+3      ; Zähler
RLDROT     EQU      B_VAR+4      ; Reload
CNTGRU     EQU      B_VAR+5      ;
RLDGRU     EQU      B_VAR+6      ;
CNTGEL     EQU      B_VAR+7      ;
RLDGEL     EQU      B_VAR+8      ;
CNTHUP     EQU      B_VAR+9      ;
RLDHUP     EQU      B_VAR+.10
```

Der Zeiger auf dieser Variablen befindet sich während der Prozedur BLINK im FSR.

Nun kommt noch eine weitere Variable ins Spiel: **die Bitselektvariable,** die wir **BSEL** nennen. In dieser Variablen ist immer nur ein Bit gleich 1.

BSEL dient uns auch als Abarbeitungsvariable, das ist aber nur dann möglich, wenn die Bits schön beieinander in einem Port liegen.

BSEL wird solange rotiert, bis die 1 an einer Seite herausfällt. In unserem Fall beginnen wir mit BSEL = 10 H , durch RLF BSEL erhalten wir dann nacheinander 20 H, 40 H, 80 H. Wenn nach dem Rotieren das CY-Flag gesetzt ist, ist die Schleife fertig. Achten Sie darauf, daß vor dem Rotieren das CY-Flag gelöscht wird, damit die niederen Bits von BSEL nicht gesetzt werden.

Mit Hilfe von BSEL können nun nacheinander für Bit 4 bis 7 zwei Aufgaben durchgeführt werden: Die Abfrage, ob das Blinken eingeschaltet ist oder nicht und das Toggeln des zugehörigen Portpins.

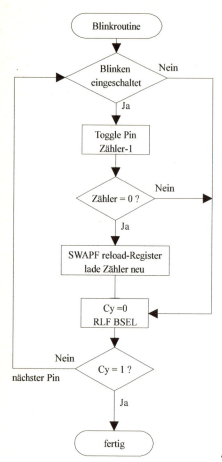

Abb. 3.6: Ablauf der Blinkverwaltung

Umsetzung dieses Ablaufs in eine Assemblerroutine:

```
BLINK     MOVLW    10H
          MOVWF    BSEL       ; BSEL rotiert 10H,20H,40H,80H
          MOVLW    CNTROT     ; FSR zeigt auf Zähler/Reloadblock
          MOVWF    FSR        ; für Signale
SILO      MOVF     SIGBYTE,W  ; Sigbyte enthält Info, welche
                              ; Alarme
          ANDWF    BSEL,W     ; aktiv sind
          BZ       NEXT
          DECFSZ   0
          GOTO     NEXT
          XORWF    PORT_B     ;
          MOVLW    0F0H       ;
```

```
            ANDWF      PORT_B          ;
            INCF       FSR
            SWAPF      0
            MOVF       0,W
            ANDLW      07
            CALL       GETCNT
            DECF       FSR
            MOVWF      0
NEXT        INCF       FSR
            INCF       FSR
            BCF        STATUS,CY
            RLF        BSEL
            BNC        SILO
            RETURN
```

Programmschleife für Blinkverwaltung

Ein besonderer Effekt zeigt sich in diesem Beispiel, auf den wir an mehreren Stellen hinweisen, denn wenn man ihn vergißt, entsteht ein Fehler, über den man sich sehr lange wundern kann:

Die Pins der LEDs sind im gleichen Port wie die Kathodentreiber der LED-Siebensegment-Anzeige. An diesen Pins mimen wir open-collector-Ausgänge. Das geschieht so, daß das Ausgangsregister mit Nullen beschrieben wird, und mit dem TRIS-Register zwischen Eingang (high) und Ausgang (low) umgeschaltet wird. Ein Kathodentreiberpin, welcher zum Zeitpunkt einer Portmanipulation (**read-modify-write**) gerade Eingang war, wird durch das Toggeln der Blinkpins als 1 vom Port gelesen und dann in das Ausgangsregister geschrieben. Wenn dieser Pin dann als Ausgang wieder Low-Pegel treiben soll, tritt zu Tage, daß in der Zwischenzeit eine 1 in das Ausgangsregister geschrieben wurde.

Bei Ports, die mit read-modify-write-Befehlen manipuliert werden, kann also ein Problem auftauchen, wenn einzelne Pins in ihrer Richtung veränderlich sind.

Ein paar Worte müssen noch verloren werden über das Starten, Beenden und Ändern einer Blinkanzeige. Wir raten für diese Prozeduren Makros zu schreiben, die alles erledigen, dann kann nichts in Vergessenheit geraten.

Grüne Anzeige Ausschalten:

```
CLRGRU      MACRO
            BCF        SIGBYTE,GRUEN
            BSF        ANZPORT,GRUEN
            ENDM
```

Zum Beenden eines Blinkens muß das entsprechende Bit in der Variablen SIGBYTE gelöscht werden, und der zugehörige Pin am Ausgabeport ist in den passiven Zustand zu versetzen. Passiv heißt, daß die LED nicht leuchtet bzw. das Ausgabeelement nicht aktiv ist.

Durch das Setzen (z.B. auf low) dieses Portpins ist übrigens problemlos ein Dauerleuchten einer LED zu realisieren.

Grüne Anzeige einschalten:

```
SETGRU    MACRO     PARA
          BSF       SIGBYTE,GRUEN
          BSF       ANZPORT,GRUEN
          MOVLW     PARA
          MOVWF     RLDGRU
          MOVLW     1
          MOVWF     CNTGRU
          ENDM
```

Eine Blinkanzeige wird gestartet, indem das Bit in SIGBYTE gesetzt wird und die Anzeigevariablen CNTx und RLDx sowie der Portpin auf einen definierten Anfangszustand gesetzt werden.

Diese Zustände sind:

* CNTx muß 01H gesetzt werden, damit beim nächsten Aufruf von BLINK nach dem ersten Dekrementieren der CNT-Variablen diese 0 ist.

* Damit wird ein Pintoggeln provoziert, mit dem die LED eingeschaltet wird. Der Startzustand des Pins muß also **AUS** sein.

* Gleichzeitig wird die RLDx-Variable geholt, deren Nibble vertauscht und das dadurch niedrigere als Basis für die jetzt anstehende ON-Zeit verwendet wird. Die ON-Zeit ist die Zeit, in der die LED leuchten soll. Das andere ist die OFF-Zeit. Beide Werte werden beim Starten eines Blinkens in die RLDx-Variable geladen, ON-Zeit ins higher Nibble, OFF-Zeit ins lower Nibble. Der Parameter des Makros SETXXX ist diese RLD-Variable.

Es macht nichts aus, wenn eine abgeschaltete Blinkanzeige noch einmal abgeschaltet wird. Anders ist dies beim Starten einer Anzeige. Ein permanentes Starten setzt den Pin immer wieder auf passiv. Wenn man also beim Erkennen einer Blinkursache das Blinken immer wieder startet, ohne sicher zu stellen, daß nicht schon gestartet wurde, dann verdirbt man der Blinkanzeige jegliche Freude. Das hat zur Folge, daß bei Blinkursachen nicht Zustände sondern **Veränderungen** abzufragen sind. Im unteren Teil der LOOP sehen Sie die Blink-Set und -Clear Anweisungen. In diesen Teil der LOOP gelangen wir nur, wenn sich ein Sekundenübertrag ereignet hat (TSTATUS.ISEK).

Siehe Beispielprogramm für die blinkenden LED's BLINK.ASM

3.2 LCD-Anzeige

LCD-Anzeigen sind immer dann im Einsatz, wenn Strom gespart werden muß. In akkubetriebenen Geräten sind kaum LED-Anzeigen zu finden. Die Logik der Ansteuerung ist ähnlich, wie bei den LED-Anzeigen. Da die LCD-Anzeigen aber auf einem ganz anderen physikalischen Prinzip beruhen, ist der Auffrischvorgang grundsätzlich verschieden.

Die Segmente einer LCD Anzeige sind Kondensatoren, die auf der einen Seite einen gemeinsamen Anschluß haben, die sog. Common Plane (auch COMM oder COM0 genannt), und auf der anderen Seite mit einem individuellen Pintreiber verbunden sind. Die Anzeige leuchtet, wenn der Pin das umgekehrte Vorzeichen hat wie die COMM-Leitung. Dabei müssen diese Kondensatoren ständig umgeladen werden. Die Frequenz des Umladens ist in gewissen Grenzen frei wählbar. Ist sie zu hoch, steigt der Stromverbrauch unnötig an, ist sie zu niedrig, flackert die Anzeige sichtbar. Die angelegte Spannung ist also eine Wechselspannung. Es ist darauf zu achten, daß keine Gleichspannung angelegt wird bzw. sich kein Gleichspannungsanteil bildet, denn das zerstört die LCD-Anzeige. Ein Gleichspannungsanteil bildet sich, wenn die Polaritäten unterschiedlich lange anliegen. Ein Richtwert für das Umladen ist 10 msek.

Achtung: Beim Single-steppen im Emulator sollten Sie eine Polarität nicht allzulange anliegen lassen. Im normalen Programmablauf ist man auf der sicheren Seite, wenn alle Anschlüsse der LCD in bestimmten Abständen auf das gleiche Potential gelegt werden, um einen eventuellen Gleichspannungsanteil zu eliminieren. Regelmäßig wiederkehrende Interrrupts könnten das Umladen der LCD zugunsten einer Polarität verschieben.

Dieser Kondensator muß nun in Zyklen von etwa 10 msek umgeladen werden. Wir nennen diesen Vorgang REFRESH. Das bedeutet, daß man sich um eine LCD Anzeige regelmäßig zu kümmern hat, sofern man kein Hardwaremodul hat, das einem diese Arbeit abnimmt. Die Bausteine mit LCD-Treibern und selbstständiger Verwaltung, sind die PIC16C923 und 924. In unser Repertoir haben sie noch nicht Einzug gehalten, weil immer kleinere PICs diese Arbeit mitübernehmen müssen.

Der Zeitabstände für die Refreshvorgänge müssen ziemlich genau eingehalten werden, insofern, daß nicht die Zeit für eine Polarität systematisch bevorzugt wird, da sich sonst der zerstörerische Gleichspannunganteil aufbaut.

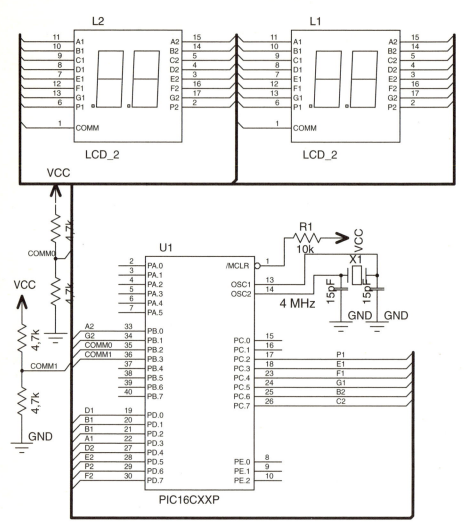

Abb. 3.7: Zuordnung der Segmente zu den Portpins

Die LCD Steuerung mit einem PIC16 geschieht so, daß jedes Segment von einem Portpin angesteuert wird. Von der Hardware kann man jedoch nicht erwarten, daß sie die einzelnen Segmente einer LCD Stelle so mit den Portpins verbindet, daß die Ansteuerung bequem wird. Meistens wird es sich nicht verwirklichen lassen, daß für jede LCD-Anzeigestelle genau ein 8 Bit Port zuständig ist. In der Regel müssen die Segmente einer LCD Stelle auf die Pins verschiedener Ports verteilt werden.

Bevor wir uns an die Programmierung des Refresh-Programms machen, haben wir **für jede Stelle und für jeden beteiligten Port eine Tabelle** zu schreiben, welche **für jede Ziffer ein Bitmuster** enthält, welches in dem entsprechenden Port gesetzt werden muß. Die Steuerung des Programms geschieht so, daß neue Werte immer bei COMM=0 eingeführt werden.

Die Aufrufe dieser Tabellen nennen wir

- GET0B, GET0C, GET0D..für die Stelle 0

- GET1B, GET1C, GET1D.. für die Stelle1

Diese Prozedur muß für jede Schaltung, die eine LCD Anzeige ansteuert, immer wieder neu durchgeführt werden.

Wir zeigen am Beispiel einer zweistelligen LCD Anzeige, wie man dabei zweckmäßig vorgeht.

Um eine Grundlage für die Ansteuertabellen zu schaffen, zeigen wir hier eine zweckmäßige Verdrahtung. Daß wir zwei LCD-Anzeigen parallel an die Ports anschließen, soll Sie dabei vorläufig noch nicht kümmern.

3.2.1 Anleitung zum Erstellen der LCD Ansteuerungstabelle

Im Gegensatz zum vorigen Beispiel mit der LED-Anzeige beschränken wir uns hier auf den Zeichenvorrat von 0 bis 9. Als erstes führen wir uns die Bitmusterliste für die Ziffern 0 - 9 vor Augen.

Bitmustertabelle

	a	b	c	d	e	f	g
0	O	O	O	O	O	O	
1		O	O				
2	O	O		O	O		O
3	O	O	O	O			O
4		O	O			O	O
5	O		O	O		O	O
6	O		O	O	O	O	O
7	O	O	O				
8	O	O	O	O	O	O	O
9	O	O	O	O		O	O

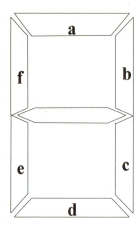

Abb. 3.8: Segmentbenennung

Im nächsten Schritt zeichnen wir uns für jeden beteiligten Port auf, welche Segmente er treibt. Die Segmentbenennung gemäß obiger Abbildung sind mit a0 - g0 für Stelle 0 und a1 - g1 für Stelle 1 bezeichnet, p0 und p1 sind die Dezimalpunkte. Stelle 0 ist die rechte Anzeigestelle, für die EINER. Mit Stelle 1 bezeichnen wir die linke Anzeige, für die ZEHNER.

Tabelle 3.1: Portpinverwendung

	7	6	5	4	3	2	1	0	Pinnummer
Port B	-	-	-	-	-	-	g0	a0	
Port C	c0	b0	g1	f1	e1	p1	-	-	
Port D	f0	p0	e0	d0	a1	b1	c1	d1	

Die folgenden Überlegungen beziehen sich, wie bereits angesprochen, auf den Fall, daß COMM=0 ist.

Als nächstes erstellen wir also für jede Stelle und jeden Port eine Tabelle, welche angibt, welche Bits für die Ziffern 0 - 9 zu setzen sind.

Am Beispiel von Stelle 0 und Port B soll die Vorgehensweise schrittweise dargelegt werden:

Wir beginnen mit der Ziffer «0». Aus der Bitmustertabelle sehen wir, daß für eine «0» alle Segmente außer dem Segment «g» zu setzen sind. Da wir die Stelle 0 betrachten, sind das die Segmente a0, b0, c0, d0, e0 und f0. Nun schauen wir, welche von diesen Segmenten vom Port B geliefert werden. Dazu nehmen wir die Tabelle der Portpinverwendung zu Hilfe. In dieser Tabelle sehen wir, daß das Segment a0 von Port B.0 ausgegeben wird, d.h., um eine «0» an der Stelle 0 auszugeben, ist vom Port B eine 01H bereit zustellen. Damit haben wir den ersten Tabellenwert der er- sten Tabelle. Die nächsten Werte dieser Tabelle werden nun für die Ziffer «1» bis «9» nach dem gleichen Verfahren ermittelt.

Stelle 0 Port B

	7	6	5	4	3	2	1	0	Hex-Wert
Ziffer	-	-	-	-	-	-	g0	a0	
0	0	0	0	0	0	0	0	1	01
1	0	0	0	0	0	0	0	0	00
2	0	0	0	0	0	0	1	1	03
3	0	0	0	0	0	0	1	1	03
4	0	0	0	0	0	0	1	0	02
5	0	0	0	0	0	0	1	1	03
6	0	0	0	0	0	0	1	1	03
7	0	0	0	0	0	0	0	1	01
8	0	0	0	0	0	0	1	1	03
9	0	0	0	0	0	0	1	1	03

Stelle 1 Port B

	7	6	5	4	3	2	1	0	Hex-Wert
Ziffer	-	-	-	-	-	-	g0	a0	
0	0	0	0	0	0	0	0	1	01
1	0	0	0	0	0	0	0	0	00
2	0	0	0	0	0	0	1	1	03
3	0	0	0	0	0	0	1	1	03
4	0	0	0	0	0	0	1	0	02
5	0	0	0	0	0	0	1	1	03
6	0	0	0	0	0	0	1	1	03
7	0	0	0	0	0	0	0	1	01
8	0	0	0	0	0	0	1	1	03
9	0	0	0	0	0	0	1	1	03

Stelle 0 Port C

	7	6	5	4	3	2	1	0	Hex-Wert
Ziffer	c0	b0	g0	f1	e1	p1	-	-	
0	1	1	0	0	0	0	0	0	C0
1	1	1	0	0	0	0	0	0	C0
2	0	1	0	0	0	0	0	0	40
3	1	1	0	0	0	0	0	0	C0
4	1	1	0	0	0	0	0	0	C0
5	1	0	0	0	0	0	0	0	80
6	1	0	0	0	0	0	0	0	80
7	1	1	0	0	0	0	0	0	C0
8	1	1	0	0	0	0	0	0	C0
9	1	1	0	0	0	0	0	0	C0

Stelle 1 Port C

	7	6	5	4	3	2	1	0	Hex-Wert
Ziffer	c0	b0	g0	f1	e1	p1	-	-	
0	0	0	0	1	1	0	0	0	18
1	0	0	0	0	0	0	0	0	0
2	0	0	1	0	1	0	0	0	28
3	0	0	1	0	0	0	0	0	20
4	0	0	1	1	0	0	0	0	30
5	0	0	1	1	0	0	0	0	30
6	0	0	1	1	1	0	0	0	38
7	0	0	0	0	0	0	0	0	0
8	0	0	1	1	1	0	0	0	38
9	0	0	1	1	0	0	0	0	30

Stelle 0 Port D

	7	6	5	4	3	2	1	0	Hex-Wert
Ziffer	f0	p0	e0	d0	a1	b1	c1	d1	
0	1	0	1	1	0	0	0	0	B0
1	0	0	0	0	0	0	0	0	00
2	0	0	1	1	0	0	0	0	30
3	0	0	0	1	0	0	0	0	10
4	1	0	0	0	0	0	0	0	80
5	1	0	0	1	0	0	0	0	90
6	1	0	1	1	0	0	0	0	B0
7	0	0	0	0	0	0	0	0	00
8	1	0	1	1	0	0	0	0	B0
9	1	0	0	1	0	0	0	0	90

Stelle 1 Port D

	7	6	5	4	3	2	1	0	Hex-Wert
Ziffer	f0	p0	e0	d0	a1	b1	c1	d1	
0	0	0	0	0	1	1	1	1	0F
1	0	0	0	0	0	1	1	0	06
2	0	0	0	0	1	1	0	1	0D
3	0	0	0	0	1	1	1	1	0F
4	0	0	0	0	0	1	1	0	06
5	0	0	0	0	1	0	1	1	0B
6	0	0	0	0	1	0	1	1	0B
7	0	0	0	0	1	1	1	0	0E
8	0	0	0	0	1	1	1	1	0F
9	0	0	0	0	1	1	1	1	0F

Daraus folgen nun die Table-Read-Programme.

```
GETOB      ANDLW     0FH          ; PORTB,Stelle 0
           ADDWF     PC
           RETLW     1
           RETLW     0
           RETLW     3
           RETLW     3
           RETLW     2
```

```
        RETLW   3
        RETLW   3
        RETLW   1
        RETLW   3
        RETLW   3
```

GET1B wird in diesem Beispiel nicht benötigt, da der Port B keine Segmente für die
Stelle 1 ausgibt, d.h. alle Tabellenelemente der Tabelle GET1B wären 0.

```
GET0C   ANDLW   0FH         ; PORTC,Stelle 0
        ADDWF   PC
        RETLW   0C0H
        RETLW   0C0H
        RETLW   40H
        RETLW   0C0H
        RETLW   0C0H
        RETLW   80H
        RETLW   80H
        RETLW   0C0H
        RETLW   0C0H
        RETLW   0C0H

GET1C   ANDLW   0FH         ; PORTC,Stelle 1
        ADDWF   PC
        RETLW   18H
        RETLW   00H
        RETLW   28H
        RETLW   20H
        RETLW   30H
        RETLW   30H
        RETLW   38H
        RETLW   00H
        RETLW   38H
        RETLW   30H

GET0D   ANDLW   0FH         ; PORTD,Stelle 0
        ADDWF   PC
        RETLW   0B0H
        RETLW   00H
        RETLW   30H
        RETLW   10H
        RETLW   80H
        RETLW   90H
        RETLW   0B0H
        RETLW   00H
        RETLW   0B0H
        RETLW   90H
```

```
GET1D      ANDLW    0FH            ; PORTD,Stelle 1
           ADDWF    PC
           RETLW    0FH
           RETLW    06H
           RETLW    0DH
           RETLW    0FH
           RETLW    06H
           RETLW    0BH
           RETLW    0BH
           RETLW    0EH
           RETLW    0FH
           RETLW    0FH
```

Wenn man statt 2 Stellen 4 Stellen anzusteuern hat, gibt es entsprechend mehr Tabellen, denn es gibt doppelt so viele Stellen und mindestens einen Port mehr.

Um die Dezimalpunkte kümmern wir uns in diesem Zusammenhang nicht. Die entsprechenden Bits in den Treiberports werden durch separate Überlegungen gesetzt oder gelöscht.

Auf eines haben wir jetzt noch zu achten: Da möglicherweise die beteiligten Ports noch weitere Ausgänge haben, die keine LCD-Segmenttreiber sind, definieren wir uns drei Konstanten BMASKE, CMASKE, DMASKE, welche an allen LCD Bits eine 1 haben und an allen anderen eine 0.

In unserem Beispiel ist:

BMASKE = 3

CMASKE = 0FCH

DMASKE = 0FFH

3.2.2 Vorbereitung der Ausgabe von Ziffern an die Treiberports

Wir gehen wie oben davon aus, daß wir eine zweistellige LCD Anzeige haben, welche zwei neue Ziffern darstellen soll. Die Ziffern sind die beiden Nibbles einer BCD-Zahl, welche wir mit ZAHL bezeichnen.

Wir werden jetzt so vorgehen, daß wir nicht zuerst die Stelle 0 bearbeiten und dann die Stelle 1, sondern wir werden der Reihe nach den PORTB, den PORTC und den PORTD bedienen. Wir benutzen dazu drei Register, in denen wir die Bits für die drei Ports sammeln. Diese Register, welche BPORT, CPORT und DPORT genannt werden, müssen aufeinanderfolgende Adressen haben, da wir das FSR-Register benutzen wollen, um diese Register zu adressieren. Wir nennen diese Register in unserem Jargon auch Schattenports.

Wenn das FSR mit der Adresse von BPORT geladen ist, lautet das Unterprogramm in Assembler:

```
MKLCD     MOVF    ZAHL,W      ;
          CALL    GET0B       ; W=Bitmuster für Stelle 0
          MOVWF   0           ; W nach BPORT
```

; die nächsten drei Zeilen sind in unserem Fall überflüssig

```
          SWAPF   ZAHL,W
          CALL    GET1B       ; W=Bitmuster für Stelle 1
          IORWF   0           ; Beide Bitmuster in BPORT geodert
;
          INCF    FSR         ; FSR zeigt auf CPORT
          MOVF    ZAHL,W      ;
          CALL    GET0C       ; W=Bitmuster für Stelle 0
          MOVWF   0           ; W nach CPORT
          SWAPF   ZAHL,W      ;
          CALL    GET1C       ; W=Bitmuster für Stelle 1
          IORWF   0           ; Beide Bitmuster in CPORT geodert
;
          INCF    FSR         ; FSR zeigt auf DPORT
          MOVF    ZAHL,W      ;
          CALL    GET0D       ; W=Bitmuster für Stelle 0
          MOVWF   0           ; W nach DPORT
          SWAPF   ZAHL,W      ;
          CALL    GET1D       ; W=Bitmuster für Stelle 1
          IORWF   0           ; Beide Bitmuster in DPORT geodert
          RETURN              ;
```

Um die Konzentration bei diesem schwierigen Thema nicht zu stören, beschäftigen wir uns hier nicht damit, wie wir MKLCD kürzer schreiben können. Immerhin ist es so schön übersichtlich.

Vor dem Aufruf von MKLCD muß das FSR-Register mit der Adresse von BPORT geladen werden. Dieser Teil wurde nicht direkt in MKLCD integriert, warum, sehen Sie später, wenn wir weitere Stellen ansteuern.

```
MOVLW    BPORT    ; W=Adresse von BPORT
MOVWF    FSR      ; FSR zeigt auf BPORT
CALL     MKLCD
```

Nun haben wir alle Vorbereitungen getroffen, um uns mit der eigentlichen LCD Ansteuerung zu befassen.

3.2.3 Dunkelschalten der LCD Anzeige

Das Dunkelschalten einer LCD Anzeige geschieht, indem man alle Bits der betroffenen Ports auf 0 setzt, falls COMM=0 ist. Für den Fall, daß COMM=1 ist, müssen alle betroffenen Bits auf 1 gesetzt werden. Dabei ist es egal, ob alle Bits auf 0 oder alle auf 1 gesetzt werden. Es ist auch nicht wichtig, beim Dunkelschalten zu berücksichtigen, welchen Zustand COMM vorher hatte. Man kann sich daher frei entscheiden, welche Polarität man den Pins beim Dunkelschalten gibt.

Das Dunkelschalten führen wir im folgenden Programm für COMM=1 durch. Dies hat nur historische Gründe , d.h. es war in irgendeiner früheren Anwendung einmal zweckmäßig. Das Unterprogramm lautet:

```
DUNKEL  BSF     COMM
        MOVLW   BMASKE
        IORWF   PORTB      ; In PORTB alle LCD Treiberbits gesetzt
        MOVLW   CMASKE
        IORWF   PORTC      ; In PORTC alle LCD Treiberbits gesetzt
        MOVLW   DMASKE
        IORWF   PORTD      ; In PORTD alle LCD Treiberbits gesetzt
        RETURN
```

3.2.4 Refresh (Umladen) der LCD Anzeige

Beim Refresh sind sowohl die COMM-Leitung als auch alle LCD-Treiberbits der betroffenen Ports zu invertieren. Das Unterprogramm lautet:

```
INVERT  BTG     COMM       ; Makro BTG
        MOVLW   BMASKE
        XORWF   PORTB
        MOVLW   CMASKE
        XORWF   PORTC
        MOVLW   DMASKE
        XORWF   PORTD
        RETURN
```

3.2.5 Ausgabe von Ziffern an eine LCD Anzeige.

Wenn ein ganzer Port ausschließlich aus LCD-Treiberpins besteht, können wir einfach schreiben:

```
MOVF    XPORT,W
MOVWF   PORTX
```

Im allgemeinen Fall befinden sich in den beteiligten Ports noch weitere Bits, die keine LCD-Treiberfunktion haben. Daher müssen wir zuerst in den Ports die betroffenen Bits löschen und dann die neuen Werte dazu ordnen, so daß wir folgendes Programm für die Ausgabe an die LCD Treiber Ports erhalten.

```
LCDOUT    MOVF     PORTB,W
          XORLW    NOT BMASKE     ; löscht alle Treiberbits
          IORWF    BPORT,W        ; odert BPORT dazu
          MOVWF    PORTB          ; Ausgabe an PORTB
          MOVF     PORTC,W
          XORLW    NOT CMASKE     ; löscht alle Treiberbits
          IORWF    CPORT,W        ; odert CPORT dazu
          MOVWF    PORTC          ; Ausgabe an PORTC
          MOVF     PORTD,W
          XORLW    NOT CMASKE     ; löscht alle Treiberbits
          IORWF    DPORT,W        ; odert DPORT dazu
          MOVWF    PORTD          ; Ausgabe an PORTD
          RETURN
```

3.2.6 Gesamtbedienung der LCD-Anzeige

Wie schon gesagt, muß eine LCD Anzeige in Zyklen von etwa 10 msek umgeladen werden, das heißt, daß sowohl die COMM-Leitung als auch alle Segmente invertiert werden müssen. Die Zeitverwaltung liegt dabei in der Hand der übergeordneten Anwendung. Entweder fragt sie regelmäßig ab, ob die Zykluszeit vorbei ist oder sie taktet den gesamten Ablauf mit dieser Zeit. Wir befassen uns hier nur mit dem Programm, welches ausgeführt werden muß, wenn die Zykluszeit vorbei ist. In jedem Fall muß die LCD-Routine zuerst den COMM-Pin invertieren. Wenn keine Änderung der Anzeigewerte stattfinden soll, wird danach lediglich das Programm INVERT aufgerufen.

Wenn die Anzeige geändert werden soll, schalten wir sie zunächst für einen Zyklus dunkel. Das erweist sich nicht nur programmtechnisch als günstig, sondern verhindert auch, daß der alte Wert nachleuchtet und die Anzeige «verschmiert».

Nachdem wir die LCD-Werte für den Fall COMM = 0 berechnet haben, schreiben wir die neuen Werte bei COMM = 0 in die Ports.

Da wir in das LCD Bedienungsprogramm immer nur in einem Zeitschlitz hineinkommen, den das übergeordnete Programm uns zur Verfügung stellt, müssen wir uns von einem Aufruf zum nächsten merken, in welchem Zustand die LCD-Anzeige war.

Dazu schaffen wir uns ein Status-Register, welches wir LCDSTAT nennen. In diesem Register definieren wir zwei Flags, nämlich

- LCDSTAT,NEU   signalisiert, daß ein neuer Wert auszugeben ist

- LCDSTAT,DUNK   signalisiert, daß schon dunkel geschaltet wurde

Wenn das Bit NEU gesetzt ist, heißt das, daß beim nächsten Aufruf der LCD-Routine das Programm DUNKEL aufzurufen ist. Wenn das erledigt ist,wird das Bit DUNK gesetzt als Zeichen dafür, daß die Anzeige dunkel ist. Wenn beim Eintritt in die LCD-Routine DUNK gesetzt ist aber nicht NEU, dann geht man davon aus, daß die Anzeige wohl dunkel bleiben soll und läßt sie wie sie ist. Wenn beim Eintritt in die LCD-Routine sowohl DUNKEL als auch NEU gesetzt ist, dann wird COMM=0 gesetzt und die neuen Werte mit dem Programm LCDOUT ausgegeben. Anschließend werden beide Bits NEU und DUNK wieder gelöscht.

Wenn im übergeordneten Programm ein neuer Wert für ZAHL auftaucht, wird zunächst nur das Programm MKLCD ausgeführt und das Bit LCDSTAT,NEU gesetzt. Wenn sich nur eine Ziffer ändert, werden wir trotzdem die ganze LCD-Anzeige erst dunkel und dann neu setzen, nicht nur, weil das Setzen einzelner Ziffern mit der oben beschriebenen Methode gar nicht möglich ist, sondern weil die Anzeige gar nicht unglücklich ist, wenn sie von Zeit zu Zeit entladen wird. Es ist sogar so, daß man eine Anzeige, die sich nicht von Zeit zu Zeit ändert, am besten in gewissen Abständen einmal dunkel schaltet und dann neu setzt, um den Aufbau des oben erwähnten Gleichspannungsanteils zu verhindern.

Das Struktogramm für diesen Vorgang sieht folgendermaßen aus:

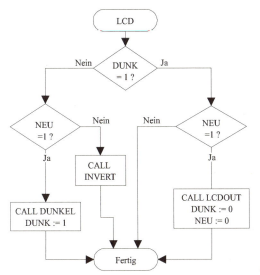

Abb. 3.9: LCD-Bedienungsroutine

In Assembler lautet die LCD-Routine, welche alle 10msek aufgerufen wird:

```
LCD        BTFSC    LCDSTAT,DUNK
           GOTO     LCDD
           BTFSC    LCDSTAT,NEU
           GOTO     LCD2
           CALL     INVERT
           GOTO     LCDEND
LCD2       CALL     DUNKEL
           BSF      LCDSTAT,DUNK
           GOTO     LCDEND
LCDD       BTFSS    LCDSTAT,NEU
           GOTO     LCDEND
           BCF      COMM
           CALL     LCDOUT
           CLRF     LCDSTAT
LCDEND     RETLW    0
```

LCD-Routine

3.2.7 LCD Anzeigen im Multiplexbetrieb

Eine zweistellige Anzeige reicht in den meisten Anwendungen nicht aus. An dem oben durchgeführten Beispiel sehen wir, daß für mehr Stellen der Aufwand und die Zahl der benötigten Treiberpins erheblich größer ist. Eine Lösung dieses Problems ist, die Treiberpins doppelt zu belegen und im Schichtbetrieb abwechselnd zwei Gruppen von Segmenten zu bedienen. Jede dieser Gruppen besitzt natürlich eine eigene Common Plane. Wir werden die beiden Segmentgruppen mit A und B bezeichnen.

Wenn diese beiden Gruppen unterschiedlich organisiert sind, hat man beim Erstellen der Tabellen und beim Programm MKLCD nichts gespart, aber immerhin die nötigen Treiberpins fast halbiert.

Wir haben eine Lösung gewählt, bei der zwei gleiche, zweistellige Anzeigen zu einem vierstelligen Display zusammengestellt werden. Bei diesen beiden Anzeigen werden die korrespondierenden Pins bis auf die Common Planes miteinander verbunden, so daß für sie die gleichen Tabellen gelten. Die Stellen 0 und 1 bilden also die Gruppe A und die Stellen 2 und 3 die Gruppe B.

Das eigentliche Multiplexen geschieht so, daß in der ersten Hälfte eines Zyklus die Gruppe A bedient wird, während die Common Plane der Gruppe B auf tri-state gelegt wird. In der zweiten Zyklushälfte wird es umgekehrt gemacht.

Schaltungstechnisch ist hier noch eine Feinheit zu erwähnen. Damit die nicht angesprochene Anzeige wirklich dunkel ist, reicht es nicht, nur den Treiberpin der

Common-Plane in den tri-state-Zustand zu schalten. Wir müssen dafür sorgen, daß der Spannungspegel an der Common-Plane auf 2,5 Volt liegt. Das geschieht mit einem Spannungsteiler, wie er ganz links auf dem Schaltbild zu sehen ist.

Laut Datenblatt beginnen die LCD-Segmente ab 3 Volt zu «leuchten», d.h., eine Spannung von 2,5 Volt reicht noch nicht aus, um ein Segment «einzuschalten». Das dabei entstehende Spannungsprofil auf der Common Plane sieht wie eine Treppe aus und kann sofort als LCD-Ansteuersignal erkannt werden.

Jetzt müssen wir uns überlegen, bei welchen Schritten wir gegenüber der bisherigen Vorgehensweise neue Strategien benötigen.

3.2.8 Unterschiede des Multiplexbetriebs zum bisherigen Verfahren

Die Tabellenprogramme GET0B bis GET1D sind für die zweite Gruppe identisch wie für die erste Gruppe. Das Programm MKLCD ist daher auch gleich für beide Gruppen. Man hat jedoch die Variablen PORTB, PORTC und PORTD in zweifacher Ausführung bereitzuhalten. Praktischerweise liegen diese beiden Variablenblöcke hintereinander.

Einen wichtigen Unterschied gegenüber der einfachen LCD-Anzeige müssen wir beachten. Das Invertieren kann nicht so geschehen, daß die Portbits invertiert werden. Denn jedesmal, wenn die Bits einer Gruppe invertiert werden, liegen ja an den Ports die jeweils für die andere Gruppe gültigen Werte an. Das bedeutet, daß wir ständig die jeweiligen Werte BPORT, CPORT und DPORT zu invertieren haben und diese dann mit dem Programm LCDOUT auszugeben haben.

Wenn sich nun einer der Anzeigewerte ändert, dann weiß man nicht, in welcher Polarität der andere sich gerade befand. Am einfachsten ist es daher, im Falle einer Änderung beide Anzeigen dunkel zu schalten und dann die beiden Wertetripel BPORT, CPORT und DPORT für beide Gruppen neu zu berechnen. Wir rufen daher MKLCD zweimal auf, einmal für die Gruppe A und anschließend für die Gruppe B. Die Programmfolge zum Erstellen der Codes lautet nun:

```
MOVLW    BPORT
MOVWF    FSR
MOVF     WERTA,W
MOVWF    ZAHL
CALL     MKLCD
MOVF     WERTB,W
MOVWF    ZAHL
CALL     MKLCD
```

Vor dem zweiten Aufruf von MKLCD ist das Register FSR nicht mehr zu laden, wenn die beiden Variablenblöcke (die Schattenports) hintereinander stehen.

Wenn die neuen Codes berechnet wurden, wird genauso wie bei der einfachen LCD-Anzeige das Bit NEU in der Variablen LCDSTAT gesetzt. Die Vorgehensweise in der LCD-Routine, die nun alle 5 msek aufgerufen wird, ist ähnlich wie zuvor. Wenn das Bit NEU gesetzt ist, werden beide Anzeigen dunkel geschaltet, egal welche gerade an der Reihe war. Das Bit DUNK wird daraufhin gesetzt. Beim nächsten Eintritt in die LCD-Routine wird dann die Reihenfolge dort wieder aufgenommen, wo sie verlassen wurde.

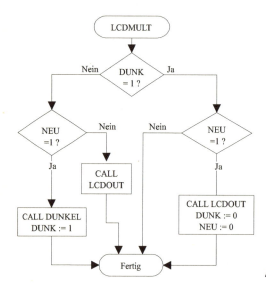

Abb. 3.10: Multiplexverwaltung

Der Unterschied im Programm Dunkel besteht nun darin, daß COMMA und COMMB beide zu Ausgängen gemacht werden und beide auf 1 gelegt werden.Wir werden wieder den Namen DUNKEL für das Programm benutzen, da ja wohl kaum anzunehmen ist, daß in ein und demselben Programm sowohl eine einfache als auch eine gemutiplexte Anzeige bedient wird.

```
DUNKEL     BANK_1
           BCF        COMMA        ; auf Ausgang schalten
           BCF        COMMB        ; auf Ausgang schalten
           BANK_0
           BSF        COMMA
           BSF        COMMB
           MOVLW      BMASKE
           IORWF      PORTB        ; In PORTB alle LCD Treiberbits
                                   ; gesetzt
```

```
        MOVLW    CMASKE
        IORWF    PORTC        ; In PORTC alle LCD Treiberbits
                              ; gesetzt
        MOVLW    DMASKE
        IORWF    PORTD        ; In PORTD alle LCD Treiberbits
                              ; gesetzt
        RETURN
```

Um das abwechselnde Toggeln der COMMA und COMMB und der zugehörigen TRIS-Bits zu vereinfachen, ist wieder ein Schattenregister für die COMM-Bits (BCOMM) und ein Schattenregister für die TRIS-Werte (TCOMM) erforderlich.

	7	6	5	4	3	2	1	0
Port B	-	-	-	-	COMMB	COMMA	g0	a0
					Gruppe B	Gruppe A		

Wenn die entsprechenden Bits, wie im obigen Schaltpan zu sehen , beispielsweise an PortB,2 und PortB,3 liegen, sind bei vier aufeinanderfolgenden Aufrufen der LCD-Routine die Bits 2 und 3 dieser Schattenregister nacheinander folgendermaßen zu setzen:

1. TCOMM: 10   BCOMM: X0

2. TCOMM: 01   BCOMM: 0X

3. TCOMM: 10   BCOMM: X1

4. TCOMM: 01   BCOMM: 1X

Für den jeweils als Eingang gesetzten Pin ist der Wert ohne Bedeutung. Das Verändern der TCOMM Bits von einem zum nächsten Aufruf geschieht einfach durch Invertieren beider Bits. Da die Werte beliebig sind, lassen sich die Bits von BCOMM fortschreiben durch

BCOMM:= BCOMM   XOR TCOMM,

wobei für den ersten Aufruf BCOMM = 00 sein muß und TCOMM = 8 (00001000).

Daß dies zu richtigen Ergebnissen führt, läßt sich einfach durch vierfaches Ausführen der Operation mit den Startwerten TCOMM = 8 und BCOMM = 0 zeigen.

Das Setzen der entsprechenden Werte im PORTB und im TRISB geschieht durch die Befehlsfolge:

```
SETCOMM  BCF      PORTB,2
         BCF      PORTB,3
         MOVF     BCOMM,W
```

```
        IORWF     PORTB
        BANK_1
        BCF       TRISB,2
        BCF       TRISB,3
        MOVF      TCOMM,W
        IORWF     TRISB
        BANK_0
```

Hinzu kommen die folgenden Programmzeilen zum Erstellen der richtigen Schattenbytes für den nächsten Aufruf:

```
        MOVLW     0CH           ; 1100
        XORWF     TCOMM
        MOVF      TCOMM,W
        XORWF     BCOMM
```

Das Programm INVERT und das Programm LCDOUT ist für die beiden Gruppen insofern unterschiedlich, als es die Register BPORT, CPORT und DPORT verwendet. Für den Multiplexbetrieb ist es daher nötig, das FSR-Register zu bemühen, um auf diese Register zu zeigen. Die Konstanten BMASKE,CMASKE und DMASKE sind für beide Gruppen gleich, da sie die gleiche Segmentanbindung haben.

Darüber hinaus sind beim Programm INVERT, wie oben schon erwähnt, nicht die Ports zu invertieren, sondern die invertierten Schattenregister auszugeben. Dies hat zur Folge, daß die beiden Programme INVERT und LCDOUT zu einem Programm zusammenschmelzen, welches zuerst die Schattenports in die aktuellen Ports hineinmischt und dann anschließend die Schattenports invertiert. Dieses gemeinsame Programm werden wir unter dem Namen LCDOUT führen, da die Ausgabe die Haupttätigkeit ist. Das Programm LCDOUT setzt voraus, daß das FSR-Register auf den richtigen Satz von Schattenports zeigt.

```
LCDOUT  BCF       PORTB,2       ; SETCOMM
        BCF       PORTB,3
        MOVF      BCOMM,W
        IORWF     PORTB
        BANK_1
        BCF       TRISB,2
        BCF       TRISB,3
        MOVF      TCOMM,W
        IORWF     TRISB
        BANK_0
        MOVLW     0CH           ; 1100
        XORWF     TCOMM
        MOVF      TCOMM,W
        XORWF     BCOMM
        MOVF      PORTB,W
```

```
      XORLW    NOT BMASKE   ; löscht alle Treiberbits
      IORWF    0,W          ; odert BPORT dazu
      MOVWF    PORTB        ; Ausgabe an PORTB
      MOVLW    BMASKE
      XORWF    0
      INCF     FSR
      MOVF     PORTC,W
      XORLW    NOT CMASKE   ; löscht alle Treiberbits
      IORWF    0,W          ; odert CPORT dazu
      MOVWF    PORTC        ; Ausgabe an PORTC
      MOVLW    CMASKE
      XORWF    0
      INCF     FSR
      MOVF     PORTD,W
      XORLW    NOT CMASKE   ; löscht alle Treiberbits
      IORWF    0,W          ; odert DPORT dazu
      MOVWF    PORTD        ; Ausgabe an PORTD
      MOVLW    DMASKE
      XORWF    0
      INCF     FSR
      RETURN
```

Das zugehörige Assemblerprogramm für die LCD-Routine, welches jetzt alle 5 msek aufgerufen wird, unterscheidet sich nicht wesentlich von dem Programm für die einfache LCD-Routine:

```
LCD       BTFSC    LCDSTAT,DUNK
          GOTO     LCDD
          BTFSC    LCDSTAT,NEU
          GOTO     LCD2
          CALL     LCDOUT
          GOTO     LCDEND
LCD2      CALL     DUNKEL
          BSF      LCDSTAT,DUNK
          GOTO     LCDEND
LCDD      BTFSS    LCDSTAT,NEU
          GOTO     LCDEND
          CALL     LCDOUT
          CLRF     LCDSTAT
LCDEND    RETLW    0
```

LCD-Routine für Multiplexbetrieb

3.3   Pulsausgabe mit dem PWM-Modul

Vorab eine prinzipielle Darstellung der PWM-Ausgabe:

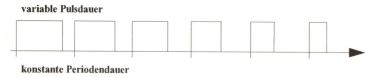

variable Pulsdauer

konstante Periodendauer

Abb. 3.11: PWM-Diagramm

Die PWM-Module erlauben, Pulse mit programmierbarer Frequenz und Pulsbreite auszugeben. Dabei wird die gesamte Periodendauer durch das Register PR2 bestimmt. Die Periodendauer ist

$(PR2 + 1) * 4*VT/Fosc$

Die Zeit, in welcher der Puls high ist, wird durch den Wert im Register CCPR1L bestimmt. Für eine ordentliche Funktion muß der Wert im CCPR1L kleiner sein als der Wert im PR2-Register. Die Zeitspanne, in welcher der Ausgang high ist, beträgt

$CCPR1L * 4*VT/Fosc$

Das Register CCPxCON ist für den PWM-Modus 0CH zu setzen, sofern man mit der Standardauflösung von 8 Bit zufrieden ist.

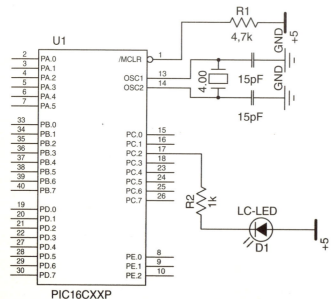

Abb. 3.12: PWM-
Schaltbild

PWM-Beispiel: LED-Sirene:

Um die pulsweitenmodulierte Ausgabe zu demonstrieren, haben wir uns einen kleinen Aufbau überlegt, an dem man erkennen kann, wie einfach dieses Modul zu handhaben ist. Wir steuern ein LED mit dem PWM-Ausgang an. Die LED leuchtet um so heller, je größer das Verhältnis von Einschaltdauer zu Ausschaltdauer ist. Um dem menschlichen Auge und dem Nachleuchten der LED Rechnung zu tragen, haben wir den Vorgang sehr langsam ablaufen lassen. Dazu mußte als erstes der Vorteiler des TMR2 auf Maximum gestellt werden (T2CON = 07H). Als nächstes wählten wir das Period-Register sehr hoch (PR2 = .242). Den Wert im duty cycle-Register CCPR1L haben wir dann in einer ersten Schleife von 0 bis PR2 und in einer zweiten Schleife wieder zurück auf 0 verändert. Das ganze wurde dann periodisch wiederholt.

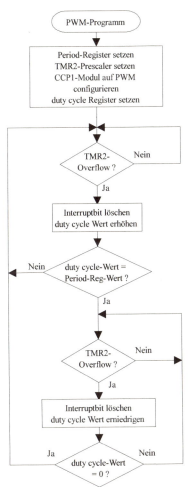

Abb. 3.13: Ablauf der LED-Sirene

Das Programm ist eine direkte Umsetzung dieses Flußdiagramms.

Siehe Programm LED-Sirene PWM1.ASM.

Interessant ist dieses Beispiel für die PWM-Ausgabe auch, wenn man die Veränderung nicht periodisch, sondern durch Eingabe über ein Potentiometer bewerkstelligt. Da bisher der AD-Wandler noch nicht behandelt wurde, verweisen wir bezüglich dieser Anwendung auf den Abschnitt «AD-Wandler» im Kapitel «Eingänge erfassen».

3.4   Erzeugen von Wechselspannung

Eine Reihe von Anwendungen erforden die Erzeugung einer Wechselspannung. Beispiele sind

● Wechselrichter mit einstellbarer Frequenz, z.B in einer USV

  Die Synchronisation mehrere Wechselrichter ist dabei kein Problem, da der PIC16 ein Differenzsignal auswerten und entsprechend regeln kann.

● Erzeugen von 3 Phasen (um 120° versetzt) für einen Drehstrommotor

● Erzeugen von 2 Phasen (um 90° versetzt) für einen Kondensatormotor

3.4.1 Erzeugen einer einzelnen Wechselspannung

Das Funktionsprinzip ist in allen Fällen gleich. Wir geben in einem festen Zeitraster Pulse von sinusförmig modulierter Länge an die Schalter der hier abgebildeten Brückenschaltung aus. Im linken Teil der Abbildung fließt der Strom von links nach rechts. Während der linke obere Schalter eine ganze Halbwelle lang geschlossen bleibt, werden auf den rechten unteren die Pulse ausgegeben. Dabei müssen die Schalter für die andere Richtung unbedingt offen sein. Nach Beendigung der Halbwelle wird die Richtung umgekehrt, wie im rechten Teil der Abbildung gezeigt ist.

Für die Ausführung der Schalter gibt es verschiedene Möglichkeiten. Die Kriterien für die Auswahl sind Geschwindigkeit, Verlustleistung und Preis. Die derzeit wohl beste Lösung ist die Verwendung von Power-MOSFET-Transistoren. Die Ansteuerpulse sollten möglichst steil sein und in ausreichender Höhe, damit ein schnelles verlustarmes Schalten gewährleistet ist. Notfalls muß eine positive Hilfsspannung generiert werden.

Eine Ansteuerschaltung ist in jedem Fall nötig, auch wenn eine Betriebsspannung von nur 12 Volt verwendet wird. Bei höheren Betriebsspannungen ist zur Realisierung dieser Ansteuerschaltung Erfahrung erforderlich.

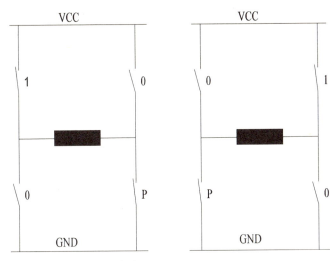

Abb. 3.14: Brückenschaltung

Für die Ansteuerlogik legen wir die Polarität der anzusteuernden Portpins folgendermaßen fest:

- Bit=1:   Schalter geschlossen

- Bit=0:   Schalter offen.

Wir gehen davon aus, daß alle Ansteuerbits in der niedrigeren Hälfte des PORTB liegen. An PORTB.0 und PORTB.2 sollen die Pulse ausgegeben werden. Dabei gehören PORTB.0 und PORTB.1 zu einer Richtung und PORTB.2 zusammen mit PORTB.3 zur anderen Richtung. Sehr wichtig ist bei dieser Festlegung, daß dieses Nibbel nur folgende Werte haben darf

- 001p: für die eine Halbwelle

- 1p00:   für die andere Halbwelle

An den Pins 0 und 2 werden also die Pulse ausgegeben. Wird die Richtung gewechselt, sollten alle Schalter eine kurze Zeit lang offen sein.

Achtung!

Man darf auf keinen Fall mit **einem einzigen Befehl** einen Schalter öffnen und gleichzeitig einen weiteren schließen. Hervorgerufen durch diverse Laufzeiten gibt es mehr oder weniger lange Verzögerungen zwischen der Ausgabe einer 0 an dem ansteuernden Pin und dem wirklichen Öffnen des Schalters. Kurzschlüsse der Versorgungsspannung sind die Folge.

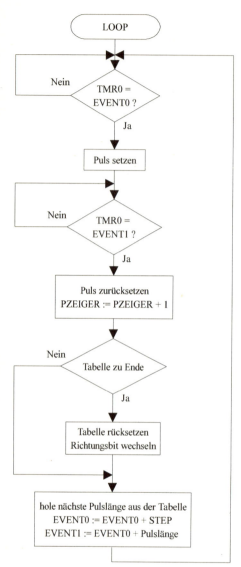

Abb. 3.15: Bedienung einer Brücke
          zur Wechselspannungser-
          zeugung

Um eine sinusförmige Wechselspannung zu erzeugen, geben wir mit einer konstanten Schrittweite Pulse, deren Länge sinusförmig moduliert ist, auf die Schalter. Die
Sinuswerte werden dabei aus Tabellen geholt. Die Anzahl von Schritten einer Halbwelle ist einerseits so groß zu wählen, daß die entstehende Wechselspannung einigermaßen glatt wird. Eine zu hohe Anzahl führt zu unsinnig kurzen Pulsen am Anfang
der Sinuskurve und stellt auch unnötig hohe Anforderungen an die Geschwindig-

keit des PIC16 und der Leistungsschalter. Sollten trotzdem sehr kurze Pulse auftauchen, so kann man diese Pulse ohne Beeinträchtigung der Sinusform mit dem nächsten Puls zusammenfassen. Sehr kurze Pulse erhöhen nur die Störabstrahlung und produzieren Schaltverluste in den MOSFET-Transistoren, die keinem nützen. Die erzeugte Sinusspannung ist ohnehin proportional zu dem Integral über unseren Puls. Ein Richtwert für die Schrittzahl ist etwa 40 pro Halbwelle.

Für die Pulslängen reicht die Genauigkeit von einem Byte, um eine schöne Sinusform zu erzielen. Wenn man einen PIC16CXX zur Verfügung hat, wird man die Zeiten zum Setzen und Rücksetzen der Pulse mit dem Comparemodul erfassen. Offensichtlich ist die Lösung mit einem PIC16C5X von größerem Interesse, so daß wir im folgenden Flußdiagramm von der Event-Methode mit dem TMR0 ausgehen.

Ein wenig mathematisches Geschick ist nötig, wenn die Amplituden der Sinuswerte kontinuierlich geändert werden müssen, da man sich aus Zeitgründen keine Multiplikation leisten kann. Dazu gibt es verschiedene Möglichkeiten, die man evtl. miteinander kombiniert. Eine Möglichkeit ist die Veränderung der Schrittweite, da es lediglich auf das Tastverhältnis der Pulse ankommt. Bei größeren Veränderungen kann man auch den Vorteiler nutzen. Der Einsatz von mehreren Tabellen ist zusätzlich auch zu erwägen.

3.4.2 Erzeugen zweier phasenverschobener Wechselspannungen

Wenn zwei Wechselspannungen erzeugt werden sollen, die phasenverschoben zueinander sind, benötigen wir zwei Brücken der oben beschriebenen Art und zwei Port-Nibbles zu ihrer Ansteuerung. Beide Spannungen werden genauso erzeugt, wie oben dargelegt wurde. Die zusätzliche Aufgabe besteht darin, die beiden Pulsausgaben mit einem Timer miteinander in Einklang zu bringen. Die Erfassung der Schrittweite ist beiden Pulsen gemeinsam. Zu Beginn eines Schrittes werden beide Pulse gesetzt.

Nun aber sind zwei Ereignisse abzufragen, nämlich:

1. ist Puls1 zu Ende?

2. ist Puls2 zu Ende?

Wenn nicht bekannt ist, welches dieser Ereignisse zuerst kommt, müßte man abwechselnd fragen, ist Ereignis1 eingetreten, wenn nein, ist Ergeignis2 eingetreten? Dies ist natürlich aus zeitlichen Gründen nicht annehmbar, so daß man die Ereignisse vorher der Reihenfolge nach sortieren muß. Eine Möglichkeit ist die, daß man die beiden Pulslängen danach abfragt, welche größer ist und dann in zwei verschiedene Abfrageloops verzweigt, einen für den Fall, daß Ereignis1 zuerst kommt, und eine zweite für den anderen Fall. Diese Technik ist immer dann anzuwenden, wenn die Phasenverschiebung im Laufe der Anwendung wechselt, und man nicht von vorne herein weiß, welcher von beiden Pulsen der kleinere ist. Wenn man jedoch drei Phasen hat, gibt es bereits sechs verschiedene Fallunterscheidungen, und die Phasenverschiebung dürfte in diesem Fall auch fest sein.

Wenn also bereits beim Erstellen der Tabellen bekannt ist, welcher Puls der kleinere und welcher der größere ist, dann kann man das ausnutzen, indem man für die kleinere und für die größere Pulslänge jeweils eine eigene Tabelle erstellt.

Wir stellen jetzt nicht mehr die einzelnen Pulse in den Vordergrund, sondern wir denken an Zeitereignisse, zu denen Änderungen am Ausgabeport gehören, die durch bestimmte Bitmuster definiert sind. Bei jedem Schritt wird zunächst ein Bitmuster herausgegeben, welches dem Setzen beider Pulse entspricht. Dieses Bitmuster bleibt eine Viertelwelle konstant, solange, bis sich an einem der Ausgänge die Richtung ändert. Bei jedem Schritt wird nach Erreichen der kürzeren Pulsdauer ein neues Bitmuster herausgegeben, welches der Zurücknahme des kürzeren Pulses entspricht. Nach Erreichen der längeren Pulsdauer wird schließlich ein Bitmuster herausgegeben, was der Rücknahme des zweiten Pulses entspricht.

Die drei Bitmuster, die bei jedem Schritt ausgegeben werden, sind in Schattenregistern gespeichert. Nach jeder Viertelwelle ändern sich diese Schattenregister, weil entweder einer der Ausgänge sein Richtungsbit ändert oder weil der kürzere Puls zum längeren wird und umgekehrt.

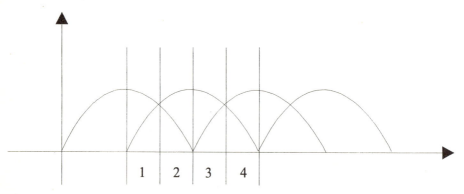

Abb. 3.16: Phasenabschnitte

An der Darstellung der Phasenabschnitte erkennt man, welche Änderungen der Schattenregister am Ende der Viertelwellen vorzunehmen sind. Am Ende der ersten Viertelwelle wird der längere Puls zum kürzeren und umgekehrt. Am Ende der zweiten ist ein Richtungswechsel der ersten Phase vorzunehmen. Am Ende der dritten ist wiederum die Reihenfolge der Pulsbeendigungen zu vertauschen, und am Ende der vierten Viertelwelle ändert die zweite Phase ihre Richtung.

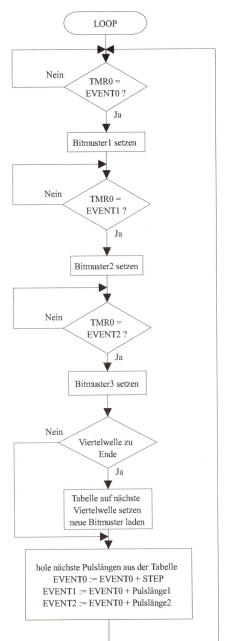

Abb. 3.17: Ausgabe mehrerer Pulse

3.5   Schrittmotor

Wenn Sie, lieber Leser, zu der Zielgruppe gehören, die wir uns vorstellen, dann möchten Sie sicher irgendeine Applikation sehen, bei der sich etwas bewegt. Was liegt näher, als einen genügsamen Schrittmotor dafür herzunehmen. Der externe Aufwand, die Leistung für den Schrittmotor bereitzustellen hält sich in Grenzen, zumal wir nur einen kleinen Typen verwenden, der nicht größer ist als eine Kinderfaust. Wir haben also vor, diesen kleinen Wicht per Tastendruck links bzw. rechts herum laufen zu lassen.

Da hinter dem Motor normalerweise eine Maschine steht, die mit einer Trägheit bzw. einem bestimmten Gewicht behaftet ist, kann man den Motor nicht einfach abschalten indem man den Stromfluß abstellt. Wenn z.B. ein Ausleger in einer bestimmten Höhe gehalten werden muß, dann muß der Motor in der letzten Stellung verharren. Der Stromfluß ist also beizubehalten. In industriellen Anlagen mit größeren Motoren wird in solchen Situationen der Strom auf einen bestimmten Haltestrom abgesenkt. Dafür gibt es verschiedene Verfahren sowohl für die Hardware als auch für die Software. In diesem einfachen Beispiel wollen wir keinen Aufwand in der externen Elektronik treiben. In manch anderen Anwendungen reicht es auch, den Motor eine Zeit lang auf der letzten Position festzuhalten und dann komplett abzuschalten.

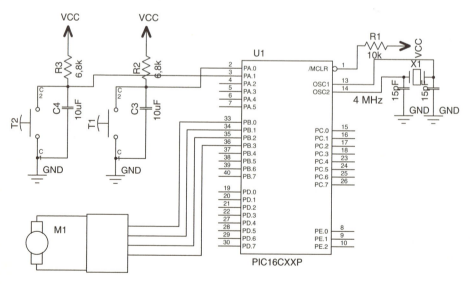

Abb. 3.18: Schaltplan STEPMO

In unserem kleinen Demonstrationsbeispiel wollen wir hauptsächlich die Organisation einer Schrittmotorsteuerung darlegen. Wir verwenden hier eine getaktete Schleife, die auf den Zeitpunkt des nächsten Motorschrittes wartet. Alternativ kann man den Compare-Modus des CCP-Moduls oder den TMR2 im Autoreload-Modus betreiben, um in der Interruptroutine die Ausgabe der Motorsignale zu erledigen. Das Interruptprogramm muß dann für das Hauptprogramm ein Flag hinterlassen, welches anzeigt, daß die letzte bereitgestellte Motorposition ausgegeben wurde. Im Falle einer getakteten Schleife würde die LOOP darin bestehen, auf dieses Flag zu warten. Beim Übergeben einer neuen Motorposition wird das Flag vom Hauptprogramm wieder gelöscht. Diese hardwaregestützte Realisierung ist vor allem bei höheren Halbschrittfrequenzen anzuraten, da sich hier auch schon geringe Verzögerungen auf die Laufruhe des Motors auswirken. Besonders, wenn das Hauptprogramm keine getaktete Schleife erlaubt, sollte man ein Hardwaremodul zu Hilfe nehmen.

Jede Anwendung hat aufgrund verschiedener Kriterien zu ermitteln, ob der Motor laufen muß, und wenn ja, wie schnell und in welcher Richtung. Wir ersetzen in unserem Beispiel diese Kriterien durch die Abfrage von zwei Tastern. Jeder Taster ist für eine Richtung zuständig. Wenn kein Taster gedrückt ist, steht der Motor still, ebenso, wenn beide Taster gedrückt werden, was einer ungültigen Eingabe entspricht. Jedes Mal, wenn sich die Taster verändern, steht der Motor 8 Zeitzyklen lang still. Damit ist auch die Entprellung der Taster erledigt, da sie acht mal gleich sein müssen, damit der Motor wieder laufen kann. Überdies sind die Taster auch noch mit einem RC-Glied vorentprellt. Die Geschwindigkeit des Motors ist bei unserem kleinen Motor konstant. Sie ist durch die Konstante STPDIFF gegeben, welche den zeitlichen Abstand zwischen zwei Motorschritten definiert. Will man diese Geschwindigkeit langsam hoch und runterfahren, muß STPDIFF eine Variable sein, die gemäß einer Tabelle die Geschwindigkeit steuert. Rampenprofile sind auf diese Weise leicht zu realisieren. Es ist aber auch denkbar, eine Taste für «schneller» und eine für «langsamer» zur Verfügung zu stellen und abzufragen. Da es sich hierbei nur um das Erhöhen bzw. Erniedrigen einer Variablen innerhalb gewisser Grenzen handelt, haben wir darauf verzichtet, diese Variante zu realisieren.

Wenn die Motorposition für einen Schritt feststeht, wird das Bitmuster für die Motorsignale aus einer Tabelle geholt. Bei unserer untenstehenden Tabelle GETMOPO ist zu beachten, daß die Bits 0 und 1 für den einen Strang und die Bits 2 und 3 für den anderen Strang zuständig sind. Daß es sich um das Halbschrittverfahren handelt, sehen Sie daran, daß die Tabelle 8 Werte enthält.

```
GETMOPO    MOVLW    07          ; Motorsignale aus STEP
           ANDWF    STEP,W
           ADDWF    PC
           RETLW    01
```

```
RETLW    09
RETLW    08
RETLW    0AH
RETLW    02
RETLW    06
RETLW    04
RETLW    05
```

Siehe Programm STEP2.ASM

3.6   Der PIC16 als Funktionsgenerator

Ein kleines, aber sehr nützliches Prüf- und Hilfsmittel für das Labor ist ein Kurvenformgenerator. Die gebräuchlichsten Kurvenformen sind Sinus, Dreieck und Rechteck. Die Erzeugung der Sinusform wird vorteilhafterweise mit einer Tabelle realisiert. Die Dreieckfunktion ist einfach zu realisieren, indem man den Ausgabewert in einem festen Raster erhöht, bis der angestrebte Maximalwert erreicht ist, und anschließend der Wert wieder bis zur Untergrenze dekrementiert wird. Wenn das Inkrementieren und Dekrementieren in unterschiedlicher Geschwindigkeit vollzogen wird, kann die Dreieckform derart verfälscht werden, daß ein Sägezahn erscheint. Die Rechteckform ist noch einfacher zu realisieren. Hier wird nur der Ausgang in bestimmten Zeitabständen getoggelt. Formen, die von den bisher erwähnten abweichen, sind, wie ebenfalls bereits erwähnt, leicht mit Tabellen zu realisieren. Mit diesem Verfahren lassen sich dann beliebige Kurvenformen ausgeben.

In dem hier beschriebenen Fall, werden zusätzlich zu der Kurve noch zwei Pulse ausgegeben. Der eine beginnt beim positiven Nulldurchgang und endet beim Wert OFFSET; der zweite beginnt zum Zeitpunkt OFFSET und dauert 2 Taktzyklen. Der Puls-Offset vom Nulldurchgang der Kurve ist mit Schaltern einstellbar. Damit wurde also nicht nur das gewünschte Signal für die zu testende Schaltung erzeugt und zur Verfügung gestellt, sondern auch noch zwei Triggerimpulse, damit das Oszilloskop saubere Bilder liefern kann.

Realisiert wird dieser Funktionsgenerator mit Hilfe eines 8 Bit-DA-Wandlers, der über einen 8 Bit breiten Bus vom PIC16 angesteuert wird. Nimmt man einen Ausgangsspannungsbereich von 0 bis 5 Volt an, so ist eine Stufe gleich 19,5 mV.

Auch hier sind die zeitlichen Betrachtungen wieder sehr von Bedeutung. Um die Ausgangssignale einigermaßen glatt erscheinen zu lassen, muß die Abstufung fein genug sein. Wir haben eine ganze Schwingung in 128 Steps aufgeteilt. Beim Sinusausgang heißt das, daß eine Viertelwelle vom Nulldurchgang bis zum Maximum in 32 gleich großen Schritten durchlaufen wird.

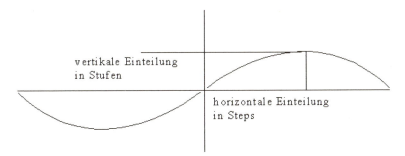

Abb. 3.19: Step- und Stufeneinteilung

Wenn wir 50 bis 200 Hz Ausgangsfrequenz zugrunde legen, ergibt sich also, daß ein Step minimal etwa 39 μsek dauert. Der μController muß dementsprechend in der Lage sein innerhalb dieser Zeit den neuen Analogwert aus der Tabelle zu holen, ihn an den DA-Wandler auszugeben und auch noch zu prüfen, ob die Triggerpulse an- oder abgeschaltet werden müssen. Im Gegensatz zu den vielen anderen Beispielen verwenden wir hier einen 16 MHz-Quarz. Der 4 MHz-Quarz hätte zwar ausgereicht, um die Kurve und die Pulse auszugeben, aber das zusätzliche Einlesen der Schalter wäre mit 39 Befehlen nicht mehr zu bewältigen gewesen. Bei dem verwendeten 16 MHz-Quarz haben wir eine Befehlsabarbeitungszeit von 250 nsek, das heißt, daß selbst beim 200 Hz Signalausgabe und 128 Steps pro Periode ein Step immer noch 156 Befehle lang ist.

Gehen wir davon aus, daß die reine Loop etwa 23 Befehlszyklen dauert, dann könnten wir mit einem 20 MHz-Quarz theoretisch bis zu einer Frequenz von etwa 1,7 kHz bei 128 Steps pro Periode hoch gehen. Natürlich wäre dies auch mit den Triggerimpulsen für das Oszilloskop möglich. Bei noch höheren Frequenzen müßten wir nur die Anzahl der Steps reduzieren. Das würde bedeuten, daß man nur jeden zweiten oder vierten Wert aus der Tabelle nimmt und ausgibt. Um das zu realisieren, muß entweder im Programm ein extra DECF COUNT (COUNT zählt die Steps herunter) eingefügt werden, oder man halbiert den Startwert von COUNT und bindet eine Tabelle ein, die eben nur die Hälfte der Werte enthält.

Siehe Listing WAVEGEN.ASM.

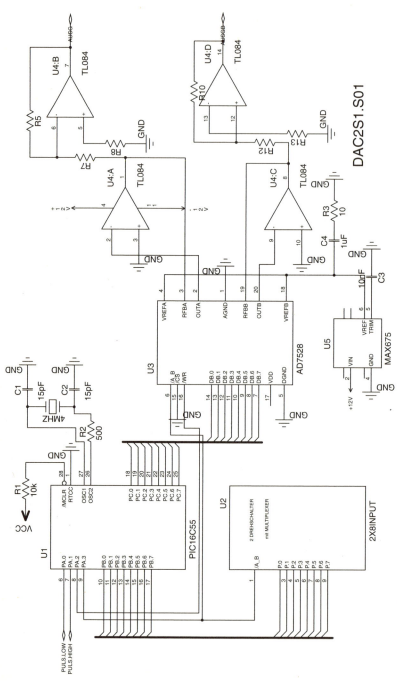

Abb. 3.20: Schaltplan des Waveformgenerators

3.7 Pintreibertest für die PIC16C64, -65 und -74

Beim vielen Entwickeln treten schon einmal Fehler auf, die Zweifel aufkommen lassen, ob denn dieser Fenster-Baustein noch gut ist oder nicht. Genährt wird diese Unsicherheit, wenn man mit einem Oszilloskop keine Signale messen kann, wo eigentlich welche vorhanden sein sollten. Je nachdem, welche zeitlichen Abläufe überhaupt stattfinden, kann man einen Puls mit einer Breite von wenigen Taktzyklen unter Umständen recht schlecht erkennen. Wenn nun auch kein Impulszähler zur Hand ist, der Auskunft geben kann, ob an einem bestimmten Pin ein oder mehrere Pulse waren, dann bleibt der Zweifel über die Zuverlässigkeit des entsprechenden Bausteins bestehen. In unserem Alltag ist einmal durch das Abrutschen mit einer Meßspitze offensichtlich ein Pintreiber zerstört worden, was wir zum damaligen Zeitpunkt nicht erkannten. Da in dem Zweicontrollersystem, an dem wir gerade arbeiteten, einer der beiden PIC16 wahlweise im Emulator lief und der andere als Fenstertyp realisiert wurde, wurde der zerschossene PIC16 in das Löschgerät gelegt. Da wir mehrere Fenstertypen besitzen, kam beim nächsten Test eben nicht wieder der vorherige Baustein an die Reihe, sondern ein anderer, der intakt war. Bei folgenden Änderungen und Erweiterungen der Software war dann irgendwann der defekte wieder an der Reihe und der Fehler von «vorhin» war wieder da. Bis zu dem Zeitpunkt, an dem sich der Verdacht, ein PIC16 könnte beschädigt sein, erhärtet hat, war manch kopfschüttelnde Stunde vergangen. Im allgemeinen Streß war es natürlich nicht möglich, auf die Schnelle ein Testprogramm zu schreiben.

Im Rahmen des Buchschreibens haben wir uns nun doch Zeit genommen, dieses Programm zu erstellen. Es ist für die Typen PIC16C64, -65 und -74 geeignet, aber jeder müßte in der Lage sein, es einem kleineren PIC16-Typen anzupassen.

Den Test der Ausgangstreiber eines PIC16 stellten wir uns so vor, daß ein Spannungsteiler mit zwei 10 kOhm Widerständen an einen Pin geschaltet wird. Das Programm sorgt dafür, daß die Zustände high, low und tri-state regelmäßig an allen Pins wiederholt werden.

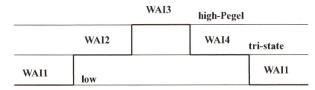

Abb. 3.21: angestrebter Treppensignalverlauf an jedem Pin

Bei dieser Problemstellung sind die Zeitbetrachtungen von keiner besonderen Bedeutung. Das einzige Ziel war, die Ports reihum anzusteuern und die dabei entstehenden Kurvenformen auf dem Oszilloskop überprüfen zu können.

Die einzige Nebenbedingung war, daß der dafür nötige Aufwand so klein wie möglich sein sollte.

Diese Forderung führte zu folgender Realisierung:

Eine kleine Testplatine wurde erstellt, die nur die Stromversorgung übernimmt, den 4 MHz Oszillator mit dem PIC16-Baustein verbindet und den /MCLR-Pin auf high Pegel legt. Den Spannungsteiler bauten wir in eine Tastspitze ein, die mit +5 Volt und Masse versorgt wurde. Das Signal zwischen den Widerständen, welches reihum mit den einzelnen Pins abzugreifen ist, wurde an ein Oszilloskop weitergeleitet. Dort mußten dann drei Pegel eindeutig zu erkennen sein, sonst war der entsprechende Pinausgang durchgefallen.

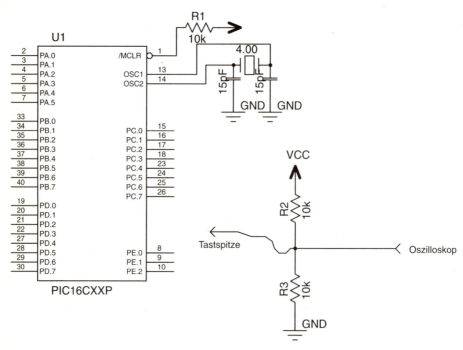

Abb. 3.22: Schaltplan des PIC16-Tests

Der Programmablauf ist recht einfach. Nach der Initialisierung wird eine Schleife durchlaufen. Wie aus dem folgenden Struktogramm zu ersehen ist, werden abwechselnd die Portpins manipuliert und dann eine bestimmte Zeit gewartet.

Um auf dem Oszilloskop ein ruhiges Bild zu bekommen, haben wir die Wiederholfrequenz dieser Kurve mit knapp 2 kHz angesetzt. Das bedeutet, daß die Periodendauer etwa 500 µsek betragen soll. Da in jeder Periode 4 Schritte (low, tri-state, high, tri-state) durchlaufen werden, bleiben für jeden Schritt etwa 125 µsek. Bei einem Vorteiler von 8 und einer Oszillatorfrequenz von 4 MHz entspricht dies einem Timerwert von etwa 16. In der Schleife sind der EVENT-Variablen jedesmal 16 hinzu zu addieren.

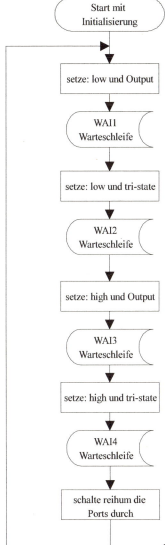

Abb. 3.23: Programmablauf von PICTEST.ASM

Siehe PIC16-Pintreiber-Testprogramm PICTEST.ASM.

Dieses Testprogramm funktioniert auch für die Emulatorprobes. Erst kürzlich bestand der Verdacht, der Pin einer Probe wäre defekt.

Achtung: Nicht auf den PortA.4 hereinfallen. Bei diesem Pin kann kein eindeutiges High-Signal produziert werden, weil es sich nur um einen open-collector-Ausgang handelt.

4 Eingänge erfassen

4.1 High oder Low

Wer schon mit digitalen Logikschaltkreisen gearbeitet hat, weiß, daß sich der Zustand Low in der Nähe von 0 Volt befindet und der Zustand High im Bereich unter 5 Volt. Jeder Eingang, der von einem zum anderen der beiden Pegeln wechselt, nimmt dabei alle dazwischenliegenden Spannungswerte an. Für die Arbeit mit den PIC-Controllern ist es nun interessant zu wissen, wie die µController-Eingänge die Werte beim Übergang interpretieren. Es gibt verschiedene technische Realisierungen von Eingängen, die unterschiedlich mit den Eingangsspannungen umgehen.

Unterschiedliche Eingangscharakteristiken sind zum Beispiel TTL und CMOS. Bei TTL-Eingängen gilt der Eingang als low, wenn er sich unter 0,8 Volt befindet. Liegt er über 2,0 Volt, so wird er als high interpretiert. Dazwischen liegende Werte sind als ungültig definiert. Bei CMOS-Eingängen dagegen liegt die Schaltschwelle typischerweise bei der halben Versorgungsspannung.

Obwohl die PIC-Controller physikalische CMOS-Eigenschaften besitzen, sind die meisten Eingangspins TTL-kompatibel. Einige Pins besitzen jedoch ein Schmitt-Trigger-Verhalten. Hierbei liegt die Schaltschwelle für ein Signal mit steigendem Pegel höher als für ein Signal mit fallendem Pegel. Ein solches Verhalten haben diejenigen Pins, die besonders für die Erfassung von Flanken und Pulsen vorgesehen sind. Das sind beim PIC16C74 z.B. der Port A.4, Port B.0, Port C sowie Port D und Port E, wenn sie als general purpose I/O Pins konfiguriert wurden. Generell kann man davon ausgehen, daß Zählereingänge mit dem Schmitt-Trigger-Verhalten ausgestattet sind. Bei den anderen Pins muß man sich im Datenbuch vergewissern.

Wir haben das Eingangsverhalten verschiedener Pins eines PIC16C74 untersucht. Dazu haben wir unser Funktionsgeneratorprogramm leicht abgewandelt. Den Ausgang des DA-Wandlers haben wir auf den zu untersuchenden Eingang gelegt. Der PIC hat diesen Pin kontinuierlich digital eingelesen und sofort wieder auf einen digitalen Ausgang weitergeleitet. Auf dem Oszilloskop kann man dann sehr schön beobachten, bei welcher Spannung des analogen Signals der digitale Eingang als «0» oder «1» interpretiert wird.

In unserem Experiment erhielten wir folgende Ergebnisse:

Tabelle 4.1: Eingangsverhalten

Port-Pin	steigende Flanke	fallende Flanke
B.2 (TTL Eingang)	< 1,4V: low > 1,4V: high	< 1,4V: low > 1,4V: high
C.2 (ST Eingang)	< 3,0V: low > 3,0V: high	< 1,5V: low > 1,5V: high

Bei Spannungen, die im Bereich der Schaltschwelle liegen, können beim TTL-Eingang unkontrollierte Wechsel vorkommen, die die Verlustleistung des Bausteins erhöhen und fehlerhafte Zählergebnisse liefern.

Obige Werte sind nicht im Datenbuch spezifiziert, und daher kann man diese Aussage nur für die von uns untersuchten PICs machen.

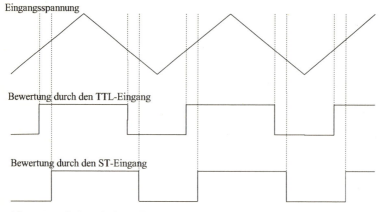

Abb. 4.1: Schaltverhalten der Eingänge

4.2 Erfassungstechniken

Die einfachste Art, einen Eingangspin zu erfassen, ist, ihn von Zeit zu Zeit abzufragen. Nützlich ist dabei, daß wir mit den Befehlen BTFSS bzw. BTFSC aufgrund des Zustands eines Pins direkt eine Verzweigung durchführen können. Nachteilig ist dabei, daß der PIC mit einem Ohr ständig an diesem Pin zu horchen hat, oder daß ihm andernfalls die Zustandsänderung an diesem Pin verspätet zur Kenntnis gelangt. Ein kurzer Puls kann ihm ganz verborgen bleiben. Um sofort von der Änderung eines Eingangspins unterrichtet zu werden, gibt es die Interrupts.

Bei den PIC16CXX sind folgende Interrupts zum Erfassen von Eingangsänderungen gegeben:

- INT: Flanke an Port B.0, Flanke wählbar

- RB: beliebige Änderung an einem der Pins Port B.4 bis B.7

- CCP1: Flanke an Port C.2, Flanke wählbar (1., 4. oder 16. Flanke)

- CCP2: Flanke an Port C.1, Flanke wählbar (1., 4. oder 16. Flanke)

Bei den PIC16C5X gab es anfänglich keine Interrupts. Dadurch war diese Familie für manche Anwendungen, die mit schnellen Eingängen zu tun hatten, weniger geeignet. Mittlerweile sind auch Derivate der PIC16C5X Familie erschienen, die um eine Interruptstruktur erweitert sind. (PIC16C554,PIC16C558). Diese sind zwar vom Namen her „5Xer", jedoch haben sie einen 14-Bit-Core und demnach auch die entsprechenden inneren Werte.

Die Hardware liefert uns weitere Hilfestellung beim Zählen von Flanken. Über die Eingänge Port A.4 und Port C.0 können die TMR0 und TMR1 mit und ohne Vorteiler Pulse zählen. Die maximale Eingangsfrequenz ohne Vorteiler mit einem Tastverhältnis von 50% liegt dabei knapp unter der Oszillatorfrequenz des PIC-Controllers, wenn der Vorteiler 1 ist.

Auch wenn die PIC16C5X keinen Interrrupt besitzen, so haben sie doch durch den TMR0 die Möglichkeit, ohne Beteiligung der CPU Pulse und Flanken zu zählen.

Eine weitere Möglichkeit, den exakten Zeitpunkt einer Flanke ohne Mitwirkung der CPU zu erfassen, bieten die beiden CCP-Module im Capture-Mode.

4.3   Einlesen von Schaltern und Tastern

Eine wichtige Tätigkeit im Leben eines μControllers ist das Einlesen von Schaltern und Tastern. Man müßte über diesen Punkt nicht viele Worte verlieren, wenn nicht das Problem des Prellens wäre.

Hier ist nicht der Ort, um sich ausführlich mit der Physik oder Mathematik des Tastenprellens auseinanderzusetzen. Wir wollen uns mit den logischen Argumenten beschäftigen, die es uns ermöglichen, sicher zu erkennen, wann ein Taster oder Schalter nach seiner Betätigung zur Ruhe gekommen ist. Es gibt viele unterschiedliche Bauformen von Schaltern und Tastern mit den entsprechenden Prellfrequenzen und Prellzeiten. Ebenfalls gibt es Entprellverfahren, z.B. mit einem RC-Glied, womit die Prellzeit, aber auch die Form des Prellens beeinflußt wird. Ein gänzliches Wegfallen der nachgeschalteten softwaremäßigen Entprellung ist dadurch nicht gegeben.

In unseren folgenden Ausführungen wollen wir uns nicht mit dem Fall befassen, daß außer den Prellpulsen noch Störpulse auftreten können. Für solche Fälle bietet sich die Integralmethode an, zu deren Begründung ein bißchen Mathematik nötig ist (siehe Tagungsband des Entwicklerforums von 1995 von Desgin&Elektronik und Arizona Microchip, Gerd Bierbaum, S. 105).

Wir wollen hier den Prellvorgang nur soweit betrachten, daß wir in der Lage sind, praktikable und zuverlässige Entprellverfahren zu entwickeln:

Aus der Sicht des µControllers stellt sich das Prellen als eine unregelmäßige Folge von «0» bzw. «1» am Eingang dar. Ein TTL-Eingang liest eine andere Folge als ein Schmitt-Trigger-Eingang.

Der wichtigste Parameter beim Prellvorgang ist die Gesamtzeit des Prellens. Weitere interessante Größen sind aber auch Anzahl und Breite der Pulse. In der Regel kennt man diese Werte zwar nicht, über ihre Größenordnung sollte man aber eine vage Vorstellung haben.

Eine einfache Möglichkeit, sich eine Vorstellung über das Prellverhalten zu verschaffen, wird im Abschnitt 'ICE als Logicanalyzer' beschrieben. Mit dem In-circuit-Emulator können Sie auch sichtbar machen, wie unterschiedliche Eingänge zu unterschiedlichen Ergebnissen bei der Erfassung führen.

Auch in den folgenden Ausführungen über Pulszählen und Flankenerfassen werden wir auf dieses Anwendungsbeispiel eingehen. Hier wollen wir einige Ergebnisse vorwegnehmen, die wir beim Durchtesten einiger unterschiedlicher Schalterbauformen erhalten haben.

Zunächst beobachteten wir, daß das Prellen eines Kippschalters vor allem am Anfang und am Ende des Schalterschließvorgangs auftritt. Dazwischen ist eine Pause, die etwa die Hälfte der gesamten Prelldauer ausmacht. Diese Beobachtung ist sicher relevant für die Entwicklung eines Entprellprogramms. Die typische Gesamtdauer des Prellens lag zwischen 0,5 und 0,8 msek.

Abb. 4.2: typisches Prellverhalten

Aus unseren Beobachtungen über typisches Prellverhalten haben wir zwei Entprellverfahren entwickelt, die für die meisten Fälle ausreichend sind.

Das erste ist eine sehr einfache Methode, welche sich für handbediente Tasten gut bewährt hat. Wir benutzen sie seit langem als Standardverfahren. Bisher gab es noch niemals Beanstandungen.

Dabei fragen wir den Zustand der Tasten alle 1 bis 4 msek ab. Wenn der Zustand mindestens vier Mal der Gleiche war, akzeptieren wir ihn. Wenn man Zweifel hat, ob das genügt, kann man auch mehr als vier gleiche Ergebnisse forden. Bei diesem Verfahren liegt das eigentliche Prellen wahrscheinlich zwischen den Abtastungen.

Das Verfahren hat den Vorteil, daß man sich während der Entprellzeit auch noch um andere Aufgaben kümmern kann.

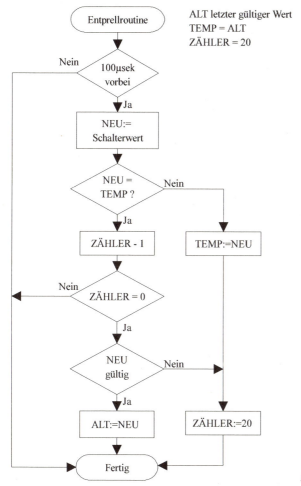

Abb. 4.3: Tastenentprellung

Manchmal ist nicht akzeptabel, daß das Entprellen sich über einen relativ langen Zeitraum erstreckt. Bei Drehschaltern kann es sogar passieren, daß innerhalb der Entprellzeit bereits eine neue Schalterstellung erreicht wird. In diesem Falle werden wir die Entprellungsroutine nicht verlassen, sondern in sehr kurzen Abständen nach dem Schalterzustand fragen. Dabei werden wir natürlich den Prellvorgang in Form einer Folge von erfaßten Nullen und Einsen mitbekommen. Wir müssen daher sehr viel öfter den gleichen Zustand verlangen, bis wir Ihn als stabil annehmen. In der Regel werden wir das Entprellprogramm zwischenzeitlich nicht verlassen, um andere Aufgaben zu erledigen.

In diesem Falle müssen wir uns etwas mehr Gedanken machen, über die Dauer der Entprellroutine. Wenn die gesamte Abfrageroutine kürzer wäre als die Prellzeit, dann kann es passieren, daß man mehrmals zufällig den gleichen Zustand erfaßt, obwohl in dieser Zeit ein ständiger Wechsel stattgefunden hat. Je größer man die Anzahl gleicher Zustände fordert, desto geringer ist die Wahrscheinlichkeit für zufällige Gleichheit.

Als eine Faustregel kann man formulieren: Die Mindestdauer des Entprellvorgangs sollte doppelt so lang sein wie die durchschnittliche Prellzeit. Dabei sind 10 gleiche Abtastungen ausreichend, um zuverlässige Entprellung zu gewährleisten. Dies sind nur grobe statistische Überlegungen, die sich seit vielen Jahren bewährt haben. Wenn man mehr Zeit hat zum Entprellen, ist das sicher nicht schädlich.

Beide Entprellprogramme sind in ihrem Ablauf gleich. Der Zähler, welcher heruntergezählt wird, um die Anzahl gleicher Kontaktzustände zu erfassen, dient uns gleichzeitig als Zustandsvariable. Wenn er Null ist, bedeutet das, daß an der Tastatur Ruhe herrscht. Jedesmal, wenn eine Veränderung festgestellt wird, wird der Zähler geladen (mit 4 oder 10 je nachdem) und heruntergezählt, wenn keine Veränderung stattgefunden hat.

Dreh-Codierschalter

Bei Dreh-Codierschaltern ist noch zu berücksichtigen, daß die einzelnen Kontaktfedern mit einem kleinen zeitlichen Versatz prellen. Dieser Umstand sowie die Möglichkeit, an einem Drehschalter beliebig langsam zu drehen, erfordern eine deutlich längere Abtastdauer. Um das Auftreten von Zwischencodes auszuschalten, kann man zusätzlich die Codes auf Veränderung um ±1 überprüfen.

4.3.1 Inkrementalgeber

Ein Inkrementalgeber ist eine Vorrichtung, die auf mechanischem oder optoelektrischem Wege durch die Ausgabe von Pulsen Schlüsse über die Position einer sich drehenden Achse erlaubt. Dabei werden jeweils zwei gegeneinander versetzte Pulsfolgen ausgegeben, welche durch die Phasenverschiebung die Drehrichtung angeben. Inkrementalgeber werden gelesen, indem man die Flanken der einen Leitung erfaßt und dann zum Zeitpunkt dieser Flanke den Pegel der anderen Leitung prüft.

Wenn die Pulse mechanisch erzeugt werden, muß dabei noch eine Entprellung stattfinden wie dies oben beschrieben wurde. Pulse in positiver Drehrichtung addiert man zu einem Gesamtwert, aus dem man dann die Anzahl der Umdrehungen und die Position der Achse ermitteln kann. Wenn es nur um die Position geht, subtrahieren wir die negativen Umdrehungen vom Gesamtwert, anderenfalls summieren wir sie separat auf.

In unserem folgenden Beispiel gehen wir davon aus, daß wir einen mechanischen Inkrementalgeber haben, über den Zeiten eingestellt werden, wie es bei Heizungssteuerungen der Fall ist. Dieser Drehknopf wird per Hand bewegt. Die kürzesten Pulse, die wir dabei erzeugen konnten, lagen bei 20 msek. Zum Entprellen kann man sich daher ruhig 4 msek Zeit nehmen.

Wir werden den einen Ausgang des Drehschalters entprellen, indem wir verlangen, daß der Pegel 4 msek lang stabil ist. Der zweite Ausgang wird zu diesem Zeitpunkt als stabil angenommen. In unserem Anwendungsbeispiel ist die Entprellung unkritisch, weil die aktuelle Zeit angezeigt wird und man so lange dreht, bis sie dem gewünschten Wert entspricht. Der Erfolg unserer Entprellung zeigte jedoch, daß es keinerlei unkontrollierte Reaktionen auf unsere Drehbewegungen gab, egal wie schnell oder langsam wir den Knopf drehten.

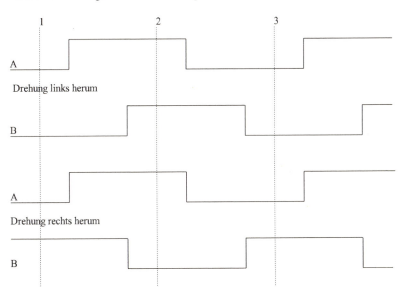

Abb. 4.4: Inkrementalgeberausgänge

Die Abbildung zeigt, daß bei einer Rechtsdrehung die beiden Pegel im Anschluß an die entprellte Flanke gleich sind, während sie bei einer Linksdrehung ungleich sind.

Unser Beispielprogramm ist so angelegt, daß mit dem Inkrementalgeber eine Zeit eingestellt werden kann. Wie zum Beispiel:

• Warmwasserbereitung ein/aus

• Nachtabsenkung

• Abschaltbetrieb

• Tagbetrieb

Da es sich hierbei um eine Echtzeitanwendung handelt, steht der TMR1 mit dem 32kHz-Quarz zur Verfügung. Diesen benutzen wir sowohl als Zeitbasis für die LED-Anzeige als auch für die Entprellung. Um nicht vom Wesentlichen zu sehr abzulenken, haben wir in dieser Applikation die Uhrzeitverwaltung (BCD-Format) weggelassen.

Siehe Inkrementalgeber-Programm PUINCR.ASM.

4.4   Pulse zählen

Wir werden jetzt die verschiedenen Arten des Pulsezählens vorführen. Dabei gehen wir immer davon aus, daß das Zählergebnis zwei Byte lange sein soll. Bei der Wahl des Zählverfahrens ist nicht nur der Komfort ausschlaggebend, sondern auch die Anforderung an die Geschwindigkeit.

Wenn die Pulsfrequenz viel kleiner ist als die Befehlsfrequenz, sind alle Möglichkeiten offen. Wenn jedoch die Pulsfrequenz im Bereich knapp unterhalb der Befehlsfrequenz liegt, muß das Tastverhältnis ungefähr bei 50% liegen, und es ist nur mit den TMRx-Eingängen möglich zu zählen. Bei sehr schmalen Pulsen dagegen ist das Zählen mit dem Interrupt oder dem CCP-Modul erforderlich. Dabei benötigt man einige Befehle zur Verarbeitung der Zählergebnisse, wodurch sich die Begrenzung der Pulsfrequenz ergibt.

Wir werden das Zählergebnis auf der LED-Anzeige ausgeben. Wenn der Zählvorgang keine permanente Anzeige zuläßt, muß man sich darauf beschränkten, das Endergebnis auszugeben.

4.4.1 Zählen mit dem TMR1

Wenn wir die freie Auswahl haben, zählen wir die Pulse mit dem TMR1. In diesem Falle hat die CPU nichts mit dem Zählvorgang zu tun. Das Programm kann sich also darauf konzentrieren, den Stand des TMR1 permanent auf die LED-Anzeige auszugeben.

Was wir natürlich tun müssen, ist, das Controlregister T1CON richtig zu setzen.

- Den Prescalerwert setzen wir null; Bits 4 und 5 gleich «00»

- Der Oszillator muß aus sein; Bit 3 gleich «0»

- Synchronisation ist anzuraten; Bit 2 gleich «1»

- externer Eingang ist zu wählen; Bit 1 gleich «1»

- der TMR1 muß eingeschaltet werden; Bit 0 gleich «1»

T1CON ist also geich 07H zu setzen. Ein Auswahl der Flanke ist beim TMR1 nicht möglich. Es wird immer die ansteigende Flanke gezählt.

Für die LED-Anzeige benötigen wir eine Zeitbasis von etwa 5 msek. Dazu verwenden wir am Besten den TMR0 mit einem Prescaler von 32. Damit entsprechen 5 msek einem TMR0-Wert von 156 ((Fosc/4*VT)*5msek). Vorausgesetzt Fosc = 4 Mhz.

Siehe Listing von PUTMR10.ASM.

4.4.2 Zählen mit dem TMR0

Für den Fall, daß der TMR1 belegt ist oder gar nicht zur Verfügung steht, zählen wir die Pulse mit dem TMR0. In diesem Falle hat die CPU die Verwaltung des höheren Bytes zu übernehmen. Zu diesem Zwecke definieren wir ein Register mit dem Namen TMR0H, welches bei einem TMR0-Überlauf inkrementiert wird. Am einfachsten ist das natürlich mit einer Interruptroutine. Wenn kein Interrupt zur Verfügung steht, muß man in gewissen Abständen den TMR0 auf Überlauf prüfen.

Für den TMR0 müssen wir das OPTION-Register richtig setzen.

Um den Vorteiler auf 1 zu setzen, muß dieser dem Watchdog zugeordnet werden, d.h., das Bit 3 des OPTION-Registers muß = 1 gesetzt werden. Wenn wir die steigenden Flanken zählen wollen, muß Bit 4 = 0 sein. Mit Bit 5 = 1 wird auf externen Eingang geschaltet.

Der zu setzende OPTION-Wert ist also 028H für steigende Flanken. Für fallende Flanken muß der Wert 038H sein. Die Bits für den Vorteiler haben jetzt nichts mit dem TMR0 zu tun, müssen aber ggfs. noch definiert werden.

Für die Zeitbasis von etwa 5 msek die wir für die LED-Anzeige benötigen, steht jetzt der TMR0 natürlich nicht mehr zur Verfügung. Im vorliegenden Beispiel wurde der TMR1 verwendet, welcher durch einen externen 32,768 kHz Quarz getaktet wird.

Der Wert für das Control-Register T1CON bleibt gleich, bis auf das Bit 3 (Oscillator enable), welches hier = 1 gesetzt werden muß. Damit wird der interne Oszillator für den Quarz in Betrieb genommen. T1CON wird also jetzt mit dem Wert 0FH initialisiert.

Siehe Listing des Programms PUTMR01.ASM.

Interessanter, wenn auch nicht ganz so einfach, ist das Pulsezählen mit dem TMR0, wenn kein Interrupt und auch kein weiterer Timer zur Verfügung steht. In solchen Fällen ist es durchaus zumutbar, die Zeitbasis durch Zählen der Befehle herzustellen. Im vorliegenden Beispiel haben wir daher die Zeitbasis mit Delays hergestellt. Das Delay-Unterprogramm prüft permanent den TMR0 auf Überlauf ab. Das ist zwar oft überflüssig, aber das Delayprogramm befindet sich seiner Aufgabe entsprechend in einer permanenten Wartestellung. Die Länge eines solchen Delays muß durch Abzählen der Befehlszyklen geschehen. Der Befehl NOP wurde eingefügt, damit die Schleife in jedem Fall gleich lange dauert. Unser Delay dauert 256*9 Befehlszyklen; das sind bei 4 MHz etwa 2,3 msek. Da wir etwa 5 msek benötigen, rufen wir das Delay-Programm zweimal auf. Siehe Listing des Programms PUTMR0D.ASM.

4.4.3 Zählen mit Hilfe des Interrupts

Außer dem Interrupt INT (PortB.0) stehen für unseren Zweck auch noch der RB-Interrrupt (PortB.4 bis B.7) und die CCPx-Interrupts zur Verfügung. Über die CCP-Interrupts sprechen wir weiter unten noch. Wählt man den RB-Interrupt zum Zählen von Pulsen an einzelnen Eingängen, muß man darauf achten, daß die übrigen Eingänge sich während der Zeit des Zählens nicht ändern können. Außerdem muß man berücksichtigen, daß vom RB-Interrrupt jede Änderung, d.h. sowohl die positive als auch die negative Flanke, erfaßt wird, so daß wir die doppelte Pulszahl erhalten. Sehr praktisch ist der RB-Interrupt aber, wenn man beispielsweise die Anzahl der Schritte eines Schrittmotors zählen will. Dabei legt man die vier Leitungen des Schrittmotors auf die Leitungen Port B.4 bis B.7 und erhält einen Interrupt bei jedem Schritt.

Im folgenden Beispiel benutzen wir den INT-Pin des Port B. Hierfür müssen wir das INTCON-Register mit 090H beschreiben. Bit 7 ist der globale Interrupt-Enable und Bit 4 ist das Enablebit für den INT-Interrupt. Zum Zählen der Pulse benötigen wir ein Registerpaar, welches wir PCNTL und PCNTH genannt haben. Wenn wir wiederum als Zeitbasis für das Rahmenprogramm den TMR0 benutzen, wird das Programm dem Beispiel für das Zählen mit dem TMR1 sehr ähnlich.

Interessant ist hier die Interruptroutine. Sie wird so geschrieben, daß keine Flags des STATUS-Registers verändert werden, so daß sich das Retten des STATUS-Registers erübrigt. Das W-Register wird ebenfalls nicht verändert! Auf diese Weise dauert der Interrupt nur maximal 9 Befehlszyklen, einschließlich Latency-Zeit und RETFIE.

```
ISR          INCFSZ    PUCNTL         ; INCFSZ verändert keine Flags
             GOTO      INTEND         ;
             INCFSZ    PUCNTH         ;
             NOP
INTEND       BCF       INTCON,1
             RETFIE
```

Siehe Listing von PUINTR.ASM.

4.4.4 Zählen mit Hilfe eines Capture-Eingangs

Die PIC16XCC besitzen je CCP-Modul einen Capture-Eingang. Bei diesen Pins wird durch das Auftreten einer vorher definierten Flanke der Wert der TMR1L- und TMR1H-Register in die Capture-Register CCPxL und CCPxH übernommen. Wenn man mit einem CCP-Eingang lediglich Pulse zählen möchte, wird dies genauso durchgeführt, wie beim INT-Eingang. Für die Freigabe dieses Interrupts sind drei Bits zu setzen, die sich auf INTCON und PIE1 bzw. PIE2 verteilen. Im INTCON-Register sind die Bits 7 und 6 zu setzen. Damit werden die Interrupts global und die Interrupts der Hardware-Module freigegeben. Für das CCP1-Modul ist im Register PIE1 das Bit 2 zu setzen, wogegen für das CCP2-Modul das Bit 0 im PIE2-Register zu setzen ist. Der TMR1 muß zu diesem Zwecke nicht initialisiert werden.

Wenn man aus irgend einem Grunde keinen Interrupt benutzen möchte, kann man die CCP-Module auch so benutzen, daß man das Interuptflag abfragt und ggfs. zurücksetzt. Dieses Verfahren ist jedoch nur geringfügig komfortabler als das unmittelbare Abfragen eines Pins auf Änderung. Das Anfragen eines Pins auf Änderung benötigt immerhin 8 Befehle und ein Erinnerungsbit. Ein Vorteil der CCP-Eingänge ist, daß sie vom Schmitt-Trigger-Typ sind. Sehr kurze Pulse entgehen Ihnen dabei auch nicht, sofern sie nicht zu schnell aufeinander folgen.

Im folgenden Beispiel zählen wir die Pulse eines prellenden Schalters. Von der Capture-Eigenschaft haben wir insofern Gebrauch gemacht, als wir den Zeitpunkt der letzten Flanke als Ergebnis zurück bekommen. Dadurch, daß wir beim ersten Puls den TMR1 löschen, enthält das Capture-Register die gesamte Prelldauer. Wir geben nun die Anzahl der Pulse auf der rechten Hälfte der LED-Anzeige aus und die Prelldauer auf der linken. Eine Umrechnung in Dezimalzahlen sparen wir uns an dieser Stelle, da es nur stören würde.

Siehe Listing von PUCCP1.ASM.

4.4.5 Zählen per Software

Im letzten Abschnitt besprechen wir die spartanische Methode des Pulsezählens. Hier ist die CPU voll verantwortlich für das Erfassen der Pulse.

Wenn nur der TMR0 zur Verfügung steht und man die zeitliche Organisation des gesamten Programms nicht durch Zählen von Befehlen gestatten möchte, dann bleibt nur übrig, den Zustand der Pins zu erfassen und mit dem vorigen Zustand zu vergleichen.

Damit das Verfahren sinnvoll wäre, müßten die zu erfassenden Pulse schon beträchtlich lang sein verglichen mit der Länge der Befehlszyklen. Würde man sie fortwährend überwachen, dann benötigte man etwa 15 bis 20 Befehle, um einen kompletten Puls (Low und High) zu erfassen. Nun hat man andere Aufgaben auch noch, für was würde man sonst den TMR0 reservieren?

Die Schleife zur Überwachung von Flanken am Eingang PIN lautet in einer allgemeinen Form folgendermaßen, wobei mit LASTPIN ein Flag bezeichnet wird, welches den Zustand von PIN speichert.

```
WATCH     BTFSS    LASTPIN
          GOTO     LOLAST
          BTFSC    PIN
          GOTO     WEND        ; PIN und LASTPIN = High
HILO                           ; Bedienung der neg. Flanke
                               ; (z.B.Zählen)
          BCF      LASTPIN
          GOTO     WEND
LOLAST    BTFSS    PIN
          GOTO     WEND        ; PIN und LASTPIN=Low
LOHI                           ; Bedienung der pos.Flanke
                               ; (z.B. Zählen)
          BSF      LASTPIN
WEND                           ; Ende von WATCH
```

Um wieder die Prelldauer unseres Schalters ermitteln zu können, mußten wir beim Erfassen der ersten Flanke den TMR0 löschen. Damit die Hauptzählschleife nicht auch noch durch das Abfragen nach der ersten Flanke aufgebläht wurde, wurde dies vorab erledigt. Um die Zeit für die Anzeige zu sparen, haben wir das Experiment im In-Circuit-Emulator laufen lassen. Die Ergebnisse wurden nach der Schalterbetätigung im Watchfenster abgelesen.

Siehe Listing von PUSOFT.ASM.

4.4.6 Vergleich der Ergebnisse beim Schaltertest

Daß sich die unterschiedlichen Pulszählverfahren bei einem so schnellen Vorgang wie dem Schalterprellen stark unterscheiden, war uns von Anfang an klar. Die Gesamtdauer des Prellens wurde von allen Verfahren ohne signifikante Unterschiede im Bereich von einer msek erfaßt. Die Anzahl der Pulse betrug beim Zählen mit einem Zählereingang etwa 80, bei der Interruptmethode erhielten wir immerhin noch etwa 30, während wir bei der Softwaremethode nur noch ungefähr 15 Pulse zählten. Da die Interuptroutine 9 Befehlszyklen dauert, können wir also schließen, daß von den 80 Pulsen, die wir mit dem Timer erfaßt haben, 50 kürzer waren als 9 µsek.

4.4.7 Erfassen kurzer Pulse mit externem FLIP-FLOP

Manchmal kommt es vor, daß Pulse mit einem sehr kleinen Tastverhältnis zu erfassen sind, so daß trotz ausreichender Breite der gesamten Periode keines der obigen Verfahren anwendbar ist. Wir erinnern daran, daß man beim Zählen von Pulsen mit den Timereingängen eine Mindestpulsbreite von etwas mehr als der Pulsbreite des Befehlstaktes haben muß.

Die Lösung dieses Problems erfordert ein wenig externe Logik. Ein negativer Puls kann mit Hilfe eines SR-Flip-Flops gespeichert werden. Der Pegel am Ausgang des Flip-Flops ist im Ruhezustand low. Kommt ein negativer Puls an, wird der Ausgang high. Sobald der High-Pegel vom PIC16 erkannt wird, gibt dieser einen Puls auf die Resetleitung des Flip-Flops, um dieses wieder zurückzusetzen. Das Ganze dauert natürlich einige Befehlszyklen, so daß die Frequenz dieser «Nadel-»Impulse nicht allzu hoch sein darf.

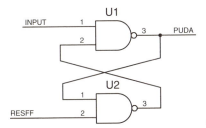

Abb. 4.5: Puls-da-FlipFlop

Wenn positive Pulse erfaßt werden sollen, ist noch ein vorgeschalteter Inverter notwendig. Falls die Pulse an einem Eingang sowohl positiv als auch negativ sein können, gestaltet man diesen Inverter programmierbar. Ein Ausgangssignal des PIC16 bestimmt, ob das ankommende Signal invertiert wird oder nicht. Logisch betrachtet handelt es sich dabei um eine XOR-Funktion des Eingangssignals mit dem obengenannten Ausgangssignal des PIC16.

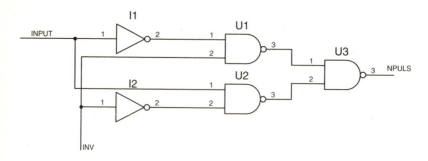

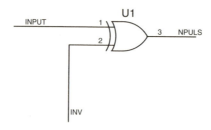

Abb. 4.6: Programmierbarer Inverter

Namen und Bedeutung der Signale:

- INPUT: Eingangspuls

- INV: Ausgangssignal des PIC16; INV = 1: INPUT wird invertiert

- NPULS: ggf. invertierter Eingangspuls

- RESFF: Ausgangspuls von PIC16 zum Rücksetzen des Flip-Flops

- PUDA: gespeicherter Eingangspuls

- NPD: Komplementärausgang zu PUDA

Eine Möglichkeit, diese beiden Logikfunktionen in einem Baustein zu realisieren, bietet uns ein GAL.

Die Gleichung für den Inverter lautet:

NPULS = (INPUT * /INV) + (/INPUT * INV)

Die Gleichung für das nachgeschaltete Flip-Flop lautet:

PUDA = (NPULS * NPD) + (RESFF * PUDA)

Wenn man NPULS aus der Invertergleichung in die Flip-Flop-Gleichung einsetzt erhält man die Gesamtgleichung:

PUDA = (INPUT * /INV * NPD) + (/INPUT * INV * NPD) + (RESFF * PUDA)

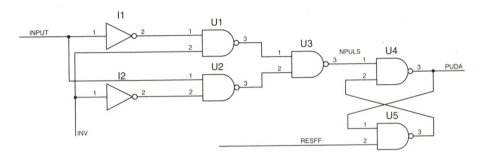

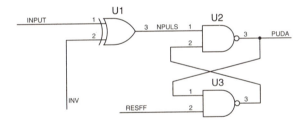

Abb. 4.7: komplette Pulserfassung

Ein noch so schmaler Puls am INPUT setzt PUDA high. Wenn der PIC16 dies erfaßt hat, gibt er am RESFF-Ausgangspin einen negativen Puls aus, um das Flip-Flop wieder zurückzusetzen und damit die Erfassung des nächsten Pulses zu ermöglichen.

In der Regel ist dem PIC16 bekannt, ob er positive oder negative Pulse erfassen soll. Er kann dies aber auch selbst durch die Abfrage der INPUT-Leitung erkennen. Für positive Pulse setzt er INV = 1, für negative INV = 0.

Ein besonderer Anwendungsfall für dieses Flip-Flop-Verfahren ist das Handshake bei einer Centronics-Schnittstelle, womit wir uns in den nächsten Abschnitten beschäftigen werden.

4.5 Lesen der Centronics-Schnittstelle

Die Centronics-Schnittstelle gibt, nachdem die Daten angelegt wurden, einen Puls aus, der als «Strobe» bezeichnet wird. Innerhalb kürzester Zeit muß daraufhin das BUSY-Signal auf high gelegt werden, um den Datenfluß zu bremsen. Die Zeit, die verstreichen darf, bis das BUSY-Signal gesetzt sein muß, wird in verschiedenen Gerätebeschreibungen mit 1μsek angegeben. Wenn man den STROBE mit einem Interrupt erfaßt und in der Interruptroutine gleich als erstes die BUSY-Leitung auf high setzt, vergehen im Durchschnitt 4 bis 5 Befehlszyklen, bis dieser Vorgang abgeschlossen ist. Um der Forderung nach einer μsek nachzukommen, braucht man also einen PIC16 mit 20 MHz, und man darf keinen weiteren Interrupt benutzen, weil man sonst als erstes die Interruptflags abfragen muß, welcher Interrupt eine Bedienung anfordert.

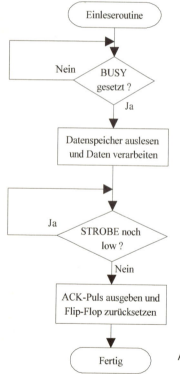

Abb. 4.8: Programmablauf beim Einlesen
der Centronics-Schnittstelle

Das im vorigen Abschnitt beschriebene Flip-Flop-Verfahren ist eine einfache Möglichkeit auch für einen langsameren PIC, die Centronics-Schnittstelle zu erschließen. Selbst PIC-Typen ohne Interrupt sind dazu in der Lage. Zum Zwischenspeichern der Daten gibt es zwei Möglichkeiten. Entweder wir verwenden einen Speicherbaustein wie z.B. den 74HCT574 oder wir benutzen einen PIC16CXX mit PSP-Modul. Nicht jeder PIC16CXX hat ein PSP-Modul. Dazu müssen die Ports D und E vorhanden sein. Für den eigenen Laborbedarf hätten wir keine Bedenken, den Port_D direkt an den Centronics-Stecker zu verdrahten. Bei einem Kundenprodukt würde uns eine Entkopplung doch sehr beruhigen. Der 74HCT574 wäre so eine Entkopplung. Bei Benutzung des PSP-Moduls ist ein Zwischenspeichern nicht nötig. Zum Entkoppeln reicht also ein unidirektionaler Datentreiberbaustein wie der 74LS244. Wenn wir den Preis und die Anschlußbelegung in Betracht ziehen, würden wir den bidirektionale Treiber 74LS245 bevorzugen.

Im folgenden Diagramm gehen wir davon aus, daß das Flip-Flop den gespeicherten STROBE-Puls an den PIC16C5X weiterleitet und auch auf die BUSY-Leitung ausgibt.

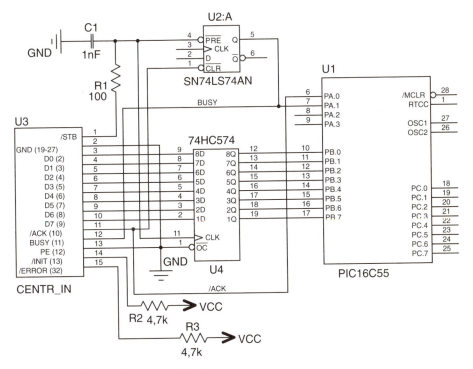

Abb. 4.9: Einfaches Centronics-Interface

Eine Realisierung dieses Programmablaufes könnte so aussehen:

```
WAIBUSY    BTFSS     BUSY
           GOTO      WAIBUSY
           MOVF      PORT_C,W
           MOVWF     EINGABE
WAISTB     BTFSS     STB
           GOTO      WAISTB
           BCF       ACK
           NOP
           BSF       ACK
           . . .
```

4.6   Der Parallel-Slave-Port

Das PSP-Modul ist nur in solchen PIC16-Derivaten vorhanden, die auch einen Port D und Port E haben. Er stellt ein Interface dar zu einem 8 Bit μProzessorbus. Der entsprechende PIC16 ist somit aus der Sicht des μProzessors ansprechbar wie z.B. eine PIO oder ein EPROM. Uns interessiert dabei natürlich, wie dieses Interface aus der Sicht des PIC16. zu behandeln ist.

Zum Einschalten des PSP-Modus dient das Bit 4 des TRISE-Registers. Wenn dieses Bit gesetzt ist, wird das PSP-Modul aktiviert. Der Port D wird zum Datenpfad, und die Pins des Port E bekommen die Funktionen CS, WR und RD. Sobald dieses Modul aktiviert ist, haben Port D und Port E keine normale Funktion mehr!!! Sollten Sie dieses Bit im TRISE-Register versehentlich gesetzt haben, verweigern die Ports D und E die normale Funktion. Bis Sie die merkwürdigen Dinge verstanden haben, die Sie dann erleben, wird einige Zeit vergehen, so daß Sie nie mehr vergessen, auf dieses Bit zu achten.

Um den Port E für das PSP-Modul freizugeben, muß die analoge Funktionalität abgeschaltet werden. Mit dem TRIS-Register Bit E.0 bis E.2 muß ferner auf Eingang geschaltet werden.

Die restlichen drei Bits des höheren Nibbles des TRISE-Registers fungieren im PSP-Modus als Statusbits, die dem PIC16 die Geschehnisse am PSP anzeigen. Zwei davon sind read-only und werden durch Lese- und Schreibzyklen auf dem PSP-Port gesetzt bzw. gelöscht. Das IBF-Bit (TRISE.7) ist das Inputbuffer-full-Flag. Es wird gesetzt, wenn der μProzessor auf den PSP-Port schreibt. Es wird gelöscht, wenn der PIC16 diese Daten abholt. Das OBF-Bit (TRISE.6) ist das Outputbuffer-full-Flag. Es wird gesetzt, wenn der PIC16 einen Wert in das PORT D-Register schreibt. Wenn der μProzessor es abholt, wird das Bit wieder zurückgesetzt. Das dritte Bit ist das IBOV-Bit. Es zeigt an, daß der μProzessor mehr als einmal in das Eingangsregister des PIC16 schreiben wollte, ohne daß zwischenzeitlich der Inhalt ausgelesen wurde. Wenn der PIC16 es zur Kenntnis genommen hat, muß er es selbst löschen. Im Port D-Register steht das erste Byte. Die Bytes, mit denen es überschrieben wurde, werden nicht angenommen.

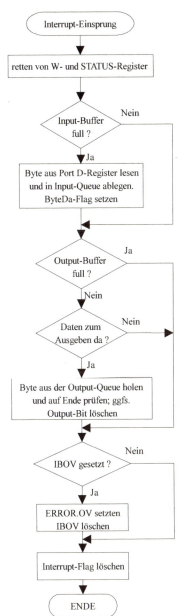

Abb. 4.10: Interruptgerüst für die PSP-Bedienung

Beachten Sie bitte, daß das TRISD-Register ohne Wirkung bleibt. Der Port D wird nur zum Ausgang, wenn der μProzessor lesend auf den PSP zugreift.

Zum PSP-Modul gibt es einen Interrupt. Er wird bei jedem Zugriff durch den μProzessor gesetzt. Das Interruptbit und das zugehöriger Enable-Bit befinden sich in PIR1.7 bzw. PIE1.7. Ob der Interrupt von einem Lese- oder Schreibbefehl ausgelöst wurde, muß der PIC16 anhand der Status-Bits des TRISE-Registers herausfinden.

Wir gehen davon aus, daß für die PSP-Verwaltung eine Input-Queue mit dem Zeiger INPTR und eine Output-Queue mit dem Zeiger OUTPTR im RAM zur Verfügung stehen. Ein PSP-Status-Register PSTAT übermittelt Informationen zwischen dem Hauptprogramm und der Interruptroutine.Das Bit PSTAT,IDA wird von der Interruptroutine beschrieben, wenn ein Byte in die Input-Queue geschrieben wurde. Das Hauptprogramm löscht dieses Bit, wenn es das letzte Byte aus der Input-Queue geholt hat.

Umgekehrt setzt das Hauptprogramm das Bit PSTAT,ODA, wenn es ein Byte in die Output-Queue geschrieben hat. Dieses wird vom Interruptprogramm zurückgesetzt, wenn es das letzte Byte aus der Output-queue fertig ausgegeben hat.

Das Flußdiagramm in Abb. 4.10 zeigt den Ablauf der Interruptroutine.

```
PSPINT     MOVWF     W_STACK
           MOVF      STATUS,W
           MOVWF     S_STACK
           BANK_1
           MOVF      TRISE,W
           BANK_0
           ANDLW     0E0H
           IORWF     PSTAT          ; hole oberste 3 Bit nach PSTAT
           BTFSS     PSTAT,IBF;
           GOTO      PSOUT
           MOVF      INTPTR,W       ; Byte da
           MOVWF     FSR
           MOVF      PORTD,W
           MOVWF     0
           INCF      INPTR
           BSF       PSTAT,IDA      ; übertrage HW-Bit nach PSTAT
PSOUT      BTFSC     PSTAT,OBF;
           GOTO      PSOV
           BTFSS     PSTAT,ODA      ; wenn PORTD-output leer
           GOTO      PSOV
           MOVF      OUTPTR
           MOVWF     FSR
           MOVF      0,W
           MOVWF     PORTD
           DECF      OUTPTR         ;
```

```
            MOVLW    OUTANF      ; Anfangsadr des Out-Buffers
            SUBWF    OUTPTR,W    ;
            SKPNC
            BCF      PSTAT,ODA   ; Out-Buffer leer
PSOV        BTFSS    IBOV        ; übertrage HW-Bit nach PSTAT
            GOTO     PSEND
            BSF      PSTAT,OVER
            BANK_1
            BCF      TRISE,IBOV
            BANK_0
PSEND       MOFLW    1FH         ; Hardware.Flags wieder löschen
            ANDWF    PSTAT
            MOVF     S_STACK,W
            MOVWF    STATUS
            SWAPF    W_STACK
            SWAPF    W-STACK,0
            BCF      PIR1,7
            RETFIE
```

Realisierung des obigen Flußdiagramms (Abb. 4.10)

4.7 Analoge Eingänge erfassen

Die PIC16C7X besitzen 4 bis 8 AD-Wandler-Eingänge. Die Auflösung beträgt 8 Bit. Der Eingangsspannungsbereich erstreckt sich von 0V bis Vref, wobei Vref im Bereich von 3V bis Vdd sein darf.

Neuere PIC-Derivate habe mittlerweile auch 10 und 12 Bit-Auflösung. Siehe Kapitel Einführung.

Vor allem anderen ist am Anfang eines jeden Programms, wo auch die digitalen Pins zu Ein- oder Ausgängen gemacht werden, das Register ADCON1 zu setzen, welches für den jeweiligen Typen die Verwendung der einzelnen Pin definiert.

Achtung: Auch wenn keine AD-Wandler-Eingänge benötigt werden, muß trotzdem das ADCON1-Register gesetzt werden. Der Reset-Wert dieses Registers definiert alle möglichen Pins zu analogen Eingängen. Auch ein entsprechender TRIS-Wert kann daran nichts ändern. Die Folge ist, daß zwar digitale Ausgaben durchgehen, aber das digitale Lesen eines solchen Pins führt immer zu einer null.

ADCON1-Register für die PIC16C70/71/71A im 18 poligen DIL-Gehäuse (Adresse 088H)

ADCON0				1FH			
ADCS1	ADCS0	CHS2	CHS1	CHS0	GO_/DONE	-	ADON

ADCON1-Register:

U	U	U	U	U	U	R/W	R/W
-	-	-	-	-	-	PCFG1	PCFG0

PCFG1:PCFG0	RA & RA0	RA2	RA3	VREF
00	A	A	A	VDD
01	A	A	VREF	RA3
10	A	D	D	VDD
11	D	D	D	VDD

ADCON1-Register für die PIC16C72/73/73A74/74A im 28 bis 40 poligen DIL-Gehäuse (Adresse 09FH)

U	U	U	U	U	R/W	R/W	R/W
-	-	-	-	-	PCFG2	PCFG1	PCFG0

PCFG2:PCFG0	RA	RA1	RA2	RA5	RA3	RE0	RE1	RE2	VREF
000	A	A	A	A	A	A	A	A	VDD
001	A	A	A	A	VREF	A	A	A	RA3
010	A	A	A	A	A	D	D	D	VDD
011	A	A	A	A	VREF	D	D	D	RA3
100	A	A	D	D	A	D	D	D	VDD
101	A	A	D	D	VREF	D	D	D	RA3
11x	D	D	D	D	D	D	D	D	-

Zur Konfiguration des AD-Wandlers dienen auch noch die Bits 6 und 7 des ADCON0-Registers. Sie bestimmen, mit welchem Clock die Wandlung vor sich geht. Hierbei kann ein Teil von Fosc oder ein interner RC-Oszillator ausgewählt werden, um auf eine Zeit $T_{AD} \geq 2$ μsek zu kommen.

Achtung: Für diesen Wandlungsclock gibt es einen guten Bereich. Jenseits dieses Bereiches funktioniert die Wandlung nicht zufriedenstellend oder gar nicht.

2 μsek $\leq T_{AD} < 20$ μsek

Die restlichen Bits des ADCON0-Registers regeln den Betrieb des AD-Wandlers. Zu allererst muß ein Kanal ausgewählt werden, der gewandelt werden soll (CHS0... CHS1, bzw. CHS2). Wenn der Eingangskanal umgeschaltet wurde, muß vor dem Start der Wandlung die nötige Samplingzeit gewartet werden. Diese Wartezeit hängt primär vom Quellwiderstand ab. Ein Berechnungsbeispiel finden Sie im Datenblatt. Der Wandler wird durch das Setzen des Bit GO/nDONE gestartet. Wenn dieses Bit wieder gelöscht ist, ist die Wandlung fertig. Das Ergebnis ist aus dem Register ADRES zu lesen.

```
ADINIT    MOVLW   0C1H        ; AD-Conv.Clock = int. RC-osc
          MOVWF   ADCON0
          BANK_1              ; switch to Bank1
          MOVLW   04H         ; RA0, 1 und 3 sind analog
          MOVWF   ADCON1
```

Ende der Initialisierung. Der nächster Teil ist das Bedienen des AD-Wandlers

```
BEDIEN    MOVLW   0C7H        ; 11000111
          ANDWF   ADCON0      ; Kanal 0
          WAIT                ; Sampling-Zeit Warten
          BSF     ADCON0,2    ; GO; starte erste Wandlung
          NOP
ADLOOP    BTFSC   ADCON0,2    ; Fertig?
          GOTO    ADLOOP
          MOVF    ADRES,W     ; ja
          MOVWF   MESS        ; ins Register MESS laden
          ...                 ; und verarbeiten
          BSF     ADCON0,2    ; GO; starte nächste Wandlung
          GOTO    ADLOOP
```

4.7.1 LED-Dimmer

Für dieses nette Beispiel benutzen wir das PWM-Modul:

Der duty cycle-Wert wird jetzt durch ein Potentiometer eingestellt und vom AD-Wandler erfaßt. Diese einfache Applikation erlaubt uns, die Versorgungsspannung als Referenz zu verwenden und das Poti direkt damit zu speisen. Damit erhalten wir für unser Beispiel mit dem PIC16C74 folgende Konfigurationswerte: ADCON1 = 04H und ADCON0 = 0C1H

Durch das Setzen von Bit 2 im ADCON0-Register wird die Wandlung gestartet.

Wie aus dem Flußdiagramm zu sehen, ist diese Applikation nur eine Demonstration, wie man den AD-Wandler pausenlos wandeln läßt und seine Ergebnisse abholt, wenn sie bereit stehen.

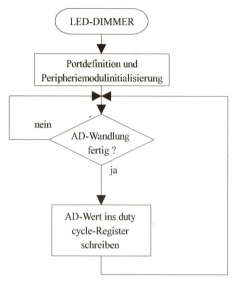

Abb. 4.11: LED-Dimmer-Ablauf

Siehe LED-Dimmerprogramm ADPWM.ASM.

In der gewohnter Dreiteilung der Quelldatei erkennt man leicht eine gewisse Kopflastigkeit. Der Deklarationsteil und die Initialisierung der Ports benötigen mehr Platz als das Hauptprogramm.

Die Verwendung von zwei Hardwaremodulen macht das Hauptprogramm zu einer winzigen Schleife. Sie beschränkt sich auf die Abfrage, ob der AD-Wandler fertig ist, auf das Weiterreichen des Ergebnisses in das CCPR1L-Register und auf das erneute Starten des AD-Wandlers.

4.7.2 Akkuspannungsüberwachung

In dieser Anwendung wird der PIC16 unter anderem dafür eingesetzt, permanent den Strom in der Akkuleitung aufzuaddieren, d.h., daß Ladeströme in den Akku als positive Werte den Bilanzwert vergrößern und negative Werte, die einem Entladestrom entsprechen, vom Bilanzwert subtrahiert werden. Da weder Kapazität noch Ladung eines Akkus eine ideale Funktion sind, wird versucht, sich so gut wie möglich an die realen Gegebenheiten anzupassen. Faktoren, die den Wirkungsgrad eines Akkus ganz entscheidend beeinflussen, sind die Temperatur und das Alter. Will man sich an die Realität herantasten, muß man mit seinem Akku permanent Tests durchführen, die die Parameter immer wieder neu ermitteln. So ist zum Beispiel das Laden und Entladen bei verschiedenen Temperaturen nötig, um den Faktor ermitteln zu können, mit dem der Ladestrom zu bewerten ist. Dieser Faktor ist immer kleiner als eins. Je niedriger die Umgebungstemperatur, desto geringer ist der Anteil des Ladestroms, der in der Akkuladung Wirkung zeigt. Ein Ladestrom von 1 Ampere eine Stunde lang, bewirkt also in einem kalten Umfeld weniger Aufladung des Akkus als in warmer Umgebung. Wir vermeiden an dieser Stelle Zahlen zu nennen, weil jeder Akku anders ist und selbst die Hersteller keine erschöpfenden Datenblätter liefern. Will man hier das Optimum an Sicherheit erreichen, ist entweder große AKKU-Erfahrung des Entwicklers nötig oder sehr viele Testläufe.

Von Arizona Microchip werden u.a. einige Derviate des PIC16 angeboten, die speziell für die Akkuüberwachung entwickelt worden sind. Sie beinhalten Firmware, die viele Parameter der Akkus berücksichtigt. Genaueres über diese Spezialtypen bitten wir in den entsprechenden Datenblättern und Applikationsschriften nachzulesen. Ferner gibt es einen sehr interessanten Artikel des Ingenieurbüros Blacchetta aus Landsberg.

Wir möchten uns hier darauf beschränken, einen PIC16 nur nebenbei mit der Aufgabe zu betrauen, dafür zu sorgen, daß der Akku ordentlich behandelt wird, d.h., die Akkuladungsbilanz zu verfolgen und Über- bzw. Tiefentladung zu verhindern. Diese PIC16-Applikation ist also nicht für extreme Klimabedingungen und nicht für lebenserhaltende Systeme gedacht.

In unserer Applikation soll das System in einem normalen Temperaturbereich arbeiten und keine extremen Ruhezeiten erfahren. Man kann sich vorstellen, es gehe um ein Handmeßgerät für den Laborbetrieb. Es wird bei Bedarf geholt und bei 'LADEN'-Anzeige mit einem kleinen Netzteil verbunden.

Zeitbetrachtungen

Die Zeitbetrachtungen sind hier nicht sehr kritisch. Es ist natürlich richtig, daß eine feinere zeitliche Erfassung der Strombilanz eine höhere Genauigkeit ergibt, aber wie nötig das im einzelnen Anwendungsfall ist, soll dem Entwickler überlassen werden. Man kann in dieser Beziehung den Gesetzen der Statistik vertrauen, nach denen sich Stromschwankungen bei hinreichend häufigem Abtasten aufheben. Wir haben in diesem Beispiel ein 500 msek-Raster gewählt und einen Akku mit einer Kapazität von 110 mAh. Ferner möchten wir mit 33 mA laden. Das ist eine 'beschleunigte' Ladung. Die Ladezeit beträgt damit etwa 4-5 Stunden. Das sind 18000 Sekunden, in denen man 36000 Strommessungen durchführt. Die Strombilanz wird daher in einer 3-Byte Variablen aufsummiert.

Detailproblem: Höhere Spannungen mit geringem Hub messen

Da bei Akkus die Spannung sich in einem weiten Ladungszustandsbereich sehr wenig ändert, ist es schlecht, anhand der Spannung zu erfassen, wie es mit dem Ladezustand aussieht. Handelt es sich zudem um einen 12-Volt-Akku, muß noch ein Spannungsteiler eingefügt werden, der auch diesen geringen Hub noch verkleinert. Ein Spannungsteiler hat zudem die Eigenschaft, den Akku zu belasten. Wenn der AD-Wandlereingang direkt damit gespeist werden soll, muß dieser Spannungsteiler ziemlich niederohmig dimensioniert werden. Dieses Problem ist sehr einfach mit einer OP-Schaltung zu lösen.

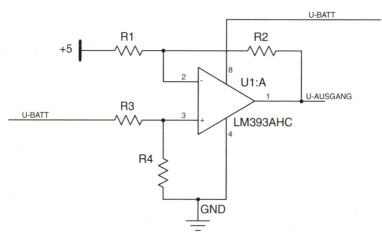

Abb. 4.12: OP-Schaltung mit Offset

$$Ua = -\frac{R2}{R1} * Uref + \frac{R4}{R3 + R4} * \frac{R1 + R2}{R1} * Ue$$

Widerstandswerte für unterschiedliche Eingangsspannungsbereiche

Widerstand	Ue-Spanne 6-10V	9-13V	8-14V
R1	68k	47k	75k
R2	100k	100k	100k
R3	220k	240k	240k
R4	220k	150k	150k

Beschreibung eines einfachen Überwachungsverfahrens

Außer dem Strom, der in der Akkuleitung fließt, überwachen wir natürlich auch die Spannung am Akku selbst. Es gilt nun, möglichst sichere, aber dennoch einfache Kriterien zu definieren, welche für den Beginn und das Ende der Ladung entscheidend sind. Zusätzlich können noch Kriterien für Schnell-Laden oder normales Laden festgelegt werden. Das Entscheidende am Ende eines Ladevorgangs ist immer das Erreichen der Ladeschlußspannung, deren Wert bekannnt ist.

Ordentliche Auf- und Entladezyklen sind zwar das 'gesündeste' für einen Akku, aber wir wollen den Akku nicht zu tief entladen, denn das Gerät könnte ja im fast entladenen Zustand wieder zur Seite gelegt werden, was für den Akku nicht von Vorteil ist. Deshalb starten wir mit dem Aufladen bereits wieder, wenn die Ladung bereits auf die Hälfe abgefallen ist. Um diesen Zustand zu erfassen, ist die Spannung nur bedingt geeignet. Die Strombilanz ist daher die Grundlage für den Ladebeginn. Die Spannung muß natürlich zusätzlich auf das Unterschreiten kritischer Werte überprüft werden.

Gesamtstrategie

Ein wichtiges Prinzip bei Akku-Überwachungen ist, daß wir die Erfassung von Spannung und Strombilanz völlig getrennt von der Bewertung der Ergebnisse ausführen.

Die Bewertung der Ergebnisse dient zweierlei Zwecken, nämlich der Lade-Anzeige und der Entscheidung über Schnell-Laden oder Erhaltungs-Laden, im Falle daß ein Ladegerät angesteckt ist.

Bei der Bewertung der Ergebnisse legen wir uns auch noch auf keine feste Entscheidungskriterien fest, wenn wir rein formal den Zustand des Akkus in verschiedene Bereiche einteilen, die wir beispielsweise folgendermaßen bezeichnen.

AKKU	VOLL
AKKU	GUT
AKKU	HALB
AKKU	LEER

Bevor wir entscheiden, auf Grund welcher Spannungswerte bzw. welcher Strombilanzwerte wir den Akku-Zustand einem dieser Bereiche zuordnen, beantworten wir die viel einfachere Frage, welche Konsequenzen wir aus der Zuordnug zu einem dieser Bereiche ziehen:

Für die Anzeige bedeutet beispielsweise:

GUT oder VOLL	Grün blinken
HALB	Rot blinken
LEER	Rot schnell blinken oder akustischer Alarm

Im Falle von LEER, muß auch überlegt werden, ob sonstige Maßnahmen zu treffen sind, z.B. Motor abstellen oder große Verbraucher einschränken oder abschalten.

Für den Lademodus entscheiden wir :

VOLL	Erhaltungs-Ladung
nicht VOLL	Schnell-Laden

Jetzt kommt der eigentlich schwierige Teil, bei dem wir lediglich einen Vorschlag zur Lösung andeuten wollen. Wie unterscheidet man auf Grund der Spannungs- werte und der Strombilanz, in welchem Zustand der Akku sich befindet? Beide In- formationen, sowohl die Strombilanz als auch die Spannung haben als Bewertungs- parameter ihre Schwächen.

Die Strombilanz ist mit einem Faktor gewichtet, dessen genaue Bestimmung ziem- lich problematisch ist. Wenn die Strombilanz eine Zeit lang auf- und abgerechnet wird, dann wird sie auch bei guter Näherung dieses Faktors nach hinreichend langer Zeit aus dem Rahmen laufen. Die Strombilanz muß daher in gewissen Abständen bei voll geladenem Akku wieder nachkalibriert werden. Außerdem wäre es in gewis- sen Zeitabständen nötig, den Akku gezielt zu entladen und wieder voll aufzuladen, um den Faktor neu zu bestimmen, da er sich mit der Zeit verändert.

Die Spannung dagegen ist ein äußerst beständiger Meßwert. Sie ist im Bereich der Ladeschlußspannung auch ein brauchbares Kriterium für den Ladezustand, bei halb oder fast ganz entladenem Akku gibt es aber keine eindeutige Beziehung mehr zwi- schen Spannung und Lademenge.

So haben wir uns entschlossen, die Spannung als Kriterium für Akku VOLL zu wäh- len. Um den Akku als GUT zu bezeichnen, verlangen wir sowohl, daß die Spannung über einem Schwellenwert liegt, den wir U50 nennen, als auch, daß die Strombilanz (das höchste Byte) einen Wert, den wir L50 nennen, überschreiten muß. Auch die Entscheidung, ob der Akku leer ist, wird auf eine solche Weise getroffen. Der Akku gilt als LEER, wenn entweder die Spannung kleiner ist als U20 oder die Strombilanz kleiner als L20.

Bei der Entscheidung für eine solche Vorgehensweise spielt immer eine Rolle, wel- che Entscheidungsfehler am schlimmsten wiegen. Wenn das Programm zu dem Schluß kommt der Akku sei leer, obwohl er noch gut ist, dann gefährdet dies die Verfügbarkeit des Gerätes. Wenn jedoch das Programm meint, daß der Akku noch gut ist, obwohl er schon leer ist, kann dies verhängnisvolle Folgen haben (für den Akku).

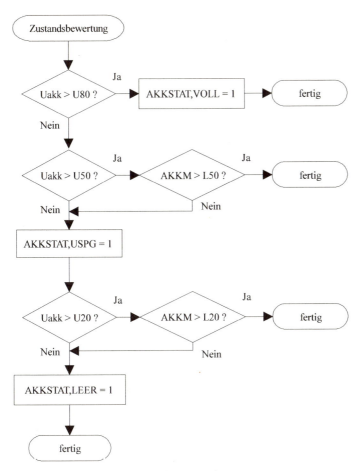

Abb. 4.13: Bewertung des Akkuzustands

Noch ein paar Worte zur programmtechnischen Erfassung der vier Bereiche. Wir definieren eine Variable AKKSTAT, welche folgende 3 Bit hat:

Bit0	VOLL
Bit1	UNTER
Bit2	LEER

Das Bit VOLL entscheidet über den Lademodus, das Bit UNTER über die Farbe der Blinkanzeige und das Bit LEER über die Blinkgeschwindigkeit.

AKKSTAT = 110   AKKSTAT = 010   AKKSTAT = 000   AKKSTAT = 001
     LEER   HALB   GUT   VOLL

                20%   50%   80%

Abb. 4.14: Akkuspannung

Für die blinkende Anzeige ist es wichtig, daß nicht AKKSTAT, sondern die Änderung von AKKSTAT entscheidend ist, ob das entsprechende Blinkbit bedient wird. Man wird ein weiteres Register AKKALT zum Speichern des vorigen Zustandes einrichten, und nach der Bewertung nur dann in das Anzeigeprogaramm gehen, wenn

(AKKSTAT XOR AKKALT) AND 6 <>0

ist. Die Anzeige bewertet eine Änderung des Bit 0 von Anzstat nicht, sofern man nicht auch den Lade-Modus anzeigen möchte.

In dem folgenden Programm STROMBI ist das Erfassen der Strombilanz so gewichtet worden, daß die Entnahmeströme mit dem Faktor 1 und die Ladeströme mit dem festen Faktor 0.7 gewichtet wurden. Bei der Bewertung werden die Schwellenwerte U50,U20,L50 und L20 als Variablen angenommen, über deren numerische Größenordnung wir hier natürlich keine Aussage machen können.

Die Abfrage der Schwellenwerte wird eventuell noch mit einer Hysterese durchgeführt, d.h., daß die Schwellenwerte nach dem Unterschreiten einen höheren Wert bekommen als nach dem Überschreiten. Das hat den Sinn, daß die Anzeige in den Übergangsbereichen nicht ständig von rot nach grün oder von schnell nach langsam wechselt. Auch ein ständiger Wechsel des Lade-Modus ist nicht erstrebenswert.

Programmtechnisch bedeutet das, daß die Schwelle U50 beispielsweise, wenn das Flag UNTER gesetzt ist, ein wenig höher gesetzt würde, als wenn diese Flag nicht gesetz ist. Im untenstehenden Programm wurden die Hysteresen herausgenommen, da sonst das Programm zu unübersichtlich wäre.

```
;--------------------------------------------------------------
; STROMBI: Strombilanz: Kanal1: Strom
;          SIGN = Pin für Stromrichtung
;          Ausgang: AKKM:AKKH:AKKL
;          Ladestrom wird mit Faktor 0.7 gewichtet.
;--------------------------------------------------------------
STROMBI   BSF      ADCON0,3        ; KANAL1
          BSF      ADCON0,2        ; GO
          CALL     WAI             ; SAMPLINGZEIT
AK2       BTFSC    ADCON0,2        ; DONE?
          GOTO     AK2
```

```
          MOVF      ADRES,W
          BTFSC     SIGN         ; Vorzeich: gesetzt, wenn Entladen
          GOTO      LADE
          SUBWF     IAKKL        ; IAKKM:IAKKH:IAKKL - W
          SKPNC                  ;         "
          GOTO      SPG          ;         "
          MOVF      IAKKH,W      ;         "
          SKPNZ                  ;         "
          DECF      IAKKM        ;         "
          DECF      IAKKH        ;         "
LADE      MOVWF     ZL           ; Ladestrom mit Faktor 0.7 gewichten
          MOVLW     0B7H
          CALL      BMUL         ; ERGH:ERGL = 256 * 0.7 * ZL
          MOVF      ERGH,W
          ADDWF     IAKKL        ; IAKKM:IAKKH:IAKKL + W
          SKPC                   ;         "
          GOTO      SPG          ;         "
          MOVF      IAKKH,W      ;         "
          XORLW     0FFH         ;         "
          SKPNZ                  ;         "
          INCF      IAKKM        ;         "
          INCF      IAKKH        ;         "
;============================== ENDE STROMBI
;----------------------------------------------------------------
;         SPG: Messung der Spannung
;         Ausgang: UAKK
;----------------------------------------------------------------
SPG       MOVLW     0C1H         ; Durchführen der SPG-Messung:
          MOVWF     ADCON0       ; EIN +  KANAL0 + f_RC
          CALL      WAI          ; Samplingzeit
          BSF       ADCON0,2     ; GO (SPG MESSEN)
AK1       BTFSC     ADCON0,2     ; DONE?
          GOTO      AK1
          MOVF      ADRES,W
          MOVWF     UAKK         ; UAKK ist gemessener Spgswert
;
          MOVLW     0C0H         ; ADC AUS
          MOVWF     ADCON0
;----------------------------------------------------------------
;         Bewerten der Messungen:
;----------------------------------------------------------------
          CLRF      AKKSTAT      ; Akku-Status
VOLL?     MOVF      U80,W        ; Akku gut?
          SUBWF     UAKK,W       ; CY IF UAKK >= UGUT
          BNC       GUT?
          BSF       AKKSTAT,VOLL
```

```
            GOTO      AKKEND
GUT?        MOVF      U50,W       ; Akku gut?
            SUBWF     UAKK,W      ; CY IF UAKK >= U50
            BNC       HALB?
            MOVF      L50,W
            SUBWF     AKKM
            SKPNC                 ; CY, if GUT
            GOTO      AKKEND      ; Wenn GUT, wird Flag setzen
HALB?       BSF       AKKSTAT,HALB
            MOVF      U20,W       ; Akku HALB?
            SUBWF     UAKK,W      ; CY IF UAKK >= U20
            SKPC
            BSF       AKKSTAT,LEER
            MOVF      L20,W
            SUBWF     AKKM
            SKPC
            BSF       AKKSTAT,LEER;
AKKEND      NOP                   ;
```

4.8   Der PIC16 als Magnetkartenleser

Diese Anwendung beschreibt das Verfahren, wie der PIC16 Daten seriell von einer Magnetkarte, wie der Checkkarte, liest.

Um die Daten lesen zu können, muß man das Prinzip der Aufzeichnung verstanden haben. Es handelt sich um zwei parallel aufgezeichnete Spuren, wobei eine den Clock und die andere die Daten beinhaltet. Mit jeder negativen Clockflanke muß ein Datenbit gelesen werden. In unserem Falle behandeln wir eine Aufzeichnung nach dem ISO2-Verfahren (ABA Standard). Die Daten werden mit 75 BPI im 5 Bitcode auf die Spur 2 geschrieben. Die Daten auf unserer Eurocheckkarte konnten wir damit problemlos auslesen.

Zeitüberlegung

Die zeitlichen Vorgänge hängen in diesem Falle stark vom Benutzer ab, weil wir einen Magnetkartenleser der niedrigen Preisklasse verwendet haben, der ohne Motor arbeitet. Der Lesekopf steht fest, und die Karte wird vom Bediener am Kopf vorbei geschoben. Die Leseelektronik ist für ein Kartengeschwindigkeit von 10 bis 120 cm/sek spezifiziert. Bewegt man die Karte mit einer anderen Geschwindigkeit, so ist kein korrektes Lesen des Magnetkopfes zu erwarten. Damit ist ein wichtiger Punkt bereits erarbeitet: Die maximale Geschwindigkeit mit der die einzelnen Bits abgeholt werden können, ist problemlos errechenbar.

Mit einer Kartengeschwindigkeit von 120 cm/sek und einer Aufzeichnungsdichte von 75 BPI ergibt sich eine minimale Periodendauer von 282,2 μsek.

- Die Aufzeichnungsdichte ist 75 Bit pro Inch; d.h. 75/2,54 Bit pro cm.

- Die Periodendauer eines Bits ist also 2,54/(120 * 75) = 282μsek.

Laut Datenblatt ist das Verhältnis von Clock-high zu Clock-low gleich '2 : 1'. Bei der negativen Flanke des Clocks ist das Datenbit gültig. Nach der positiven Flanke der Clockleitung vergehen also mindestens 188 μsek, bis die negative Flanke erscheint und das nächste Datenbit gültig ist. Die Low-Zeit des Clocksignals dauert mindestens 94 μsek. Wir haben also diese Zeit, um zu erkennen, daß die negative Flanke aufgetreten ist und um das Datenbit in eine Variable zu rotieren. Aus dem Listing ist zu ersehen, daß dafür etwa 15 Befehle benötigt werden. Müßte man so langsam takten wie nur irgendwie möglich, käme man nach dieser Rechnung mit einem Quarzfrequenz von knapp 700 kHz zurecht.

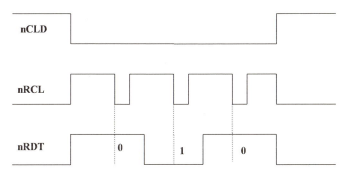

Abb. 4.15: Timingdiagramm der Magnetkartenlesersignale

Programmablauf

Beim Einführen der Karte wird ein mechanischer Schalter betätigt, der solange geschlossen ist, wie sich die Karte im Slot befindet. Sobald dieser Schalter geschlossen ist (nCLD = 0), beginnen wir, die Pulse zu erfassen.

Wird die Karte nun zu schnell oder zu langsam am Lesekopf vorbei bewegt, dürfen wir nicht erwarten, daß ein Clockimpuls kommt, an dem wir uns orientieren können. Zusätzlich kann es dazu auch noch andere Gründe dafür geben, daß nach dem Einführen der Karte keine Clock-Pulse kommen,.z.B., wenn eine defekte oder gar nicht beschriebene Magnetkarte verwendet wird, oder wenn jemand die Karte verkehrt herum einführt. Um zu verhindern, daß sich das Programm in der Leseschleife «aufhängt», müssen wir den Watchdog einschalten. In dieser Programmschleife, welche auf einen Clock-Puls wartet, wird keine Beruhigung des Watchdogs vorgenommen, wodurch nach verstrichener Wartezeit der PIC16 zurücksetzt wird.

In jede Schleife, die gefährdet ist, durch irgendeinen Fehler nie beendet zu werden, könnte natürlich auch ein Timeout eingebaut werden, aber warum sollten wir das Programm an vielen Stellen unübersichtlich und kompliziert machen, wenn die Lösung dieser Problematik so einfach und totsicher möglich ist, wie mit dem Watchdog.

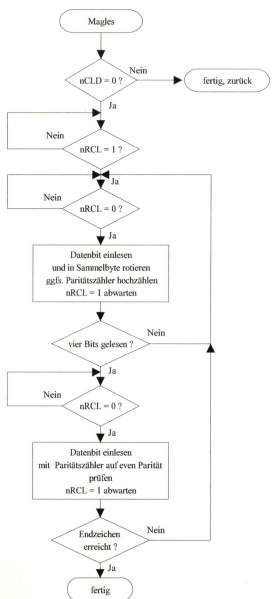

Abb. 4.16: Ablauf der Leseroutine

Nach jeder negativen Flanke des Clock-Einganges nRCL ist die Datenleitung nRDT
zu lesen. Die Daten sind 4 Bit lang. Zusätzlich wird noch ein fünftes Bit als Paritätsbit gelesen. Um die Parität überprüfen zu können, muß beim Lesen der Datenbits in
der Zählvariablen EINSEN die Anzahl von Einsen mitgezählt werden. Das Bit 0 dieser Variablen gibt an, ob insgesamt eine gerade Anzahl oder eine ungerade Anzahl
von Einsen im Datenwort einschließlich Paritätsbit enthalten war. Richtig ist das
Ergebnis, wenn die Anzahl ungerade ist. Das Ende einer Übertragung erkennen wir
daran, daß die Anzahl Einsen gleich 5 ist.

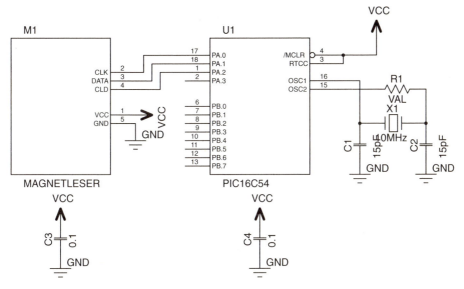

Abb. 4.17: Schaltbild unseres Magnetkartenversuchs

Auf ein Schaltbild möchten wir auch hier wegen der Anschaulichkeit nicht verzichten. Außer den beiden Spannungsversorgungsleitungen sind nur drei Anschlüsse
von der Magnetkartenlesemechanik zum PortA des PIC16C55 nötig. Die Behandlung des Ausgabeteils ist nicht Gegenstand dieser Elementaranwendung.

- /CLD: card load, ist low, wenn sich eine Karte im Schlitz befindet.
- /RDT: serielle Daten
- /RCL: serieller Clock

4.9   Decodierung des DCF Signals

DCF-Module werden immer häufiger in Geräten anstelle einer Echtzeituhr verwendet. Der Vorteil liegt auf der Hand, sofern man das Signal aus Mainflingen empfangen kann.

Die DCF-Dekodierung ist im Prinzip so einfach, daß sie sich auch mit einem PIC16C5X bequem lösen läßt. Der Engpaß könnte lediglich die begrenzte Registerzahl werden, denn für die Echtzeit benötigt man 7 bis 8 Register, und für die Aufnahme des Telegramms noch einmal einige temporäre Register, vor allem dann, wenn man eine Plausibilitätsprüfung durchführen muß.

Außerdem wird diese Aufgabe in der Regel neben anderen Arbeiten durchgeführt, so daß man wohl meistens den PIC16C58A wählen wird.

Das DCF-Telegramm

Die Informationen über das DCF Signal erhalten Sie von der Physikalisch Technischen Bundesanstalt in Braunschweig, oder Sie versuchen, das Heft ELEKTRONIK AKTUELL MAGAZIN 4/89 ausfindig zu machen.

Hier nur die Beschreibung in Kürze:

Das DCF-Signal ist ein amplitudenmoduliertes Signal, welches im Sekundentakt einen Puls in Form einer Amplitudenabsenkung auf 25% sendet. Ein Puls von etwa 0.1 sek bedeutet eine 0, ein Puls von etwa 0,2 sek bedeutet eine 1. In der letzten Sekunde einer Minute wird kein Puls gesendet. Dadurch wird eine Synchronisation angezeigt. Diese lange Pause übermittelt die Information, daß mit der nächsten Sekunde eine neue Minute beginnt.

Innerhalb einer Minute wird also auf diese Weise eine Folge von 59 Bits übertragen, deren Bedeutungen in der Tabelle dargestellt sind. Die Werte für Zeit und Datum haben dabei alle BCD-Format. Das niederwertigste Bit wird zuerst übertragen.

Bedeutung der einzelnen Zeitzeichenbits

Sekunde	Bedeutung	Kommentar
0	Minutenmarke	kurz
1	keine	diese Pulse
...		werden nur bei
14	keine	Bedarf kodiert
15	R	R=lang: Reserveantenne
16	A1	Ankündigung des Wechsels MEZ – MESZ

Sekunde	Bedeutung	Kommentar
17	Z1	Z1=lang: MESZ
18	Z2	zweites Zeitzonenbit
19	A2	Ankündigung einer Schaltsekunde
20	Start	immer lang
21	Mi1	Minuten-Einer
22	Mi2	Minuten
23	Mi4	Minuten
24	Mi8	Minuten
25	Mi10	Minuten-Zehner
26	Mi20	Minuten
27	Mi40	Minuten
28	Prüfbit 1	gerade Parität der Minuteninformation
29	S1	Stunden-Einer
30	S2	Stunden
31	S4	Stunden
32	S8	Stunden
33	S10	Stunden-Zehner
34	S20	Stunden
35	Prüfbit 2	gerade Parität der Stundeninformation
36	T1	Kalendertag-Einer
37	T2	Tag
38	T4	Tag
39	T8	Tag
40	T10	Tag-Zehner
41	T20	Tag
42	W1	Wochentag-Einer
43	W2	Wochentag
44	W4	Wochentag
45	Mo1	Monat-Einer
46	Mo2	Monat
47	Mo4	Monat
48	Mo8	Monat
49	Mo10	Monat-Zehner
50	J1	Jahr-Einer

Sekunde	Bedeutung	Kommentar
51	J2	Jahr
52	J4	Jahr
53	J8	Jahr
54	J10	Jahr-Zehner
55	J20	Jahr
56	J40	Jahr
57	J80	Jahr
58	Prüfbit 3	gerade Parität der Datumsinformation
59	Synchronisation	diese Marke wird nicht gesendet

Für die Entwicklung des PIC16 Programms gehen wir davon aus, daß das DCF-Modul mit einem open-collector-Ausgang an einem Portpin des PIC16 angeschlossen ist. Die DCF-Pulse werden als low-aktives Signal zur Verfügung gestellt.

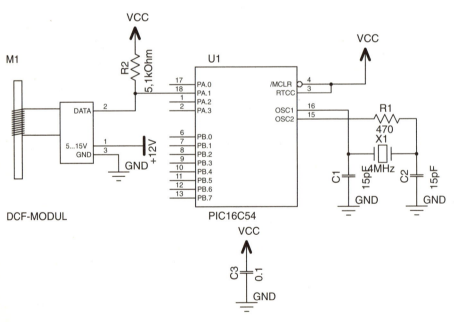

Abb. 4.18: Schaltbild

Das DCF-Programm

Die DCF-Pulse dauern aus der Sicht des PIC äußerst lange. Beim idealen Telegramm dauern die kurzen Pulse etwa 100 msek (Millisekunden!) und die langen etwa 200 msek.

Das bedeutet, daß ein Programm, welches die DCF-Dekodierung ja nur als Neben-tätigkeit ausführt, in bestimmten Zeitabschnitten das DCF-Signal abtasten muß. Wie das Hauptprogramm dies durchführt, ist von Fall zu Fall unterschiedlich. Das Hauptprogramm muß nur instruiert werden, in welchen Zeitintervallen wir uns dem DCF-Signal zuwenden wollen.

Die Abtastintervalle sollten etwa 1 bis 4 msek betragen. Wenn man ein Verfahren anwendet, das auch in gestörter Umgebung noch gewisse Chancen haben soll, dann wird man die Abtastintervalle kürzer gestalten, je nachdem, welche statistische Grundlage die Methode hat.

Im Folgenden wollen wir aber davon ausgehen, daß es sich um ein ungestörtes DCF-Signal handelt, bei dem die kurzen Pulse 80 bis 120 msek lang sind , und die langen 160 bis 240 msek. Diese Schwankungsbreite muß man ungefähr zulassen.

Wenn man den Gültigkeitsbereich zu klein wählt, dann läuft man Gefahr, daß ein gutes Signal als ungültig erkannt wird. Wählt man ihn zu groß, dann wächst die Gefahr, daß man ein fehlerhaftes Signal als gültig erkennt.

Die DCF-Dekodierung besteht aus drei Schritten.

- **Erfassung des Signals**
- **Bewertung des Signals**
- **Einbinden ins Telegramm**

Nach fehlerfreier Beendigung ist das Ergebnis eventuell noch auf Plausibilität zu überprüfen und dann erst als gültige Echtzeit zu übernehmen.

Sobald eine Fehler erkannt wird, muß erneut auf eine Minutensynchronisation (lange Pause) gewartet werden. Nützlich ist es, wenn man die Zeit seit der letzten gültigen DCF-Zeit mitzählt.

Erfassung des Signals

In bestimmten Zeitabständen prüfen wir, ob das Signal seinen Zustand geändert hat.

Im idealen Fall wird das Ende eines Pulses(low!) erkannt, wenn ein Wechsel des Signals von low auf High erkannt wird (positive Flanke). Die Zeit seit Beginn des Pulses wollen wir PULS nennen.

Entsprechend heißt die Zeit, in der das Signal high war, PAUSE.

Die Erfassung des Signals ist der hardwarenahe Teil der Aufgabe, welcher wie immer zu mehr oder weniger genau vorgegebenen Zeiten zu erfolgen hat. Im Folgenden wird eine äquidistante Abtastung angenommen, so daß die Zeit mit einem Zweibytezähler (DCFCNTH:DCFCNT) erfaßt wird. Wir empfehlen nicht, die Bewertung und Einbindung ins Telegramm zeitlich davon zu trennen, außer es herrscht großer Notstand bei der Zeitverwaltung.

```
DCFWATCH    INC2     DCFCNT      ; Makro: DCF Zeitzähler+1
            BTFSS    LASTDCF
            GOTO     LOLAST
            BTFSS    DCFPIN
            GOTO     PAUSEND     ; PIN low, LASTPIN = High
            GOTO     WEND        ;
LOLAST      BTFSC    DCFPIN
            GOTO     PULSEND     ; PIN high, LASTPIN=Low
WEND                             ; kein Puls, keine Pause
PAUSEND     BCF      LASTDCF     ; negative Flanke
```

Anschließend folgt die Bewertung der Pause

```
PULSEND     BSF      LASTDCF     ; positive Flanke
```

Anschlließend folgt die Bewertung des Pulses

Wenn man mit einer gestörten Umgebung zu rechnen hat, dann wird der DCFWATCH-Teil natürlich etwas komplexer aussehen. Auf jedenfall sollte das DCFWATCH-Modul ein geschlossener Programmteil sein, aus dem die Label PULSEND und PAUSEND deutlich getrennt hervorgehen.

Bewertung des Signals

Die Bewertung des Signals besteht aus zwei getrennten Teilen: PULSEND und PAUSEND. Diese können ggfs. die Unterprogramme zur Prüfung der Wertebereiche gemeinsam nutzen.

Wenn eine Pause zuende geht, muß ihre Länge auf Gültigkeit geprüft werden. Wenn es sich um eine gültige normale Pause handelt, dann gibt es keinen Handlungsbedarf.

Wenn es sich um eine lange Pause handelt, dann wird man unterscheiden, ob man sich im Zustand des Wartens auf ein solches Ereignis befand oder ob es zu einem Zeitpunkt kam, wo man eine kurze Pause erwartet hätte.

Was man im Fehlerfalle tut, ist immer eine Frage der übergeordneten Organisation. Auf jeden Fall muß man Meldung an das Hauptprogramm machen.

Es ist ratsam, den Zähler immer nach einer Pause zurückzusetzen.

Die Länge eines Pulses muß überprüft werden, ob es ein kurzer Puls (0) oder ein langer Puls (1) war oder ob er außerhalb des Gültigkeitsbereiches lag.

Im Fehlerfalle macht es keinen Unterschied, ob ein ungültiger Puls oder eine ungültigr Pause aufgetreten ist.

Wenn ein gültiges Bit empfangen wurde, gehen wir über zum nächsten Schritt.

Einbinden ins Telegramm:

Theoretisch könnte man alle gültigen Pulse, die man seit Minutenanfang empfangen hat, hintereinander als Bits in einen RAM-Bereich hineinrotieren und dann am Ende der Minute in einem Dekodierprogramm in die einzelnen Zeitvariablen zerlegen.

Diese Idee hat einen Haken: Es gibt nämlich Parity-Prüfbits in diesem Telegramm. Wenn ein Prüfbit ergibt, daß ein fehlerhaftes Bit eingelesen wurde, dann würden wir das erst am Ende einer Minute entdecken. Außerdem wäre dieses Vefahren auch nicht sonderlich sparsam, was die RAM-Variablen betrifft.

Sobald man ein gültiges Bit empfangen hat, wird man es also sofort in das Telegramm aufnehmen. Dazu benötigt man folgende Informationen:

- In welchem Feld befinden wir uns gerade? (Vorfeld, Minute, Stunde..?). Oder warten wir gerade auf einen Minutenanfang?

- Das wievielte Bit dieses Telegramms haben wir gerade empfangen? Ist es das letzte eines Feldes, so daß wir zum nächsten Feld übergehen müssen.

- Ist cs cin Prüfbit, und wcnn ja, stimmt es mit meinem Ergebnis überein?

Das klingt sehr kompliziert, ist aber im wesentlichen eine Fleißarbeit, die man auf viele unterschiedliche Arten ausführen kann.

Denken Sie daran, daß Sie das DCF-Programm ja nicht an einem Stück abarbeiten, sondern in Zeitschlitzen, nachdem Sie zwischenzeitlich ganz andere Probleme im Kopf hatten. Sie müssen sich also jedesmal wieder daran erinnern: Wo war ich letztes Mal stehengeblieben?

Es sieht zwar ein wenig unelegant aus, wenn man für jedes Feld ein eigenes Programm schreibt, aber wenn es nicht an Platz fehlt, ist es ein Zeichen dafür, daß man sich das Leben nicht schwerer macht als es ohnehin schon ist.

Arbeitet man nicht nach dieser Vorgehensweise, dann muß man sich die Parameter für die Felder jeweils aus Tabellen besorgen. Darüberhinaus braucht man Zeiger auf die entsprechenden Variablen Der organisatorische Überbau braucht auch Platz.

Wenn man dann am Ende den verbleibenden freien Speicherplatz mit GOTO-Befehlen auffüllt, fragt man sich, wozu man sich diese Mühe gemacht hat.

In jedem Falle muß man sich die Nummer des aktuellen Feldes merken, und immer, wenn man an die Einbindung eines Bytes kommt, verzweigt man aufgrund dieser Nummer an das aktuelle Bedienungsprogramm.

5 Serielle Kommunikationen

Serielle Kommunikationen bekommen zunehmend Bedeutung beim Anschluß von Peripheriebausteinen an µController. Auch bei der Anbindung an einen PC oder bei der Verbindung mehrerer Controller miteinander findet man die seriellen Verbindungen immer häufiger.

Peripheriebausteine, die mehr und mehr an Bedeutung gewinnen sind:

- serielle EEPROMS
- DA-Wandler
- AD-Wandler
- Uhrenbausteine
- digitale Thermometer
- Anzeigebausteine, usw.

Der Vorteil von seriellen Verbindungen liegt auf der Hand: Man spart Pins und Leitungen. Insbesondere, wenn eine galvanische Trennung notwendig ist, läßt sich diese mit wenigen Leitungen einfacher und preisgünstiger realisieren als mit einem parallelen Bus.

Der Nachteil ist ebenso offenkundig: Die serielle Verbindung benötigt ein höheres Maß an Organisation und außerdem mehr Zeit als die parallele Kommunikation. Der letztere Nachteil ist durch die hohe Geschwindigkeit der PIC-µController in vielen Fällen nicht gravierend. Durch Auswahl eines PIC16 mit Hardwaremodulen kann die Software weitgehend vom Ausgeben der einzelnen Bits entlastet werden.

Es gibt eine Fülle verschiedener Arten logischer und physikalischer Realisierungen von seriellen Schnittstellen. Wir wollen hier die wesentlichen Unterschiede darstellen. Die Hauptaufgaben einer seriellen Organisation sind:

- Verabredung des Beginns einer Kommunikation
- Synchronisation der einzelnen Bits
- Verabredung über das Ende einer Kommunikation

Grundsätzlich kann man die Lösungen dieser drei Aufgaben in zwei Kategorien einteilen: Die synchronen und asynchronen Schnittstellen.

Bei den synchronen Schnittstellen wird die Gültigkeit eines Bits über eine Clock-leitung angezeigt.

Bei den asynchronen Schnittstellen wird die Übertragung durch ein festes Zeit-raster (Baudrate) synchronisiert.

5.1   Synchrone Kommunikation

Die synchrone Schnittstelle hat aus Anwendersicht sicherlich die größere Bedeu-tung. Sie wird vor allem im Bereich zwischen Bausteinen verwendet. Auch bei der Vernetzung mehrerer µController untereinander sind synchrone Protokolle ge-bräuchlich.

Prinzipiell finden wir bei der synchronen Übertragung außer der oder den Daten-leitungen noch eine Clockleitung. Sie ist für die Synchronisation der Schreib- bzw. Lesezyklen zuständig. Bei den verschiedenen Protokollen wird in der Regel ein Clockpegel definiert, bei dem die Bits gesetzt werden, beim jeweils anderen Pegel werden die Bits gelesen.

Für eine Schnittstelle sind drei Parameter charakteristisch:

- die Übertragungsgeschwindigkeit (clocktime-high, clocktime-low)

- die Reihenfolge der Bitübertragung (MSB first, LSB first)

- der Clockpegel beim Lesen bzw. Schreiben

Typisch für die synchronen Schnittstellen ist, daß die beiden Partner nicht gleichbe-rechtigt sind. Deshalb spricht man von Master und Slave. Dem Master obliegt es, die Intiative zu einer Kommunikation zu ergreifen. Außerdem ist es der Master, der in der Regel den Clock ausgibt. Peripheriebausteine fungieren normalerweise als Slaves. Sie werden vom Master aufgefordert, Daten abzugeben oder Daten zu emp-fangen. Daß ein Master mehrere Slaves besitzt, ist ein üblicher Fall. Es gibt auch Multimasteranwendungen, über die wir hier nicht sprechen.

Wenn ein Master mehrere Slaves zu bedienen hat, werden diese auf verschiedene Weisen selektiert:

- über Chipselect-Leitungen

- oder durch Bausteinadressen, die über die Schnittstelle ausgegeben werden

In den folgenden Abschnitten legen wir unsere wichtigsten seriellen Anwendungen aus unserem Entwicklungsalltag dar. Wir zeigen sowohl die softwaremäßige Durch-führung als auch die Realisierung mit Hilfe des Hardwaremoduls SSP sofern vor-handen.

5.1.1 Realisierung ohne Hardwareunterstützung

Wir haben uns bemüht, die softwaremäßige Realisierung in unseren Modulen immer so zu schreiben, daß sie auch mit den Vertretern der PIC16C5X-Familie kompatibel ist. Insbesondere haben wir eine zu große Unterprogrammschachtelung vermieden.

Auf einige Programmdetails, die immer wieder vorkommen, möchten wir vorab genauer eingehen: Die Programmzeilen Bit lesen und schreiben definieren wir als Makros.

Das Programmelement: Lese Daten

Aufgrund des Pegels der Datenleitung wird das Carry-Flag gesetzt oder gelöscht und anschließend in die Zielvariable rotiert. In den untenstehenden Beispielen wird davon ausgegangen, daß das MSB zuerst übertragen wird. Falls das LSB zuerst übertragen wird, muß es statt RLF dann RRF heißen.

```
RDBIT      MACRO      TRANS,DATIN
           SETC
           BTFSS      DATIN        ; Datenleitung
           CLRC
           RLF        TRANS
           ENDM
```

Das Programmelement: Schreibe Daten

Hier wird durch den Befehl RLF das Carry-Flag mit dem aktuell zu übertragenden Bit geladen. Im einfachen Fall wird die Datenleitung, wie unten dargestellt, entsprechend dem Carry-Flag low bzw. high gelegt.

```
WRBIT      MACRO      TRANS,DATOUT
           RLF        TRANS,W      ; Damit TRANS nicht
                                   ; vernichtet wird
           RLF        TRANS        ; Zu schreibendes Byte
           SKPNC
           BSF        DATOUT       ; Datenleitung
           SKPC
           BCF        DATOUT       ; Datenleitung
           ENDM
```

Durch den zweiten Befehl dieses Makros wird das höchste Bit beim nächsten RLF-Befehl wieder in das niedrigste Bit hineinrotiert.

Das Programmelement: Schreibe Daten bei bidirektionaler Datenleitung

Die Datenpins sind in diesem Falle als open-collector Typen ausgeführt. Je Leitung ist ein pull-up-Widerstand vorausgesetzt. Das vermeidet eine Kollision von zwei Ausgängen mit unterschiedlichen Pegeln, d.h., das Setzen einer Datenleitung auf high geschieht, indem man den Ausgang hochohmig macht, sprich zum Eingang umwandelt. Beim Setzen auf low wird auf Ausgang geschaltet und eine NULL ausgegeben. In der Regel wird das entsprechende Datenausgangsregister am Anfang mit einer NULL beschrieben, und die Ausgangszustände werden nur durch das Umschalten von Ein- auf Ausgang realisiert. Für ein Low muß das entsprechende Bit im TRIS-Register zurückgesetzt werden, für ein High muß das Bit auf Eingang (TRISbit=1) gesetzt werden. Dies geschieht bei der PIC16C5X-Familie anders als bei der PIC16CXX-Familie. Daher führen wir in solchen Fällen Makros ein.

```
; Makros für PIC16CXX

SETRIS     MACRO     PORT,PIN
           BANK_1
           BSF       PORT,PIN
           BANK_0
           ENDM
CLTRIS     MACRO     PORT,PIN
           BANK_1
           BCF       PORT,PIN
           BANK_0
           ENDM


; Makros für PIC16C5X

SETRIS     MACRO     PORTC,PIN
           BSF       CTRIS,PIN     ; notwendiges Schatten-
                                   ; register einem einzigen
           MOVF      CTRIS,W       ; Port zugeordnet!!!
           TRIS      PORTC         ; PORTC fix, aber wegen
                                   ; Aufrufkompatibilität
           ENDM                    ; zur 16CXX-Variante des
                                   ; Macros vorhanden
CLTRIS     MACRO     PORTC,PIN
           BCF       CTRIS,PIN
           MOVF      CTRIS,W
           TRIS      PORTC
           ENDM
```

Das Programmieren einer seriellen Schnittstelle ist eine reine Fleißarbeit. Man muß das vorgeschriebene Protokoll nur gehorsam beachten. Jeder künstlerische Gestaltungsversuch führt beim Gesprächspartner am anderen Ende zu Unverständnis.

Wenn das Protokoll vorschreibt, daß bei Clockpegel High zu schreiben ist, dann lautet das Programm des Masters:

- Setze Clock High
- Schreibe Bit
- Ggfs. NOP oder Warteschleife
- Setze Clock Low (damit das Bit gelesen werden kann)

und wenn bei Clockpegel Low zu lesen ist, programmiert man:

- Setze Clock Low
- Ggfs. NOP oder Warteschleife
- Lies Bit
- Setze Clock High

Aus der Sicht eines Slaves lauten die entsprechenden Anweisungen für Schreiben bzw. Lesen:

- Warte bis clock High
- Schreibe Bit
- Warte bis Clock Low

bzw.

- Warte bis Clock Low
- Lies Bit
- Warte bis Clock High

Darüber hinaus ist nur noch der Ruhezustand der Leitungen zu beachten und eventuell ein Ritual zu Beginn oder am Ende der Übertragung.

5.1.2 Realisierung mit Hardwareunterstützung

Wenn man Hardwaremodule benutzen will, muß man zunächst festlegen, welche Art der Schnittstelle zu bedienen ist. Das SSP-Modul unterscheidet zwei Arten von Schnittstellen, nämlich die SPI und die I²C. Viele Anwendungsbeispiele entsprechen dem SPI-Protokoll (TM von Motorola). Dieses besteht, um es vereinfacht auszudrücken, aus einfachem Lesen und Schreiben unter dem Taktstock des Clocksignals. Bei der I²C-Schnittstelle, auf die wir eigens zu sprechen kommen, sind zusätzlich noch Start- und Stop- bzw. Acknoledge-Prozeduren zu senden bzw. zu empfangen. Das SSP-Modul unterstützte bisher nur den I²C-Slave-Modus, der in unseren Anwendungen nicht vorkommt. Daher wird das SSP von uns nur im SPI-Modus verwendet. Das bedeutet, daß der Configurationswert, der in das SSPCON-Register zu schreiben ist, nur 2XH und 3XH annehmen kann.

- 2XH: schreiben bei Clock high und lesen bei Clock low

- 3XH: schreiben bei Clock low und lesen bei Clock high

wobei gilt:

- X = 0: Clockfrequenz = Fosc/4

- X = 1: Clockfrequenz = Fosc/16

- X = 2: Clockfrequenz = Fosc/64

- X = 3: Clockfrequenz = TMR2-Output/2

Eine Übertragung wird dadurch gestartet, daß in das Register SSPBUF geschrieben wird. Um einen Empfang auszulösen, kann man den Befehl CLRF SSPBUF verwenden. Die Mitteilung, daß ein Byte empfangen wurde, erhält man durch Anfragen des Bits BF im Register SSPSTAT. Es ist Bit Nr. 0, und im übrigen das einzige für den SPI-Modus.

Bei den neueren PIC16 gibt es auch ein verbessertes SSP-Modul. Korrekt wird es als MSSP-Modul bezeichnet. Es hat zusätzlich den I²C-Master-Mode und im SPI-Modus ist es noch flexibler als das alte.

5.1.3 AD-DA-Wandler

Beschreibung des DA-Wandlers

Der DA-Wandler AD7249 von Analog Devices ist ein dual 12Bit Wandler. Er bekommt ein 16 Bit-Wort übertragen, von dem die obersten drei Bit ignoriert werden, und das Bit 12 selektiert einen der beiden Wandler. Durch die 16 Bit-Übertragung ist das Protokoll SPI-kompatibel. Die serielle Übertragung hat folgende Charakteristika:

clocktime-hi, clocktime-low:	min. je 250 nsek
Reihenfolge der Bits:	MSB first
Clockpegel beim Ausgeben der Bits:	high Pegel

Zum grundlegenden Verständnis des Bausteins beschreiben wir die Pins, die bedient werden müssen:

- /SYNC: Diese Leitung würden wir als Chipselect-Leitung bezeichnen. Sie ist im Ruhezustand high und schaltet das digitale Interface ab.

- /LDAC: Mit einem 'negativen' Puls auf diesem Pin werden die zuletzt übertragenen Werte an die beiden Ausgänge weitergeleitet. Ruhezustand high.

- /CLR: Das ist ein asynchroner Reset, der üblicherweise mit dem Resetnetz verbunden ist.

- SCLK: CLOCK-Leitung.

- SDIN: Datenleitung.

Beim DA-Wandler ist der Rahmen der Übertragung ganz einfach: Man setzt den Chipselect (nSYNC) auf low und schon kann die Übertragung losgehen. Dabei ist keine Mitteilung bezüglich Schreiben oder Lesen nötig, da unser DA Wandler ohnehin nicht gelesen wird.

Unser Modul DACWR.AM enthält sowohl die Variante ohne SSP als auch die mit SSP Unterstützung.

Beschreibung des AD-Wandlers

Der AD-Wandler vom Typ LTC1286 ist ein 12Bit-Wandler. Der Baustein benötigt nach dem Aktivieren mit dem /CS zunächst zwei Clockzyklen für den Samplevorgang. Die anschließende Datenübertragung geschieht während der sukzessiven Wandlung und besteht aus 13 Bit. Das Startbit ist dabei immer NULL. Die serielle Übertragung hat folgende Charakteristika:

clocktime-hi, clocktime-low:	min. je 2 µsek
Reihenfolge der Bits:	MSB first
Clockpegel beim Einlesen der Bits:	high Pegel

Auch bei diesem Baustein beschreiben wir die Pins, die bedient werden müssen:

- /CS: Diese Leitung ist die Chipselect-Leitung. Sie ist im Ruhezustand high, und schaltet auch hier das digitale Interface ab.

- CLK: Clockleitung.

- DOUT: Datenleitung, während des Samplens hochohmig.

Wie das DACWR.AM Modul enthält auch das Modul ADCRD.AM beide Varianten. Also für PIC16C5X die herkömmliche Methode, die Pins per Programm zu bedienen, und für die PIC16CXX die hardwareunterstützte Methode mit dem SPI-Modus des SSP-Moduls. Im Gegensatz zum DA-Wandler muß beim AD-Wandler mit einer niedrigeren Clockfrequenz getaktet werden.

Wir haben beide Wandler gleichzeitig getestet, d.h. Werte wurden über den DA-Wandler ausgegeben und vom AD-Wandler wieder eingelesen. Daher haben wir nur ein gemeinsames Schaltbild, welches wir an dieser Stelle zeigen möchten.

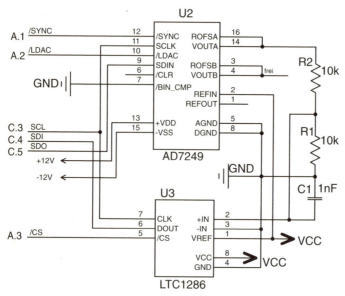

Abb. 5.1: Testaufbau für die beiden Wandler gemeinsam

Im Programm ADDALED wird ein Wert mit dem DA-Wandler ausgegeben und auf der LED-Anzeige mit einem führenden «A» ausgegeben. Es wird eine direkte Verbindung zum AD-Wandler-Eingang vorausgesetzt. Der vom AD-Wandler eingelesene Wert wird dann ebenfalls auf der LED-Anzeige ausgegeben, aber mit einem führenden «E».

Siehe Programm ADDALED.ASM

Wenn Sie in der LOOP die Aufrufe der Wandler-Unterprogramme mit der Endung «S» versehen und neu assemblieren, werden die Wandler fortan mit den SPI-Modul-Routinen angesprochen.

5.1.4 Die seriellen EEPROMs 93LCX6

Von dieser Art serielle EEPROMs kennen wir derzeit drei verschieden Größen:

- 93LC46 mit 128 x 8 Bit oder 64 x 16 Bit
- 93LC56 mit 256 x 8 Bit oder 128 x 16 Bit
- 93LC66 mit 512 x 8 Bit oder 256 x 16 Bit.

Die Bausteine besitzen vier Kommunikationsleitungen:

- CS ist der Chipselect
- CLK ist der Clockeingang
- DI ist der Dateneingang
- DO ist der Datenausgang.

Eine weitere Leitung, genannt ORG, schaltet von 8 Bit auf 16 Bit Datenbreite um. Unser Beispiel verwendet ein 93LC56 mit einer Datenbreite von 8Bit (ORG = GND).

Die EEPROMs der 93er Serie von Arizona Microchip haben ein Übertragungsprotokoll mit dem Namen Microwire (TM von National Semiconductor). Aus der Sicht des Programmierers unterscheidet sich dieses Protokoll von dem SPI-Protokoll dadurch, daß sowohl Lesen als auch Schreiben bei Clocklevel = low zu geschehen hat. Mancher Programmierer glaubt deshalb, daß er das SSP-Modul nicht einsetzen kann. Wir haben jedoch den kühnen Versuch gewagt, durch Umschalten des SPI-Clock-Modus im SSPCON-Register zwischen Schreiben und Lesen das Modul doch in die Lage zu versetzen, diese EEPROMs zu bedienen. Unser Versuch war von Erfolg gekrönt.

clocktime-hi, clocktime-low:	min. je 250 nsek
write cycle time	typ. 4 max. 10 msek pro Byte
Reihenfolge der Bits:	MSB first
Clockpegel beim Einlesen der Bits:	low Pegel
Clockpegel beim Schreiben der Bits:	low Pegel

Die Kommunikation geschieht immer nach dem gleichen Schema, welches für das Beispiel des 93LC56 mit ORG=0 folgendermaßen aussieht:

Befehl	SB	OP	Adresse	data in	data out	Clock-Zyklen
READ	1	10	x a7 ... a0	-	d7 ... d0	20
EWEN	1	00	1 1 x ... x	-	high-Z	12
ERASE	1	11	x a7 ... a0	-	rdy_/busy	12
ERAL	1	00	1 0 x ... x	-	rdy_/busy	12
WRITE	1	01	x a7 ... a0	d7 ... d0	rdy_/busy	20
WRAL	1	00	0 1 x ... x	d7 ... d0	rdy_/busy	20
EWDS	1	00	0 0 x ... x	-	high-Z	12
SB = Startbit, OP = Opcode, das Feld Adresse besteht immer aus 9 Bit.						

Von Arizona Microchip gibt es eine Vielzahl von Application Notes zu diesen EEPROMs. Dabei wird auch die Variante besprochen, bei der die beiden Datenpins zusammengeschaltet werden. Bei diesem Verfahren muß der Datenpin des µControllers zu den entsprechenden Zeitpunkten in die entsprechende Richtung umgeschaltet werden.

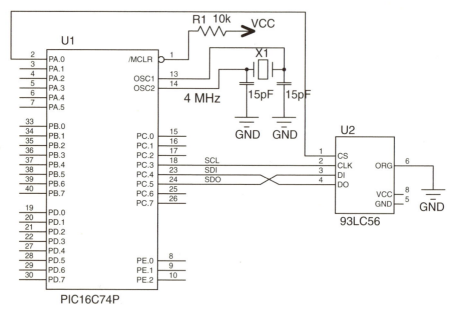

Abb. 5.2: Schaltbild: 93LC56 am PIC16C74P

Damit die Unterprogramme und insbesondere die Definition der Konstanten nicht durcheinander geraten, haben wir zwei Module geschaffen:

Siehe EE93.AM für die eigene Programmierung per Software.

Vor allem die Kernroutinen, die das serielle EEPROM direkt ansprechen, werden im folgenden Modul ganz anders aussehen als im Standardmodul ohne SPI-Unterstützung.

Siehe EE93H.AM für die hardwareunterstützte Variante.

Im Demoprogramm EE9356.ASM beschreiben wir ein serielles EEPROM vom Typ 93LC56 und lesen die Werte zur Überprüfung wieder aus.

Das Programm EE9356H.ASM bedient sich des SPI-Moduls.

5.1.5 Das digitale Thermometer DS1620

Das digitale Thermometer DS1620 von Dallas ist ein sehr nützlicher Baustein, da er keine externen Komponenten zur Temperaturerfassung benötigt. Es kann Temperaturen von -55 bis +125° Celsius messen. Der Meßwert 0 entspricht der Temperatur 0° Celsius. Die Auflösung beträgt 0.5°, so daß die Meßwerte 9 Bit-Zahlen sind. Der Meßwert 1 entspricht 0.5° Celsius und der Meßwert 1FFH der Temperatur von -0.5°. Es ist also nicht so, daß das neunte Bit ein Vorzeichen-Bit ist, und die restlichen 8 Bit als positive Zahl zu betrachten sind. Wenn das neunte Bit gesetzt ist, muß zum Ermitteln des Absolutwerts der Temperatur das restliche Byte negiert und natürlich durch 2 geteilt werden, da die Auflösung 0.5° beträgt. Der Wert wird als konegative Zahl vom DS1620 zur Verfügung gestellt.

Eine Selekt-Leitung, welche mit /RST bezeichnet wird, erlaubt, mehrere solche Bauteile an die Clock- und Datenleitung anzubinden.

Das Übertragungsprotokoll unterscheidet sich in zweierlei Hinsicht vom SPI-Protokoll. Es überträgt das LSB zuerst, und außerdem geschieht das Lesen und Schreiben bei Clock low sowie beim seriellen EEPROM 93LC56. Die umgekehrte Datenrichtung ist zur Zeit noch nicht als Option im SSP-Modul vorhanden. Bei Verwendung des Moduls müßten die 9 Bits mit zwei Zyklen gelesen werden. Daher verzichten wir darauf, das SSP-Modul für diese Anwendung zu verändern und programmieren die Kommunikation des Thermometers „zu Fuß".

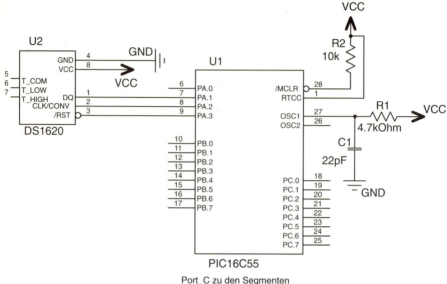

Abb. 5.3: Schaltbild unseres Testaufbaus

Das DS1620 verfügt über ein Konfigurationsregister, in welchem man veschiedene Modi auswählen kann. Ein Stand-Alone Modus kann gewählt werden, der für den Betrieb ohne µContoller gedacht ist. Wenn der Single-Shot Modus ausgewählt ist, wird immer nur eine Messung nach Erhalt eines Start-Befehls ausgeführt. Die Modus-Bits werden in ein EEprom-Register geschrieben. Wenn man das Konfigurationsregister liest, erhält man auch Statusinformationen wie z.B. «Done» (Wandlung fertig.). Man kann auch Flags erhalten, wenn bestimmte programmierbare Termperaturen überschritten bzw. unterschritten wurden. Wird die Temperatur TH überschritten, dann wird das Flag THF (Bit6) gesetzt, wenn die Temperatur TL unterschritten wird, erkennt man dies am Flag TLF (Bit5). Die Temperaturen TH und TL sind natürlich auch 9 Bit-Werte.

Die Unterhaltung zwischen dem DS1620 und dem µController geschieht über Befehle.

AAH   Temperatur Lesen

01H   TH Schreiben

02H   TL Schreiben

A1H   TH Lesen

A2H   TL LESEN

EEH   Starte Wandlung (Wandlung dauert 1 sek.)

22H   Stop Wandlung (bei Single shot Modus nicht sinnvoll)

0CH   Konfiguration Schreiben

ACH   Lese Konfiguration

Außer bei den Befehlen „Wandlung starten und stoppen" folgt den Befehlen das Lesen oder Schreiben der Parameter. Zu beachten ist, daß diese Parameter 9 Bit-Werte sind, sofern es sich um Temperaturen handelt. Das Konfigurationsregister ist ein Byte.

Die Schreib-und Lese-Routinen erklären sich selbst. Wir erinnern noch einmal daran, daß bei Clock low sowohl gelesen als auch geschrieben wird und daß das LSB zuerst übertragen wird.

```
WRLO       CLTRIS      DQ
WRLO1      BCF         CLK           ; Clock Lo
           RRF         TRANS         ; TRANS-Bit nach DQ
           SKPC                      ;
           BCF         DQ            ;
           SKPNC                     ;
           BSF         DQ            ;
           NOP                       ;
           BSF         CLK           ; Clock Hi
           DECFSZ      COUNT
           GOTO        WRLO1
           SETRIS      DQ
           RETLW       0
RDLO       BCF         CLK           ; Clock Lo
           NOP                       ;
           BTFSS       DQ
           BCF         STATUS,CY
           BTFSC       DQ            ; DQ nach CY
           SETC
           RRF         TRANS         ; CY nach TRANS
           BSF         CLK           ; Clock Hi
           DECFSZ      COUNT
           GOTO        RDLO
           RETURN
```

Da die Verwendung dieses Bausteins zu unserer Standardausrüstung gehört, sind die Bedienungsprogramme in einem Modul DS1620.AM abgelegt.

Wir wenden dieses Modul gleich an und realisieren ein digitales Thermometer. Die vom DS1620 eingelesenen Temperaturwerte werden auf einer vierstelligen LED-Anzeige ausgegeben. Im linken Digit wird das Vorzeichen stehen, gefolgt von zwei Stellen vor dem Komma. Hinter dem Komma steht noch eine «0» oder eine «5». Damit wird die Genauigkeit des Thermometerbausteins angegeben.

Siehe Listing des Programm DIGTH.ASM.

Dieses Programm kann auch mit einem PIC16C5x realisiert werden. In diesem Fall darf das Unterprogramm CONFIG wegen der fehlenden Stacktiefe nicht als Unterprogramm ausgeführt werden.

Wenn man keine Einschränkungen bezüglich der Stacktiefe hat, ist man geneigt, Programmteile nur wegen der Übersichtlichkeit als Unterprogramme zu formulieren.

Dazu lagert man CONFIG aus und ruft es als Unterprogramm auf. Beim PIC16C55 ist das nicht möglich, weshalb dieser Programmteil auch in das Hauptprogramm geschrieben wurde.

Empfehlenswert ist, das CONFIG stattdessen als Makro auszuführen.

5.1.6 Das serielle EEPROM 24C01A mit I²C-Bus

Das EEPROM 24C01A ist ein Mitglied einer Reihe von EEPROMs mit besonderen Eigenschaften:

- 24C01A mit 128 x 8 Bit

- 24C02A mit 256 x 8 Bit

- 24C04A mit 512 x 8 Bit

Die EEPROMs der 24C0XA Serie von Arizona Microchip haben den I²C-Bus als Übertragungsprotokoll (TM der Phillips Corp.). Die außergewöhnlich kurze Schreibzeit von 1 msek fällt auf. Der I²C-Bus begnügt sich mit zwei Leitungen, die mit open-collector-Ausgängen getrieben werden. Die Leitungen werden mit

- SCL für die Clockleitung und

- SDA für die Datenleitung bezeichnet.

clocktime-hi/clocktime-low:	min. 4/4,7 µsek
write cycle time:	typ. 0.4 max. 1 msek pro Byte/Page
Reihenfolge der Bits:	MSB first
Clockpegel beim Einlesen der Bits:	high Pegel
Clockpegel beim Schreiben der Bits:	low Pegel

Das Protokoll auf diesem Bus ist etwas komplizierter als bei der SPI-Schnittstelle. Das normale Datenübertragungsprotokoll ist so, daß bei Clock low die Daten geschrieben und bei Clock high die Daten gelesen werden. Im Ruhezustand sind beide Leitungen high. Der Start einer Übertragung wird dadurch angezeigt, daß die Datenleitung auf low geht, während der Clock noch auf high steht. Am Ende einer Übertragung wird zuerst der Clock und dann die Datenleitung wieder auf den Ruhepegel high geführt. Das wird eindeutig als Stopbedingung erkannt. Ein typische Merkmal des I²C-Busses ist es auch, daß nach dem Senden einer Adresse der angesprochene Baustein ein Quittungsbit schickt. Auch der Master muß ein Quittungsbit schicken, wenn er mehrere Datenbytes hintereinander empfangen will.

Ruhezustand	SCL = high	SDA = high
Start	SCL = high	SDA = high > low
Schreiben	SCL = low	SDA = data
Lesen	SCL = high	SDA = data
Stop	SCL = high	SDA = low > high

Der I²C-Bus ist darauf ausgelegt, mehrere Slaves an einen Bus adressieren zu können. Die Adressierung geschieht über die Datenleitung, so daß keine Chipselect-Leitungen erforderlich sind. Das Format des Adressierungsbytes (Slave address + RW-Bit) lautet:

1	0	1	0	A2	A1	A0	R_/W

Die beiden wichtigsten Befehle sind

- Byte write

- Random read.

Für den **Byte write-Befehl** sieht das Format folgendermaßen aus:

1. Startbedingung

2. Controlbyte (device code + Addressbits + WR) schreiben

3. Acknowledge vom Slave

4. Byteadresse schreiben

5. Acknowledge vom Slave

6. Datenbyte schreiben

7. Acknowledge vom Slave

8. Stopbedingung

Für den **Random read-Befehl** sieht das Format folgendermaßen aus:

1. Startbedingung

2. Controlbyte (device code + Addressbits + WR) schreiben

3. Acknowledge vom Slave

4. Byteadresse schreiben

5. Acknowledge vom Slave

6. Startbedingung

7. Controlbyte (device code + Addressbits + RD) schreiben

8. Acknowledge vom Slave

9. Slave setzt das Datenbyte auf den Bus

10. kein Acknowledge vom Slave

11. Stopbedingung

Bei den µControllern PIC16CXX gibt es zwar Pins, die SDA und SCL heißen, aber sie sind nicht als open collector-Pins ausgeführt. Sofern der PIC16 der Master ist, besteht eigentlich kein Grund, diese Pins zu verwenden. Wir können bei jedem Pin das open collector-Verhalten simulieren, indem wir von Eingang auf Ausgang und umgekehrt schalten.

Bei den neueren PIC16 mit MSSP-Modul ist der Master-Mode implementiert. Verwendet man dieses Moul, dann müssen die dafür vorgesehenen Pins dafür verwendet werden. Für das open-collector-Verhalten sorgt dann das Modul.

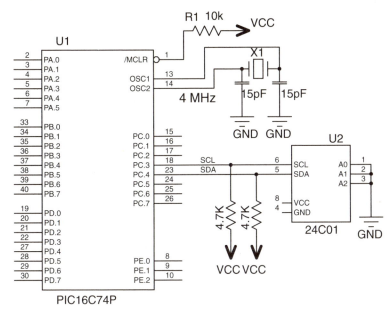

Abb. 5.4: Verbindung zwischen PIC16C74P und 24C01

Da es auch PICs ohne I²C-Master-Modul gibt, sind in unserem Modul nur die softwaremäßig realisierten Unterprogramme vorhanden. Sie sind wiederum so geschrieben, daß sie für beide PIC16-Klassen funktionsfähig sind. Einige Anpassungen sind vorzunehmen:

- RETURN in RETLW 0 umwandeln

- die 5X-Makros verwenden

Siehe Listing des I²C-Moduls I2C.AM.

In dieser Anwendung des Moduls, werden wir das serielle EEPROM mit den gegebenen Werten füllen und wieder auslesen und vergleichen. Wenn ein Fehler beim Vergleichen auftreten sollte, geht das Programm in eine Schleife und läßt die Anzeige blinken. Im fehlerfreien Betrieb wird die Adresse des momentan bearbeiteten Bytes angezeigt.

Siehe Listing des Programms 24C01.ASM.

5.1.7 Die K2-Schnittstelle

Diese Schnittstelle wurde von uns für die pinsparende Verbindung zweier PICmicros über Optokoppler entwickelt. Es handelt sich um eine Zweidraht-Schnittstelle, bei der wegen der Optokoppler die Richtung der jeweiligen Leitung festliegt. Um mit zwei Leitungen auszukommen, **wird dabei die Datenleitung des jeweiligen Empfängers als Clockleitung benützt.**

Diese Schnittstelle wird von uns aber auch ohne Optokoppler oft verwendet, da wir es als angenehm empfinden, wenn die Richtung der Datenleitung nicht andauernd umgekehrt werden muß. Außerdem ist sie schnell und fehlersicher, denn durch das EmpfängerHandshake ist gewährleistet, daß der Datenstrom nicht ins Leere mündet.

Besondere Eigenschaften der K2-Schnittstelle:

Es sind nur zwei Leitungen nötig. Die Richtungen beider Leitungen sind fest, daher ist sie besonders gut für Optokopplerverbindungen geeignet.

Durch den bitweisen Acknowledge des Empfängers weiß der Sender definitiv, daß seine Daten angekommen sind.

Der Master muß die Verfügbarkeit des Slaves prüfen. Der Slave hat die Möglichkeit zu signalisieren, daß er beschäftigt ist.

Die Geschwindigkeit beider Teilnehmer muß aufeinander abgestimmt sein. Die Übertragungsgeschwindigkeit ist gerade so hoch wie es der langsamste erlaubt.

Mögliche Hardwarerealisierungen:

Die einfachste Art, zwei μController zu verbinden, findet sich meist innerhalb von Geräten, wenn nicht sogar nur auf einer Platine. Sie könnte als Verbindung zwischen einem EA- oder Anzeige-Controller und einem Master-Controller Verwendung finden. Geräteverbindend wird diese Lösung nicht eingesetzt. Schon garnicht im Hinblick auf EMV und der damit verbundenen Problematik von Steckverbindungen, die das Gerät verlassen.

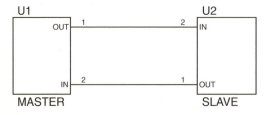

Abb. 5.5: Einfache Zweidraht-
verbindung

Diese nächstbessere Art der Verbindung ist mit Optokopplern realisiert. Um eine ordentliche Geschwindigkeit zu erreichen, müssen schnelle Typen eingesetzt werden. In unseren Anordnungen verwenden wir gerne den Typ 6N139. Durch Optimierung der Widerstände erreicht man somit eine Verzögerung des Signals von unter einer μsek. Anwendung findet diese Schnittstelle in Geräten, wo galvanische Trennung gefordert ist, wie etwa potentialfreie DA-Ausgänge oder AD-Wandler-Eingänge. Da diese beiden Wandler untereinander eventuell auch galvanisch getrennt sein müssen, muß ein Master gegebenenfalls zwei Optokopplerpfade bedienen.

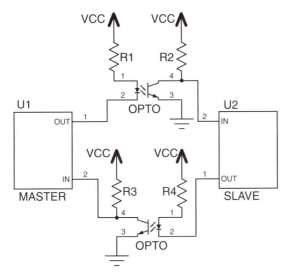

Abb. 5.6: Einzel-Optokoppler-
verbindung

Die eben erwähnte kurze Verzögerungszeit des Signals erkaufen wir uns natürlich mit einem entsprechenden Ansteuerstrom. Wenn mehr als zwei Optokoppler angesteuert werden, wie in der folgenden Version mit mehreren Slaves, schaffen selbst die Ausgänge der PIC16-Controller es nicht mehr, diesen Strom bereitstellen. Ein zusätzlicher externer Transistor beseitigt alle Probleme. Eingangsseitig ist noch zu beachten, daß **ein** Widerstand zur positiven Versorgungsspannung ausreicht.

Die K2ATN-Version

Bei der K2ATN-Schnittstelle handelt es sich um eine Variante der K2-Schnittstelle, die zur Anbindung mehrerer Slaves an einen Master entwickelt wurde. Wenn mehrere Slaves an einer K2 Schnittstelle hängen gibt es neben der Kommunikation mit einzelnen Slaves auch Mitteilungen «an alle». Diese Mitteilungen können entweder allgemeine Befehle sein oder Adressierungsbefehle. Bei der Adressierung müssen alle zuhören, um festzustellen, ob nicht eventuell ein Befehl für sie selbst gilt. Ein

Empfängerclock kann dabei aber nicht funktionieren, da ja alle gleichzeitig empfangen müssen. Wenn alle Slaves einen Empfängerclock ausgeben, gibt es auf dem Bus ein Riesentohuwabohu.

Um Meldungen an alle zu realisieren, gibt es eine ATN-Leitung (ATN=Attention), welche bei solchen Mitteilungen den Clock ausgibt. Die Befehle an alle bestehen nur aus 5 Bit. Den Unterschied zwischen allgemeinen Meldungen und Adressierungs-befehlen realisieren wir durch das erste gesendete Bit: Ist es 0, folgt eine 4 Bit-Meldung an alle. Ist es 1, folgt eine 4 Bit-Adresse. Auf diese Weise lassen sich 16 Slaves anbinden.

Nachdem die Adressierung erfolgt ist, wird die weitere Kommunikation mit dem adressierten Slave auf die gleiche Weise durchgeführt wie bei der K2-Schnittstelle. Daß wir in diesem Falle nicht weiter die ATN-Leitung benutzen, hat den Grund, daß die nicht adressierten Slaves nicht mehr gestört werden dürfen.

Die K2ATN ist voll optokopplerfähig, da die Richtung der bisherigen Leitungen nicht angetastet werden und die Richtung der ATN-Leitung feststeht. Sie geht vom Master zu allen Slaves.

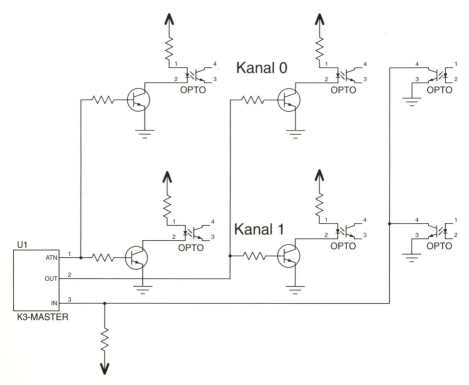

Abb. 5.7: Anbindung zweier Slaves an einen Master

Das K2-Protokoll

Das Protokoll der K2-Schnittstelle fällt insofern etwas aus dem Rahmen, daß immer der Empfänger den Clock sendet, obwohl er dabei meist nicht die Rolle des Masters innehat. Als Master bezeichnen wir nämlich immer denjenigen Teilnehmer, welcher die Initiative zu einer Kommunikation ergreift.

Es gibt zwei Unterschiede zu den bisher besprochenen Schnittstellen:

- Bei der Kommunikation zwischen zwei PIC16 können wir die Protokolle beider Seiten frei gestalten. Die K2-Schnittstelle verträgt unterschiedliche Verabredungsrituale.

- Jeder der beteiligten PICmicros hat neben der Kommunikation noch andere Aufgaben zu erfüllen, so daß er nicht ständig mit dem Ohr an der Kommunikationsleitung sein kann. Der Slave muß auch nicht jederzeit bereit sein, einen «Interrupt» zuzulassen.

Bei der K2-Schnittstelle sind beide Leitungen im Ruhezustand High. Wenn der Master seine Leitung auf Low legt, bedeutet dies, daß er eine Kommunikation wünscht.

Die Definition von „Master" und „Slave" ist bei zwei gleichberechtigten Teilnehmern etwas anders zu sehen als bei einem Controller und einem Baustein. **Meist beginnt der Sender mit der Kommunikation**, es kann aber auch durchaus umgekehrt sein. Derjenige, der die Kommunikation beginnt, muß dem anderen zu Beginn eine mehr oder weniger großzügig bemessene Timout-Zeiten zugestehen.

Häufig wird so verfahren, daß es einen logischen Master gibt, welcher eine Lese- und Antwort-Sequenz beginnt. Er sendet ein Requestbyte an den Partner, indem er mitteilt, welche und wieviele Bytes er als Antwort haben möchte. Für die Zeit der Beantwortung kann es praktisch sein, daß der Master sich zum Schnittstellen-Slave macht.

Das Handling eines Busy-Zustands ist in manchen Fällen praktisch, wenn es eine dauerhafte Rollenverteilung der beteiligten µController gibt. Das ist besonders dann sinnvoll, wenn der Slave den Request durch einen Interrupt erhält. Dann kann der Slave signalisieren, daß er „busy" ist, indem er seine Datenleitung auf Low legt. Dies erspart dem Master, vergeblich bis zum Timeout zu warten.

Eine Kommunikation beginnt also immer mit einem Verabredungsteil.

Dabei gibt es verschiedene Versionen: Wenn es eine dauerhafte Master-Slave Rollenverteilung gibt, dann kann optional ein busy-Zustand des Slaves verabredet werden.

Wenn beide gleichberechtigt die Kommunikation beginnen können, dann muß ein Handling für den Fall eines gleichzeitigen Requests verabredet werden.

Man muß immer daran denken, daß es beim Senden eines Signals und beim Empfangen zwei Verzögerungsursachen geben kann. Die erste ist die physikalische und die zweite ist die Vezögerung durch die Dauer der Programmschleifen. So könnte es sein, daß der Master einen Request sendet, weil er erkannt hat, daß der Slave nicht busy ist. Gerade in diesem Moment setzt der Slave sein Signal auf busy, was nun der Master als Acknowledge wertet.

Ähnliche Überschneidungen kann es auch beim gleichzeitigen Request geben. Daher ist auf den Augenblick des Requests besondere programmtechnische Aufmerksamkeit zu legen.

Der Fall, daß der Master seinen Request zurückzieht, und zwar gerade in dem Augenblick, in dem der Slave ihn erkannt hat und im Begriffe ist, ihn zu beantworten, muß auch ausgeschlossen werden.

Damit die Sache aber nicht verwirrend wird, überlegen wir uns zunächst das prinzipielle Verabredungsprotokoll:

• Der Master setzt seine Datenleitung Low (Request).

• Der Slave gibt mit einem Low die Bereitschaft zur Kommunikation (Acknowledge).

Ein Request ist in der Regel ein „Request to send". Oft ist es auch praktisch, den Empfänger mit der Kommunikation beginnen zu lassen. Dann muß dies aber durch ein übergeordnetes Protokoll verabredet werden.

Aus der Sicht des Masters lauten die Verabredung:

1. Setze Ausgang low (Request)

2. Warte bis Eingang low (Antwort) oder Timeout

Aus der Sicht des Slaves lauten die Schritte:

1. Prüfe, ob Eingang low

2. Setze Ausgang low (als Antwort)

In dieses prinzipielle Protokoll kann man nun Maßnahmen einbauen, die verhindern, daß sich Ereignisse überlappen. Das tut man meistens, indem man den Zustand des Partners ein zweites Mal abfragt, nachdem man eine Leitung verändert hat.

Es gibt dabei viele Fallunterscheidungen, sodaß wir dies hier nicht im Detail ausführen können.

Ob es sich bei einer Verabredung um einen Schreib- oder Lesevorgang handelt und um wie viele zu übertragende Bits es sich handelt, wird von den beiden Teilnehmern auf eine Weise abgemacht, die nicht mehr dem Schnittstellenprotokoll unterliegt. Diesbezüglich ist unsere K2-Schnittstelle flexibler und daher schwächer festgelegt als andere Standardschnittstellen, wie z.B. I²C.

Auch die Frage, wie groß ein Timeout sein soll, ist von Fall zu Fall verschieden. Bei sicherheitsrelevanten Anwendungen kann die genaue Einhaltung einer Zeit für die Kommunikation ein wesentliches Kennzeichen dafür sein, daß noch alles in Ordnung ist.

Wenn der Slave aber beispielsweise regelmäßig mit einer seriellen Temperaturerfassung beschäftigt ist, die er schlecht unterbrechen kann, dann muß man ihm einen ziemlich langen Timeout zubilligen oder alternativ ein „busy" zulassen. Komplizierter wird es, wenn der Master in einem solchen Fall nur eine kurze Timeoutzeit abwartet, und es dann später noch einmal versucht.

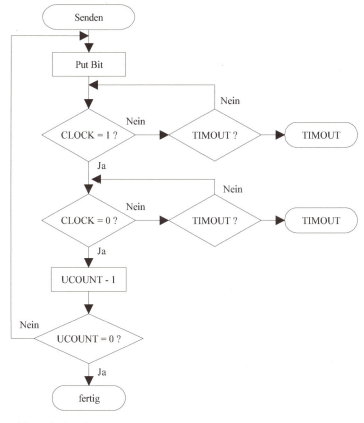

Abb. 5.8: Senden

Im Gegensatz zum Verabredungsprotokoll sind die Schreib- und Leseroutinen unabhängig davon, ob es sich um einen Master oder einen Slave handelt. Lediglich am Schluß ist darauf zu achten, daß der Slave so lange Low (busy) bleibt, bis er zu einer neuen Kommunikation bereit ist, während der Master seine Datenleitung sofort auf High (idle) legt, damit der Slave nicht meint, es würde eine weitere Kommunikation folgen.

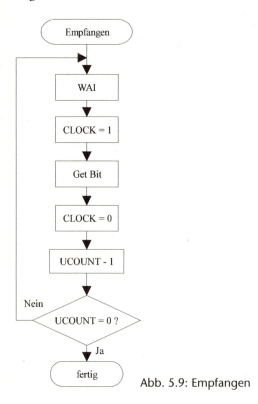

Abb. 5.9: Empfangen

5.1.8 Die K3-Schnittstelle

Die K3 Schnittstelle wurde konzipiert für ein weitgehend zeitunabhängiges Handshake, welches jedes einzelne Bit quittiert. Damit ist die Kommunikation zwischen Teilnehmern sehr unterschiedlicher Geschwindigkeit möglich. Auch kann in gewissem Rahmen einer der Teilnehmer während der Kommunikation einmal von einem Interrupt unterbrochen werden. Gewisse Grenzen müssen dabei natürlich gesetzt werden. Eine angemessene Timeout-Dauer ist festzulegen, nach der wir annehmen, daß der Partner nicht mehr auf der Leitung ist.

Während bei der K2 der Empfänger die Übertragungsgeschwindigkeit vorgibt, wird beim K3-Protokoll die Unterhaltung folgendermaßen lauten:

- Sender zum Empfänger: «Achtung, ich schicke Dir ein Bit.»

- Empfänger zum Sender: «Schieß los.»

- Sender zum Empfänger: «Bit liegt auf der Leitung, du kannst es abholen.»

- Empfänger zum Sender: «Ich habe es.»

Die ersten beiden Aufforderungsmeldungen werden ausgeführt, indem die jeweiligen Handshake-leitungen auf Low gelegt werden. Ein High auf den Handshake-Leitungen zeigt die Erfolgsmeldungen an. Im Ruhezustand befinden sich die Handshake-Leitungen auf High.

Jeder der beiden Teilnehmer bezeichnet die ausgehende Handshake-Leitung mit HOUT und die ankommende mit HIN. Die Datenleitung heißt DATA. Im Gegensatz zu den Handshake-Leitungen muß die Datenleitung ihre Richtung wechseln.

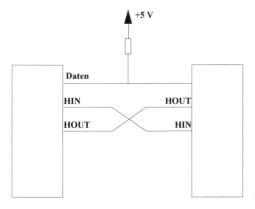

Abb. 5.10: Prinzipielle K3-Verbindung

Bei der K3-Kommunikation sind beide Teilnehmer grundsätzlich gleichberechtigt. Der Sender ergreift immer die Initiative. Durch interne Verabredung kann natürlich geregelt werden, daß einer der beiden Teilnehmer nicht ungefragt reden darf. Wenn beide unabhängig voneinander eine Kommunikation beginnen dürfen, hat derjenige das Wort, der zuerst dran war.

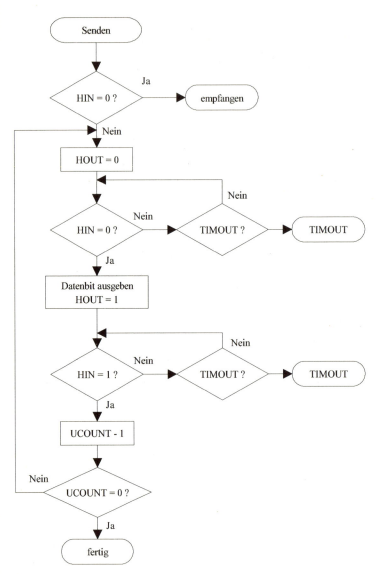

Abb. 5.11: Senden

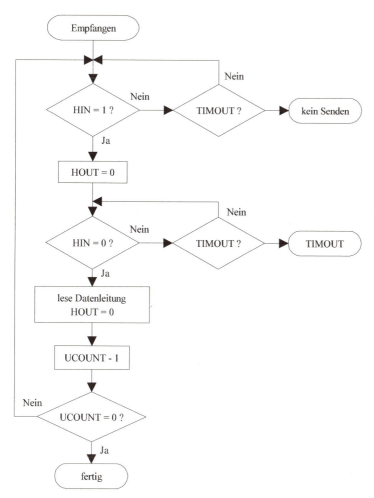

Abb. 5.12: Empfangen

5.2 Asynchrone Kommunikation

Die asynchrone serielle Schnittstelle ist den meisten Anwendern als V24 oder RS232 bekannt. Meist wird diese Schnittstelle zwischen zwei Geräten verwendet. Sie ist besonders bei den PC-Anwendern bekannt. Eine wichtige Eigenschaft dieser Schnittstellenart ist, daß sie auch über größere Entfernungen verlegt werden kann. Die physikalischen Pegel von +12 Volt bis -12 Volt gewährleisten eine hohe Störsicherheit. Die Stromschleifenvariante bietet ebenfalls eine gute Störsicherheit und wird gerne im industriellen Bereich eingesetzt.

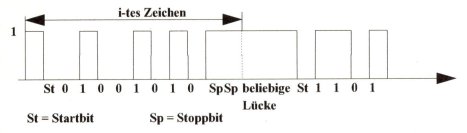

St = Startbit   Sp = Stoppbit

Abb. 5.13: V24 Zeitdiagramm

Das logische Funktionsprinzip beruht darauf, daß die Datenbits in einem festen Zeitraster gesendet und empfangen werden. Die Zeitbasis stellt jeder Teilnehmer unabhängig vom anderen selbst her. Der Beginn der Übertragung wird durch das Senden eines Startbits angezeigt. Dies garantiert jedoch nicht, daß der Empfänger zur Kommunikation bereit ist. Wenn der Empfänger nicht ausschließlich für die Bedienung der Schnittstelle zuständig ist, müssen über zusätzliche Handshake-leitungen noch weitere Informationen übertragen werden, die über die Verfügbar-keit des Empfängers, bzw. über den Wunsch des Senders Daten zu übermitteln Auf-schluß geben.

Für eine asynchrone Schnittstelle sind drei Parameter charakteristisch:

- die Übertragungsgeschwindigkeit (Baudrate = Anzahl Bits pro Sekunde)

- die Anzahl Datenbits und Stopbits

- Art der Paritätsprüfung

Typisch für die asynchronen Schnittstellen ist, daß die beiden Partner gleichberech-tigt sind. Wenn unabhängig voneinander in beide Richtungen übertragen werden kann, spricht man von Vollduplex-Betrieb. Ist dagegen nur eine Richtung zu einem Zeitpunkt möglich, so ist das Halbduplex-Betrieb.

Den meisten PC-Benutzern ist die asynchrone Schnittstelle unter den Namen RS232 oder V24 bekannt. Bei diesen Begriffen handelt es sich um amerikanische bzw. eu-ropäische Normen, welche die Pinbelegungen der Stecker, Leitungsnamen und Baudraten festlegen. Übliche Baudraten sind 2400, 4800, 9600, 19.200, 38.400 Baud.

Aufgrund der bereits erwähnten Pegel von +12 Volt für low und -12 Volt für high, stellt sich bei der Realisierung einer asynchronen Schnittstelle mit einem µCon-troller das Problem der Pegelanpassung. Diese Aufgabe kann von altbekannten Bau-steinen, wie den 1488/1489 und MAX232 sowie den neueren Varianten MAX232A und AD202JN übernommen werden. Die Entwicklung der Bausteine ging in Rich-tung weniger externer Bausteine, geringerer Leistungsaufnahme, höherer Über-tragungsgeschwindigkeit bei geringerer Störabstrahlung und niedrigerem Preis.

Niemanden sollte es wundern, wenn z.B. eine Maus ohne einen dieser Bausteine auskommt oder scheinbar keine Stromversorgung hat. Trickschaltungen, die die Pegelanpassung vornehmen und die Versorgungsspannung für einen µController aus den Handshakeleitungen nehmen, sind immer wieder anzutreffen.

Da in unseren Ausführungen die PIC16-µController im Vordergrund stehen, möchten wir nun von den schaltungstechnischen Details zu den logischen Vorgängen übergehen.

Wie bei allen seriellen Übertragungen mit dem PICmicro gibt es vier verschiedene Möglichkeiten:

• Der komfortabelste Weg zur Realisierung einer asynchronen seriellen Schnittstelle ist die Verwendung des SCI-Moduls. Wenn dieses Modul zur Verfügung steht, braucht man sich praktisch um gar nichts zu kümmern. Für die Baudratengenerierung geht nicht einmal ein Timer verloren.

• Da das SCI-Modul nur bei ziemlich großen Derivaten vorhanden ist, muß man gelegentlich mit der nächstbesten Lösung vorlieb nehmen. Diese ist die Verwendung eines CCP-Moduls. Dieses kann sowohl zum Erfassen des Startbits mit Hilfe des Capture-Moduls verwendet werden, als auch im Compare-Modus, zum Erfassen der Übertragungszeiten, sowohl beim Senden als auch beim Empfangen.

In den neueren PIC16 ist auch das SCI-Modul verbessert worden. Als neuntes Bit kann eine Adresse mit übertragen werden. Das ist vor allem bei der RS485-Realisierung interessant und nützlich. Es kann unendlich viel Datenverkehr auf dem Bus vonstatten gehen. Solange nicht zusätzlich das Adressbit gesetzt ist, wird ein nicht angesprochener Slave nicht gestört.

Erst wenn die Adressmarke gesetzt ist und die gültige Slaveadresse gesendet wird, wird dem Slavecontroller ein Empfang gemeldet. Jetzt weiß er, daß die folgende Kommunikation ihn betrifft. Er schaltet die Adressbiterkennung aus, und fortan empfängt er jedes ankommende Zeichen.

5.2.1 Realisierung ohne Hardwareunterstützung

Bei den Lösungen ohne Hardwaremodul hat man sich beim Ausgeben bzw. Erfassen der Bits ganz einfach an ein vorgegebenes Zeitschema zu halten. Aus der Sicht eines PICmicros sind die üblichen Baudraten jedoch eine recht langsame Angelegenheit, **so daß der PICmicro mit der Ausgabe eines einzelnen Bytes ziemlich lange beschäftigt ist.**

Wir betrachten die Übertragungsgeschwindigkeit von 19200 Baud. Für ein Bit stehen bei dieser Geschwindigkeit 52 µsek zur Verfügung. Wenn wir wieder die bei uns beliebteste Osczillatorfrequenz von 4 MHz annehmen, sind dies 52 Befehlszyklen. Wir wollen dabei zunächst davon ausgehen, daß wir zu einer bestimmten Zeit nur in eine Richtung übertragen (Halb-Duplex-Betrieb). Wenn wir uns mit einem PC unterhalten, reden niemals beide gleichzeitig.

Die Programmschleifen zum Senden bzw. Empfangen müssen in festen Zeitabständen ein Bit schreiben bzw. lesen. Wie man die Bits schreibt und liest, haben wir im Kapitel über die synchrone Kommunikation schon dargelegt.

Bei der asynchronen Schnittstelle geht man davon aus, daß ein Bit, das geschrieben wird, etwa in der Mitte seiner Standzeit abgeholt wird. Wenn der Sender absolut pünktlich wäre, könnte der Zeitpunkt des Empfangs theoretisch also um fast 26 μsek nach beiden Seiten schwanken. Praktisch muß man jedoch davon ausgehen, daß der Sender sich auch eine gewisse Freiheit bezüglich der Pünktlichkeit nehmen möchte, so daß der Freiraum nur noch die Hälfte betrifft. Hinzu kommt, daß man nicht ganz genau den Zeitpunkt kennt, an dem der Empfang begonnen hat, sofern man das Startbit nicht mit einem Interrupt erfaßt. Wenn eine Übertragung sicher sein soll, darf man natürlich nicht so nah an die Grenzen des erlaubten gehen, zumal man ja auch noch an Laufzeiten zu denken hat. Wir haben es uns zur Gewohnheit gemacht, eine gesamte Zeitschwankung von maximal 20% zuzulassen, lieber noch eine von nur 10 %. Bei einem systematischen Baudratenfehler liegt die zulässige Fehlerrate im Bereich von 1%. Diese Richtwerte gelten sowohl für den Empfang als auch für das Senden. Bei 52 μsek bedeutet das eine erlaubte Verspätung von höchstens 10 μsek, die sich selbstverständlich nicht kumulieren darf.

Das Übertragen eines Paritätsbits zur Fehlerentdeckung wird immer seltener verabredet, da die Übertragungssicherheit größer geworden ist. Das Paritätsbit wird gesetzt, wenn die Gesamtzahl von Einsen gerade ist, sofern „gerade Parität" (even Parity) vereinbart ist. Wenn „ungerade Parität" (odd Parity) vereinbart ist, wird es bei ungerader Anzahl von Einsen gesetzt.

Die Anzahl der Einsen wird während des Sendens bzw. Empfangens gezählt. Das Paritätsbit wird mitgezählt. Bei gerader Parität ist das Bit 0 des Zählers also gleich dem Paritätsbit, bei ungerader Parität gleich dem inversen Paritätsbit.

Die Programme SERIN und SEROUT (1 Stopbit und ohne Parity-Bit)

In diesen Programmen werden wir die Warteprogramme durch Kommentarzeilen ersetzen, denn sie stehen zur freien Gestaltung zur Verfügung. Sie müssen jedoch eine ganz bestimmte abgezählte Länge haben, welche sich aus der Bitlänge in Vielfachen von Befehlszyklen errechnet.

Man kann die Warteprogramme entweder durch gezählte Schleifen realisieren oder durch Abfragen des Timers. Man kann sie auch für wichtige andere Aufgaben nutzen, die aber sorgfältig abgezählt sein müssen.

Damit Sie nicht zurückblättern müssen, wiederholen wir hier die Makros RDBIT und WRBIT, welche wir bei den synchronen Schnittstellen eingeführt haben.

```
RDBIT     MACRO    TRANS,DATIN
          SETC
          BTFSS    DATIN        ; Datenleitung
          CLRC
          RLF      TRANS
          ENDM
WRBIT     MACRO    TRANS,DATOUT
          RLF      TRANS,W      ; Damit TRANS nicht ver-
                                ; nichtet wird
          RLF      TRANS        ; Zu schreibendes Byte
          SKPNC
          BSF      DATOUT       ; Datenleitung
          SKPC
          BCF      DATOUT       ; Datenleitung
          ENDM
```

Empfangsprogramm

Ohne Hardwaremodul ist das Empfangen von seriellen Kommunikationen nur dann möglich, wenn man zum Zeitpunkt des Empfangs permanent auf das Startbit achtet. Entweder hat man weiter nichts zu tun, oder man hat gerade zuvor das zu empfangende Byte angefordert.

Beim Empfangen ist zu beachten, daß man von dem Zeitpunkt, in dem man ein Startbit erkannt hat, bis zur Mitte des nächsten Taktes warten muß, bis man das erste Bit lesen kann. Dabei berücksichtigt man, daß das Startbit meist mit einer gewissen Verspätung erkannt wird. Das Empfangsprogramm beginnt nach der Erkennung des Startbits.

1. Warte bis zur Mitte des nächsten Taktes

2. 8 mal: Lies Bit, warte bis zur Mitte des nächsten Taktes

3. 1 oder 2 mal: prüfe ob High (Stopbit), warte bis zur Mitte des nächsten Taktes

Wenn ein Paritätsbit zu senden ist, muß im Schritt 1 die Anzahl der Einsen mitgezählt werden, im Schritt 2 wird dann ein neuntes Bit empfangen und geprüft, ob es der Anzahl gezählter Einsen entspricht.

```
SERIN     MOVLW    8
          MOVWF    UCOUNT
          ;Warte (1)
SERLO     RDBIT    TRANS,RX     ; Makro: 5 Zyklen
          ;Warte (2)
          DECFSZ   UCOUNT       ;
```

```
         GOTO      SERLO          ;
         CLRC
         BTFSC     RX
         SETC                     ; CY,wenn Stopbit
         RETURN                   ;
```

Das Programm SERIN kommt also mit CY=1 zurück, wenn ein Stopbit (high) erkannt worden ist. Andernfalls muß man auf einen framing error schließen, den wir ungern mit Rahmenfehler übersetzen.

Bei einer Bitlänge von 52 Taktzyklen muß „;Warte (2)" ersetzt werden durch ein Warteprogramm, welches 44 Zyklen lang ist, denn WRBIT dauert 5 Zyklen, und weitere 3 Zyklen benötigen wir für DECFSZ und GOTO.

„Warte (1)" muß so lange dauern, daß zwischen dem Startbit und dem Lesen des ersten Bit das anderthalbfache der Bitlänge liegt. Dabei müssen wir von dieser Länge noch die ersten beiden Befehle von SERIN abziehen. Zusätzlich die zwei Befehlszyklen, die wir für den CALL SERIN Befehl benötigen, und außerdem die mittlere Verspätung, mit der wir das Startbit erkennen. Und wenn wir schon beim Abzählen sind, sollten wir berücksichtigen, daß der eigentliche Lesebefehl der zweite in RDBIT ist.

Sendeprogramm:

Der gesamte Sendevorgang besteht aus folgenden Schritten:

1. Sende Startbit (low). Warte bis zum Anfang des nächsten Taktes

2. 8 Mal: Schreibe Bit. Warte bis zum Anfang des nächsten Taktes

3. sende high (Stopbit) Warte 1 oder 2 Takte (1 oder 2 Stopbits)

Wenn ein Paritätsbit zu senden ist, muß im Schritt 1 die Anzahl der Einsen mitgezählt werden, im Schritt 2 wird dann ein neuntes Bit gesendet, je nachdem ob die Anzahl von Einsen gerade oder ungerade ist.

```
SEROUT.  MOVLW     8
         MOVWF     UCOUNT
         BCF       TX           ; Startbit setzen
         Warte (3)
SERLO    WRBIT     TRANS,TX     ; Makro :7 Zyklen
         Warte (4)
         DECFSZ    UCOUNT
         GOTO      SERLO        ; 2 Zyklen!
         BSF       TX           ; Stopbit
         RETURN
```

Bei einer Bitlänge von 52 Taktzyklen muß „; Warte (4)" ersetzt werden durch ein Warteprogramm, welches 42 Zyklen lang ist, denn WRBIT dauert 7 Zyklen, und weitere 3 Zyklen benötigen wir für DECFSZ und GOTO.

Die Dauer von „Warte (3)" ist ungefähr gleich der Bitlänge, wobei der Genauigkeit halber berücksichtigt werden muß, daß der eigentliche Schreibbefehl der vierte bzw. der sechste vom Makro WRBIT ist

5.2.2 Realisierung mit dem CCP-Interrupt

Wenn wir einen PICmicro mit CCP-Modul haben, aber kein SCI-Modul, dann können wir den Capture-Mode benutzen, um das Startbit zu erkennen, und entweder den Compare-Mode oder einfach den Timer-Overflow-Interrupt für das zeitgerechte Lesen oder Schreiben der einzelnen Bits.

Diese Realisierung läuft im Hintergrund, und erlaubt dem Hauptprogramm in seinem normalen Ablauf fortzufahren. Jedoch muß man berücksichtigen, daß die Interruptroutinen über 20 Befehlszyklen dauern, denn die Makros RDBIT und WRBIT benötigen das CY-Flag, so daß das Retten des Statusregisters und des W-Registers unvermeidlich ist. Wenn die Bitlänge beispielsweise 52 Befehlszyklen beträgt, dann brauchen die Interrupts fast die Hälfte der Zeit. Außerdem muß im Hauptprogramm regelmäßig abgefragt werden, ob ein Byte empfangen wurde.

Das CCP-Modul wird dabei während einer Übertragung im Compare-Modus betrieben, während es sich bei Bereitschaft zum Empfang im Capture-Modus befindet. Daher ist der Eingangspin RX auf einen Capture-Eingang zu legen. Der Ausgangspin TX kann auf einen beliebigen Portpin gelegt werden.

Da die Interruptroutine nach jedem gesendeten bzw. empfangenen Bit wieder verlassen wird, müssen wir die Information bereitstellen, ob gerade ein Sendevorgang oder ein Empfang aktiv ist, oder ob wir uns im Zustand des Wartens auf ein Startbit befinden. Außerdem sind Meldungen vom Interrupt an das Hauptprogramm zu machen, wenn ein Byte fertig gesendet oder empfangen wurde.

Wir verwalten ein Statusregister SERSTAT, welches beispielsweise die folgenden Bits enthält.

- Bit 0: WAIS (Warte auf Startbit, wird zurückgesetzt, wenn Startbit erkannt)

- Bit 1: SEND (Sendevorgang aktiv, wird zurückgesetzt, wenn Sendevorgang fertig)

- Bit 2: RECE (Empfangsvorgang aktiv, wird zurückgesetzt, wenn Empfang beendet)

- Bit 3: RRDY (Byte wurde empfangen, wird zurückgesetzt, wenn Byte abgeholt)
- Bit 4: FERR (framing error, wird gesetzt, wenn kein Sopbit erkannt wurde)
- Bit 5: PERR (Parity error, hier nicht aktuell)
- Bit 6: OVER (wird gesetzt, wenn Empfang fertig, aber RRDY noch nicht gelöscht)

Aufgaben des Hauptprogramms beim Senden:

Zum Senden hat das Hauptprogramm folgende Schritte auszuführen:

1. SERSTAT,SEND setzen, UCOUNT = 8

2. Zu übertragendes Byte in die Variable SENDBUF schreiben

3. Comparemodus setzen und CCPR1H:CCPR1L = Bitlänge setzen

4. Startbit senden

5. Später abfragen, ob Sendevorgang beendet. (SERSTAT,SEND zurückgesetzt?)

Aufgaben des Hauptprogramms beim Empfangen:

Zum Empfang hat das Hauptprogramm folgende Schritte auszuführen:

1. Capturemodus setzen zum Zeichen der Empfangsbereitschaft und Warteflag SERSTAT,WAIS setzen. Der Comparemodus wird von der Interruptroutine gesetzt, nachdem ein Startbit erkannt wurde.

2. Später nachfragen, ob Byte empfangen wurde (SERSTAT,RRDY gesetzt), ggfs. Byte abholen und Fehlerflags abfragen. Error-Flags und SERSTAT,RRDY löschen

Der Empfangsinterrupt überträgt das empfangene Byte in ein Register EMPBUF. Dieses Byte muß vom Hauptprogramm abgeholt werden, denn ein neues empfangenes Byte wird ohne Überprüfung darübergeschrieben, sofern man keinen Ringbuffer aufbaut. Nach dem Abholen löscht das Hauptprogramm das RRDY-Bit. Das Empfangsprogramm ist immerhin so nett, im OVER-Flag eine Nachricht zu hinterlassen, wenn es ein neues Byte in den EMPFBUF schreibt, obwohl RRDY noch nicht gelöscht war.

Aufgaben der Interruptroutinen

Die Interruptroutine muß zu Beginn erst einmal die Situation richtig erkennen. Wenn das Bit SERSTAT,WAIS gesetzt ist, verzweigt sie nach START, wenn SERSTAT,RECE gesetzt ist, wird der Interruptteil EMPFBIT ausgeführt und wenn SERSTAT,SEND gesetzt ist, muß SENDBIT ausgeführt werden. Es sollte nicht vorkommen daß mehr als eines dieser Flags gesetzt ist.Wenn keines dieser Flags gesetzt ist, sollte das CCP-Modul disabled sein.

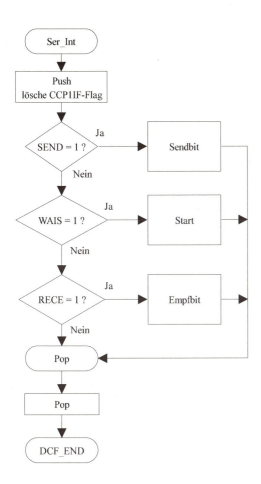

Abb. 5.14: Interruptablauf

Diese drei Programmteile nehmen wir jetzt unter die Lupe.

```
SENDBIT    PUSH                    ; Makro :Register retten
           WRBIT
           DECFSZ   UCOUNT
           GOTO     INTEND      ; Interrupt-Ende
           BCF      SERSTAT,SEND
           CLRF     CCP1CON     ; Disable CCP
           GOTO     INTEND      ; Interrupt-Ende
START      BSF      SERSTAT,RECE
           MOVLW    8H
           MOVWF    UCOUNT
```

```
          MOVLW     OBH           ; Compare Modus mit
          MOVWF     CCP1CON       ; TMR1-clear
          MOVLW     .52           ; Bitlänge
          MOVWF     CCPR1L
          CLRF      CCPR1H
          MOVLW     0E6           ; TMR1 = -26
          MOVWF     TMR1L         ;
          MOVLW     0FFH
          MOVWF     TMR1H
          GOTO      INTEND        ; Interrupt-Ende
```

Wir setzen oben TMR1 = (-0.5 * Bitlänge), damit der erste CCPR1-Match anderthalb Bitlängen nach dem Startbit erfolgt.

```
EMPFBIT   RDBIT
          MOVF      UCOUNT        ; UCOUNT = 0?
          BZ        STOP
          DECFSZ    UCOUNT
          GOTO      INTEND        ; Interrupt-Ende
          BTFSC     SERSTAT,RRDY  ; RRDY sollte 0 sein
          BSF       SERSTAT,OVER  ; falls nicht, overflow
          BSF       SERSTAT,RRDY
          MOVF      TRANS,W
          MOVWF     EMPFBUF
          GOTO      INTEND        ; Interrupt-Ende
STOP      SKPC                    ; CY = 1 wird erwartet
          BSF       SERSTAT,FERR  ; kein Stopbit
          CLRF      CCP1CON
INTEND    POP                     ; Macro Regs restore
          BCF       CCP1IF        ;
          RETFIE
```

5.2.3 Realisierung mit dem SCI-Modul

Die komfortabelste Möglichkeit eine asynchrone serielle Kommunikation durchzuführen, ist natürlich mit dem SCI-Modul gegeben. Dieses Modul haben leider nur die Flaggschiffe unter den PIC16CXX. Ausnahme: Der PIC16F627/628. Hier wird das SCI-Modul auch in einem 18-Pin-Gehäuse verfügbar sein. Mit dem SCI-Modul ist das Hauptprogramm vollkommen vom Übertragungsvorgang entlastet.

Initialisierung

Zum Empfangen muß im RCSTA-Register der serielle Port freigeschaltet werden. Dies geschieht mit dem Wert 90H. Die Übertragung läuft bei dieser Initialisierung mit acht Datenbits und keinem Paritybit. Für die Übertragung von 9 Bit ist noch das

RCSTA,6 (RC8/9) zu setzen, (also RCSTA = 0D0H). Eine Interpretation als Parity Bit gibt es nicht. Achtung: Bei den neuen SCI-Modulen gewinnt dieses neunte Bit an Bedeutung. Dann ist eine Adressierung des Empfängers möglich.

Zum Senden geschieht das Freischalten im Register TXSTA. Der Wert 24H schaltet ebenfalls auf 8 Datenbits und keine Parität. Für die Übertragung eines 9. Bits ist das BIT TXSTA,6 zu setzen, also TXSTA=64.

Für Empfangs- und Sendeteil gemeinsam wird die Baudrate durch einen Wert im Baudraten-Register SPBRG festgelegt. Dieser Wert berechnet sich durch die Formel:

SPBRG=FOSC/(16*Baudrate) – 1

sofern Bit 3 von TXSTA gesetzt ist.Wenn TXSTA,3 nicht gesetzt ist, muß die 16 in der obigen Formel durch 64 ersetzt werden.

Für FOSC = 4 MHz und eine Baudrate von 9600 ergibt die Formel einen Wert von 25.04, welchem durch 25 problemlos zu nähern ist. Man beachte, daß es sich zwar um einen kumulativen Fehler handelt, aber solange er unter einem Prozent liegt, kann er die Dauer von acht Bit überstehen, ohne auszuufern.

Bitte nicht vergessen, daß TXSTA und SPBRG in der Bank 1 liegen.

Bedienung

Zum asynchronen **Senden** genügt es,das zu sendende Byte in das Register TXREG schreiben. Wenn der Sendevorgang beendet ist, wird das Bit TXSTA,1 (TMRT) gesetzt. Dieses Bit wird gelöscht, wenn ein Byte in das TXREG geschrieben wird.

Alternativ kann aber auch das Interrupt-Flag PIR1,4 (TXIF) abgefragt werden. Falls ein Interrupt erfolgen soll, muß das Bit PIE1,4 (TXIE) gesetzt werden. Zum Freischalten dieses Interrupts müssen natürlich auch im Register INTCON die Bits 7 und 6 (GIE und PEIE) als globales Enable-Bit und Peripherie-Enable-Bit gesetzt werden.

Wenn ein Parity-Bit oder sonst ein neuntes Bit gesendet werden soll, wird dies einfach in das BIT 0 des TXSTA geschrieben (siehe Initialisierung). Das SCI-Modul führt keine Paritätsprüfung durch. Es übermittelt das neunte Bit ohne jede Diskriminierung.

Das asynchrone **Empfangen** ist ähnlich einfach. Das Interrupt-Flag PIR1,5 (RCIF) wird gesetzt, wenn der Empfangsbuffer voll ist. Um einen Interrupt beim Empfang zu erhalten, müssen noch das entsprechende Enable-Bit PIE1,5 (RCIE) sowie die beiden Enable-Bits im INTCON-Register gesetzt werden.

Wenn ein Bit empfangen wurde, braucht es nur aus dem Register RCREG abgeholt werden. Wenn ein neues Byte empfangen wird, bevor das vorige abgeholt wurde, setzt die Hardware das Error-Bit RCSTA,2 (OERR). Ein weiteres Error-Bit ist das Bit RCSTA,3 (FRERR), welches gesetzt wird, wenn im Anschluß an einen Empfang kein Stopbit entdeckt wurde.

Wenn ein neuntes Bit empfangen wurde, steht dieses im BIT 0 des Registers RCSTA, egal ob es sich um ein Parity Bit oder einfach nur um ein neuntes Bit handelt. Eine Paritätsprüfung findet genauso wenig statt wie beim Senden (siehe Initialisierung).

5.2.4 Parallel-Seriell-Wandler

Vor vielen Jahren benötigte einer unserer liebsten Kunden einen Parallel-Seriell-Wandler zu Diagnosezwecken, gerade als wir unter großer Zeitknappheit litten. Das war kurz nachdem wir die Bekanntschaft mit der PIC16C5X-Familie gemacht hatten. Wir konnten damals die Lösung zwar nicht mit Hardwaremodulen durchführen, da diese das Licht der Welt noch nicht erblickt hatten, aber wir konnten trotzdem auf die Schnelle eine Lösung auf die Beine stellen. Der eine stellte das Platinchen her, die andere schrieb das Programm, und fertig war PARSER.

Das Nachfolgeprogramm haben wir eigens für dieses Buch angefertigt. PARSE2 bedient sich des PSP-Moduls zum Einlesen von der Centronics-Schnittstelle und des SCI-Moduls zum Ausgeben der seriellen Daten. Der verwendete µController war natürlich nicht mehr der PIC16C55, sondern der PIC16C74.

Die Hauptschleife ist wie immer sehr klein.

Die Bedienungsschleife erfaßt abwechselnd ein Byte parallel und gibt es anschließend seriell aus.

Die Arbeit, die Übertragungen zu programmieren, haben wir also durch den Einsatz der Hardware-Module gespart. Die verbleibende Aufgabe war nur noch, die Module in den gewünschten Modus zu versetzen.

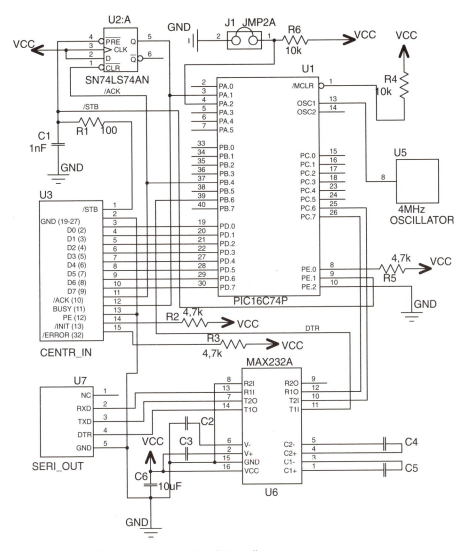

Abb. 5.15: Schaltbild zum Parallel-Seriell-Wandler

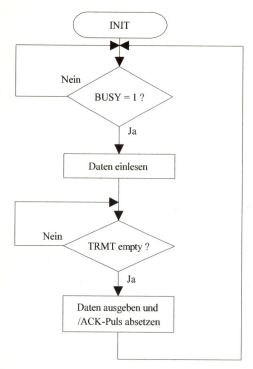

Abb. 5.16: Ablaufdiagramm

Siehe Programm PARSE2.ASM.

5.3   One Wire Schnittstelle

Etwas aus dem Rahmen fällt die one wire-Schnittstelle von Dallas. Sie wird für Bausteine vom Typ iButton (Touch-memories) benutzt.

Es gibt Speicherbausteine (NV-RAM und Eprom), Seriennummern (64 Bit), Schalter, Uhrenbausteine und mehr. Die Gehäuse werden als MicroCans bezeichnet. Sie haben die Form von Knopfzellen. Das Gehäuse der adressierbaren Schalter ist abweichend davon ein TO92-Gehäuse, und ist einlötbar.

Bezüglich der Stromversorgung gibt es zwei Varianten: die parasitäre oder die explizite, wobei bei der parasitären Stromversorgung die Versorgung über die Datenleitung geht. Nur wenige Bausteine benutzen darüber hinaus eine separate Leitung für die Stromzufuhr. Für die Signalübertragung steht in jedem Falle nur eine einzige Leitung zur Verfügung.

Es handelt sich um eine bidirektionale Verbindung, die logischerweise auf beiden Seiten einen open-drain-Ausgang haben muß. Wie wir diese mit einem PIC realisieren, haben wir im Kapitel über Ausgänge beschrieben:

Wir beschalten den Ausgang mit einem pullup-Widerstand und setzen die Ausgänge mit den Makros SETRIS und CLTRIS. Dabei wird das TRIS-Register auf **Eingang** geschaltet **für High** und auf **Ausgang für Low**. Der Portlatch muß immer eine 0 beinhalten.

Alternativ können wir natürlich bei den PIC16CXX den Port A.4 benutzen, der ohnehin ein open-drain-Ausgang ist.

Auf diese Weise können mehrere Touch-memories auf einen Bus zusammengeschaltet werden, der von DALLAS MicroLAN genannt wird.

Übertragungsprotokoll

Das Protokoll ist Bit-asynchron.

Eine Kommunikation wird mit einer **Reset-Presence-Sequenz** in die Wege geleitet. Diese beginnt der Master mit einer negativen Flanke (RESET). Danach muß er die Leitung für mindestens 480 µsek auf Low halten (t1 bis t2). Anschließen muß die Leitung mindestens 480 µsek auf High belassen werden (t3 bis t7). Während dieser Zeit (t4 bis t5) erzeugt jedes angeschlossene und zur Kommunikation bereite Touch-Memory einen Presence-Puls, aus dem der Master erkennt, daß mindestens ein Touch-Memory anwesend ist.

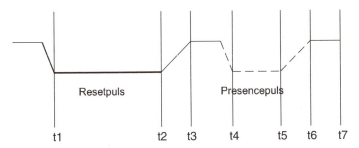

Abb. 5.17: One-wire-Protokoll; Reset-Presence

Auch das **Schreiben eines Bits** durch den Master wird mit einer negativen Flanke begonnen (Zeitpunkt t1):

Beim **Schreiben einer 1** wird der Bus nach 15 µsek losgelassen (Zeitpunkt t2). Zwischen 't3' und 't4' wird die Leitung vom Slave abgetastet, um zu erkennen, ob der Master eine 1 oder eine 0 schickt.

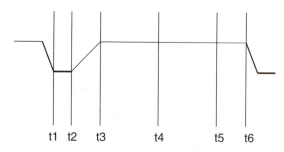

Abb. 5.18: One-wire-Protokoll; write 1

Beim **Schreiben einer 0** muß der Bus mindestens 60 μsek auf Low gehalten werden (bis zum Zeitpunkt 4). In der Zeit von t2 bis t3 ist wiederum das Fenster, in dem der Slave die vom Master geschickte Informaton auf 0 oder 1 überprüft.

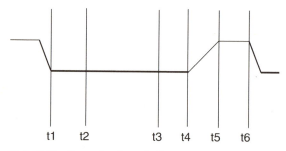

Abb. 5.19: One-wire-Protokoll; write 0

Das **Lesen eines Bits** durch den Master beginnt damit, daß der Master eine negative Flanke ausgibt. Er muß den Bus mindestens 1 μsek auf Low halten (bis t2). Wenn das Touch-Memory eine 0 schicken möchte, muß es seinerseits den Bus spätestens nach 15 μsek (Zeitpunkt 3) auf null gezogen haben. Danach beginnt das Fenster, in dem der Master den Bus abtastet. Diese Abtastzeit ist bei t4 vorbei. Will der Slave eine 1 schicken, dann läßt er den vom Master vorgegebenen Bit-Lese-Rahmen unverändert.

Nach mindestens 60 μsek, also bei t5, wird der Bus wieder losgelassen. Nach einer kurzen Recovery-Zeit von 1 μsek (bei t6) kann der nächste Bitrahmen begonnen werden.

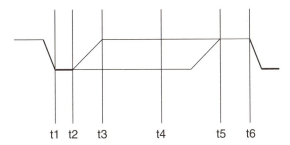

Abb. 5.20: One-wire-Protokoll; Bit-read-timing

Jeder Kommunikationsvorgang, egal mit welchem Derivat der Touch-Memory-Familie er dürchgeführt wird, beginnt mit einer Reset/Presence-Sequenz. Danach kann ein Gespräch beginnen, das aus mehreren geschriebenen und gelesenen Bytes bestehen kann. Das erste vom Master geschriebenen Byte ist ein Befehl, aus welchem hervorgeht, wie viele weitere Bytes gesendet bzw. empfangen werden.

Bezüglich der einzelnen Kommandos der verschiedenen Bausteine sind die jeweiligen Datenbücher zu konsultieren. Ein Beispiel ist der adressierbare Schalter, dessen Datenblatt auf CD-ROM zur Verfügung steht.

6 Innere Angelegenheiten

In diesem Kapitel wollen wir uns mit den Aufgabenbereichen Rechnen, Kodieren und Dekodieren befassen.

Gerade bei den Programmen dieser Kategorie ist die Vorstellung, eine perfekte Sammlung von Makros und Unterprogrammen zu schaffen, eine Illusion. Es ist ganz wichtig, zu beobachten, welche Programme tatsächlich immer wiederkehren. Manchen Aufgaben begegnet man zwar immer wieder, aber jedesmal in unterschiedlicher Form oder mit unterschiedlichen Ansprüchen an Platz und Zeit.

Wenn Sie Entwickler in einer Firma sind, die immer wieder ähnliche Aufgabenstellungen hat, dann werden Sie die oft wiederkehrenden Programme sammeln und gut verfügbar machen. Sie werden dabei erkennen, daß Ihre Sammlung sehr schnell eine persönliche Note bekommt, welche auf Ihre Bedürfnisse bzw. auf die Ihrer Firma zugeschnitten ist.

Wir sind als Dienstleister mit einer sehr großen Vielfalt von Aufgaben konfrontiert. Unsere Spezialität sind zwar die sehr hardwarenahen Aufgabenstellungen, jedoch bleiben uns auch Kommunikationen im Dezimalformat und umfangreiche Arithmetik nicht erspart. Unsere Erfahrung ist dabei die folgende: Von allen Arithmetikprogrammen, die wir mit viel Aufwand gesammelt und dokumentiert haben, waren es nur wenige, bei denen sich der Aufwand gelohnt hat. Mehr noch als bei seriellen Kommunikationsprogrammen und anderen Dienstprogrammen gibt es bei den arithmetischen Prozeduren sehr viele unterschiedliche Varianten.

Zu unserem festen Repertoir gehören die Makros mit Wortvariablen (zwei, drei und ggfs. vier Bytes) sowie ein paar MUL- und DIV- Programme.

6.1   Der PIC rechnet

Die folgende Darlegung von einigen Rechenprogrammen ist dazu gedacht, den Lesern bei der Entwicklung *eigener* Programme zu helfen. Sie sind nicht dazu gedacht, unverstanden übernommen zu werden. Dazu sind sie auch viel zu sehr an unsere persönlichen Nomenklaturen und Anwendungsgewohnheiten gebunden.

6.1.1 Datenformate

Die häufigsten Datenformate, die wir in 8 Bit-Microcontrollern verwenden, sind Bytes und Worte, welche aus mehreren Bytes bestehen. Wenn wir den Begriff **Wort** ohne weiteren Zusatz verwenden, dann ist ein 2 Byte-Wort gemeint. Wenn wir mit solchen Daten Rechenoperationen durchführen, müssen wir immer darauf achten, daß unsere Ergebnisse und Zwischenergebnisse nicht überlaufen. Außerdem gilt es zu prüfen, ob die Ergebnisse und Zwischenergebnisse ausreichend viele relevante Bits besitzen.

Auch wenn wir eine Hochsprache verwenden, erspart uns das nicht eine gewisse Aufmerksamkeit bei den Datenformaten. Wenn die Hochsprache uns diesbezüglich alle Arbeit abnimmt, dann braucht sie logischerweise eine großzügig bemessene Rechenzeit. Wenn diese reichlich vorhanden ist, dann wird es keine Probleme geben. Wir können uns an keine einzige Anwendung erinnern, bei der dies der Fall war. Einen Engpaß kann es auch bei den Registern geben, wenn man zu sorglos mit den Datenformaten umgeht.

Man kann auch binäre E-Formate benutzen, welche die Daten vor bzw. nach jeder Operation so lange links verschieben, bis das höchste Bit eine eins ist. Die Anzahl der Verschiebungen merkt sich das Programm in einer Variablen, welche als Exponent bezeichnet wird.

Kein µController würde von sich aus auf die Idee kommen, mit Dezimalzahlen zu arbeiten, erst recht nicht mit Dezimalbrüchen. Oft genug muß er solche Formate lesen oder die Ergebnisse in solchen Formaten ausgeben. Da er mit solchen Datenformaten nicht gut rechnen kann, muß er sie umrechnen.

Für solche Fälle haben wir den Typ **Short Real** (eigene Bezeichnung) definiert: Eine Zahl im Short Real Format wird dargestellt mit einer 2-Byte Mantisse und einem Exponenten zur Basis 10, welche ein Byte ist und zwischen -128 und 127 liegt.

Mit Short Real Werten können wir einfach **multiplizieren bzw. dividieren:** Dabei werden die **Mantissen multipliziert bzw. dividiert** und die **Exponenten addiert bzw subtrahiert.**

Addieren dürfen wir Short Real-Werte natürlich nur, wenn sie gleiche Exponenten haben.

Negative Zahlen können wir auf zwei verschiedene Arten verwalten. Entweder wir verwalten ein Vorzeichenflag in einem Steuerregister oder wir verwenden die sogenannte konegative Darstellung, bei der das Vorzeichen am höchsten Bit zu erkennen ist. Welche dieser beiden Formen wir wählen, ist aber nicht willkürlich:

Mit konegativen Zahlen können wir addieren und subtrahieren, wir müssen dabei allerdings auf die Überläufe achten. Wir dürfen mit solchen Zahlen nicht multiplizieren und nicht dividieren. Denken Sie immer daran, daß das Byte 0FFH in konegativer Darstellung die Differenz (0FFH-100H) repräsentiert. Umgekehrt ist die Zahlendarstellung mit zusätzlichem Vorzeichenflag beim Addieren lästig, weil man immer Fallunterscheidungen vornehmen muß.

6.1.2 Doppelregister

Für Werte über 255 reicht ein Register nicht aus, so daß wir Registerpaare verwenden müssen. In manchen Fällen reicht auch das nicht. Dann benötigen wir eine Folge von drei oder vier Registern, wobei für für diese Register dieselben Regeln gelten wie für Doppelregister.

Für ein Doppelregister verwenden wir auch den Begriff „Wort", wobei wir uns aber bemühen, ausführlicher „16-Bit-Wort" oder „Zwei-Byte Wort" zu sagen. Ein Doppelregister besteht also aus zwei Registern, für die wir in der Regel den gleichen Stammnamen verwenden, wobei dem niederwertigen Register ein L und dem höherwertigen ein H angefügt wird. Ein Beispiel hierfür wäre die Ergebnisvariable ERGH:ERGL. Als symbolischen Namen verwenden wir in Anlehnung an die 80X86 Nomenklatur ERGX.

ERGX = ERGH:ERGL

Prinzipiell brauchen die Variablen ERGL und ERGH zwar nicht hintereinander im RAM stehen, jedoch ist es für den Einsatz von Makros nützlich, wenn sie in einer ganz bestimmten Weise im RAM angeordnet sind.

Unsere Makros setzen voraus, daß Doppelregister hintereinander im RAM stehen, und zwar zuerst das niederwertige Byte.

Diese Wahl ist von uns nicht beliebig getroffen worden, sondern deshalb, weil dies bei den doppelten Special-Funktion-Registern (TMR1, CCPR) auch so geregelt ist.

Wenn man den symbolischen Namen ERGX im Programm benutzen möchte, um anzudeuten, daß es sich um ein Doppelregister handelt, dann kann man ja ERGX zusätzlich zu ERGL unter der gleichen Adresse deklarieren:

```
ERGX      EQU      2AH
ERGL      EQU      2AH
ERGH      EQU      2BH.
```

Wenn die Ergebnisvariablen größer als zwei Byte sind, dann heißen die nächsthöheren Bytes traditionell ZWERGH:ZWERGL (Abkürzung für „Zweite Ergebnisvariable").

Einige einfache Operationen mit zwei und drei Bytes haben wir in unserem Modul MAKROS.INC abgelegt. Als Ergebnis solcher Operationen hat man nicht nur einen

Wert in einer Mehrbyte-Variablen, sondern gegebenenfalls zusätzliche Informationen in Form der Flags. Man sollte bei jedem Makro dokumentieren, welches Flag als signifikanter Teil des Ergebnisses gelten soll. **Wie man die Flags am Ausgang der Makros erwartet, ist eine Sache des konkreten Bedarfs.** Aus diesem Grund sind solche Makros sehr persönliche Werkzeuge, die man eigentlich nicht unkritisch von einem Fremden übernehmen sollte.

Viele Makros werden länger oder komplizierter, weil man die Flags in bestimmter Weise setzen will. Das kann dazu führen, daß man sie in zeitkritischen Programmen gar nicht benutzen mag, weil die Flags sowieso nicht relevant sind. Oder man kommt wieder an den Punkt, wo man die Makros in mehreren Versionen ablegt, eine mit Flags, eine ohne. Wir führen hier nur einige Beispiele an, die teilweise zeigen, daß man manchmal wegen dieser Flags ein paar Verrenkungen machen muß.

Addieren und Subtrahieren

Die einfachen Operationen mit zwei Doppelregistern haben wir in unserem Modul MAKROS. INC als Makros abgelegt. Diese Makros sind teilweise so geschrieben, daß das CY-Flag und das ZR-Flag am Ende der Operationen genauso gesetzt sind wie bei den entsprechenden Byteoperationen. Das DC_Flag wird nicht berücksichtigt, weil sonst die Operationen zu aufwendig würden.

Achten Sie bitte darauf, daß immer das Zielregister als erstes genannt wird.

```
;-----------------------------------------------------------------
; ADD2:   DEST:=DEST+OP; FLAGS:CY,ZR
;-----------------------------------------------------------------
ADD2      MACRO       DEST,OP
          MOVF        OP,W
          ADDWF       DEST
          MOVF        OP+1,W
          SKPNC
          INCFSZ      OP+1,W
          ADDWF       DEST+1
          ENDM
```
ADD2

Falls Sie sich über diese Konstruktion wundern, dann betrachten Sie bitte den Fall, daß DEST=FFFFH und OP=5 ist. Das Ergebnis ist DEST=0004H, das ZR-Flag sollte nicht gesetzt sein , wohl aber das CY-Flag.

Ohne Berücksichtigung der Flags würde das MACRO wie in der unten gezeigten Tabelle aussehen. Das wäre zwar nicht kürzer, dafür aber durchsichtiger. Allerdings würde ausschließlich der letzte Befehl für die Flags verantwortlich sein:

```
;---------------------------------------------------------------
; ADD2:    DEST:=DEST+OP; FLAGS:keine
;---------------------------------------------------------------
ADD2       MACRO      DEST,OP
           MOVF       OP,W
           ADDWF      DEST
           SKPNC
           INCF       DEST+1
           MOVF       OP+1,W
           ADDWF      DEST+1
           ENDM
```

ADD2 modifiziert

```
;---------------------------------------------------------------
; SUB2:    DEST:=DEST-OP;FLAGS CY,ZR(CY, wenn kein Überlauf!!!)
;---------------------------------------------------------------
SUB2       MACRO      DEST,OP
SUB2       MOVF       OP,W
           SUBWF      DEST
           MOVF       OP+1,W
           SKPC       DEST+1
           INCFSZ     OP+1,W
           SUBWF      DEST+1
           ENDM
```

SUB2

Inkrementieren und Dekrementieren

Beim Inkrementieren eines Doppelregisters braucht man keine zusätzlichen Anstrengungen unternehmen, um das ZR-Flag genau dann zu setzen, wenn das Ergebnis gleich Null ist.

```
;---------------------------------------------------------------
; INC2:    DEST:=DEST+1; FLAGS:ZR, wenn Ergebnis=0:0
;---------------------------------------------------------------
INC2       MACRO      DEST
           INCF       DEST
           SKPNZ
           INCF       DEST+1
           ENDM
```

INC2

```
;------------------------------------------------------------
; DEC2:   DEST:=DEST-1; FLAGS:ZR, wenn DEST+1=0:0
;------------------------------------------------------------
DEC2      MACRO     DEST
          DECF      DEST
          INCF      DEST,W
          SKPNZ
          DECF      DEST+1
          SKPNZ
          MOVF      DEST
          ENDM
```

DEC2

Die beiden letzten Befehle von DEC2 dienen nur dem Zweck, das ZR-Flag richtig zu setzen.

Vorteil der Makros

Das Benutzen solcher Makros ist sehr verführerisch. Bei aufwendigen arithmetischen Operationen, wie sie beim Umrechnen und Skalieren von Meßwerten häufig vorkommen, ist es eine richtige Freude, wenn man vormals endlos lange Programme in einer Art Hochsprache niederschreiben kann. Dabei geht es nicht nur darum, Arbeit zu sparen, sondern die Programme werden dadurch auch sehr viel übersichtlicher. Man darf dabei aber nicht vergessen, daß sich hinter harmlos erscheinenden Programmstücken oft ziemlich langer Quellcode verbirgt.

Das Debuggen solcher Programme ist allerdings etwas verwirrend. Dabei ist es gerade bei der Arithmetik oft so wichtig, die Zwischenergebnisse zu verfolgen. Wir empfehlen für die Testphase, an den fraglichen Stellen reichlich NOPs einzufügen.

Auf einen Makro-Aufruf kann kein Breakpoint gesetzt werden, deshalb verwendet man die NOPs.

Wir machen hier noch einmal darauf aufmerksam, daß unsere Makros die Anordnung der Worte in der Reihenfolge Low Byte, High Byte im RAM erfordert. Eine Reihenfolge dient dem Zweck, daß man nicht so viele Variablennamen angeben muß.

Beim Aufruf wird immer der Name des ersten, des Low Bytes genannt.

Beispiel: ADD2   ERGL,ZL

Achtung!

Fallen Sie beim Benutzen solcher Pseudobefehle nicht versehentlich auf die folgende Falle herein.

Beispiel: SKPZ

             RR2   ERGL   ; Vorsicht Falle

Dadurch überspringen Sie nämlich den ersten Befehl des Makros RR2 und beginnen somit mitten im Makro mit der Bearbeitung. Obiges Versehen passiert aus Unaufmerksamkeit, auch wenn man gewarnt ist.

Wir haben in unserem Repertoir die folgenden Makros, welche wir in den nachfolgenden Programmstücken dieses Kapitels zur übersichtlicheren Schreibweise verwenden.

Auszug aus unserer Datei **MAKROS.INC**:

CLR2	DEST	DEST:=0
LD2	DEST,OP	DEST:=OP
INC2	DEST	DEST:=DEST+1
DEC2	DEST	DEST:=DEST-1
ADD2	DEST,OP	DEST:=DEST+OP
SUB2	DEST,OP	DEST:=DEST-OP
NEG2	DEST	DEST:=-DEST
NSUB2	DEST,OP	DEST:=OP-DEST
CMP2	DEST,OP	setzt Flags wie bei SUB2
RL2	DEST,OP	RLF DEST+RLF DEST+1
RR2	DEST,OP	RRF DEST+1 RLF DEST
LDK2	DEST,KH,KL	DEST:=KH:KL
ADDK2	DEST,KH,KL	DEST:=DEST+KH:KL
SUBK2	DEST,KH,KL	DEST:=DEST-KH:KL
CMPK2	DEST,KH,KL	stetzt Flags wie bei SUBK2

Analoge Makros werden bei Bedarf auch für 3 Bytes und 4 Bytes implementiert, also beispielsweise RL3 oder CLR4. In unsere Include-Datei MAKROS.INC sind diese Makros immer nur bei Bedarf hinzugefügt worden. Wenn eines fehlt, dann meldet sich der Assembler von selbst!

6.1.3 Multiplikation

Im Gegensatz zu den einfachen Operationen mit Mehrfachregistern benutzen wir die Multiplikationen, ebenso wie die Divisionen, meist als Unterprogramme. Das Umschreiben in Makros dürfte Ihnen ja keine Probleme bereiten.

Die **ungefähre** Dauer dieser Programme sollte man kennen. Für Präzision unserer Angaben können wir keine Gewähr leisten, da gelegentlich die Form der Programme geändert wurde ohne jedesmal neu zu zählen. **Die Größenordnung stimmt.**

Vielleicht erinnert sich der eine oder andere Leser noch daran, wie man zwei mehrstellige Zahlen mit Papier und Bleistift multipliziert. Man schreibt den Multiplikanden auf die linke Seite und den Multiplikator auf die rechte. Dann multipliziert man den Multiplikanden nacheinander mit jeder Ziffer des Multiplikators, linke Ziffer zuerst. Die Ergebnisse schreibt man untereinander, so daß jedes Ergebnis immer um eine Stelle nach rechts gegenüber dem vorigen steht.

Fast genauso führt der PIC eine Multiplikation aus. Ein paar kleine Unterschiede gibt es . Der erste sehr angenehme Unterschied ist der, daß alle Ziffern nur 1 oder 0 sind. Der zweite Unterschied ist der, daß nach jeder Ziffer das Zwischenergebnis aufaddiert wird. Wir rücken auch das folgende Multiplikationsergebnis nicht nach rechts, sondern das Zwischenergebnis nach links. Das Ergebnis bleibt das gleiche

Multiplikation von zwei Bytes

Die PICs vom Typ 17C43 und aufwärts besitzen für die Multiplikation von zwei Bytes einen eigenen Befehl (ein Befehlszyklus!). Die kleineren Geschwister haben diesen Befehl nicht, so daß die Multiplikation per Software durchgeführt werden muß. Dazu laden wir den Multiplikanden in das W-Register und den Multiplikator in ein Register, das bei uns schon seit Jahren ZL heißt. Das Ergebnis heißt traditionsgemäß ERGX. «ERG» ist eine Abkürzung für das Wort Ergebnis, und das X deutet an, daß es sich um ein Registerpaar handelt, welches wir in einer ausführlicheren Schreibweise auch mit ERGH:ERGL bezeichnen. Die einzelnen Ziffern (Bits) des Multiplikators holen wir uns, indem wir den Multiplikator, das ZL-Register also, nach links rotieren. Ist danach das CY-Flag gesetzt, war das linke Bit eine 1. In diesem Fall muß man das W-Register (einmal W) zum Doppelregister ERGX dazuaddieren. Wenn das Bit 0 ist, müssen wir Null mal W hinzuaddieren. Die beiden ERG-Register werden ganz zu Anfang gleich Null gesetzt.

Der Beginn dieses Programms mag vielleicht etwas merkwürdig erscheinen. Wir laden die Zählvariable mit 8, indem wir sie zuerst löschen und dann das Bit 3 setzen. Das geschieht deshalb, weil der Multiplikand schon im W-Register ist, und wir daher dieses Register nicht mehr anderweitig benutzen dürfen

```
;-------------------------------------------------------------
; BMUL:   Byte-Multiplikation ZL*W
;    Ergebnis (2Byte) in ERGH:ERGL
;    W bleibt erhalten, ZL nicht
;    DAUER(Befehlszyklen): 88+2*Anzahl Einsen
;    im ungünstigsten Falle 104 Zyklen incl Call und Return
;-------------------------------------------------------------
```

```
BMUL      CLRF      UCNT
          BSF       UCNT,3       ; UCNT:=8
          CLR2      ERGL
BML0      BCF       STATUS
          RL2       ERGL
          RLF       ZL
          SKPC
          GOTO      BMR
          ADDWF     ERGL         ; Addieren
          SKPNC
          INCF      ERGH
BMR       DECFSZ    UCNT
          GOTO      BML0
          RETLW     0
```

BMUL

Multiplikation von einem Byte mit einem 16-Bit-Wort

Wenn es gilt, ein Byte mit einem Wort zu multiplizieren, dann gibt es zwei Möglichkeiten: Entweder der Multiplikator ist ein Wort lang und der Multiplikand ein Byte, oder es ist umgekehrt.

Wenn der **Multiplikator** nicht ein Byte, sondern zwei Byte lang ist, hat das keine nennenswerten Auswirkungen auf den Ablauf des Multiplikationsprogramms. Man muß nur statt der Variablen ZL eine aus zwei Byte bestehende Variable ZX verwenden. Das Rotieren einer solchen Variablen ist bekannt. Die Variable UCNT ist nicht mit 8, sondern mit 16 zu laden. Der Multiplikand kann wiederum im W-Register verbleiben. Das Ergebnis ist nicht mehr zwei Byte sondern drei Byte lang. Die Ergebnisvariable ERGX reicht nun nicht mehr aus. Daher deklarieren wir eine zweite Ergebnisvariable, welche wir logischerweise ZWERGX = ZWERGH:ZWERGL nennen (zweites Eerebnis). Von dieser brauchen wir für das 3 Byte-Ergebnis nur den Teil ZWERGL.

Wenn der **Multiplikand** dagegen ein Wort ist und nicht ein Byte, geht uns der schöne Vorteil verloren, daß er im W-Register verbleiben kann. Er muß in ein Doppelregister geladen werden und die Addition wird statt 3 Zeilen nun 10 Zeilen lang. Dennoch ist die letztere Methode zeitlich erheblich günstiger, weshalb wir uns hier im Programm WMUL für dieses Verfahren entscheiden. Für den Multiplikanden wird das Doppelregister NX benutzt. Den Namen trägt dieses Register, weil es normalerweise als Nennerregister dient.

```
;------------------------------------------------------------
; WMUL: Multiplikation ZL*NX
;     Ergebnis  (3Byte) in ERGL+2:ERG1+1:ERGL
;     DAUER(Befehlszyklen):105+9*Anzahl Einsen des ZL
;     im ungünstigsten Falle 177 Zyklen. incl Call und Return
;------------------------------------------------------------
WMUL       CLRF       UCOUNT
           BSF        UCOUNT,3
           CLR3       ERGL
WMLO       BCF        STATUS,CY    ;
           RL3        ERGL
           RL2        ZL
           SKPC
           GOTO       WMR
           ADD2       ERGL,NL      ; Addieren
           SKPNC
           INCF       ERGL+2
WMR        DECFSZ     UCNT
           GOTO       WMLO
           RETLW      0
```

WMUL

Multiplikation von zwei 16-Bit Worten

Wenn der Multiplikator auch zwei Byte lang ist, dann muß das ZL-Register durch das ZX ersetzt werden. Für das Ergebnisregister brauchen wir nun auch das ZWERGH-Register. Die Hauptschleife muß nun 16 Mal durchlaufen werden. Die Addition ist 12 Zeilen lang.

Das Programm heißt bei uns WWMUL. Abgesehen von dem etwas umständlicheren Additionsteil ist es dem Programm WMUL sehr ähnlich.

```
;------------------------------------------------------------
;WWMUL: Multiplikation ZX*NX
;     Ergebnis (4 Byte) in ERGL+3:ERGL+2:ERGL+1:ERGL
;     DAUER: 234 +11*Anzahl Einsen
;     im ungünstigsten Fall 410 Zyklen incl. Call und Return.
;------------------------------------------------------------
           CLRF       UCOUNT
           BSF        UCOUNT,4
           CLR4       ERGL
WWMLO      BCF        STATUS,CY    ; Hauptschleife
           RL4        ERGL
           RL2        ZL
           BNC        WWMR         ;
```

```
WWADD      ADD2     ERGL,NL      ; Addieren
           SKPNC                 ;
           INCF     ERGL+2       ;
           SKPNZ                 ;
           INCF     ERGL+3       ;
WWMR       DECFSZ   UCOUNT
           GOTO     WWMLO
           RETLW    0
```

WWMUL

Multiplikation mit 10

Die Multiplikation mit 10 kommt so oft vor, daß wir spezielle Programme mit ver-kürzter Laufzeit bereithalten. Die Zusammenhänge, in denen wir diese Multiplika-tion anwenden, bewegen uns dazu, die Programme BMUL10 und WMUL10 als Makros zu programmieren.

Beachten Sie, daß bei diesen Makros das Ausgangsregister WERT gleich dem Eingangsregister ist, nur daß das Ausgangsregister ein Byte größer ist. Die Reihen-folge der Bytes ist immer Low Byte zuerst!

Multiplikation eines Bytes mit 10 (MAKRO)

Eingang: WERT, Ergebnis im Wort WERT+1:WERT

```
BMUL10     MACRO    WERT
           CLRF     WERT+1
           MOVF     WERT,W       ; W:= WERT
           CLRC
           RL2      WERT
           CLRC
           RL2      WERT         ; WERT:=WERT*4
           ADDWF    WERT         ; WERT:=WERT*5
           SKPNC                 ;
           INCF     WERT+1       ;
           CLRC
           RL2      WERT         ; WERT:*WERT*10
           ENDM
```

BMUL10

Multiplikation eines 16-Bit Worts mit 10 (MAKRO)

Dieses Makro ist erklärungsbedürftig. Es sieht etwas merkwürdig aus, weil sich eine von uns in den Kopf gesetzt hat, es ohne Hilfsvariable zu programmieren. Die Hilfs-variable müßte im Makro benannt werden und bei jedem Aufruf mit angegeben werden. Diese Variante ist nicht sehr anwenderfreundlich.

Zuerst programmieren die Multiplikation des höheren Bytes mit 5, wobei wir bereits die höchsten zwei Bits des niedrigeren Bytes berücksichtigen. Bei der dann folgenden Multiplikation des niedrigen Bytes mit 4 werden die zwei höchsten Bits ignoriert. Anschließend wird das niedrigere Byte zum Ergebnis hinzuaddiert und noch einmal mit 2 multipliziert.

```
;--------------------------------------------------------------
;WMUL10:MAKRO  ;WERT+2:WERT+1:WERT:= 10*WERT+1:WERT
;--------------------------------------------------------------
WMUL10      MACRO     WERT
            CLRF      WERT+2
            MOVF      WERT+1,W     ; W=High Byte
            CLRC                   ; CY:=Bit7 von Low Byte
            BTFSC     WERT,7
            SETC
            RL2       WERT+1
            CLRC                   ; CY:=Bit6 von Low Byte
            BTFSC     WERT,6
            SETC
            RL2       WERT+1       ; High Byte*4(+Bit6,7)
            ADDWF     WERT+1       ; High Byte*5(+Bit6,7)
            SKPNC
            INCF      WERT+2
            MOVF      WERT,W       ; W=WERT
            CLRC
            RLF       WERT         ; Low Byte*2(Bit7 fällt raus)
            CLRC
            RLF       WERT         ; Low Byte*4(Bit6 fällt raus)
            ADDWF     WERT         ; WERT:=5*WERT
            SKPNC
            INCF      WERT+1
            SKPNZ
            INCF      WERT+2
            CLRC
            RL3       WERT         ; WERT:10*WERT
            ENDM
```

WMUL10

Die Multiplikation einer *Ziffer* mit 10 geht am schnellsten mit Hilfe einer Tabelle.

```
ZMUL10      ADDWF     PC
            RETLW     0
            RETLW     .10
            RETLW     .20
            RETLW     .30
            RETLW     .40
```

```
RETLW    .50
RETLW    .60
RETLW    .70
RETLW    .80
RETLW    .90
```

6.1.4 Division

Auch die Division geht so vonstatten wie wir das in der Grundschule gelernt haben.

Echter Bruch

Zuerst behandeln wir den Fall, daß der Zähler kleiner ist als der Nenner (echter Bruch). Wenn wir die Division auf dem Papier durchführen, dann multiplizieren den Zähler mit 10 indem wir eine 0 anhängen und prüfen, ob nun der Zähler größer ist als der Nenner. Wenn ja, subtrahieren wir das entsprechende Vielfache vom Zähler und fahren mit der Prozedur fort. Die erhaltenen Ergebnisse sind die Stellen hinter dem Komma, die erste Stelle sind die Zehntel, die zweite die Hundertstel usw. Also folgende Schritte:

1. Zähler mit 10 multiplizieren

2. Wenn Zähler immer noch kleiner Nenner, dann **Null anhängen,** sonst die entsprechende **Ziffer anhängen** und das entsprechende Vielfache subtrahieren.

Genau das gleiche müssen die PIC16 Controller durchführen, wieder mit dem praktischen Unterschied, daß alle Ziffern nur 0 oder 1 sind. Die erhaltenen Bits sind nicht Zehntel, Hundertstel, usw., sondern Halbe, Viertel, Achtel, ...

Das Verfahren geht also analog, nur daß wir 10 durch 2 ersetzen, und wir brauchen keine Vielfachen zu bilden, da die Ziffern immer maximal 1 sind.

1. Wenn 2*Zähler < Nenner, dann Null anhängen

2. Sonst 1 anhängen und 2*Zähler – Nenner bilden.

Das Anhängen einer 0 oder 1 führen wir durch, indem wir das Ergebnis links rotieren, und das Bit 0 entweder 0 oder 1 setzen. **Der Wert 2*Zähler ist auf jeden Fall größer als der Nenner, wenn beim Rotieren links ein Überlauf ist.**

Wir betrachten den Fall, daß Zähler und Nenner durch Bytes dargestellt sind. Den Zähler nennen wir ZL, den Nenner NL. Die Anzahl Stellen ist beliebig, jedoch wollen wir annehmen, daß sie kleiner oder gleich acht ist, so daß das Ergebnis in das Byte ERGL paßt.

Da wir das Ergebnis mit jeder Stelle links rotieren, gilt am Ende des Programms:

ERGL = (2^S*ZL) DIV NL

ZL = (2^S*ZL) MOD NL (Rest),

wobei mit S die Anzahl Stellen bezeichnet wird. NL bleibt unverändert.

Der Rest wird häufig nur zum Aufrunden benutzt, d.h. es ist nur wichtig, ob Rest/ NL kleiner oder größer als 0.5 ist. Diese Prüfung führt man durch, indem man den Rest, der sich in ZL befindet, mit 2 multipliziert und vergleicht, ob das Ergebnis größer als NL ist.

```
;-------------------------------------------------------------
;BDIV:     Byte Division ,ZL<NL
;    Eingang ZL,NL
;    Eingang: UCOUNT = Anzahl Stellen (S)
;    Ausgang: ERGL:= (2**S*ZL) DIV NL
;    Rest in ZL (2**S*ZL) MOD NL
;    NL unverändert
;-------------------------------------------------------------
BDIV      CLRF      ERGL
          MOVF      NL,W
BDL       CLRC
          RLF       ZL            ; ZL*2
          RLF       ERGL          ; ERGL,0=1, wenn CY
          SUBWF     ZL            ; ZL-W (ggfs. rückgangig)
          SKPNC
          BSF       ERGL,0        ; ERGL,0 = 1, wenn 2*ZL>W
          BTFSS     ERGL,0
          ADDWF     ZL            ;Subtraktion rückgängig machen
          DECFSZ    UCOUNT
          GOTO      BDL
          RETLW     0
```

BDIV

Die Programmzeilen für das Aufrunden lauten:

```
RUNDE     CLRC
          RLF       ZL,W
          SKPNC
          GOTO      AUF
          SUBWF     NL,W
          SKPNC
AUF       INCF      ERGL
          NOP
```

Die Division zweier 16 Bit-Worte unterscheidet sich nur dadurch, daß das Rotieren sowie das Subtrahieren und Addieren nun für Registerpaare durchgeführt werden muß. Auch können wir nicht wie bei BDIV den Wert des Nenners im W-Register lassen. Das Programm WDIV ist daher um einiges aufwendiger als BDIV. Wir nutzen jedoch unsere am Anfang des Kapitels vorgestellten Makros, so daß die Ähnlichkeit mit BDIV sofort sichtbar wird.

```
;-------------------------------------------------------------
;WDIV:   Wort Division, ZX<NX
;    Eingang: ZX,NX
;    Eingang:UCOUNT=Anzahl Stellen
;    Ausgang: ERGX:=(2**S*ZX) DIV NX), wobei S=Anzahl Stellen
;    Ausgang: Rest in ZX
;    NX unverändert.
;-------------------------------------------------------------
WDIV      CLR2      ERGL
WDL       CLRC
          RL2       ZL              ;ZL*2
          RL2       ERGL            ;ERGL,0=1, wenn CY
          SUB2      ZL,NL           ;ZL-NL (ggfs. rückgängig)
          SKPNC
          BSF       ERGL,0          ;ERGL,0 = 1, wenn 2*ZL>W
          BTFSC     ERGL,0
          GOTO      WDR
          ADD2      ZL,NL           ;Subtraktion rückgängig machen
WDR       DECFSZ    UCOUNT
          GOTO      WDL
          RETLW     0
```

WDIV

Ganzzahlige Division

Bei der ganzzahligen Division ist der Zähler größer als der Nenner. Das gewünschte Ergebnis lautet für die Wortdivision::

ERGX:= ZX DIV NENNER

ZX:= ZX MOD NENNER

Bei der Ganzzahldivision rotieren wir den Nenner solange links, bis ein Wert entsteht, der größer ist als ZX. Die Anzahl Rotationen nennen wir S.

Mit diesem rotierten Nenner führen wir dann eine Division mit S Stellen durch, bei der wir aber nicht den Zähler links rotieren, sondern den Nenner rechts rotieren

Die Verfahrensweise gilt in gleicher Weise für die ganzzahlige Bytedivision.

```
;-------------------------------------------------------------
; GWDIV: Ganzzahldivision ZX>NX
;           ERGX:=(ZX DIV NX)
;           Ausgang: Rest (ZX MOD NX) in ZX
;           NX unverändert.
;-------------------------------------------------------------
GWDIV       CLRF      UCOUNT
            CLR2      ERGL
ROLO        INCF      UCOUNT
            CLRC
            BTFSC     NH,7
            GOTO      GW3
            RL2       NL          ; Makro
            CMP2      ZL,NL       ; Makro
            SKPNC
            GOTO      ROLO
            CLR2      ERGL
GW2         CLRC
            RR2       NL
GW3         CMP2      ZL,NL
            SKPC
            GOTO      RLE2
            SUB2      ZL,NL
RLE2        RL2       ERGL
            DECFSZ    UCOUNT
            GOTO      GW2
            RETURN
```

GWDIV

6.1.5 Anwendungsbeispiele

Die folgenden Anwendungsbeispiele zeigen, daß man sich beim Umrechnen und Umformen immer auf die jeweilige Situation einstellen muß und daß es kein Rezept für alle Fälle gibt. Doch es gibt Standardfälle, die immer ähnlich zu bearbeiten sind.

Umrechnen von 8 Bit AD-Wandlerwerten

Die AD-Wandlerwerte sind Zahlen von 0 bis 255, welche als Ergebnis einer Wandlung zur Verfügung gestellt werden, sei es durch einen internen oder externen AD-Wandler. In vielen Fällen repräsentieren diese Werte nichts weiter als eine Spannung am Eingang. In vielen Anwendungsfällen ist es nicht nötig, die AD-Wandlerwerte in irgendwelche physikalischen Größen wie Volt- oder Temperaturwerte umzurechnen. Wenn man einen Akku überwacht, dann gibt man die Grenzen für «Unterspannung» oder «Akku voll» gleich als Werte im Bereich zwischen 0 und 255 ein. Will man die Werte aber anzeigen oder an eine Schnittstelle ausgeben, dann ist es nötig, sie in physikalische Einheiten umzurechnen.

Als typisches Beispiel betrachten wir eine Temperaturerfassung mit einem AD-Wandler. Mit Hilfe eines Sensors und einer elektronischen Umformung wird die Temperatur zunächst in eine Spannung umgewandelt. Diese wird nun als AD-Wandlerwert erfaßt, welcher im Falle eines 8-Bit AD-Wandlers ein Wert zwischen 0 und 255 ist. Wenn ein AD-Wandlerwert, den wir mit ADW bezeichnen wollen, in eine Temperatur TEMP umgerechnet werden soll, dann nimmt man in der Regel an, daß es einen linearen Zusammenhang zwischen TEMP und ADW gibt. Daß dies immer nur mehr oder weniger näherungsweise der Fall ist, soll uns hier nicht interessieren. Wir gehen zunächst einmal davon aus, daß wir wissen, welche Temperatur zu ADW = 0 (TEMP0) und welche zu ADW = 256 (TEMP1) gehört. Diese Zuordnung können wir auch dann als vorgegeben betrachten, wenn wir wissen, daß der höchste erfassbare Wert 255 ist.

Die Temperatur, die zu einem beliebigen Wert ADW gehört, ist näherungsweise durch die lineare Kennlinie zu berechnen, wobei wir die Temperaturen im Folgenden in Grad Celsius annehmen.

TEMP = TEMP0+(TEMP1-TEMP0)*ADW/256

Wenn beispielsweise der untere Temperaturwert bei -10 und der obere bei +40 liegt, lautet die Kennlinie

TEMP = -10+50*ADW/256

Zu einem AD-Wandlerwert von 128 errechnen wir dann die Temperatur 15 Grad.

Wenn wir annehmen, daß der Temperaturbereich kleiner als 256 ist, führen wir die Multiplikation (TEMP1-TEMP0)*ADW mit dem Programm BMUL durch. Das Ergebnis erhalten wir in der Variablen ERGX. Die Division durch 256 ist kein Problem. Der ganzzahlige Anteil befindet sich in ERGH. Die Dezimalstellen müssen wir aus ERGL/256 ermitteln. Bei der Anzeige einer Temperatur ist es selten sinnvoll, mehr als eine Dezimalstelle anzuzeigen, zumal wenn man nur einen 8 Bit AD-Wandler verwendet. Meist reicht es schon, wenn man noch halbe Grade anzeigt. Aber der Übung halber zeigen wir, wie man die Dezimalstelle DEZ im vorliegenden Fall berechnet:

Aus ERGL/256 = DEZ/10 folgt, daß

DEZ:= 10*ERGL/256.

Für die Multiplikation von ERGL mit 10 haben wir das Makro BMUL10. BMUL10 löscht am Anfang ERGH, so daß wir diesen Wert rechtzeitig sichern müssen. Nach der Multiplikation steht das Ergebnis in ERGX. Dieses müssen wir wieder durch 256 teilen, so daß wir für DEZ das Ergebnis im Register ERGH finden.

Den Wert von ERGL ziehen wir nur noch zum eventuellen Aufrunden heran. Dazu fragen wir nur das Bit 7 ab. Ist es 0, dann brauchen wir den Rest nicht mehr zu berücksichtigen. Ist es 1 dann erhöhen wir DEZ um 1. Wenn DEZ durch die Erhöhung den Wert 10 erhält, dann muß DEZ gelöscht und der ganzzahlige Wert um 1 erhöht werden.

Wer eine solche Anwendung zum ersten Mal programmiert, wird sich vielleicht wundern, daß bestimmte Temperaturwerte nie vorkommen. Daß dies in bestimmten Fällen so sein muß, zeigen wir an einem einfachen Beispiel. Wir haben ein Außenthermometer, welches von -30 bis +50 Grad Celsius mißt. Die Temperaturspanne umfaßt 80 Grad. Wenn die Temperatur mit einer Stelle hinter dem Komma angezeigt werden soll, gibt es also 800 verschiedene Anzeigewerte. Da wir aber nur 256 verschiedene AD-Wandlerwerte haben, können auch nur 256 verschiedene Anzeigewerte vorkommen. Das ist die Folge, wenn man mit einer Anzeige eine höhere Genauigkeit anzeigt, als man mißt. Noch störender ist es allerdings, wenn man beispielsweise den Bereich von 10 bis 35 Grad Celsius erfassen will. In diesem Fall haben wir 251 mögliche Anzeigewerte bei 255 AD-Wandlerwerten. Das bedeutet, daß es 5 Temperaturwerte gibt, die zu zwei verschiedenen AD-Wandlerwerten gehören. Der Benutzer wird das meistens gar nicht merken, aber es gibt Anwendungen, in denen man feststellen kann, daß die Anzeige bei manchen Eingangswerten auf eine Veränderung nicht so schnell reagiert wie bei anderen Eingangswerten. Wenn der Eingangswert mit Hilfe eines Präzisionszehngangpotis in feinsten Schritten durchgefahren werden kann, tritt dieser Effekt gnadenlos zutage.

Die einzige Lösung ist entweder eine höhere Auflösung bei der AD-Wandlung oder eine weniger genaue Stellenanzeige. Oder man akzeptiert die Anzeige wie sie ist.

```
;-------------------------------------------------------------
; ADUM erzeugt einen Anzeigewert mit drei Stellen:
; ZIF2 und ZIF1 für den ganzzahligen Teil,
; ZIF0 für die Dezimalstelle.
; WERT0 bzw. WERT1 sind die Anzeigewerte zu ADW=0 bzw ADW=256,
; WERT0 und WERT1 sind ganzzahlig genähert.
;-------------------------------------------------------------
ADUM       MOVF      WERT1,W
           SUBWF     WERT0,W
           MOVWF     ZL
           MOVF      ADW,W
           CALL      BMUL         ;-> ERGX:=RANGE* ADW
           MOVF      ERGH,W       ;
           ADDWF     WERT0
           MOVWF     GANZ         ; ERGH = RANGE*ADW DIV 256
           CLRF      ERGH         ; ERGH UMLADEN NACH GANZ
           BMUL10    ERGL         ; ERGH:= DEZ
```

```
            BTFSC    ERGL,7
            INCF     ERGH
            MOVF     ERGH,W      ; AUFRUNDEN, WENN ERGL>128
            MOVWF    ZIF0        ; ERGX UMGELADEN NACH
; ZX(NENNER IST NOCH IN NL)
            XORWF    OAH         ;
            BNZ      ADAUS       ;
            CLRF     ZIF0        ;
            INCF     GANZ        ;
ADAUS       MOVF     GANZ,W
            MOVWF    ZL
            MOVLW    .10
            MOVWF    NL
            CALL     GBDIV
            MOVF     ERGL,W      ; ERGL=GANZ DIV 10
            MOVWF    ZIF2
            MOVF     ZL,W
            MOVWF    ZIF1
ADRET       RETLW    0

ADUM
```

Kalibrierung einer Anzeige

Im vorigen Beispiel waren wir davon ausgegangen, daß die Werte TEMP0 und TEMP1, welche zu den AD-Wandlerwerten 0 und 256 gehören, genau bekannt sind. In der Praxis ist dies aber oft nur ungefähr der Fall, so daß wir eine Anzeige entweder bei Inbetriebnahme kalibrieren oder in regelmäßigen Abständen nachkalibrieren müssen. Dazu ist es notwendig, daß zwei verschiedene physikalische Meßwerte WERTA und WERTB präzise hergestellt werden können, und dem µController in dem Moment, in dem diese Meßwerte anliegen, über einen Taster mitgeteilt wird, daß dieser (vorher vereinbarte) Meßwert nun gültig ist. Der µController veranlaßt in diesem Moment sofort eine Messung. Den erfaßten Wert legt er sich als ADWA bzw. ADWB ab. Die beiden Werte brauchen nicht in der Nähe von 0 oder 256 zu liegen, sollten aber hinreichend weit voneinander entfernt sein. Die Werte im Bereich von 0 und 256 sind oft Extremwerte, die man gar nicht so leicht herstellen kann. Außerdem geschieht das Kalibrieren am Besten in solchen Bereichen, in denen man die größte Genauigkeit erwartet, denn die Linearität ist ja meist nur in einem eingeschränkten Teil des Meßbereiches genau.

Die erste Möglichkeit, die Kennlinie mit diesen beiden Meßwerten zu kalibrieren, ist daß man beispielsweise die obige Temperaturkennlinie in der Form

TEMP:= TEMPA+(ADW-ADWA)*(TEMPA-TEMPB)/(ADWA-ADWB)

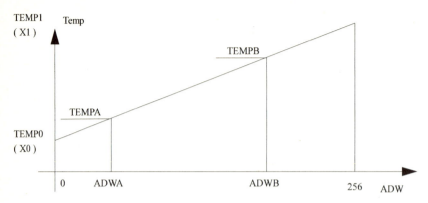

Abb. 6.1: Kennlinie

benutzt. Diese Form erfordert erheblich mehr Rechenaufwand bei jeder neuen Messung. Man kann aber den Rechenaufwand auf den Zeitpunkt der Kalibrierung verlegen, und die unbekannten Größen TEMP0 und TEMP1, welche zu den AD-Wandlerwerten 0 und 256 gehören, rechnerisch bestimmen, so daß wir wieder die einfache Kennlinie des vorigen Absatzes erhalten.

Diese Werte wollen wir hier mit X0 und X1 bezeichnen, damit wir im Auge behalten, daß es unsere Unbekannten sind, die es zu berechnen gilt. Sie entsprechen im obigen Beispiel den Werten TEMP0 und TEMP1. Dabei können X0 und X1 auch außerhalb des eigentlichen Meßbereichs liegen. Sie sind ja nur Rechengrößen, die wir für die Umrechnung benötigen. Es ist daher nicht einmal ein Problem, wenn sie physikalisch unsinnig sind (z.B. negative Materialdicke). In diesem Fall sollte man jedoch aufpassen, wenn sich die Anzeige im Laufe der Zeit verstellt, daß man unsinnige Werte abfängt.

Die Beziehung der Kennlinie gilt für alle Meßwerte, insbesondere auch für die beiden Kalibrierwerte. Wir erhalten zwei Bedingungen, aus denen wir die beiden unbekannten Größen X0 und X1 berechnen können.

WERTA = X0+(X1-X0)*ADWA/256

WERTB = X0+(X1-X0)*ADWB/256

Beachten Sie, daß in diesen Beziehungen alle Größen außer X0 und X1 als bekannt angenommen werden. Durch Subtraktion dieser beiden Gleichungen erhalten wir zunächst:

WERTB-WERTA = (X1-X0)*(ADWB-ADWA)/256

damit ergibt sich:

(X1-X0)/256 = (WERTB-WERTA)/(ADWB-ADWA)

Das ist genau der Anwendungsfall für das Programm BDIV. Mit ZL = (WERTB-WERTA) und NL = (ADWB-ADWA) erhalten wir im Register ERGL den ganzzahligen Anteil von (X1-X0). Danach kann X0 aus einer der beiden Kalibrierbeziehungen gefunden werden. X1 wird für die Kennlinie gar nicht explizit benötigt, läßt sich aber aus der Beziehung für X1-X0 errechnen, wenn man X0 kennt.

Als konkretes Zahlenbeispiel wählen wir wieder die Temperaturanzeige von vorhin. Wir nehmen an, daß wir als Kalibriertemperaturen WERTA = 0 Grad und WERTB = 20 Grad vereinbart haben. Wenn am Eingang der Meßwert 0 Grad eingestellt ist, lösen wir eine AD-Wandlung aus und erhalten beispielsweise einen AD-Wandlerwert von 36. Dieser wird als ADWA abgelegt. Ebenso gehen wir bei 20 Grad vor und messen beispielsweise ADWB = 140. In diesem Fall ergibt die obige Berechnungsformel:

(X1-X0)/256:=20/104

Unser Kopfrechner sagt uns, daß X1-X0 etwa 50 ist, der Taschenrechner meint 49,23. Der PIC16 sagt CALL BDIV (mit ZL = 20 und NL = 104) und schon hat er das Ergebnis in der ihm eigenen Form: ERGL = 49 und ZL = 23 = Rest. Der Bruchteil von 0,23 ist also gleich 23/104. Was nun? Für unsere Kennlinienformel war ein ganzzahliges Ergebnis vorgesehen. Lassen wir die 0,23 einfach weg? Wahrscheinlich können wir dies tun, da unsere Genauigkeit ohnehin nicht sehr hoch ist. Ein halbes Prozent Abweichung in der Steigung der Kennlinie ergibt auf den gesamten Temperaturbereich bezogen nur ein viertel Grad Abweichung. Bei 20 Grad ergibt dies einen Fehler von 0,1 Grad.

Berechnen von DA-Wandlerwerten

Wir gehen davon aus, daß wir einen physikalischen Wert im Short-Real Format über eine Schnittstelle erhalten haben und diesen in einen 12 Bit DA-Wandlerwert umrechnen müssen. Dabei ist in der Regel ein physikalischer Wert, der RANGE, bekannt, welcher dem DA-Wandlerwert von 1000H entspricht. Der höchste tatsächlich mögliche DA-Wandlerwert ist zwar 0FFFH, aber die Berücksichtigung dieses Umstands wird ggfs. durch eine spätere Korrektur stattfinden. Um zu einem physikalischen Wert den zugehörigen 12 Bit DA-Wandlerwert zu berechnen, muß dieser Wert durch RANGE dividiert werden und dann mit 1000H multipliziert werden. RANGE ist ebenfalls im Short-Real Format gegeben.

Wir müssen jetzt die Division zweier Short-Real Zahlen betrachten, wobei der Zähler kleiner ist als der Nenner. Wir nennen die Mantisse des Zählers ZX und die Mantisse des Nenners NX, den Exponenten des Zählers ZEX und den des Nenners NEX. Wenn ZEX>NEX ist, dann multiplizieren wir ZX solange mit 10 und dekrementieren gleichzeitig ZEX solange, bis ZEX=NEX. Ist dagegen NEX>ZEX, dann machen wir das gleiche mit dem Nenner. Hier kann allerdings ein problematischer Fall eintreten, nämlich der, daß der Nenner bei dieser Prozedur überläuft.

Wir wollen diesen Fall an einem konkreten Beispiel darlegen: Es sei NX = 10 und NEX = 1. Wenn ZX = 52245 und ZEX = -4, dann ist der Wert des Zählers 5.2245. Dieser Wert ist korrekterweise kleiner als der Nenner. Nach der oben vorgeschlagenen Verfahrensweise würden wir nun den Nenner 4 mal mit 10 multiplizieren, wobei aber der Wert 100000 entstünde, was zu einem Überlauf der Mantisse NX führt. Die Ursache hierfür ist, daß der Zähler unsinnig viele Stellen hat. Bei einem 12-Bit DA-Wandler ist die letzte Stelle ohne jede Bedeutung. Man wird diesen Fall verhindern müssen, bzw. wenn dies nicht möglich ist, den Zähler durch 10 dividieren und NEX dann um 1 erhöhen.

Wenn beide Short-Real Werte auf den gemeinsamen Exponenten gebracht wurden, sind nur noch die Mantissen zu dividieren. Im Falle eines 12 Bit DA-Wandlers lautet die Formel für den zu berechnenden DAC-Wert, welcher im Bereich von 0 bis 1000H liegt:

DAC:=1000H*ZX/NX

Dies ist genau das Ergebnis, das sich nach Aufruf von WDIV in ERGX befindet, wenn man UCOUNT = 12 wählt.

Eine Korrektur ist anzubringen, da der Bereich der DA-Werte ja nicht 1000H, sonden nur 0FFFH ist. Die angemessene Korrektur ist, daß man alle Werte, die größer als 800H sind, um eins erniedrigt.

```
;------------------------------------------------------------
; DACUM: berechnet aus einem aktuellen Wert und einem RANGE-
; Wert (beide Short-Real) einen 12 Bit DA-Wandler-Wert
; Eingang: ZX,ZEX; NX,NEX
; Ausgang: ERGX
;------------------------------------------------------------
DACUM     MOVF     NEX,W
          SUBWF    ZEX,W
          BZ       DADI
          BNC      NENA
          MOVWF    COUNT        ; COUNT=ZEX-NEX
MUN       WMUL10   ZL           ; Doppelregister *10
          DECFSZ   COUNT        ; kein Überlauf!
          GOTO     MUN
          GOTO     DADI
NENA      XORLW    0FFH
          MOVWF    COUNT
          INCF     COUNT        ; COUNT=NEX-ZEX
MUN       MUL10    NL           ; Doppelregister NX*10
```

```
            DECFSZ    COUNT           ; kein Ünerlauf!
            GOTO      MUN
DADI        MOVLW     .12
            MOVWF     UCOUNT
            CALL      WDIV            ; In ERGX ist DAC-Wert,
                                      ;
            RLF       ZH,W            ; muß evtl. noch aufgerundet
                                      ; werden,
            BC        INCEL           ; falls 2*ZH > NH
            SUBWF     NH,W
            SKPC
INCEL       INCF      ERGL            ; Aufrunden
            MOVF      ERGH,W          ; Korrektur,wegen Bereich
                                      ; 0FFFH statt 1000H
            ANDLW     0F8H            ;
            SKPZ
            RETLW     0
            DECF      ERGL            ; Korrektur betrifft nur LSB
            COMF      ERGL,W
            DECF      ERGH
            RETLW     0
```

DA-Wandler-Umrechnungsprogramm

6.2 Zahlenstrings

Zahlenstrings kommen in einer sehr großen Anzahl von Varianten vor. Meist werden sie von einer Schnittstelle eingelesen, wobei es bereits eine Fülle von Möglichkeiten des Einlesens gibt, sowohl was die Art der Schnittstelle betrifft als auch bezüglich der Vereinbarung des String-Endes. Das Datenformat kann ganzzahlig sein oder mit Dezimalpunkt. Es kann auch ein E-Format zugelassen sein. Im einen Fall werden vorangestellte Vorzeichen erlaubt, im anderen ist eine Begrenzung der Anzahl von Ziffern vorzunehmen oder der eingelesene Zahlenwert auf bestimmte Grenzen zu überprüfen.

Wir werden hier nun an zwei häufig vorkommenden Beispielen die wichtigsten Aspekte der Dekodierung darlegen.

Wir gehen immer davon aus, daß es sich um einen ASCII-Code handelt. Außer Ziffern kann ein Zahlenstring auch andere Zeichen enthalten wie Minus, Plus, Dezimalpunkt usw. Im ASCII-Code ist eine Ziffer daran zu erkennen, daß das höhere Nibbel gleich 3 ist, und das niedrige Nibbel kleiner als 10. Ein nützliches kleines Programm ist in diesem Zusammenhang das Unterprogramm **ZIFCHK**, welches feststellt, ob ein Zeichen eine Ziffer ist oder nicht. ZIFCHK liefert diese Information in Form der ZR-Flags, welches gesetzt wird, wenn das Zeichen eine Ziffer ist.

```
ZIFCHK    MOVF      ZEICHEN,W
          ANDLW     30H
          XORLW     30H
          SKPZ
          RETURN                  ; NZ: höheres Nibbel nicht 3
          BTFSS     ZEICHEN,3
          RETURN                  ; Low NIB <7 ,ZR noch
                                  ; gesetzt
          MOVF      ZEICHEN,W     ; 100x erlaubt.
          ANDLW     06
          RETURN                  ; ZR nur wenn Bits 1,2 = 00
ZIFCHK
```

6.2.1 Einlesen ganzzahliger Dezimalzahlen

Zunächst betrachten wir die Eingabe eines ganzzahligen positiven Werts. Die Anzahl der Ziffern soll beliebig sein, aber der eingegebene Wert soll so begrenzt sein, daß er in ein Wort paßt.

Als String-Ende erwarten wir die Ziffer mit dem ASCII-Code 0DH. Wenn zu Beginn ein Minuszeichen geschickt wird, dann merken wir uns das in einem Vorzeichenflag, welches wir MINUS nennen.

Da wir uns bezüglich der Art der Schnittstelle, von der wir die Zeichen lesen, nicht festlegen wollen, gehen wir einfach davon aus, daß es ein Einleseprogramm READ gibt. Das Programm READ soll das eingelesene Zeichen in der Variablen ZEICHEN zurückgeben. Erlaubt sind Dezimalziffern, welche den ASCII-Code von 30H bis 39H besitzen.

Außerdem ist der Wert 0DH als Eingabebeendigung definiert. Jede andere Eingabe führt zur Fehlermeldung.

Wir nennen den dekodierten Wert aus praktischen Gründen ERGX.

Zunächst setzen wir ERGX:= 0. Jede gültige Zifferneingabe ZEICHEN wird zunächst von ihrem höherwertigen Nibble befreit und dann mit der Operation

ERGX: = ERGX*10+(ZEICHEN AND 0FH)

in das Ergebnis aufgenommen. Wenn bei dieser Operation ein Überlauf stattfindet, dann setzen wir das Flag FEHLER ebenso wie bei einer ungültigen Zeicheneingabe. Wir verwenden die Makros, die wir weiter oben in diesem Kapitel aufgelistet haben.

```
ZSTRHEX     CLR2        ERGL            ; Makro
            BCF         ERRFLAG
ZLO         CALL        READ            ; angenommenes Leseprogramm
            MOVF        ZEICHEN,W
            XORLW       0DH
            SKPNZ
            RETURN                      ; Endzeichen erkannt
            CALL        ZIFCHK          ;
            SKPZ                        ;
            GOTO        NOVALID         ; keine Ziffer
            WMUL10      ERGL            ; ERGL+2=Überlauf
            MOVF        ERGL+2
            SKPZ
            GOTO        NOVALID         ; Überlauf
            MOVF        ZEICHEN,W
            ANDLW       0FH
            ADDWF       ERGL
            SKPNC
            INCF        ERGL+1
            SKPZ                        ; Überlauf bei der Addition
            GOTO        ZLO
NOVALID     BSF         ERRFLAG
            RETURN

ZSTRHEX
```

6.2.2 Einlesen von Short-Real Werten

In der zweiten Stufe lassen wir auch einen Dezimalpunkt zu. Außerdem darf die Anzahl der Ziffern größer sein. Dazu müssen wir uns zuerst überlegen, wie wir eine solche Zahl darstellen wollen. In unserer Praxis hat sich ein Format bewährt, das wir Short-Real-Format nennen. Dieses Format besteht aus einem 16 Bit-Wort, welches die Mantisse darstellt, und einem 8 Bit-Exponenten zur Basis 10. Das Dekodierprogramm unterscheidet sich nun in einigen Punkten vom obigen.

Ein Unterschied ist, daß ein Dezimalpunkt als Eingabe akzeptiert wird. Mit dem Punkt geschieht zunächst nichts weiter als daß man sich merkt, daß er da war. Wir tun dies mit einem Flag, welches wir PUNKT nennen. Wenn Punkt gesetzt ist, darf natürlich kein weiterer Punkt mehr akzeptiert werden.

Der Exponent ist ein Byte, welches wir EXPO nennen, die Mantisse nennen wir wieder ERGX. Zu Beginn werden diese Variablen:= 0 gesetzt. Die Ziffern werden nun genauso in die Variable ERGX aufgenommen wie oben. Nur nach dem Dezimalpunkt wird der Exponent bei jeder Ziffer erniedrigt. Der Exponent ist in vielen Fällen negativ, d.h. er hat die Werte 0FFH, 0FEH .. für -1, -2, ...

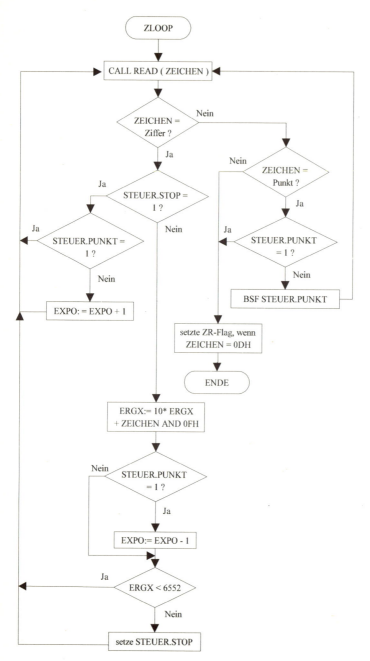

Abb. 6.2: Einlesen eines Zahlstrings mit Dezimalpunkt

Sollte die Mantisse überlaufen, kann man einen Fehlerabbruch vornehmen. Man kann aber auch mehr Stellen zulassen und die weiteren Eingaben ignorieren. Vielleicht ist es der Anwender gewohnt, eine große Anzahl Stellen hinter dem Komma zu schicken, auch wenn sie die Auflösung übersteigen. Dann soll er natürlich nicht mit einem Fehlerabbruch aus dem Programm fliegen. Oder er will tatsächlich größere Werte eingeben, welche wir durch Erhöhen des Exponenten akzeptieren können. Stellen vor dem Komma erhöhen den Exponenten um eins, sobald die Mantisse voll ist. Die erste Ziffer nach dem Überlauf kann man noch berücksichtigen, indem man die vorige Ziffer ggfs. aufrundet. Die Wahl einer Mantisse von 16 Bit wird nur dann getroffen, wenn die Auflösung von 16 Bit auch ausreicht. Sollten weitere Stellen relevant sein, muß die Mantisse natürlich größer gewählt werden.

Beispiel: Eingabe = 401234 --->ERGX=40123 EXPO = 1

             Eingabe = 40.1234 --->ERGX=40123 EXPO = 0FDH (-3)

Wenn wir erkennen, daß die nächste Eingabe die Mantisse zum Überlaufen bringen wird, setzen wir das Flag STOP.

6.2.3 Erzeugen von Zahlenstrings

Umwandlung eines Wortes in einen Zahlenstring

Zunächst betrachten wir das Erzeugen eines Zahlenstrings aus einer 16 Bit-Hexzahl. Dieser besteht aus maximal 5 Dezimalstellen, da der höchstmögliche Wert 65535 ist. Aus praktischen Gründen laden wir die Zahl nach ZX. Die Ziffern berechnen wir der Reihe nach.

ZIF5:= ZX DIV 10000   ZX:= ZX MOD 10000

ZIF4:= ZX DIV 1000   ZX:= ZX MOD 1000

ZIF3:= ZX DIV 100   ZX:= ZX MOD 100

ZIF2:= ZX DIV 10   ZX:= ZX MOD 10

ZIF1:= ZX

Man kann führende Nullen weglassen, d.h. die Zeichen erst dann an die Schnittstelle schicken, wenn erstmals eine Ziffer <> 0 auftaucht.

Um ASCII-Zeichen aus den Ziffern zu machen, muß zu den einzelnen Ziffernbytes natürlich noch eine 30H dazugeodert werden.

Abbildung eines Wortes auf einen Wertebereich.

Hexzahlen *repräsentieren* häufig nur einen Meßwert. Während die Hexzahl selber beispielsweise einen Wert von 0 bis 0FFFFH annimmt, liegt der entsprechende Meßwert im Bereich 0 bis 5 (Volt), den wir mit vier Stellen hinter dem Komma umrechnen wollen.

Man könnte nun den Hexwert in einen Meßwert umrechnen, natürlich nicht zwischen 0 und 5, denn dann würde ja die ganze Auflösung verloren gehen. Wir könnten aber einen Meßwert zwischen 0 und 50 000 erzeugen und diesen dann nach dem obigen Verfahren in einen Zahlenstring umwandeln, wobei wir hinter der ersten Ziffer einen Dezimalpunkt plazieren. Das würde aber bedeuten, daß man zuerst mit 50 000 multiplizieren würde, um dann anschließend wieder durch 10 000 zu dividieren.

Wir ersparen uns diesen Umweg und wenden stattdessen einen anderen Algorithmus an.

Zunächst nehmen wir einen vereinfachten Fall an, daß wir den Bereich 0 bis 0FFFFH in eine Zahl zwischen 0 und 1 abbilden, d.h. wir erzeugen einen Zahlenstring der Form „0.zzzzr", wobei zzzz vier Stellen hinter dem Komma sind. Die letzte Ziffer „r" stellen wir nicht mehr dar, sondern wir benutzen sie lediglich zum Aufrunden.

Der Algorithmus geht folgendermaßen: Unsere Hexzahl steht im Doppelregister ERGX:

1. Wir bilden 10*ERGX (MAKRO WMUL10)

2. ZIF:=ZWERGL(höchste Ziffer)

Anschließend wiederholen wir die Schritte 1 und 2 für die zweithöchste Ziffer und so lange, bis wir genug Ziffern haben. Das Verfahren haben wir „Cecina-Algorithmus" genannt, nach dem Ort, wo die zugehörigen Formeln in den Sand geschrieben wurden. Das Wort „Formeln" ist eigentlich zu hochtrabend, weil es sich ja nur um einen einfachen Dreisatz handelt.

Wenn wir nun beispielsweise einen Bereich von 0 bis 5 haben statt von 0 bis 1, dann multiplizieren wir beim erstenmal mit 5 statt mit 10 und setzen den Dezimalpunkt nicht vor, sondern hinter die erste Ziffer. Bei einem Bereich bis 50 wird der Dezimalpunkt noch eins weiter versetzt.

Wenn der Bereich sich aus vielen von Null verschiedenen Ziffern zusammensetzt, dann ist eine Modifikation nötig, die in einem PICmicro-Buch zu weit führen würde.

Das Aufrunden geschieht so, daß die letzte Ziffer z um 1 erhöht wird, wenn r > 5 ist. Wenn die letzte Ziffer =9 ist, wird sie =0 gesetzt und die vorletzte erhöht, usw.

Bei dieser Prozedur wird aus 0.99996 am Ende der Rundungsprozedur 1.0000.

6.2.4 BCD-Formate

Streng genommen gehört dieses Thema nicht in den Absatz über Zahlenstrings, aber es ist so nahe damit verknüpft, daß wir es hier unterbringen.

Die Umwandlung von BCD-Format in ein HEX-Format und umgekehrt ist nichts weiter als ein Sonderfall der besprochenen Zahlenstring-Umwandlungen.

Die beiden Programme HEX2BCD und BCD2HEX aus unserer Unterprogramm-sammlung beziehen sich also auf Bytes. Ebenfalls das Makro INCBCD, welches beim Hochzählen der BCD-Zeit unentbehrlich ist, sowie das Makro DECBCD. Das Programm ZMUL10 ist die schnellste Methode, eine Ziffer mit 10 zu multiplizieren. Der Befehl CALL ZMUL10 benötigt nur 6 Befehlszyklen: 2 für den CALL, 2 für ADDWF PC und 2 für den RETURN.

Daß die Programme INCBCD und DECBCD als Makros und die anderen als Unterprogramme vorhanden sind, liegt an den Situationen, in denen wir persönlich die Programme am häufigsten benötigt haben. Die Zeit, die man braucht, um die Form im Bedarfsfall zu ändern, ist jedenfalls geringer als die Zeit, die man damit verbringt, über die günstigste Form eines Programms nachzudenken oder gar unendlich viele Versionen für alle Lebenslagen zu verwalten.

```
ZMUL10    ADDWF    PC            ; Multiplikation mit 10
          RETLW    0
          RETLW    .10
          RETLW    .20
          RETLW    .30
          RETLW    .40
          RETLW    .50
          RETLW    .60
          RETLW    .70
          RETLW    .80
          RETLW    .90
```

ZMUL10

```
;-----------------------------------------------------------
; BCD2HEX: Gegeben: BCD:BYTE, Gesucht:HEX:Byte
; Programmablauf:
; HEX=10*HINIB(BCD)+LONIB(BCD)
;-----------------------------------------------------------
BCD2HEX   SWAPF    BCD,W
          ANDLW    0FH
          CALL     ZMUL10
          MOVWF    HEX           ; Hex=10*höhere Ziffer
          MOVF     BCD,W
          ANDLW    0FH
```

```
              ADDWF     HEX
              RETURN
; -------------------------------------------------------------
; HEX2BCD: Gegeben:HEX:BCD
; Programmablauf:
; HINIB(BCD):= HEXDIV1   LONIB(BCD):= HEXMOD10
; -------------------------------------------------------------
HEX2BCD       MOVF      HEX,W
              MOVWF     ZL
              MOVLW     .10
              MOVWF     NL
              CALL      GBDIV
              SWAPF     ERGL,W
              MOVWF     BCD
              MOVWF     ZL,W
              ADDWF     BCD
              RETURN
```

Der praktische Gebrauch zeigt, daß die Form als Unterprogramm (bei uns) die weitaus häufigste Form ist, weil sie bei der Bedienung einer Schnittstelle immer wieder mit den gleichen Eingangsvariablen aufgerufen wird.

Die folgenden beiden Makros wären (bei uns!) als Unterprogramme nicht sinnvoll.

Bei den Makros INCBCD und DECBCD wird angenommen, daß das REGISTER bereits BCD-Form hat.

```
INCBCD        MACRO     REGISTER
              INCF      REGISTER
              MOVF      REGISTER,W
              ANDLW     0FH
              XORLW     0AH
              MOVLW     6              ;wenn niedriges Nibbel=10,
              SKPNZ                    ;dann addiere 6
              ADDWF     REGISTER
              ENDM
; -------------------------------------------------------------
DECBCD        MACRO     REGISTER
              DECF      REGISTER
              MOVF      REGISTER,W
              ANDLW     0FH
              XORLW     0FH
              MOVLW     6
              SKPNZ
              SUBWF     REGISTER
              ENDM
```

BCD

6.3   Textstring dekodieren

Die folgende Aufgabe ist interessant, wenn man zum Beispiel ein IEEE-Gerät zu bedienen hat, welches mit ASCII-Strings angesprochen wird, die aus Befehlen und Argumenten bestehen.

Wir gehen davon aus, daß sich eine Liste gültiger Befehle im EPROM befindet. Bei einem über eine Schnittstelle ankommenden Befehlsstring soll geprüft werden, ob er mit einem der gültigen Befehle der Epromliste übereinstimmt. Wir wollen annehmen, daß es keine Unterscheidung von Klein- und Großbuchstaben gibt, d.h. nach dem Einlesen werden alle Buchstaben mit folgenden zwei Befehlen in Großbuchstaben umgewandelt. Ein einfaches Makro tut diesen Dienst:

```
UPCASE     MAKRO       ZEICHEN
           BTFSC       ZEICHEN,6    ; Buchstabe?
           BSF         ZEICHEN,5    ; Wenn ja:Großbuchstabe
           ENDM
```

Dieses einfache Verfahren erwischt zwar alle Buchstaben richtig, wandelt aber auch einige Sonderzeichen um, wie z.B. die geschweiften Klammern in eckige. Wenn diese als Eingaben zugelassen werden, muß man sich etwas mehr Mühe machen mit dem Umwandeln.

Am bequemsten ist es, wenn der eingelesene String mitsamt seinem Terminator im RAM zwischengespeichert ist, so daß seine Länge bekannt ist. Die Befehlsliste im EPROM enthält dann praktischerweise als erstes Byte vor jedem Befehl seine Länge. Dadurch kann man als erstes prüfen, ob die Länge stimmt. Falls nicht, addiert man sie zum Listenzeiger und kann den nächsten String der Liste vergleichen. Das Ende der Liste erkennt man an einem String der Länge Null, d.h. es steht einfach eine 0 als Listenterminator am Ende der Liste.

Wenn die Länge des eingelesenen Befehls mit einem Befehl der Liste übereinstimmt, beginnt der Vergleich der Zeichen. Als Zeiger auf den eingelesenen Befehl dient dabei natürlich das FSR-Register, den Listenzeiger nennen wir LISTPTR. Wenn ein Teil der beiden zu vergleichenden Strings übereinstimmt und dann eine Differenz entdeckt wird, setzt man das FSR-Register wieder auf den Anfang zurück, während zum Listenzeiger die Restlänge addiert wird, so daß er auf die Länge des nächsten Befehls zeigt. Der Vorgang wird dann so lange wiederholt, bis entweder der String in der Liste gefunden wurde oder die Liste zu Ende ist. Bei jedem Vergleich erhöht man eine Zählvariable LISTNUM, so daß man am Ende die Nummer des erkannten Befehls erhält. Mit Hilfe dieser Nummer kann man anschließend in eine Bedienungsroutine verzweigen.

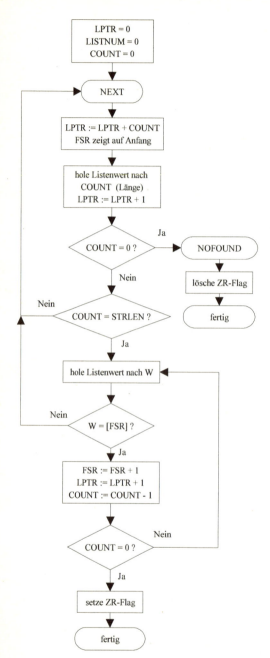

Abb. 6.3: Stringdekodierung

6.4   TIMUP (Uhr und Datum)

Den Namen **TIMUP** verwenden wir immer für den Programmteil, der die Zeit und ggfs. das Datum hochzählt. Diesen Namen benutzen wir, egal ob es sich um ein Unterprogramm, ein Makro oder einfach ein Programmteil handelt. Auch die verschiedenen Versionen von TIMUP unterscheiden wir nicht durch den Namen, weil wir sonst nämlich eine unübersichtlich große TIMUP Bibliothek zu verwalten hätten. Manchmal muß TIMUP nur die Zeit hochzählen, manchmal Zeit und Datum bis zur Jahretausendwende. Eine Unterscheidung der TIMUP-Programme ergibt sich auch durch das Datenformat der Zeit. Es gibt nämlich viele Fälle, in denen es sich empfiehlt, die Zeit im BCD-Format zu verwalten. Sowohl das DCF-Protokoll als auch die meisten Uhrenbausteine liefern dieses Format. Für jede Art von Anzeige ist das BCD-Format am praktischsten. Wenn es für das BCD-Format keinen triftigen Grund gibt, dann verwaltet man die Zeiten natürlich im Hexformat.

Eine weitere Version gibt es auch, wenn man Programmspeicherplatz sparen muß. TIMUP erhöht die Variable, die wir meist folgendermaßen benennen:

STEP, SEKUNDE, MINUTE, STUNDE, TAG, MONAT, JAHR

Dabei ist STEP die Bezeichnung für die kleinste Zeiteinheit (meist 1 bis 8 Millisekunden).

Oft verwenden wir statt SEKUNDE aus praktischen Gründen auch VSEK (Viertelsekunde) oder HSEK (halbe Sekunde).

TIMUP wird immer dann aufgerufen, wenn der Grundtakt (meist 1 bis 8 Millisekunden) erkannt wurde.

Wenn es da nicht einige Details gäbe, die man beachten muß, dann wäre der Verlauf von TIMUP gar nicht der Rede wert:

Eine Möglichkeit, das TIMUP zu programmieren, ist die folgende:

1. STEP + 1, wenn kein Überlauf, dann Fertig

2. sonst: STEP:= 0, SEKFLAG:= 1, **SEKUNDE + 1**, wenn <> **60**, dann fertig

3. sonst: SEKUNDE:= 0, MINFLAG:= 1, **MINUTE + 1**, wenn <> **60** , dann fertig

4. sonst: MINUTE:= 0, STDFLAG:= 1, **STUNDE + 1**, wenn <> **12**, dann fertig

5. sonst: STUNDE:= 0, TAGFLAG:= 1, **TAG + 1**, wenn <> **Anz. Tage**, dann fertig

6. sonst: TAG:= 1, BSF MONFLAG, **MONAT + 1**, wenn <> **12**, dann fertig

7. evtl noch weiter

Die Flags SEKFLAG, MINFLAG, STDFLAG usw. werden immer dann gesetzt, wenn sich SEKUNDE, MINUTE, STUNDE usw. geändert haben.

Die Werte für den Überlauf einer Zeitvariablen sind feste Werte bis auf die Anzahl der Tage eines Monats. Hierfür brauchen wir eine Tabelle. Das Tabellenprogramm GETTAGE fragt zuerst ab, ob es sich um den zweiten Monat eines Schaltjahres handelt. Falls ja, gibt es den Überlaufwert 30 aus, ansonsten ist es ein gewöhnliches Table Read Programm. Die Überlaufwerte sind immer um 1 höher, als der letzte mögliche Wert.

Im BCD-Format müssen natürlich alle Überlaufwerte in diesem Format angegeben werden. Bei der Tabelle GETTAGE fällt auf, daß die Tabelle eine Lücke von 6 Werten aufweist. Dies hängt damit zusammen, daß die Eingangsvariable MON die Werte 0AH bis 0FH nicht annimmt, sondern von 09H auf 10H springt. Die Tabelle mit Lücke ist der einfachste Weg, diesem Umstand Rechnung zu tragen.

Eine zweite Ablauf-Version

Der obige Ablauf hat Vorteile, aber auch manchmal Nachteile. Sie sehen, daß wir zuerst die Sekunde erhöhen. Falls sie nicht 60 ist, dann ist das Programm zu Ende. Desgleichen verfahren wir mit den restlichen Zeitwerten.

Jetzt stellen Sie sich den Programmablauf vor, beim Wechsel des Jahrhunderts. Das Programm hat in diesem Falle die längste Laufzeit, denn wir müssen durch sämtliche Erhöhungen hindurch. Das ist solange vernünftig wie wir nicht ein BCD-Format zu verwalten haben. Dann nämlich schreiben wir

nicht **INCF SEKUNDE**

sondern **INCBCD SEKUNDE.**

INCBCD ist ein Makro, welches sieben Befehlszyklen lang dauert. Dieses Makro muß nun am Ende des Jahrhunderts sieben mal aufgerufen werden, am Ende jeden Monats fünfmal. Das könnte zeitlich störend sein. Wenn zwischen zwei Takten eine Menge Arbeit zu erledigen ist, dann wird man an keiner Stelle unnötig verschwenderisch sein mit der Zeit. In einem solchen Falle wird man zuerst abfragen, ob die Zeit an Ihrem Überlauf angekommen ist und nur dann inkrementieren, wenn dies nicht der Fall ist. Andernfalls setzt man die Variable gleich auf 0 bzw. 1 zurück.

In der 3. Zeile heißt es dann beispielsweise nicht:

MINFLAG:=1, **INCBCD MINUTE**, wenn <> 60, dann fertig,

sondern

MINFLAG:=1, wenn <> **59 dann INCBCD MINUTE**, fertig

sonst MINUTE = 0 usw.

Vielleicht werden Sie fragen, warum man überhaupt die erste Version in Betracht zieht. Dafür gibt es zwei Gründe: Die erste Version ist bezüglich des Arbeitsablaufs schöner und etwas kürzer. Außerdem sind beide Versionen ein nettes Beispiel für Programmdetails. Wir zeigen sie in einem kleinen Ausschnitt, sowohl als Flußdiagramme als auch als Programmstücke.

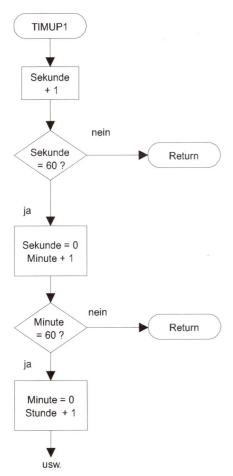

Abb. 6.4: Ausschnitt aus TIMUP Version1

```
        BSF      SEKFLAG
        INCBCD   SEKUNDE
        MOVLW    60H
        SUBWF    SEKUNDE
        SKPZ
        GOTO     FERTIG
IMIN    BSF      MINFLAG
```

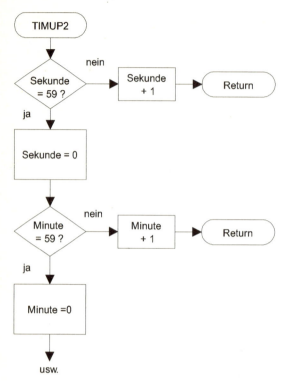

Abb. 6.5: Ausschnitt aus TIMUP Version 2

```
        BSF      SEKFLAG
        MOVLW    59H
        SUBWF    SEKUNDE
        SKPNZ
        GOTO     IMIN
        INCBCD   SEKUNDE
        GOTO     FERTIG
IMIN    BSF      MINFLAG
```

Ein paar abschließende Worte müssen noch zu der Tabelle gesagt werden, die für die Anzahl der Tage des Monats beigefügt werden muß, sofern das Datum mitverwaltet wird: Die folgende Tabelle gilt für die Version im BCD-Format. Die Tabelle enthält die Werte nach dem Inkrementieren, bei denen der Tag wieder auf 1 zurückgesetzt wird. Die Werte selbst sind im BCD-Format. Die Lücke in der BCD-Tabelle kommt daher, daß auch der Index (das Jahr) im BCD-Format vorliegt. In der zweiten Ablaufversion müssen alle Tabellenwerte um eins kleiner sein (im BCD-Format).

Die ersten sieben Zeilen im BCD-Format sind vielleicht erklärungsbedürftig. Während man im Hexformat ein Schaltjahr sofort daran erkennt, daß es durch 4 teilbar ist (letzte zwei Bits sind 0), ist dies beim BCD-Format nur dann der Fall, wenn die zweite Ziffer gerade ist (20,24,28,40,44,48 usw.). Wenn jedoch die erste Ziffer ungerade ist (12,16,32,36), dann müssen im BCD-Format die Bits 0 und 3 gleich 0 sein.

GETTAGE für BCD-Format und erste Ablaufversion.

```
GETTAGE   MOVF    JAHR,W
          BTFSS   JAHR,4
          ANDLW   03H
          BTFSC   JAHR,4
          ANDLW   09H
          SKPZ
          GOTO    NOSCHALT    ; kein Schaltjahr
          IORWF   MON,W
          XORLW   2
          SKPNZ               ; NZ: Nicht Februar
          RETLW   30H         ; FEB Schaltjahr
NOSCHALT  DECF    MON,W       ; MON=1 bis 12!
          ADDWF   PC
          RETLW   32H         ; JAN
          RETLW   29H         ; FEB
          RETLW   32H         ; MAR
          RETLW   31H         ; APR
          RETLW   32H         ; MAI
          RETLW   31H         ; JUN
          RETLW   32H         ; JUL
          RETLW   32H         ; AUG
          RETLW   31H         ; SEP
          RETLW   32H         ; OKT
          RETLW   0           ; Nur für BCD
          RETLW   0           ;
          RETLW   0           ;
          RETLW   0           ;
          RETLW   0           ;
          RETLW   0           ;
          RETLW   31H         ; NOV
          RETLW   32H         ; DEZ
```

7 Programmdesign

Ein Controllerprogramm ist wie ein Kunstwerk. Die wesentliche Arbeit des Programmierens ist nicht das Erstellen eines Quelltextes, genauso wenig wie das Niederschreiben von Noten die eigentliche Arbeit des Komponierens ist. Ein Programm entsteht im Kopf, genau wie ein Lied oder eine Sinfonie.

Ebenso wie ein Künstler benötigt der Programmierer gute Kenntnisse über sein Handwerkszeug.

Das alleine ist aber noch nicht ausreichend, um ein gutes Programm zu schreiben. Ein Programm muß effektive und sichere Arbeit leisten und dabei eine möglichst übersichtliche Struktur besitzen.

Manchmal ist eine Fülle von Aufgaben quasi gleichzeitig zu erledigen, oft sind komplexe Algorithmen in kürzesten Zeitabschnitten zu erledigen und häufig steht für eine große Menge von Aufgaben nur ein sehr kleiner Programmplatz zur Verfügung.

Eine gut durchdachte Programmstruktur ist keineswegs eine zusätzliche Erschwerung, sondern die einzig wahre Hilfe bei komplexen Programmen.

Wer noch keine lange Programmiererfahrung besitzt, sollte jetzt keine Angst bekommen, denn wenn man einige Programme hinter sich hat, merkt man, daß ganz ähnliche Situationen immer wieder auftauchen, auch wenn es sich um grundverschiedene Anwendungen handelt. Nach einiger Zeit wird man systematisch vorgehen können. Voraussetzung ist natürlich, daß man immer gut nachdenkt über die Programme, die man schreibt. Wenn man programmiert wie der Maler vom Montmartre, dann kann es sein, daß einem die Ähnlichkeit mehrerer Programme gar nicht auffällt.

Für den Prorammieranfänger mag es zunächst verwirrend sein, daß es für ein Problem oft sehr viele unterschiedliche Lösungen gibt. Die gestalterische Freiheit bereitet am Anfang langes Nachdenken, ob man ein Programm nun so oder lieber anders gestalten soll. Auch hier hilft die Zeit der Übung. Die Entscheidung über die Programmgestaltung ist eine sehr persönliche Sache.

Mit zunehmender Erfahrung entwickelt ein jeder Programmierer seinen eigenen Stil.

Im Folgenden wollen wir unsere ganz persönliche Betrachtungsweise darlegen, und zwar anhand konkreter Beispiele. So unterschiedlich unsere Anwendungen auch sind, man verwendet doch immer wieder ähnliche Programmstrukturen. Nicht, weil man zu faul ist, um jedesmal eine neue Strategie zu entwickeln, sondern weil man auf diese Weise enorm effektiv werden kann.

Betrachten wir zunächst zwei kleine alltägliche Aufgaben:

Pulse zählen: Jedesmal, wenn eine positive Flanke auftritt, erhöhen wir eine Zählvariable.

Schrittmotor steuern: Zu festen Zeiten geben wir einen Ausgabewert an den Treiberport aus. Anschließend bestimmen wir den neuen Ausgabewert und die neue Ausgabezeit.

Was haben diese beiden Anwendungen gemeinsam? In beiden Fällen ist auf ein Ereignis zu warten. Im ersten Fall ist es ein externes Ereignis, im zweiten Fall ein Zeitereignis. Wenn das Ereignis eingetreten ist, muß eine Bedienungsroutine aufgerufen werden. Solche Vorgänge machen den größten Teil unserer Programme aus:

- Ereignisse erfassen
- Ereignisse bedienen

In dieser Feststellung liegt der erste Schritt zur systematischen Programmerstellung.

7.1   Ereignisse erfassen mit Hardwarehilfe

Die berühmteste Art der Erfassung von Ereignissen ist die Nutzung von Interrupts. Der gute Ruf der Interrupts betrifft die sofortige Bedienung von Ereignissen. Dies müssen wir ein wenig genauer unter die Lupe nehmen. Nach Auftreten eines Interruptereignisses dauert es zwei bis drei Befehlszyklen, die sogenannte Latency-Zeit, bis die Hardware den Programmcounter gerettet und zum Interruptvektor verzweigt hat. Diese Zeit ist insofern meist unbedeutend, als sie kalkulierbar ist. Darüberhinaus gibt es aber zusätzliche Verzögerungszeiten, die auftreten, bis man an die eigentliche Bedienungsroutine gelangt. In vielen Fällen läßt es sich nicht vermeiden, vorher das W-Register und das Statusregister zu retten. Auch die dafür benötigte Zeit ist bekannt. Weitere bekannte Verzögerungszeiten sind für die Verzweigung an die richtige Routine in Kauf zu nehmen, für den Fall daß man mehrere Interrupts zuläßt. Unbekannte Wartezeiten tauchen jedoch auf, wenn der Interrupt beim Eintreten des Ereignisses bereits belegt ist, was sehr leicht passieren kann, wenn man mehrere Interrupts zuläßt.

Die Interrupts sind aber nicht die einzigen Hardwarehilfen bei der Erfassung von Ereignissen. Die Hardwaremodule liefern uns dabei wertvolle Hilfe, auch ohne daß wir die zugehörigen Interrupts zulassen. Da ist zum Beispiel das sehr nützliche Capture-Modul, welches den genauen Zeitpunkt einer Flanke festhält und darüber hinaus noch ein Flag setzt, welches wir abfragen können, um zu erfahren, ob eine Flanke aufgetreten ist. Auch das PWM-Modul erfaßt nicht nur den Zeitpunkt, an dem die Ausgabe einer Flanke fällig ist, es führt uns diesen Teil der Bedienung auch gleich aus, ohne daß wir den Interrupt zulassen. Das PWM-Modul kann diese Arbeit sogar mit einer Auflösung ausführen, die nur ein Viertel der Befehlszykluszeit beträgt.

7.2 Erfassung von Flanken per Software

Wenn die Bedienung einer Flanke nicht eilig ist, dann genügt es, wenn man in hinreichend kurzen Abständen nachschaut, ob sich an dem entsprechenden Eingang etwas geändert hat.

Wenn jedoch Flanken sehr bald nach ihrem Auftreten entdeckt werden müssen, dann muß man ihnen zu Zeiten, in denen sie auftreten können, in einer Warteschleife auflauern. Dies kann durchaus ein standesgemäßes Verfahren sein, z.B. wenn ein Controller nichts zu tun hat, bis ein Startbit eine serielle Kommunikation ankündigt, oder wenn der ungefähre Zeitpunkt der Flanke bekannt ist. Den Label einer solchen Warteschleife bezeichnen wir oft mit WUNTIL, (Wait UNTIL heißt auf deutsch „Warte bis"). Das Warten auf eine positive Flanke an dem Eingang PIN sieht folgendermaßen aus.

```
WUNTIL    BTFSS    PIN
          GOTO     WUNTIL
FLANKE                        ; Beginn der Bedienungsroutine
```

Wenn es um den genauen Zeitpunkt der Flanke geht, muß natürlich zuvor sichergestellt werden, daß der Eingang PIN zuvor low war.

Falls die Flanke gerade zu einem Zeitpunkt eintritt, an dem sie gerade nicht mehr im ersten Befehl der Schleife erfaßt wird, dauert es 4 Befehlszyklen, bis man beim darauffolgenden Durchgang der Schleife an die Stelle FLANKE gelangt. Dies ist eine nicht kalkulierbare Verzögerungszeit. Ob sie tolerierbar ist, bestimmt die Art der Anwendung.

7.3   Erfassen von Zeitereignissen durch Timerabfrage

Die Warteschleife, welche auf den Zeitpunkt TMR0=EVENT wartet, lautet:

```
WUNTIL    MOVF    EVENT,W
          SUBWF   TMR0,W        ; W:=TMR0-EVENT
          SKPZ
          GOTO    WUNTIL
```

Aus dieser Schleife kommt man nur heraus, wenn zum Zeitpunkt der zweiten Zeile der TMR0 den Wert EVENT hat.

Bei dieser Schleife ist darauf zu achten, daß der Vorteiler des TMR0 groß genug ist (8 oder größer). Wenn bei der Abfrage der Timer gerade gleich EVENT-1 war, dauert es 5 Befehlszyklen, bis man erneut an die Abfrage kommt. Bei einem Vorteiler von eins hat dann der Timer den Wert EVENT+4, so daß man vorläufig aus der Schleife nicht herauskommt.

Mit einem kleinen Trick umgehen wir dieses Problem. Wir fordern nicht, daß der TMR0 *gleich* EVENT ist, sondern daß er sich innerhalb eines kleinen Bereichs befindet, der mit dem Wert EVENT beginnt. Damit haben wir auch ein zweites Problem gelöst, nämlich daß wir an die Stelle WUNTIL einmal ein wenig verspätet ankommen.

Die Differenz TMR0-EVENT wächst mit jedem Timerzyklus um eins, auch wenn der Timer in der Zwischenzeit einen Überlauf hatte. Dieser Differenz erlauben wir nun, einen gewissen Verzögerungswert anzunehmen, über dessen Größe wir jeweils nachdenken müssen. Die Folge davon ist, daß man aus der WUNTIL-Schleife mit einer gewissen Verspätung hinter dem Wert EVENT herauskommt, entweder, weil man den Wert selbst nicht getroffen hat oder weil man zu spät an die Stelle WUNTIL gelangte. Von der konkreten Anwendung hängt es ab, wieviel Verspätung annehmbar ist.

Programmtechnisch ist die folgende Realisierung am einfachsten:

```
WUNTIL    MOVF    EVENT,W
          SUBWF   TMR0,W
          ANDLW   b11111000    ; 3 Bits werden gelöscht
          SKPZ
          GOTO    WUNTIL
```

Aus dieser Schleife kommt man jetzt heraus, wenn die Differenz TMR0-EVENT höchstens auf den niedrigsten 3 Bits von Null verschieden ist, d.h. wenn die Differenz nicht größer als 7 ist. Die Anzahl der Bits, die man löscht, bestimmt die Größe des Verzögerungsbereiches.

Bei dieser Abfragemethode liegt die Zeit, die zwischen dem Erreichen des Ereignisses TMR0=EVENT und dem Verlassen der Warteschleife liegt, zwischen 4 und 10 Befehlszyklen, je nachdem, wann man am Label WUNTIL ankommt, vorausgesetzt daß man nicht verspätet an der Warteschleife ankommt.

Es ist sehr wichtig, daß Sie diese Ausführungen richtig verstanden haben, denn die obige Warteschleife wird Sie durch viele Beispiele verfolgen!!!

7.4 Erfassen von Zeitereignissen durch gezählte Schleifen

Die präziseste Art, Zeiten zu erfassen, ist das Zählen der Befehlszyklen zwischen den einzelnen Tätigkeiten. Einige Programmschleifen zum Zählen von Zeitverzögerungen sind übliches Repertoire. Die Programmfolge

```
DELAY      DECFSZ    DCNT
           GOTO      DELAY
```

benötigt pro Schleifendurchgang drei Befehlszyklen, beim letzten Durchgang nur zwei.

Ein weiterer Trick, um eine **variable Verzögerungszeit** zu realisieren ist das folgende Programmstück:

```
WAIT       ADDWF     PC
           NOP
           NOP
           NOP
           NOP
           u.s.w.
WEITER
```

Je nachdem, welchen Wert das W-Registers besitzt, kommt man später oder früher an die Stelle WEITER. Ist W=0, dann werden alle NOPs ausgeführt, ansonsten werden W NOPs übersprungen.

Man kann aber auch ganze komplexe Programme durch Zählen der Befehle organisieren.

Wir hören die zweifelnde Frage: „Wer schreibt denn solche Programme?" Die Antwort lautet: „Wir zum Beispiel, und zwar für sehr effiziente Anwendungen." Ein Beispiel werden wir in den später folgenden Ausführungen über Multitasking (Wolpicinger) darlegen.

7.5   Ereignisse bedienen

Wenn beispielsweise die Zeit gekommen ist für die Ausgabe eines neuen Schritts an einen Steppermotor, dann ist es keine Frage, daß diese Ausgabe sofort erledigt werden muß. Die anschließende Berechnung des nächsten Ausgabewerts und ggfs. des nächsten Zeitpunktes muß aber nicht unbedingt sofort geschehen. Wenn gerade andere eilige Aufgaben anstehen, dann kann man so verfahren, daß man sich nur merkt, daß diese Berechnung fällig ist. Dazu setzt man ein Bit in einer Steuervariablen, auch Flag genannt. Das Flag fragt man zu einem späteren Zeitpunkt ab, wenn gerade die Zeitverhältnisse günstiger sind.

Dieses Verfahren ist auf jeden Fall ratsam, wenn zur Erfassung des Zeitpunkts ein Interrupt benutzt wird, vor allem dann, wenn mehrere Interrupts zugelassen sind. Auf diese Weise belegt man den Interrupt nicht unnötig lange. Eventuell kann man durch geschickte Programmierung sogar das Retten der Register vermeiden, was bei der Ausführung der Berechnungsroutine *im* Interrupt kaum möglich wäre.

Es gibt aber noch einen anderen wichtigen Grund, warum die sofortige komplette Bedienung eines Ereignisses nicht immer günstig ist. Es kann nämlich leicht ein Känguruhprogramm entstehen, wenn man unnötig schnell alle Ereignisse bedient. Nehmen wir als Beispiel ein Programm, das an verschiedenen Stellen Fehlerursachen erkennen kann: eine zu hohe Temperatur, eine unerlaubte Schalterstellung, eine fehlerhafte Kommunikation. Ein erfahrenes Programm merkt sich solche Ereignisse als Flags in einer Fehlervariablen, und trifft an einer zentralen Stelle die entsprechenden Maßnahmen. Die Auslösung eines Alarms oder auch das Abstellen des Geräts hat fast immer entsprechend lange Zeit.

Ein anderes wichtiges Beispiel ist das Programm, welches die Zeit hochzählt. (Wir nennen es TIMUP). Wenn in diesem Programm beispielsweise erkannt wird, daß eine ganze Minute vorbei ist, dann wird man natürlich dieses schöne Programm nicht unterbrechen, indem man in irgendwelche Aufgaben verzweigt, welche alle Minuten zu erledigen sind. Man setzt lediglich ein Minutenflag. Auf diese Weise kann man das Zeitzählprogramm immer wieder verwenden, ohne daß man es für jede Anwendung umstricken muß. Es ist eben ein Modul, das nicht durch anwendungsspezifische Programmteile unterbrochen wird. Später fragen wir dann bei geeigneter Gelegenheit ab, ob dieses Programm einen Sekundenüberlauf, einen Minutenüberlauf, einen Stundenüberlauf und so weiter hatte.

7.6 Programmschleifen

Programme laufen in der Regel in einer oder mehreren, ständig wiederkehrenden Hauptschleifen ab. Es gibt nur wenige Geräte, die nur eine einzige Runde drehen und sich dann selbständig wieder ausschalten oder in die Luft sprengen.

Die Struktur der Hauptschleifen trägt die Verantwortung für die Übersichtlichkeit und die gute Wartbarkeit eines Programms.

Bei Betrachtung unserer zahlreichen Anwendungen stellten wir fest, daß praktisch alle unsere Hauptschleifen etwas gemeinsam haben: Sie sind getaktet oder getriggert. Das heißt, daß am Beginn der Hauptschleife eine WUNTIL-Schleife steht, welche auf das Eintreffen eines taktgebenden Ereignisses wartet. Sehr oft handelt es sich um einen festen Zeittakt, dann sprechen wir von getakteten Schleifen. Manchmal ist es ein externes Ereignis, beispielsweise der Nulldurchgang einer Wechselspannung oder das Startbit einer seriellen Kommunikation. In diesem Falle sprechen wir von getriggerten Schleifen.

Nun handelt es sich keineswegs um eines unserer Prinzipien, solche Schleifen zu bilden, und es liegt auch nicht daran, daß uns die Fantasie für andere Strukturen fehlt. Es hat sich in allen Fällen einfach so ergeben, obwohl es sich um die unterschiedlichsten Anwendungen handelte. Vollkommen ungetaktete Schleifen kamen einfach so gut wie nicht vor.

Beispielprogramm Uhr

Wir stellen Ihnen nun unsere meistbenutzte Hauptschleife in ihrer einfachsten und kürzesten Form vor. Von diesem Programm ausgehend, werden wir dann zeigen, wie man sie erweitern und variieren kann. Sie basiert auf der oben gezeigten TMR0-Abfrage.

Es handelt sich um eine Schleife, die im folgenden Beispiel die typische Dauer von 4 msek hat. Wie meistens gehen wir davon aus, daß die Befehlsdauer 1 µsek beträgt. Falls dies nicht der Fall ist, müssen einige unwesentliche Änderungen angebracht werden. Dem TMR0 geben wir einen Vorteiler von 32. Bitte rechnen Sie nach, daß 125 Timerzyklen genau 4 msek ergeben.

In der folgenden Schleife warten wir, bis der Timer einen Wert EVENT erreicht oder überschritten hat. Wenn dies der Fall ist, dann rücken wir den Wert EVENT um einen Differenzbetrag weiter. Dieses Schleifenverfahren nennen wir **EVENT-Methode**, was eine eigene Wortschöpfung ist. Dabei kann die Abfrage natürlich auch mit einem anderen Timer oder auch mit einer Zählgröße gemacht werden.

```
LOOP        MOVF      EVENT,W
            SUBWF     TMRO,W
            ANDLW     b11111000
            SKPZ
            GOTO      LOOP
            MOVLW     .125            ; 125 dezimal
            ADDWF     EVENT
            CALL      TIMUP
            CALL      LEDANZ
            GOTO      LOOP
```

Die Unterprogramme TIMUP und LEDANZ sind in diesem Zusammenhang nicht wichtig. Nehmen Sie jetzt nur zur Kenntnis, daß TIMUP die Aufgabe des Zeitzählens hat, und LEDANZ in regelmäßigen Abständen eine LED-Anzeige bedient.

Wichtig ist hier die Zeitbetrachtung dieser Schleife. Wenn wir den oberen Teil der Schleife verlassen, erhöhen wir EVENT um 125, so daß beim nächsten Schleifendurchgang das Verlassen der Schleife 4 msek (125 Timerzyklen) später erfolgt. Daß man bei jedem Takt immer ein paar µsek früher oder später aus der oberen Schleife herauskommt, spielt keine Rolle, da sich die Fehler nicht aufsummieren. Man muß nur darauf achten, daß man den erlaubten Verzögerungsbereich nicht überschreitet.

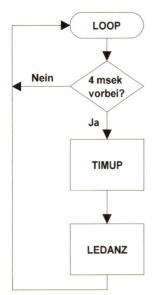

Abb. 7.1: Kleine LOOP

Anders würde es sich verhalten, wenn man nach jedem Takt den Timer löschen und immer wieder auf den Wert 125 abfragen würde. In diesem Falle würden sich die

Fehler aufaddieren, und Sie könnten die Genauigkeit der Uhr sehr schnell vergessen. Beachten Sie hierbei auch, daß beim Löschen eines Timers auch der Vorzähler gelöscht wird, dessen Wert unbekannt ist.

Modularer Aufbau

Die beiden Tätigkeiten TIMUP und LEDANZ sind programmtechnisch voneinander abgekapselt.

Das heißt allerdings nicht, daß abgekapselte Module nichts miteinander zu tun haben. Es sind die Variablen, welche die beiden Programme miteinander verbinden. Eine sehr nützliche Regel, welche, wie jede Regel, Ausnahmen besitzt, ist die folgende:

Jede Variable sollte nach Möglichkeit nur von einem einzigen Modul verändert werden. Die übrigen Module dürfen nur abfragend auf die Variable zugreifen.

Eine wichtige Ausnahme von dieser Regel sind die Botschaftsvariablen: Sie übertragen Botschaften (messages) von einem Modul zum anderen. Oft handelt es sich um Flags, d.h. Bits in einer Steuervariablen. Diese werden von einem Modul gesetzt, wenn ein bestimmtes Ereignis stattgefunden hat. Von dem empfangenden Modul werden sie zurückgesetzt zum Zeichen, daß die Botschaft empfangen wurde und entsprechende Maßnahmen erledigt sind.

In unserem Beispiel verwenden wir ein Flag, welches wir MINOVER nennen. Das Programm TIMUP setzt diese Variable immer dann, wenn die Variable Minute erhöht wird. Das Programm LEDANZ weiß dann, daß die anzuzeigende Zeit sich geändert hat. Es erstellt einen neuen Code für die anzuzeigenden Ziffern und setzt das Flag zurück.

Nun gibt es noch ein kleines Problem zu lösen: Wenn das Flag MINOVER für mehrere Module wichtig ist, welches Modul setzt dann das Flag zurück? Angenommen unser Uhrenmodul bekäme noch eine Weckerfunktion, die jede Minute überprüft, ob die Zeit zum Wecken gegeben ist.

Spontan würde man sagen: das letzte Modul, das die Botschaft erhält, setzt das Flag zurück. Das ist eine gute Lösung, jedoch sind die Verhältnisse nicht immer so einfach, wie in dem obigen Beispiel. Nicht immer ist die Reihenfolge zuverlässig bekannt, in der die Module die Nachricht erhalten, und außerdem muß gewährleistet sein, daß nicht bis zum Löschen des Flags ein Modul die Bedienung mehrfach ausgeführt hat.

Wir bevorzugen für diesen Fall eine Lösung, die auch in anderen ähnlichen Situationen analog angewendet werden kann. Dazu überlegen wir uns, daß das Programm LEDANZ aus zwei unterschiedlichen Teilen besteht. Immer, wenn die Zeit sich ändert, müssen neue Zifferncodes erstellt werden (MKCODE). Das ist eine Tätigkeit, die nur jede Minute einmal durchgeführt wird. Diese Codes müssen dann alle 4 msek reihum an die verschiedenen Ziffernplätze ausgegeben werden. (LEDUP).

Unsere Lösung besteht nun darin, daß wir diese zwei Tätigkeiten als Untermodule in zwei verschiedenen Zeit-Modulen unterbringen. Wir bilden ein Millisekundenmodul, in welchem wir als Untermodule das TIMUP und LEDUP unterbringen. Außerdem bilden wir das Minutenmodul, welches nun das Erstellen der Zifferncodes (MKCODE) und die Weckerüberwachung als Untermodule enthält.

Die Zeit-Module sind eigentlich keine abgeschlossenen Module, sondern nur Sammelstellen für Jobs, die wir dann unter dem Namen „Millijobs", „Minjobs". oder ggfs. auch „Sekjobs", „Stdjobs" usw. zusammenfassen.

Wenn Sie nun denken, die Sache sei dadurch komplizierter geworden, dann schauen Sie sich das folgende Struktogramm an. Mit unseren Überlegungen haben wir ein Grundmuster für Echtzeitanwendungen gefunden, das man immer wieder zur Anwendung bringen kann. Natürlich sind die 4 msek für den elementaren Zeittakt nur ein Beispiel.

In dieses Grundgerüst kann man nun sehr einfach weitere Aufgaben einbauen. Was uns noch fehlt, ist nun die Möglichkeit die Uhr zu stellen und zum Eingeben der Weckzeit. Falls wir dies mit Hilfe einiger Tasten bewerkstelligen wollen, ist dafür Platz bei den Millijobs. Eine einfache Tastenentprellung kann problemlos im Abstand von einigen Millisekunden geschehen, und die Bedienung der Taste kann gleich miterledigt werden.

Zuletzt wollen wir uns noch überlegen, wie wir vorgehen, wenn außer den Minutenjobs auch noch Sekundenjobs, Stundenjobs, Tagesjobs u.s.w. zu erledigen sind. In diesem Falle könnte das Flußdiagramm wie in Abb. 7.2 aussehen.

Das ist ein geschachtelter Ablauf, der einen Nachteil haben kann. Genau um Mitternacht müssen in einem Schleifengang alle Jobs, also die Millijobs, die Sekundenjobs, die Minutenjobs, die Stundenjobs und auch die Tagesjobs erledigt werden. Wenn wir noch weiter gehen, wird es zur Jahrtausendwende noch schlimmer. Zwar sind vier Millisekunden eine Menge Zeit, aber dennoch muß man im Auge behalten, ob ein einziger Schleifendurchgang mit all den Aufgaben nicht zeitlich überfordert ist. Als Alternative bietet sich an, die einzelnen Jobs in unterschiedlichen Schleifendurchgängen zu machen, d.h. in jedem Grundtakt von 4 msek wird alternativ immer nur *eine* der fälligen Aufgaben ausgeführt. Dabei ist die Schleife nicht mehr geschachtelt. Die Reihenfolge, in der die einzelnen Jobs ausgeführt werden, ist frei wählbar. Um Mitternacht wird dann die letzte Aufgabe mit Verspätung von 20 msek aufgeführt. Das wird selten stören.

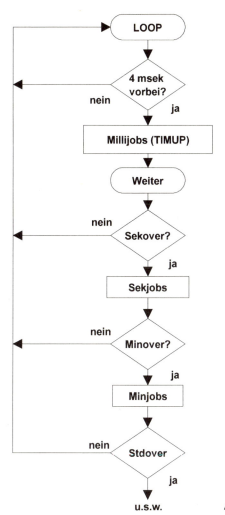

Abb. 7.2: Serielle LOOP

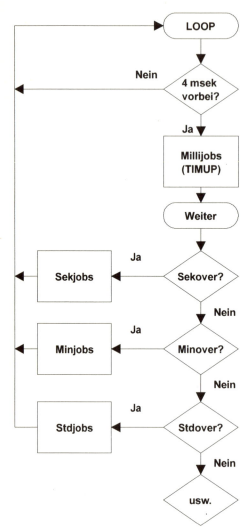

Abb. 7.3: Parallele LOOP

Mehrere Hauptschleifen:

Hauptschleifen sollen schlicht und einfach programmiert sein. Wenn es in der Hauptschleife zu sehr vielen Fallunterscheidungen kommt, dann ist es eine Überlegung wert, mehrere getrennte Hauptschleifen zu programmieren, auch wenn dann manche Programmfolgen doppelt erscheinen. Unser Programm läuft dann gewissermaßen in mehreren Betriebsmodi ab.

Wenn man sich für eine solche Aufteilung entscheidet, wird es zwangsweise Übergänge von einer Schleife in die anderen geben. Hier ein wichtiger Rat, wie man in solchen Fällen ein Durcheinander vermeidet:

Jede Schleife sollte nach Möglichkeit nur eine einzige Stelle haben, an der man sie verlassen kann. Die Bedingungen für den Übergang von einer Schleife zur anderen müssen sehr präzise definiert sein.

7.7 Multitasking

Den Begriff Multitasking haben wir bis vor einiger Zeit nicht verwendet, jedenfalls nicht im Zusammenhang mit der Programmierung von PICs. Ein Programm, das nur eine einzige Aufgabe zu erledigen hat, ist nämlich eine Seltenheit. Jedoch haben wir erkannt, welche Faszination von diesem Wort ausgeht, so daß wir es nun in unseren Sprachschatz aufgenommen haben.

Bei unseren Schulungen haben wir festgestellt, daß angehende Experten von dem Begriff Multitasking erwarten, daß es sich um eine ganz bestimmte Programmiertechnik handelt, die man erlernen kann wie das Abspielen von „Für Elise" auf dem Klavier. Dem ist aber nicht so. Häufig wird auch angenommen, daß Multitasking unweigerlich mit der Verwendung vieler Interrupts verbunden ist. Es gibt natürlich Anwendungen, bei denen das Hauptprogramm so gut wie nichts zu tun hat, während sich die Interrupts mit den verschiedenen Aufgaben abmühen. Wenn jedoch Multitasking wegen brisanter Genauigkeitsanforderung zur echten Herausforderung wird, dann ist das Verfahren mit vielen Interrupts nicht zu gebrauchen. Denn auch die kleinste Interruptroutine mit nur einem Befehl benötigt 6 Befehlszyklen. Bei zwei möglichen Interruptquellen sind es schon 8 bis 9 Zyklen wegen der Verzweigung. Bei noch mehr Quellen dauert es noch länger. Selbst wenn man sich in den Interruptroutinen auf das Allernötigste beschränkt, kann es zu lange dauern für eine präzise Programmierung, wenn gerade eine wichtige Interruptroutine durch eine andere Interruptquelle besetzt ist.

Wir wollen den Begriff Multitasking, ob mit oder ohne Interrupt, einfach folgendermaßen definieren:

Multitasking ist eine Strategie, mit der man die Abarbeitung vieler Aufgaben so organisiert, daß alle Tätigkeiten entsprechend der geforderten Präzision ausgeführt werden.

Multitasking bedeutet also, daß wir eine Reihe von Aufgaben quasi gleichzeitig erledigen. Natürlich nur quasi, denn auch ein Microcontroller kann nur eins nach dem anderen erledigen. Daran kann auch der Einsatz von Interrupts nichts ändern. Das gleichzeitige Abarbeiten mehrerer Aufgaben geschieht immer so, daß man sich jeder Aufgabe zu bestimmten Zeiten oder bei bestimmten Gelegenheiten kurz zuwendet und dies so organisiert, daß jede Aufgabe pünktlich erledigt wird.

7.7.1 Abarbeitung im Uhrentakt

Im Beispiel Uhrenprogramm geschieht dies nach einem vom Programm TIMUP organisierten Zeitschema. Bestimmten Aufgaben wendet man sich alle Millisekunden zu, anderen alle Sekunden, Minuten usw.

In diesem Beispiel hatten wir den typischen Fall, daß keine besonders große Anforderung an die Pünktlichkeit der Timererfassung bestand. Eine verspätete Abfrage von 200 Mikrosekunden kann diese Schleife verkraften. Am Ende kommt dennoch eine hochpräzise Uhrzeit heraus, die für Jahre keine Sekunde falsch ginge, wenn der Systemtakt vollkommen exakt wäre. Unter dem Aspekt des Multitaskings ist dieses Programm keine besondere Herausforderung, auch wenn man ihm nun eine Fülle von weiteren Aufgaben auferlegen würde, z.B. die Rolladensteuerung, die Heizungssteuerung und mehr, sofern alle Aufgaben im Grundtakt oder einem Vielfachen davon zu erledigen sind.

Wenn genau eine Aufgabe dabei ist, die zeitkritisch ist, dann ist die **Benutzung eines Interrupts** eine geschickte Sache. Meist ist es dabei ratsam, in der Interruptroutine nur den wirklich zeitkritischen Teil der Aufgabe zu erledigen.

7.7.2 Abarbeitung nach Fahrplan

Eine praktische Art des Multitasking ist eine vereinfachte Version der Uhrenschleife: Wir haben wiederum eine getaktete Schleife. In der Regel wird der Takt durch eine maßgebliche Aufgabe, wie z.B. die Bedienung eines Schrittmotors vorgegeben. An die Stelle des TIMUP tritt ein einfaches Hochzählen der Takte. Die zugehörige Zählvariable nennen wir oft STEP. Nun wird in Abhängigkeit vom STEP ein „Stundenplan" abgearbeitet: In jedem Takt wird meist zuerst die taktgebende Aufgabe durchgeführt, dann folgt anschließend ein Verteilerprogramm, welches in Abhängigkeit des Werts von STEP zu einer oder mehreren weiteren Aufgaben verzweigt. Voraussetzung ist, daß alle Aufgaben in Vielfachen des Grundtakts abgearbeitet werden können.

Der Stundenplan kann entweder von vorneherein festliegen, oder er wird in ruhigen Zeiten berechnet. Die typische Situation beim Multitasking ist die, daß man zeitweise alle Hände voll zu tun hat, und dann gibt es wieder Zeiten, in denen es ziemlich ruhig zugeht. Oft weiß man, daß man bis zur nächsten Stoßzeit hinreichend viel freie Takte hat, um einen Zeitplan vorzubereiten. Diese Aufgabe muß natürlich auch wieder in den Takt eingebettet werden.

7.7.3 Asynchrone Abarbeitung

Wenn keine Zeitgenauigkeit und keine schnelle Reaktionszeit gefordert ist, dann besteht eine weitere einfache Methode darin, daß man alle Aufgaben der Reihe nach in einer ungetakteten Schleife abfragt, ob sie Bedienung benötigen.

Das entspricht ungefähr dem Verfahren mit vielen Interrupts, nur, daß die Ereignisse über die Software abgefragt werden müssen.

Man kann natürlich auch ein paar asynchrone Abfragen in die WUNTIL-Schleife eines getakteten Programms einbauen, wie gesagt, Multitasking ist nicht *eine* bestimmte Technik.

Andererseits kann man auch Aufgaben, die keinerlei gemeinsamen Takt haben, in einem getakteten System organisieren, wie das folgende Beispiel zeigt.

7.7.4 Gezählte Schleifen (Beispiel Wolpicinger)

Wenn mehrere Aufgaben erledigt werden sollen, die hohe zeitliche Präzision benötigen, dann muß man genau prüfen, wo die Grenzen des Machbaren sind. Auch PICs können keine Wunder vollbringen. Wenn die Genauigkeitsanforderungen so hoch sind, daß die Verwendung mehrerer Interrupts keine ausreichende Pünktlichkeit gewährleistet, dann muß man noch nicht kapitulieren. In vielen solcher Fälle ist die Methode der abgezählten Schleifen sehr interessant. Sie erspart die zeitaufwendige Timerabfrage, und man weiß bei jedem Befehl genau, wo man zeitlich steht. Häufig erspart dieses Verfahren die Notwendigkeit für eine schnellere Quarzfrequenz.

Damit unsere Ausführungen wie versprochen auf der Erde bleiben, legen wir dies an einem konkreten Beispiel dar.

Dies ist zwar ein Spielgerät, welches zur Demonstration zeitkritischen Multitaskings gemacht wurde, jedoch handelt es sich um eine durchaus realistische und typische Situation. Das Gerät soll folgende Funktionen ausführen:

- einen Schrittmotor mit veränderbarer Geschwindigkeit steuern

- eine Phasenanschnittsteuerung für eine Lampe mit verstellbarer Helligkeit organisieren

- eine Ledanzeige mit rotierendem Text bedienen

- zwei Tasten abfragen und bedienen zum Verändern der Parameter

- dazu noch ein Liedchen spielen mit rechteckförmigen Tonfrequenzen.

Um die Sache nicht zu einfach zu machen, wollen wir für die Tonfrequenz eine Genauigkeit im Bereich einer Mikrosekunde fordern.

Die Geschwindigkeit des Schrittmotors soll veränderbar sein. Eine Veränderung der Geschwindigkeit mit einer Auflösung von 64 Mikrosekunden soll ausreichend sein. Innerhalb dieser Geschwindigkeitsvorgabe sollen aber die Abweichungen der Schritte möglichst klein sein.

Zur Verfügung steht ein PIC16C55, also kein Interrupt, nur ein Timer und kein Compare-Modul. Auch kein PWM-Modul für die Tonfrequenz.

Die Befehlsfrequenz soll 1 MHz sein.

Übrigens repräsentiert das Musikmachen eine sehr wichtige Kategorie von Aufgaben: Das präzise Ausgeben von Pulsen mit einem komplexen organisatorischen Hintergrund, so wie es beispielsweise auch bei Motorsteuerungen vorkommt.

Das erste, was wir bei einer solchen Aufgabe zu tun haben, ist die Überprüfung, ob sie mit den vorgegebenen Ressourcen zu erfüllen ist: Das typische an der vorgegebenen Aufgabe ist, daß trotz der hohen Genauigkeitsanforderungen die Abstände zwischen den einzelnen Tätigkeiten sehr groß sind, so daß man mit einiger Erfahrung gleich erkennt, ob die Antwort positiv ausfallen könnte.

Über die Zeitverhältnisse machen wir uns als erstes einen Überblick. Zu jeder Aufgabe sind folgende Fragen zu beantworten:

- **In welchen Zeitabständen sind sie zu bedienen?**

- **Sind die Tätigkeiten zeitlich voraussehbar, oder sind es Bedienungen unvorhersehbarer, externer Ereignisse?**

- **Mit welcher zeitlichen Genauigkeit müssen sie ausgeführt werden, und wie schnell müssen die Ereignisse bedient werden?**

- **Wieviele Befehlszyklen benötigen die einzelnen Tätigkeiten?**

Im vorliegenden Beispiel ergeben sich die folgenden Antworten:

Zeitabstände:

Die Zeitabstände liegen alle im Bereich von ca 0.5 msek bis zu höchstens 8 msek. Der Abstand zwischen zwei Nulldurchgängen liegt zwar bei 10 msek, jedoch verwalten wir die Abstände zwischen Nulldurchgang und Zündung bzw. zwischen Zündung und Nulldurchgang, und diese sollten aus technischen Gründen nicht über 8 msek liegen. Alle Aufgaben sind lange voraussehbar, auch der Nulldurchgang ist zeitlich ungefähr bekannt.

Genauigkeit:

Was die Genauigkeit betrifft, so ist die Bedienung der Tasten völlig unproblematisch. Sie kann immer dann geschehen, wenn gerade nichts anderes zu tun ist, wegen der Entprellung dies nicht zu oft. Auch bei der Reihumschaltung der Anzeigenstellen kommt es auf 100 µsek mehr oder weniger nicht an. Das gleiche gilt für die Phasenanschnittsteuerung. Bei einer Halbwelle von 10 msek machen 100 µsek gerade ein Prozent aus, was das Auge wahrscheinlich noch nicht wahrnimmt. Hier sollte man vorsichtshalber versuchen, etwas genauer zu sein, zumal sich die Fehler der Nulldurchgangserkennung und des Zündzeitpunkts addieren.

Dauer der Tätigkeiten

Lange Algorithmen erlauben keine hohe Zeitgenauigkeit ohne Interrupts. In unserem Beispiel haben wir keine länger dauernden Programmteile, sonst könnten wir den Versuch mit den oben genannten Ressourcen gleich vergessen. Die Werte für den Steppermotor sind mit wenigen Befehlen ausgegeben, den nächsten Wert holen wir aus einer Tabelle. Auch das Ausgeben eines Zündpulses an die Lampe dauert nur wenige Zyklen. Die Anzeige hat einen festen Text, dessen Codes in einem Ringbuffer liegen. Die Ausgabe reihum ist auch nur eine Sache von wenigen Befehlen.

Fazit

Das Hauptproblem wird die genaue Bedienung der Tonfrequenz sein. Ein Hardwaremodul wie PWM oder Compare-Modul wäre hier natürlich sehr von Vorteil. Wenn alle Stricke reißen, müssen wir unserem Auftraggeber klarmachen, daß wir einen komfortableren PICmicro benötigen oder zumindest eine höhere Taktfrequenz. Wegen der Geschwindigkeitsstufen des Schrittmotors versuchen wir es mit einer gezählten Schleife von 64 Befehlen.

In diesem Zusammenhang wollen wir unsere Bezeichnungsweise etwas präzisieren: Wir bezeichnen eine Tätigkeit, die in einem zusammenhängenden Programmteil ausgeführt wird, als **Job**. Dies ist keine amtliche Bezeichnung, sondern eine Tradition unseres Hauses. Betrachten wir die Tätigkeit der Schrittmotorsteuerung. Sie besteht eigentlich aus zwei verschiedenen Jobs, die nicht unbedingt zur gleichen Zeit ausgeführt werden müssen: Der zeitkritische Teil ist die **Ausgabe eines Werts an den Treiberport**. Die **Berechnung des Werts für den nächsten Schritt** und den entsprechenden Zeitpunkt hat Zeit bis kurz vor dem nächsten Schritt.

Wenn wir aber diese beiden Teile nicht hintereinander ausführen, dann müssen wir uns mit einem Flag merken, daß der erste Teil ausführt wurde, damit wir an anderer Stelle abfragen können, ob ein neuer Ausgabewert zu berechnen ist.

Zeitkritisches Multitasking erfordert oft die Zerlegung der Aufgaben in mehrere Jobs, damit man öfter Zeit hat, das Programm zu unterbrechen.

(Notfalls läßt sich auch eine Multiplikation oder Division in mehrere kleine Jobs zerlegen.)

Wenn wir das Verfahren der gezählten Schleife verwenden, müssen alle Jobs eine feste Länge haben, ungeachtet der Fallunterscheidungen. Dies demonstrieren wir am Beispiel des Schrittmotors.

Bedienung des Schrittmotors

Zunächst die Hardwarebedienung:

```
        DECFSZ   STEPZEIT      ; Zeit zwischen zwei Steps
        GOTO     NOSTEP        ;
        MOVF     STEPWERT,W    ; Ausgabewert
        MOVWF    STEPPORT      ; an Treiberport
        MOVF     STEPDIST,W    ; neue STEPZEIT
        MOVWF    STEPZEIT      ; nach STEPZEIT laden
        BSF      STEPFLAG      ; Flag setzen
STEPEND
```

Das Programm dauert sieben Befehlszyklen lang.

Damit das Programm genauso lange dauert, wenn wir keinen Wert ausgeben müssen (NOSTEP), programmieren wir noch die Zeilen:

```
NOSTEP     NOP
           NOP
           GOTO     STEPEND
```

Bitte zählen Sie nach und denken Sie daran, daß jeder ausgeführte GOTO-Befehl zwei Zyklen dauert.

Vom Standpunkt der Übersichtlichkeit ist obiges Programm zwar nicht schön, weil die vier letzten Zeilen irgendwohin ausgelagert werden müssen. Aber solche Gesichtspunkte müssen hier zurückstehen.

Jedesmal, wenn ein Wert an den Treiberport ausgegeben wird, muß anschließend ein neuer STEPWERT berechnet werden. Dies machen wir indem wir uns den nächsten von acht Werten aus einer Tabelle holen. Dazu zählen wir die Schritte in einer Variablen STEP.

Das Programm lautet:

```
NEXTSTEP    MOVF     STEP,W
            INCF     STEP
            ANDLW    07          ; Tabelle hat acht Werte
            CALL     GETSTEP     ; Tabellenwert holen
            MOVWF    STEPWERT
```

NEXTSTEP dauert zehn Befehlszyklen, denn der Befehl CALL GETWERT dauert sechs Zyklen, zwei für CALL, zwei für ADDWF PC und zwei für RETLW.

Nicht vergessen dürfen wir, daß NEXTSTEP nur nach jedem Schritt erforderlich ist. Das ist bei einer Taktlänge von 64 Zyklen üblicherweise etwa alle 30 bis 60 Takte der Fall.

Bedienung der Lampe

Die Bedienung der Lampe besteht wieder aus zwei Teilen. Ein Teil ist ähnlich wie beim Schrittmotor. Statt der Ausgabe eines Werts an den Treiberport geben wir einen Zündimpuls aus. Ein zweiter Teil besteht in einer gelegentlichen Überprüfung des Nulldurchgangs, die zum Zeitpunkt des erwarteten Nulldurchgangs geschieht. Da es hier um das Problem der Organisation des gesamten Programms geht, begnügen wir uns mit der Versicherung, daß dieser Job auch nur wenige Befehle in Anspruch nimmt.

Wolpicinger ohne Musik

Um das Prinzip der gezählten Schleifen unkompliziert darzustellen, verzichten wir zunächst einmal auf die Tonausgabe. Die Schleife sieht prinzipiell so aus:

- Schrittmotor
- Lampe
- sonstige Jobs (Taste, Anzeige, NEXTSTEP)
- Zurück an Schleifenanfang.

Die sonstigen Jobs sind alle in sehr großen Zeitabständen von mindestens 30 Takten nötig, so daß keinerlei Streß aufkommt. Etwas mühsam ist lediglich das Überwachen der Anzahl von Befehlen, die ungeachtet aller Fallunterscheidungen immer eine Schleife von insgesamt 64 Befehlen ergeben muß. Jetzt aber kommt die Musik hinzu.

Wolpicinger mit Musik

Wenn wir einen PIC mit PWM-Modul zur Verfügung hätten, dann wäre die Aufgabe kaum komlizierter als zuvor. Die sonstigen Jobs würden um eine Aufgabe erweitert, die immer dann zu erledigen ist, wenn ein Ton zu Ende ist, nämlich die Tonparameter für den nächsten Ton aus Listen holen. Die Pulsausgabe würde im Hintergrund ohne Interrupt geschehen.

Ohne Not wird man im Ernstfall nicht auf das Modul verzichten. Was aber, wenn wir aus Kostengründen auf einen komfortablen PIC verzichten müssen? Rechnen Sie einmal nach, was ein PIC mit PWM-Modul bei einer Stückzahl von zigtausenden mehr kosten würde. Und dann vergleichen Sie diesen Betrag mit ein paar Tagessätzen eines Programmentwicklers. Übrigens ist das Programm ohne PWM-Modul gar nicht so kompliziert, wie Sie vielleicht denken, es ist nur etwas mühsam wegen des Zählens. Besonders elegant ist es auch nicht, aber dafür funktioniert es.

Es klingt zwar banal, aber erfahrungsgemäß kann man nicht oft genug daran erinnern: Wenn man einen Vorgang zu programmieren hat, dann muß man diesen Vorgang zuerst genau analysieren, vor allem seine zeitlichen Aspekte.

Die TONZEIT

Mit TONZEIT wollen wir den Zeitpunkt (in μsek), zu dem der Tonpin getoggelt werden muß, bezeichnen. Mit PULEN bezeichnen wir die Pulslänge. Beide Werte sind 2 Byte-Worte. Wir berechnen aus der letzten TONZEIT die nächste:

TONZEIT + PULEN := nächste TONZEIT

Nun spalten wir die TONZEIT auf in einen Teil, der angibt, in welchem Takt zu toggeln ist, und in einen anderen Teil, der angibt, zu welchem der 64 möglichen Zeitpunkte das Toggeln wirklich geschieht. Letzteren Zeitpunkt nennen wir TOFF (Toggle OFFset).

TONZEIT :=00tt ttttt:ttoo oooo

Dabei bezeichnet „t" die Bits des Taktes, und „o" die Bits des Offsets. Da 8 Bit für die Nummer des Taktes ausreichend sind, haben wir die höchsten beiden Bits gleich null gesetzt. Die Zerlegung von Tonzeit in TONTAKT=tttt tttt und TOFF=00oo oooo dürfen wir unseren Lesern überlassen.

Nun überlegen wir zunächst: Wie oft kommt es eigentlich vor, daß wir den Tonpin toggeln müssen? Bei einer hohen Tonfrequenz von 1600 Hz dauert eine Halbperiode ungefähr 320 Zyklen also etwa 5 Takte. Dies bedeutet, daß selbst im ungünstigsten Falle immer einige Takte zwischen zwei Tonbedienungen frei sind. Dies ist eine wichtige Bedingung dafür, daß die Aufgabe überhaupt lösbar ist.

Wenn zeitkritische Jobs in größeren vorhersehbaren Zeitabständen zu erledigen sind, dann nutzen wir die freie Zeit, um sie organisatorisch gut vorzubereiten.

Die Takte, in denen keine Bedienung der Tonfrequenz erfolgen muß, nutzen wir, um die Bedienung vorzubereiten.

Das bedeutet: Wir schreiben zwei vollkommen unterschiedliche Schleifen, eine *ohne* Ton und eine *mit* Ton. Im Unterschied zum Wolpicinger ohne Musik haben wir in den Takten ohne Ton jetzt die Aufgabe, die Tonzeit zu überwachen und das Toggeln vorzubereiten. Hinzu kommt in großen Zeitabständen die Aufgabe, Parameter für den nächsten Ton eines Liedes zu holen. Zunächst aber die Vorbereitung:

In den Takten mit Ton lassen wir alles weg, was nicht unbedingt nötig ist. Den Schrittmotor und auch die Lampe sollten wir nicht einfach auf später verschieben, da sonst die Genauigkeit zu schlecht würde. Jetzt überlegen wir, was in solchen Takten eigentlich zu tun ist: Es gibt 64 verschiedene Zeitpunkte, zu denen das Toggeln fällig sein kann. Wir bezeichnen diese Zeit als Offset und geben ihm den Namen TOFF. Der Offset liegt zwischen 0 und 63. Wir können aber aus Platzgründen nicht 64 verschiedene Programme schreiben, jedes mit dem Toggeln an einem anderen Zeitpunkt. Wir können aber 4 verschiedene Schleifen schreiben, je nachdem in welchem Viertel des Taktes das Toggeln stattfinden soll. Wir stellen den Offset folgendermaßen dar:

TOFF = 00qq 0000

Dabei gibt qq an, in welchem Quartal des Taktes das Toggeln stattfinden soll, das niedrigwertige Nibble von TOFF gibt den Offset innerhalb eines Quartals an. Nun schreiben wir 4 verschiedene Schleifen für den Fall *mit* Tontoggeln. Dabei sorgen wir nun dafür, daß die Programme für Schrittmotor und Lampe auf 16 Befehle aufgefüllt werden. Die Schleifen sehen dann folgendermaßen aus:

	0 bis 15	16 bis 31	32 bis 47	48 bis 63
qq=00:	Ton	Stepper	Lampe	Zeitausgleich
qq=01:	Stepper	Ton	Lampe	Zeitausgleich
qq=10:	Stepper	Lampe	Ton	Zeitausgleich
qq=11:	Stepper	Lampe	Warte 16 Zyk.	Ton

Die Programme Ton und Zeitausgleich erläutern wir anschließend. Wie Sie sehen, müssen sich der Schrittmotor und die Lampe ggfs. einige Verschiebungen gefallen lassen. Wenn dies nicht tolerierbar wäre, dann gäbe es zwar noch Möglichkeiten, wenn unser Leben davon abhinge oder der Auftraggeber einen kräftigen Extrazuschlag gewähren würde, aber unsere Leser wollen wir doch davor verschonen.

Im Fall qq=11 muß der Zeitausgleich in der nächsten Schleife geschehen. Diese kann entweder zu früh oder zu spät einsetzen. Sie ist auf jeden Fall ein Takt ohne Tontoggeln.

Um uns die Arbeit zu erleichtern, verwenden wir ein flexibles Warteprogramm, das wir WARTE nennen. Der Befehl CALL WARTE hat eine Dauer von sechs bis 21 Zyklen (einschließlich dem CALL Befehl) je nach dem Wert des W-Registers. Bei W=0 werden alle 15 NOPs ausgeführt, bei W=15 werden sie alle übersprungen.

also: W=0: Dauer 21, W=15: Dauer 6!!!

```
WARTE     ADDWF     PC
          15 NOPs
          RETURN
```

Wenn wir uns nun für das niedrige Nibble von TOFF eine Variable QOFF leisten, dann lautet das Programm TON :

```
TON       COMF      QOFF,W        ; 1
          ANDLW     0FH           ; 1
          CALL      WARTE         ; 6 bis 21 Zyklen
          MOVLW     TONMASKE
          XORWF     TONPORT
```

Beachten Sie, daß der maßgebliche Hardwarebefehl XORWF TONPORT frühestens an zehnter Stelle eines Quartals stehen kann. Das macht zwar nichts, denn es kommt immer nur auf die Abstände an. Jedoch entscheiden wir uns, die gesamte Schleife um neun Zyklen nach vorne zu verlegen. Dies bewerkstelligen wir dadurch, daß wir die vorhergehende Schleife, in der wir das Tontoggeln vorbereiten, um neun Zyklen verkürzen. Auf diese Weise fällt auch die Verschiebung von Stepper nicht so schmerzlich aus.

Für den Zeitausgleich verwenden wir das folgende Programm:

```
ZEIT      MOVF      QOFF,W        ; 1
          ANDLW     0FH           ; 1
          CALL      WARTE         ; 6 bis 21 Zyklen
```

Überzeugen Sie sich bitte davon, daß die beiden Programme TON und ZEIT für jeden Wert von QOFF zusammen immer 33 Befehlszyklen dauern. Nun stehen für diese beiden Teile aber nur 30 Befehle zur Verfügung, da für Schrittmotor und Lampe die feste Dauer von jeweils 16 Zyklen geplant ist, und außerdem die Schleife mit einem GOTO LOOP enden muß.

Unsere Schleife ist also 3 Zyklen zu lang. Da wir die Schleife ja um 9 Zyklen vorverlegt haben, können wir uns sogar noch 6 NOPs leisten, um pünktlich am nächsten Takt anzukommen

Nur wenn sich das Programm TON im letzten Quartal befindet, dann liegt noch eine Wartezeit von 16 Zyklen dazwischen. Der Befehl XORWF TONPORT liegt auf dem ersten bis letzten Zyklus des letzten Quartals. Dahinter kommt noch das RE-

TURN und der Befehl GOTO LOOP. Wir kommen im ungünstigsten Fall also 4 Zyklen zu spät an den nächsten Takt. Im günstigsten Falle 12 Zyklen zu früh. Den entsprechenden Zeitausgleich führen wir im folgenden Takt durch.

Wie Sie sehen, sind wir drei Takte lang mit dem Toggeln des Tons beschäftigt: Im Takt vor dem Toggeln haben wir die Vorverlegung um 9 Zyklen und die Verzweigung aufgrund des Quartals durchzuführen. Im Takt nach dem Toggeln müssen wir eventuell einen Zeitausgleich ausführen, und außerdem ist die Zeit für das nächste Toggeln zu ermitteln, d. h. die Anzahl Takte bis zum nächsten Toggeln und den neuen Wert von TOFF. Da wir uns höchstens alle 5 Takte um den Ton kümmern müssen, bleiben immer noch genug Takte für die anderen Jobs übrig, die nur in sehr großen Zeitabständen bedient werden müssen.

Die gesamten Details dieser Organisation können hier aus Platzgründen nicht dargestellt werden. Jedoch zeigen wir anhand des folgenden Programmstücks den Teil vor dem Tontoggeln. Dies alles ist nicht schwer zu programmieren, nur zählen, zählen, zählen!

Beginnend mit Befehl 44 eines Taktes:

```
INCF      TAKT        ; nächster Takt        44
MOVF      TAKT,W      ;                      45
SUBWF     TONTAKT     ; = TONTAKT?           46
SKPZ                  ;                      47
GOTO      SONST       ; 12 Befehle frei      48
SWAPF     TOFF,W      ;                      49
ANDLW     3           ; W = qq               50
ADDWF     PC                                 51, 52
GOTO      LOOP00      ; 9 Takte zu früh      53, 54
GOTO      LOOP01      ;      "               53, 54
GOTO      LOOP10      ;      "               53, 54
GOTO      LOOP11      ;      "               53, 54
```

Wie wir nach einem Ton die Pulslänge und die Tonlänge des nächsten Tons aus Tabellen holen, erfahren Sie im nächsten Absatz, in dem wir wieder auf das Thema Musik kommen, diesmal aber mit komfortablen Mitteln.

7.8 Entwicklung eines Gesamtprogramms

Nehmen Sie an, wir haben eine Aufgabenstellung, ein sogenanntes Pflichtenheft. Die Hardware ist bereits konzipiert (hoffentlich noch flexibel), und wir machen uns an die Arbeit, das Programm zu schreiben. Wie gehen wir das Gesamtwerk an?

Manch einer wird zunächst einmal den Rechner einschalten. Wir empfehlen jedoch, damit zu warten. Ein Programm muß zuerst sorgfältig geplant werden.

Egal, ob man eine umfangreiche Bedienung für ein Gerät schreibt oder nur ein kleines schnelles Testprogramm, die Vorgehensweise ist immer die gleiche.

- Schritt 1: Aufgabenstellung präzise formulieren (in Controller-gerechter Form). Je nachdem, welchen PICmicro-Typ man verwendet, kann die Aufgabenstellung eine ganz andere werden. Alle Sachverhalte recherchieren, insbesondere die Verhaltensweise der Hardware.

- Schritt 2: Konkrete Zahlenwerte ermitteln, insbesondere alle Werte, welche die Zeitabläufe bestimmen.

- Schritt 3: Die Gesamtstruktur (Hauptschleifen) gestalten. Bei diesem Schritt stellt sich heraus, welche Module entstehen.

- Schritt 4: Die Module erstellen, günstige Variablen und Tabellenstrukturen einrichten.

- Schritt 5: Zusammenfügen aller Teile zu einem Quellfile und Includefiles.

- Schritt 6: Testen und korrigieren.

Das Erstellen des Quellcodes geschieht während der Entwicklung als Seitenarbeit. Am Anfang mißt man dem Schreiben des Quellcodes eine hohe Bedeutung zu. Mit wachsender Erfahrung verliert diese Arbeit aber immer mehr an Bedeutung. Das liegt einerseits daran, daß man zunehmend gut strukturiert programmiert, so daß die Arbeit sich immer mehr auf die günstigen Strukturen konzentriert. Durch modulares Programmieren hat man es auch immer mehr mit kleinen übersichtlichen Programmhappen zu tun. Und dann kommt natürlich der große Vorteil, daß man im Laufe der Zeit fast alles schon einmal programmiert hat.

Vor Jahren hatten wir den Traum, eines Tages Herrscher einer perfekt organisierten Programmbiliothek zu sein, aus der fast alle denkbaren Programme herbeigezaubert werden können. Die Realität hat uns eine kleine Korrektur dieser Vorstellung abgenötigt. Fast jedes Programm, das man wieder und wieder verwendet, bekommt im Laufe der Zeit viele unterschiedliche Formen: zum Beispiel eine zeitoptimierte, eine platzoptimierte und vielleicht eine dritte Form, die den Ansprüchen an Übersichtlichkeit am besten genügt. Andere Unterscheidungen bilden die unterschiedlichen Gültigkeitsbereiche vor allem im Bereich der Arithmetik. Einem PC-Programm mag es nichts ausmachen, die Fallunterscheidungen jedesmal beim Aufruf durchzuführen. Bei einem Controller macht das aus Zeit- und Platzgründen keinen Sinn. Hinzu kommt, daß man manchmal die Programme als Makros, ein anderes Mal als Unterprogramme benutzt.

Unser persönliches Arbeitsumfeld ist nicht ungewöhnlich: Die Bandbreite der Anwendungen ist sehr groß, und es ist nur ein sehr kleiner Personenkreis, der an unserem Informationssystem teil hat. Vor allem der letzte Umstand führt dazu, daß wir am schnellsten sind, wenn wir Unterprogramme und Programmteile aus ähnlichen Anwendungen holen und kopieren. Dies erfordert ein sorgfältiges und sinnvolles Dokumentieren der Projekte.

Das bedeutet aber nicht, daß wir Ihnen empfehlen, genauso zu verfahren. Wir raten nur, die Erfahrungen, die Sie vielleicht als PC-Programmierer gemacht haben, nicht einfach zu übernehmen.

Dokumentation eines Programmwerks

Bevor wir ein Programm in den endgültigen Quellcode bringen, erstellen wir für alle Programmteile einen Entwurf: Dabei kann man verschiedene Formen dieses Entwurfs wählen. Wenn ein Programmteil in seinem Gesamtablauf viele Fallunterscheidungen enthält, dann ist das **Flußdiagramm** vielleicht die geeignete Form. Wenn viel Arithmetik im Spiel ist, dann wählen wir eine Darstellung in Form unserer bevorzugten **Hochsprache**. Wenn einfach verschiedene Dinge hintereinander zu erledigen sind, ist eine einfache **Aufzählung** übersichtlicher als ein Flußdiagramm. Manchmal benutzen wir dabei auch schon Elemente der Assembler-Sprache.

Unsere persönliche Sicht der Dinge ist, daß in der Regel kein noch so gut dokumentiertes Quellfile den gesamten Ablauf und die einzelnen Tätigkeiten so schnell erfaßbar machen kann wie der Entwurf in gemischten Sprachelementen.

Wir wollen nun die obigen Schritte anhand eines einfachen Beispiels darlegen, diesmal leisten wir uns einen komfortablen PICmicro:

PIC macht Musik

Der PIC16 soll ein Lied singen, sagen wir 'Kommt ein Vogel geflogen'. Die Töne werden mit einem digitalen Ausgang erzeugt, d.h. mit Rechteckimpulsen, welche über einem mindestens 200 Ohm großen Widerstand auf einen Lautsprecher gegeben werden. Die 200 Ohm sind zur Strombegrenzung am PIC-Ausgang. Alternativ kann man über ein Lautstärke-Potentiometer und eine kapazitive Kopplung auf die Aktivboxen der Soundkarte gehen. Die Art der Tonausgabe soll hier von untergeordneter Bedeutung sein.

7.8.1 Schritt 1: Recherche

Ein Lied zu spielen, bedeutet, eine bestimmte Folge von Tönen unterschiedlicher Frequenz und unterschiedlicher Länge auszugeben.

Tonfrequenz

Als erstes taucht die Frage auf, welche Werte die Frequenzen der Töne einer Tonleiter haben. Die Musikbücher aus der Schulzeit gaben keine Auskunft. Wir erinnerten uns, daß zwischen 2 Oktaven der Faktor 2 liegt, und daß der Kammerton 'a' die Frequenz 440 hat. Ein altes Physikbuch bestätigte dann, daß die Frequenzen einer C-Dur Tonleiter die ganzzahlig genäherten Verhältnisse haben:

Frequenzverhältnisse der C-dur Tonleiter

40:	45:	48:	54:	60:	64:	72:	80:	90:	96	
a	h	c	d	e	f	g	a	h	c	. . .

Erzeugen der Tonfrequenz

Wir wollen davon ausgehen, daß die Tonfrequenz im Hintergrund geschieht. Ein PWM-Modul würde uns zwar optimal entlasten, aber vielleicht ist die Auflösung von 10 Bit für niedrige Töne zu wenig. Wir entscheiden uns für die Benutzung des CCP-Moduls, schon deshalb, um den etwas schwierigeren Weg zu zeigen. Das CCP-Modul benutzen wir dabei im COMPARE-Modus. Damit der Timer1 jedesmal wieder zurückgesetzt wird, müssen wir dem CCPCON-Register den Wert b00001011 (0BH) geben.

Beim PWM-Modul hätten wir ganz auf die Interruptroutine verzichten können. Nun müssen wir eine Interruptroutine schreiben, die folgendes zu tun hat:

- PUSH (W-Register und Statusregister)
- Tonpin toggeln
- Interruptflag löschen
- POP (W-Register und Statusregister).

Für das Einschalten des Tons schreiben wir uns ein Makro ENABLE, in dem wir CCPCON:= 0BH setzen. Zum Ausschalten schreiben wir das Makro DISABLE, in dem wir CCPCON:= 0 setzen und auch den Tonpin rücksetzen.

Tonlänge

Die Geschwindigkeit des Lieds sollte leicht zu verändern sein. Der kürzeste Ton liegt sinnvollerweise in der Größenordnung von einer Viertelsekunde. Nicht vergessen dürfen wir, daß zwischen zwei Tönen eine kleine Pause sein sollte. Im Falle unseres Lieds ist die Tonhöhe der zweiten Silbe von „Vogel" und der ersten Silbe von „gekommen" gleich. Wenn wir dazwischen nicht wenigstens ein paar Millisekunden

Pause machen, würde daraus ein einziger langer Ton entstehen. Wie groß die Pause genau sein soll, werden wir später ausprobieren.

7.8.2 Schritt 2: Zeitberechnung

Die Zeiten, über die wir nachdenken müssen, sind die Perioden der in Frage kommenden Töne und die Tonlängen.

Aus den oben aufgeführten Frequenzverhältnissen konnten wir mit Hilfe der Dreisatzrechnung mit einem kleinen Pascal Programm die Periodendauer der interessanten Töne berechnen. In der folgenden Tabelle werden die Pulslängen in μsek angegeben, welche die halbe Periodendauer betragen.

Frequenztabelle

Ton	Pulse	Frequenz	Pulsdauer	HEX(Pulsdauer)
a	40	220	2272. 73	8E1
h	45	247	2020. 20	7E4
c	48	264	1893. 94	766
d	54	297	1683. 50	694
e	60	330	1515. 15	5EB
f	64	352	1420. 45	58C
g	72	396	1262. 63	4EF
a	80	440	1136. 36	470
h	90	495	1010. 10	3F2
c	96	528	946. 97	3B3
d	108	594	841. 75	34A
e	120	660	757. 58	2F6
f	128	704	710. 23	2C6
g	144	792	631. 31	277
a	160	880	568. 18	238

Da die Frequenzen ganzzahlig vorgegeben sind, müssen die Pulslängen gerundet werden. An der Tabelle erkennen wir, daß im ungünstigsten Falle die Rundung weniger als 0,04% beträgt, was auch für ein sehr musikalisches Ohr tolerierbar sein müßte.

7.8.3 Schritt 3: Hauptschleife

Wenn die Tonerzeugung im Hintergrund abläuft, dann können wir als Hauptschleife wieder unsere Wald- und Wiesenschleife benutzen, die wir auch beim Uhrenprogramm benutzten. Damit Sie nicht umblättern müssen, schreiben wir die Schleife hier noch einmal hin, diesmal mit dem Unterprogramm LIED anstelle von TIMUP und LEDUP:

```
LOOP        MOVF      EVENT,W
            SUBWF     TMRO,W
            ANDLW     0F8H
            SKPZ
            GOTO      LOOP
            MOVLW     .125
            ADDWF     EVENT
            CALL      LIED
            GOTO      LOOP
```

In diese Hauptschleife könnten wir nun problemlos später noch eine Tastenbedienung einfügen, z.B., um das Lied zu starten oder um die Geschwindigkeit zu verändern. Zusätzlich zu CALL LIED fügen wir dann CALL TASTE ein. Den Modulen LIED und TASTE kann man sich dann ganz unabhängig von der Hauptschleife widmen. Nur die Dauer muß man im Auge behalten, damit wir wieder rechtzeitig nach LOOP kommen.

Die Hauptschleife sieht deshalb so übersichtlich aus, weil die eigentliche Arbeit nur durch den Aufruf CALL LIED erscheint. Das ist ein wichtiges Prinzip:

Die Hauptschleife soll den Gesamtablauf sichtbar machen! Schreiben Sie die Hauptschleife möglichst so, daß jedes Modul nur als eine Zeile erscheint.

Häufig ist es nicht möglich oder nicht wünschenswert, ein Modul als Unterprogramm zu schreiben, z.B. aus Zeitgründen oder wegen zu geringer Stacktiefe. Manchmal sträubt man sich auch, ein längeres Modul als Makro auszuführen. Auch eine Include-Anweisung erfüllt diesen Zweck.

In jedem Fall raten wir dringend, das Hauptprogramm im Dokumentationsfile so hinzuschreiben, daß die Module nur als eine Zeile (evtl. Text) erscheinen.

7.8.4 Schritt 4: Erstellen der Module

Die Module erledigen meist die eigentliche Arbeit. Bevor man ans Programmieren geht, muß man genau definieren, was ihre Arbeit ist. In diesem Zusammenhang wird auch die Frage auftauchen: Welche Variablen und welche Tabellen verwenden wir? Die geschickte Wahl der Variablen kann beim Programmieren viel Arbeit ersparen. Auch bei den Tabellen gibt es oft viele viele unterschiedliche Möglichkeiten der Gestaltung. Bei großen Programmen wird man viel Sorgfalt darauf verwenden, die Module wieder in Untermodule zu unterteilen. Um die Übersicht zu behalten, erstellt man sich dann eine Modultabelle. Hier ist das natürlich nicht nötig.

Sehen Sie selber anhand von LIED.

LIED:

- Zeit überwachen, bis Ton oder Pause vorbei

- Wenn Ton vorbei: Starte Pause

- Wenn Pause vorbei: Starte nächsten Ton

Jetzt kommt die Frage nach den Variablen: Um die Zeit zu überwachen, benötigen wir eine oder mehrere Zeitvariablen. Wie immer in Fällen getakteter Schleifen, bietet sich an, die Zeit in Vielfachen des Grundtaktes zu messen (hier 4 msek). Wir entscheiden uns dafür, eine Variable DAUER einzuführen:

DAUER wird immer zu Beginn eines Tons oder einer Pause mit dem gewünschten Wert geladen. Sie wird alle 4 msek heruntergezählt. Wenn sie Null ist, dann ist Ton bzw. Pause vorbei. Damit wir uns an dieser Stelle auf das Wesentliche konzentrieren können, beschränken wir uns darauf, Dauer als Byte zu definieren. Damit können wir gut eine Sekunde verwalten. Sollten längere Töne erwünscht sein, läßt sich das später leicht erweitern.

Den ersten Punkt von LIED können wir dann schon niederschreiben:

Zeit überwachen:

```
LIED        DECFSZ    DAUER
            RETURN
```

Als nächstes stellen wir fest, daß wir ein Steuerbit benötigen, welches unterscheidet, ob gerade ein Ton oder eine Pause vorbei ist. Diesem Bit geben wir per #define-Anweisung den Namen PAUSE. Mit diesem Bit zur Fallunterscheidung fahren wir fort:

Verzweigung:

```
            BTFSC     PAUSE
            GOTO      NEXTTON      ; Pause vorbei
```

Starte Pause:

```
MOVLW    PAUDAU
MOVWF    DAUER
DISABLE
RETURN
```

Etwas interessanter wird es mit dem nächsten Ton. Zunächst schreiben wir nieder, was zu tun ist, danach überlegen wir, wie wir es tun.

Starte Ton:

• Ermittle Wert von DAUER

• Hole Pulslänge, lade sie in entsprechende Hardwareregister

• ENABLE

Wir benötigen zu jedem Ton einen Wert von Dauer und einen Wert für die Pulslänge, welche aus zwei Bytes besteht. Wenn wir diese Werte direkt aus Tabellen holen würden, dann wäre das zwar sehr bequem, jedoch müßten zu jedem Ton eines jeden Lieds drei Tabellenwerte abgelegt werden. Wenn man eine Fülle von Liedern verwalten würde, würden die Tabellen eine unnötig große Menge Platz einnehmen. Statt dessen bilden wir zu jedem Lied eine Liste, in der zu jedem Ton in möglichst kurzer Form die Information über Tonhöhe und Tonlänge steht.

Die Information über die Tonhöhe erhalten wir in kürzester Form, wenn wir die Töne numerieren. Wenn wir mit 16 verschiedenen Tönen auskommen, dann würde ein Nibble genügen. Bei 32 verschiedenen Tönen benötigen wir 5 Bits. Die Tonlänge geben wir in Vielfachen einer Grundlänge an, wie das in der Musik üblich ist. Wenn wir als maximale Tonlänge 8 Grundlängen akzeptieren, dann reichen 3 Bit für diese Information. Beide Informationen über Tonhöhe und Tonlänge würden in ein Byte hineinpassen. Das bedeutet zwar eine Beschränkung, aber es hat auch Vorteile: Die Liedtabellen werden nicht nur kürzer, sondern auch übersichtlicher. Außerdem benötigt man nur einen Tabellenzugriff auf die Liedtabelle.

Das Numerieren der Töne hat auch noch einen entscheidenden Vorteil: Wenn die Töne im Abstand von Halbtönen numeriert sind, dann kann man durch einen Offset das Lied höher oder niedriger spielen.

In der Liedtabelle steht nun ein einziges Byte zu jedem Ton, welches wir TONBYTE nennen wollen.

TONBYTE = LLLTTTTT,

wobei LLL die Länge in Vielfachen der Grundlänge ist, und TTTTT die Nummer des Tons. Damit wir den Wert LLL=000 nicht verschenken, nehmen wir als Länge den Wert LLL+1. reservieren.

Von den möglichen 32 Werten für TTTTT reservieren wir zwei Werte für Spezial-
zwecke, nämlich TTTTT=0 für Pause und TTTTT=11111 für Ende der Liedtabelle.

Bevor wir nun die letzten beiden Punkte, nämlich Dauer und Pulslänge ermitteln,
müssen wir noch die weiteren benötigten Variablen benennen. Wir entscheiden uns
für folgende Bezeichnungen:

LEN = 00000LLL+1

TON = 000TTTTT = Index für auf Pulslängentabelle.

PUH:PUL = Pulslänge

LIEDPTR = Zeiger auf die Liedtabelle

Das Unterprogramm, das einen Wert aus der Liedtabelle holt, nennen wir GETTON
und den Tabellenzugriff auf die Pulslängentabelle GETPULEN. Eine Konstante haben wir noch zu benennen, nämlich:

DAU1 = Dauer der Grundlänge eines Tons.

PAUDAU = Dauer der Pause zwischen zwei Tönen.

Nun können wir uns an die restliche Arbeit machen, wobei vorausgesetzt wird, daß
LIEDPTR einen gültigen Wert hat. Wir programmieren folgende Schritte:

• TONBYTE aus Liedtabelle holen.

• Aus TONBYTE die Werte von LEN und TON umformen, falls TON = b00011111,
GOTO LENDE.

• Aus LEN die Variable DAUER berechnen.

• Mit dem Index TON die beiden Bytes für die Pulslänge aus der Tabelle ermitteln
und in die jeweiligen Hardwareregister laden (Makro PUSET).

Zum letzten Punkt gibt es zwei Möglichkeiten. Entweder man erstellt zwei Tabellen
für die Pulslängen, eine für das Highbyte und eine für das Lowbyte. Das Zerstückeln
der Werte ist aber unschön, so daß wir hier mit einer Tabelle arbeiten, die zu jedem
Index 2 Werte enthält (Lowbyte zuerst).

Die vier Programmstücke wollen wir Ihnen nicht vorenthalten:

TONBYTE aus Liedtabelle holen

```
NEXTTON    MOVF     LIEDPTR,W
           INCF     LIEDPTR
           CALL     GETTON
           MOVWF    TONBYTE
```

Umformen in TON und LEN

```
        ANDLW   b'00011111'
        MOVWF   TON
        XDRLW   b'00011111'  ; letzter Ton?
        SKPNZ
        GOTO    ENDE
        SWAPF   TONBYTE,W
        MOVWF   LEN
        RRF     LEN
        MOVLW   b'00000111'
        ANDWF   LEN
        INCF    LEN
```

Aus LEN den Wert DAUER berechnen.

```
        CLRF    DAUER
        MOVLW   DAU1
ADDAU   ADDWF   DAUER
        DECFSZ  LEN
        GOTO    ADDAU
        MOVLW   PAUDAU
        SUBWF   DAUER       ; Pause abziehen!
```

Pulslänge aus Tabelle holen.

```
        CLRC
        RLF     TON,W       ; W:= 2*TON
        CALL    GETPULS
        MOVWF   PUL
        SETC
        RLF     TON,W       ; W:= 2*TON+1
        CALL    GETPULS
        MOVWF   PUH
        PUSET
```

7.8.5 Schritt 5: Zusammenfügen in den Assemblerfiles

Wir haben die Angewohnheit, das Hauptfile immer in einer ganz bestimmten Anordnung aufzubauen. Viel Gestaltungsmöglichkeiten hat man dabei nicht. Inwieweit man Teile des Quelltextes in Includefiles auslagert, ist nicht nur Geschmacksache. Es gibt außer der Überschaubarkeit noch andere Gründe dies zu tun. Wenn sich beispielsweise die Konstantendeklarationen in einem Includefile befinden, können sie vom Anwender leicht geändert werden, ohne daß er das Hauptfile anrühren muß. Anderseits können ausgelagerte Konstanten auch ziemlich lästig sein.

Die Unterprogramme und Tabellen lagern wir meist nur aus, wenn sie deutlich vom Hauptprogramm abgegrenzte Dienstprogramme sind. Bei kleinen Programmen verzichten wir ganz darauf.

Die Reihenfolge der Teile des Quellfiles sieht folgendermaßen aus:

- Assembleranweisungen

- Kommentar zu Version, Erstellungsdatum, Autor, Änderung seit letzter Version usw.

- Evtl. Extrakt aus der Projektdokumentation

- Deklarationsteil: Konstante, Variable, Resetwerte

- Makros

- Programmanfang: ORG-Befehl und Verzweigung an Programmanfang

- Interruptroutine

- ROM-Tabellen und Unterprogramme (soweit nicht in Includefiles)

- Hauptprogramm: Hardware-Initialisierung, Variablen-Initialisierung

- Hauptschleifen

8 Komplexe Systeme

Unter komplexen Systemen verstehen wir ganze Geräte oder Teile von Geräten, die aus einer größeren Anzahl Komponenten bestehen und deren Mittelpunkt ein PICmicro bildet, oder auch mehrere PICmicros. Die einzelnen Teile eines komplexen Systems stehen dabei in engen physikalischen und logischen Wechselbeziehungen miteinander.

Im Gegensatz zu den bisherigen Beispielen, wo wir die Anwendungen einzeln betrachtet haben, oder höchstens als Gedankenspiele zusammengefügt haben, geht es nun darum, die gesamten Aspekte einer Problemlösung als Ganzes zu betrachten. Wenn beispielsweise die Stromversorgung in einem Gerät von einem Akku übernommen wird, hat dies für alle anderen Komponenten die Konsequenz, daß auf stromsparende Bausteine und Techniken geachtet werden muß. Ein AD-Wandler für eine einfache Akku-Überwachung ist dabei meist notwendig, so daß die Entscheidung für einen PIC16-Typen mit integriertem AD-Wandler naheliegt.

Vor jeder Entwicklung hat man also ziemlich am Anfang die Gretchenfrage zu stellen: Wie steht es mit den erlaubten Kosten? Low cost oder Komfort. Das ist eine ganz entscheidende Frage. Wenn man an der Hardware spart, hat der Entwickler zwangsläufig mehr Arbeit, insbesondere bei der Erstellung der Firmware. Die Firmware kann vieles ausgleichen, ohne daß das Gerät aus der Sicht des Anwenders dürftiger aussieht. Die geplanten Stückzahlen entscheiden, ob sich das lohnt.

Es ist nützlich die Komponenten eines komplexen Systems in verschiedene Kategorien einzuteilen:

- Der oder die µController
- Die Versorgung (Stromversorgung, Bereitstellung der Takte, Resetgenerator)
- Gerätebedienung (Schalter, Schnittstellen, Anzeigen)
- Datenspeicher
- Der gerätespezifische Funktionsblock.

Jede Einteilung hat nur dann einen Sinn, wenn sie hilft, Ordnung in unsere Gedanken zu bringen. In diesem Fall dient sie als Checkliste bei der Konzeption eines Geräts. Aus der Sicht des Controllers ist es völlig egal, ob beispielsweise eine serielle Kommunikation zur Bedienungseinheit gehört oder Teil einer digitalen Erfassung ist. Wir als Entwickler haben aber ein Repertoir an Ein-und Ausgabemöglichkeiten, auf das wir zurückgreifen, wenn wir ein Gerät entwickeln.

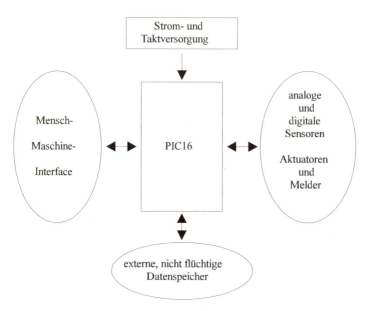

Abb. 8.1: Komponenten eines komplexen Systems

Bei der Software eines komplexen Systems besteht die Herausforderung darin, die einzelnen Aufgaben, sowohl die Gerätebedienung als auch die Gerätefunktionen zeitlich parallel zu organisieren. Dabei ist es einerseits ratsam, verschiedene Aufgabenblöcke soweit wie möglich als getrennte Module zu programmieren, andererseits muß ständig der Informationsfluß zwischen den Modulen im Auge behalten werden.

Fast jede Entwicklung, die wir durchgeführt haben, erfuhr im Laufe der Entwicklungszeit oder danach so viele Änderungen, daß man sagen könnte, daß man jedes Gerät zweimal entwickelt hat. Das liegt nicht an wankelmütigen Auftraggebern, sondern ist ein ganz normaler Vorgang beim kreativen Schaffen. Also sollte man sich auf diese Tatsache einrichten, und jedes komplexe Programm in hinreichend kleine Module zerlegen. **In einem gut modular aufgebauten System können auch wesentliche Teile geändert werden, ohne daß gleich das ganze Programm umgebaut werden muß.** Wichtig ist dabei, daß man gut dokumentiert, welche Eingänge und Ausgänge die einzelnen Module haben, welche Daten und Zustände sie verändern und in welche anderen Module diese Änderungen eingehen.

Wenn beispielsweise an vielen Stellen eines Programms anzeigepflichtige Zustände erkannt werden, ist es sinnvoll, nicht jedesmal ins Anzeigeprogramm zu laufen, sondern die Zustände in Zustandsvariablen zu sammeln und nur an einer Stelle des Programms die Anzeigeroutine aufzurufen.

Es gibt keine allgemeingültigen Regeln, ein Gerät zu entwerfen. Aber es gibt Fragen, die immer wieder in ähnlicher Form auftauchen, und es gibt auch Fehler, die man immer wieder machen kann. Um nicht zu abstrakt zu werden, wenden wir uns einigen einfachen, aber typischen Beispielen zu.

Jumba

Jumba war ursprünglich der Name eines Geräts für Haus und Garten, welches netzunabhängig arbeitet. Die erste Version wurde vor dreizehn Jahren entwickelt, damals noch mit einem 8085. Ein altes Gerät steht immer noch in Diensten, wenn es darum geht, die Balkonpflanzen zu gießen, während wir unseren wohlverdienten Urlaub ein wenig abseits unseres kleinen Balkons genießen. Es wird eines Tages doch noch in seinen wohlverdienten Ruhestand treten und einem Nachfolger Platz machen, der nur einen Bruchteil so groß ist, und dafür viel mehr kann, und natürlich einen PIC16 als Mittelpunkt hat. Mit der alten Jumba wird dann auch der 36 Ah-Akku in Rente gehen, der zugegebenermaßen auch in alten Zeiten etwas überdimensioniert war. Das Solarmodul dagegen wird noch weiter seine Dienste tun.

Den Namen JUMBA haben wir mittlerweile auf eine Geräteklasse erweitert, die sehr unterschiedliche Gerätefunktionen ausüben kann, z.B. Melden von Wassereinbruch, Steuern der Heizung, Bedienen der Alarmanlage und vieles mehr. Zunächst beschreiben wir einmal die Funktion des Balkon-Gieß-Geräts.

8.1 Konzept

Natürlich gehen bei uns die µController nicht mit einer Gießkanne durch das Haus, sondern sie steuern ein Magnetventil über ein Lastrelais an. Das Magnetventil wird zu programmierbaren Zeiten für einige Intervalle geöffnet. Die Intervallmethode dient dem Zweck, daß das Wasser zwischenzeitlich einsickern kann. Die Zahl und Länge der Intervalle richtet sich natürlich nach dem Bedarf.

Eine halbwegs genaue Echtzeit benötigt das Gerät, denn es soll nicht mitten in der Nacht in Betrieb gehen, wegen der Geräuschentwicklung und auch nicht in der heißen Mittagssonne. Am günstigsten ist es, zweimal am Tag, morgens und abends, zu gießen.

Den Bedarf machen wir von der mittleren Temperatur abhängig. Eine Feuchtemessung wäre zwar möglicherweise günstiger, jedoch haben wir mit Temperaturerfassungen sehr viel mehr Erfahrung. Nachdem unser erstes Gerät jahrlang ohne Bedarfserfassung zur Zufriedenheit der Pflanzen gelaufen ist, scheint uns die Temperaturerfassung eine sinnvolle Lösung zu sein.

Das Gerät soll netzunabhängig arbeiten. Ein Solarmodul mit Akku ist eine standesgemäße Lösung.

Ein Gerät benötigt natürlich auch eine Bedienung, über die man die Geräteparameter eingeben und verändern kann. Unser Gerät bekommt einen kleinen Tastenblock mit 10 Ziffern und zwei Sondertasten. Damit man auch sieht, was man eingibt, bekommt Jumba eine LCD-Anzeige. Nicht nur unserem Spieltrieb folgend, sondern auch in Voraussicht zukünftiger Erweiterungen sehen wir zusätzlich eine serielle Kommunikation vor.

8.2 Hardware-Entwurf

Die wichtigste Voraussetzung für den gesamten Entwurf ist die Tatsache, daß wir nicht etwa ein Gerät in mittleren oder gar größeren Stückzahlen auf den Markt bringen wollen, sondern uns wirklich den Luxus leisten, ein Gerät ganz frei von Gedanken an die Kosten zu entwickeln (außer an unsere Arbeitskosten) und dabei jeden technischen Komfort zu nutzen, der uns sinnvoll erscheint. Wenn wir diese Grundvoraussetzung ändern, kommt ein ganz anderes Gerät heraus.

Beim konkreten Entwurf halten wir uns an die obige Checkliste: Versorgung, Bedienung, Datenspeicher, Gerätefunktion. Die Frage, welchen Controller-Typ wir wählen, kommt meist ganz zum Schluß, wenn man den gesamten Bedarf an Pins, Platz und Funktionen genau kennt.

Einen Datenspeicher benötigt man zwar hier nicht, aber es wäre dumm, keinen Platz dafür zu lassen.

8.2.1 Versorgung

Bei der Stromversorgung haben wir uns schon für einen Akku mit Solar-Modul entschieden. Wie groß der Akku und das Solar-Modul zu bemessen sind, wird aber erst am Ende der Entwicklung ausgerechnet werden können. Als Berechnungsgrundlage können wir folgende Überlegung anstellen. Die Leistungsaufnahme unseres Geräts wird zunächst auf grob 2 mA geschätzt. Ohne Solarmodul benötigen wir in einem Monat für 720 Stunden Leistung. Wenn man den theoretischen Fall betrachtet, daß wir uns solange Urlaub leisten könnten, wären das ungefähr 1,5 Ah.

Für die Spannungsreduzierung von der Akkuspannung auf die benötigten 5 Volt wählen wir einen LP2940-5, welcher ein extrem sparsamer Spannungsregler für 5 Volt ist.

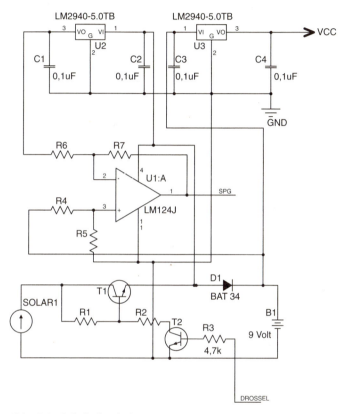

Abb. 8.2: Solarladeschaltung

Eine Akku-Überwachung benötigen wir zumindest, um das Überladen des Akkus zu verhindern. Die Spannungsüberwachung des Akkus realisieren wir so, daß wir einen Operationsverstärker direkt vom Solar-Modul gespeist derart beschalten, daß er uns den oberen Spannungsbereich gut auf die 0 bis 5 Volt des AD-Wandler-Eingangsbereiches abbildet. Falls keine Sonne scheint, hat der OP keine Versorgungsspannung. Das macht nichts, denn wir interessieren uns ohnehin nur für das obere Ende der Fahnenstange, und das kann bei Dunkelheit nicht erreicht werden. Für den Fall, daß die Akkuspannung einen oberen Grenzwert überschritten hat, muß der Ladestrom gedrosselt werden. Dies geschieht dadurch, daß wir den Ansteuerstrom vom Längstransistor reduzieren, indem wir ein high an einem Drossel-Pin ausgeben, welcher den kleinen Schalttransistor durchschaltet. Die Widerstände sind so

zu bemessen, daß die Spannung am Emitter des Längstransistors den Akku-Grenz-
wert nicht überschreitet.

Eine Akku-Überwachung auf Unterspannung ist in unserem Fall nicht vorgesehen,
da eine Unterspannung nur dann vorkommen dürfte, wenn eine der Akku-Zellen
ihr Leben beendet oder durch eine Fehlfunktion oder ein defektes Bauteil unerwar-
tet viel Strom verbraucht wird. Wir können uns das aber nur leisten, weil eine nette
Nachbarin ab und zu nach dem Rechten schaut. Wenn man dem Gerät absolut vertrauen muß, dann wird man sich etwas Sichereres einfallen lassen, wie z.B. ein zweites Akkupack bereitstellen. In jedem Fall ist die Verhältnismäßigkeit einer Lösung
im Auge zu behalten. Im Falle eines wirklich sicherheitsrelevanten Systems muß
natürlich das System als Ganzes aufwendiger konzipiert werden.

Bei der Bereitstellung von Takten denken wir an zwei getrennte Takte, einen
Arbeitstakt, von 4 MHz, und einen präzisen 32768 Hz-Takt für die Echtzeit, der uns
aus dem Sleepmodus wecken kann, denn so wie es aussieht, läßt sich die Stromaufnahme noch verringern, wenn man das Gerät zwischen seinen Tätigkeiten schla-
fen läßt.

Wenn sich aber herausstellt, daß keine nennenswerte Stromersparnis durch den
Sleepmodus zu erzielen ist, dann wählen wir nur den guten alten 4 MHz-Takt.

Damit ist für die restlichen Komponenten schon einmal festgelegt, daß die Lei-
stungsbilanz ein wichtiger Gesichtspunkt ist.

8.2.2 Kommunikation

Der nächste Punkt ist die Gerätebedienung. Dieser Punkt scheint hier problemlos
zu sein, führt aber erfahrungsgemäß zu den längsten und intensivsten Diskussio-
nen. Das hängt damit zusammen, daß es für die Kommunikation so viele Möglichkeiten gibt und so viele Gesichtspunkte für die Entscheidung. Bei einem Gerät für
Profis fällt die Entscheidung anders aus als bei einem Gerät für technische Laien.
Die Gewöhnung an bestimmte Eingabeformen ist ein wichtiger Entscheidungs-
grund. Natürlich spielt auch die Anzahl Portpins, die man opfern möchte, eine Rolle.

Fest steht, daß unsere Jumba über eine serielle Schnittstelle mit einem PC verbunden sein soll. Einfache Kommunikationen sollen aber auch durch eine kleine Tastatur möglich sein. Es wäre sicher nicht lustig, wenn man zum Abfragen der Temperatur oder Setzen der Uhrzeit oder der Schaltzeiten immer einen Rechner einsetzen
müßte.

Bei der seriellen Schnittstelle werden wir die Standardlösung anwenden. Das ist die
asynchrone Schnittstelle des PCs, wobei die Pegelanpassung auf der Jumba-Platine
stromsparend bzw. abschaltbar gestaltet werden muß. Der Baustein LTC1382 kann

über einen Pin in einen Shut down Modus gebracht werden, in dem er nur einen Strom von 0.2 µA verbraucht.

Für die Wahl der geeigneten Anzeige ist normalerweise der Stromverbrauch ein wichtiges Kriterium. Jedoch werden wir die Anzeige abschalten, wenn eine Zeit lang keine Bedienung stattgefunden hat, so daß dieser Gesichtspunkt keine Rolle mehr spielt. Ein wichtiges Argument für die Auswahl der Anzeige ist die Anzahl benötigter Pins. Da die Kosten keine Rolle spielen sollen, entscheiden wir uns für ein Modul mit einer seriellen Schnittstelle oder einer 4 Bit breiten Datenschnittstelle.

Bei der Bedienung eines Geräts mit Tasten gibt es zwei verschiedene Methoden. Mit der spartanischen Methode sind heute schon viele Menschen vertraut, wenn sie den Umgang mit Videorecordern, Faxgeräten und ähnlichem gewohnt sind. Bei dieser Methode werden die Eingabegrößen nur mit einer Taste aufwärts gelotst. Wenn die angezeigten Größen passen, werden sie durch eine Bestätigungstaste festgelegt. Die zweite Methode, das Eingeben durch einen Zahlenblock, gilt mittlerweile schon als lästig. Die erstgenannte Methode hat natürlich ihre Grenzen. Stellen Sie sich vor, sie müßten an einem Geldautomaten die Kontonummern ziffernweise mit diesem Verfahren eingeben. Wir entscheiden uns für den Tastenblock mit 12 Tasten, da wir mittlerweile damit gute Erfahrungen haben.

8.2.3 Datenspeicher

Ein nichtflüchtiger Datenspeicher dient hauptsächlich dem Abspeichern der programmierbaren Parameter. Nach unseren heutigen Erfahrungen kommt schnell der Wunsch auf, gemessene Parameter in gewissen Zeitabständen abzuspeichern.

Wir entschließen uns, den Typ 24C65 von Arizona Microchip mit 64 kBit Speichergröße zu verwenden. Es ist ein stromsparendes CMOS-EEPROM und ist in unserem Labor gerade verfügbar. Die Zeit, für das Schreiben einer Page (8 Byte) beträgt 5msek. Daß es sich um ein serielles EEPROM handelt, hätten wir fast vergessen zu erwähnen, da dies mittlerweile schon Standard ist. Typen mit 4 mal so viel Speicher sind auch schon erhältlich. Sie haben das gleiche Pinning und sind somit problemlos austauschbar. Mal sehen, vielleicht stocken wir irgendwann auf.

8.2.4 Gerätefunktion

Wir sind uns zwar einig, daß Jumba ein Gerät ist, bei dem spätere Erweiterungen im Auge behalten werden sollen. Beim Entwurf der Gerätefunktion jedoch ist höchste Alarmstufe angesagt, denn die Gefahr, daß die Pferde mit den Entwicklern durchgehen, ist groß. Wir entwerfen **eine** Lösung, jetzt und heute, und wir realisieren diese Lösung sofort, bevor jemand kommt und sagt: «Ich hab da noch eine Idee». Das

Gerät wird also erst in einer späteren Version das Faxgerät bedienen und Kaffee kochen.

Der Ausgang zum Ansteuern des Magnetventils geht direkt an den Optokopplereingang eines Lastrelais. Die Temperaturmessung führen wir mit Hilfe des seriellen Thermometerbausteins DS1620 durch. Die Ansprache dieses Bausteins haben wir im Kapitel 5 schon ausführlich besprochen. Der Baustein selbst ist im Kapitel 9 noch einmal kurz beschrieben. Der DS1620 wird über ein Kabel, das einige Meter lang sein kann, direkt an den Portpins angeschlossen. Die Zeit, die zum Wandeln und Übertragen benötigt wird, beträgt etwa 200 µsek.

Wenn noch Pins übrig bleiben, werden wir sie z.B. als Chip-Select für ein weiteres Thermometer benutzen, oder als Ausgang zur freien Verwendung mit einem ULN2003 ausrüsten. Dazu müssen wir aber erst einmal nachzählen, wie viele Portpins wir bis jetzt schon vergeben haben.

8.2.5 Der µController

Nachdem wir für die Akku-Überwachung einen AD-Eingang benötigen und keine besondere Einschränkung bei den Bauteilekosten haben, wird die Wahl wohl auf den 16C74B fallen. Damit haben wir 32 Portpins zur Verfügung.

Wie immer fertigen wir jetzt eine vorläufige Liste der benötigten Pins an. Die Entscheidung über den der TMR1-Takt ist noch nicht sicher.

Akku-Überwachung	2
TMR1-Takt	(2)
Tastatur	7
Anzeige	2
LTC1382 (V24)	3
24C65 (EEPROM)	2
DS1620 (Thermometer)	3(+1)
Gieß-Ausgang	1

Wir benötigen insgesamt 20 (+3) Pins. Das bedeutet, daß wir noch 12 (bzw. 9) Pins übrig haben.

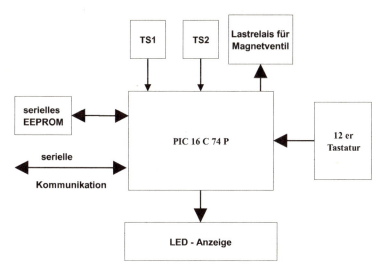

Abb. 8.3: Blockschaltbild JUMBA

8.2.6 Strombilanz

Bei der ersten Schätzung von 2 mA hatten wir natürlich schon gehofft, daß dies eine großzügige Bemessung war. Wenn wir uns nun das obige Blockschaltbild betrachten, erkennen wir, daß im Ruhezustand unsere JUMBA fast nichts verbraucht. Alle beteiligten Bauteile benötigen im abgeschalteten Zustand nur winzige Ströme. Im Betriebszustand kommen wir zwar auf einige Milliàmpere. Der PIC16 braucht beim Aufwachen aus dem Sleep-Modus einiges an Leistung. In der Regel läuft er dann nur einige hundert µsek und kehrt danach wieder in den Sleep-Modus zurück. Die EEPROM Zugriffe verbrauchen auch etwas. Der Gießausgang und ggfs. andere Arbeitsausgänge schlagen natürlich besonders zu Buche. Wenn man jedoch davon ausgeht, daß die eigentliche Arbeit, selbst wenn noch weitere Aufgaben zum Gießen hinzukommen sollten, zeitlich nur im Promillebereich stattfinden, schlagen sie nicht so sehr ins Gewicht. Ein Tag hat 1440 Minuten, wir gießen aber nur etwa 2 Minuten lang.

	Ruhe	Betrieb
PIC16C74	1.5-10µA (Sleep)	2.7mA (nominell)
EEPROM	5µA	150µA (lesen), 3 mA (schreiben)
LED-Anzeige	-	40mA
DS1620	1µA	1mA
LT1382	0.2µA	200µA
Arbeitsausgang	-	etwa 5 mA

Einen dicken Batzen in der Bilanz haben wir bisher noch nicht betrachtet, das ist die Akku-Überwachung selbst. Bei der obigen Bilanz ist aber fraglich, ob auf ein Laden nicht gänzlich verzichtet werden kann. Ohne Akku-Überwachung kann man nämlich den gesamten Strombedarf auf etwa 100 µA großzügig schätzen, auch wenn man sich in der Gerätefunktion noch Optionen offenhalten will. Selbst wenn es die doppelte Menge wäre, kann man mit einigen Monozellen die JUMBA einige Zeit unbeaufsichtigt lassen.

Das Fazit ist, daß für die einfache Ausführung die Option für einen einfachen Solar-Regler mit Akku-Überwachung zwar bestehen bleibt, aber für einfache Aufgaben nicht angeschlossen werden muß.

8.3   Programm-Entwurf

Wir versuchen, unsere eigenen Regeln, die wir im Kapitel über Programmdesign aufgestellt haben, nach Möglichkeit zu befolgen.

8.3.1 Schritt 1: Formulierung der Aufgabe

Wir fassen hier zusammen, was aus dem vorangegangenen Hardwarekonzept für das Programm von Bedeutung ist:

Die Aufgaben des Geräts sind:

- Starten eines Gießvorgangs zu programmierbarer Zeit (Stunde:Minute).
- Überwachung des Gießvorgangs im Abstand einiger Sekunden.
- Temperaturmessung in größeren Zeitabständen (z.B. Stunde).
- Akkuüberwachung im Abstand einiger Minuten.
- Tastenüberwachung im Millisekundentakt (Entprellung und ggfs. Bedienung).
- Über V24 Schnittstelle Befehlsempfang und Bedienung.

Die Gestaltung des Programms soll so angelegt sein, daß das Gerät in den Sleep-modus geht, wenn längere Zeit keine Bedienung erfolgt. In diesem Modus werden auch Anzeige und V24 abgeschaltet. Aus diesem Zustand werden wir geweckt entweder durch einen Tastendruck oder durch den Overflow des TMR1, welcher die Zeitverwaltung taktet.

8.3.2 Schritt 2: Zeitberechnung

Bei einem Takt von 32768 Hz erreichen wir alle 2 Sekunden einen TMR1-Overflow. Damit wir möglichst selten aus dem Sleep-Modus geweckt werden, müßten wir den höchstmöglichen Vorteiler von 8 wählen. Das macht 16 Sekunden zwischen zwei Interrupts. Dies hat jedoch den Nachteil, daß wir nicht an allen ganzen Minuten aufgeweckt werden. Da es aber beim Beginn des Gießens nicht auf Bruchteile von Minuten ankommt, wäre dies nicht tragisch. Auch die Gießzyklen kann man problemlos in Vielfachen von 16 Sekunden angeben. Wir entscheiden uns hier trotzdem aus Gründen der Programmeinfachheit für den Vorteiler 2. Dann wird man alle 4 Sekunden geweckt, und alle 15 TMR1-Overflows ist eine Minute vorbei.

8.3.3 Schritt 3: Gesamtstrategie

Die Entscheidung für den Sleepmodus hat nicht nur den Vorteil der kleineren Leistungsaufnahme, sondern auch noch den, daß wir an dieser Stelle unseren Lesern ein sinnvolles Programm mit Sleepmodus vorführen können.

Es gibt drei Fälle, in denen wir aus dem Sleepmodus aufwachen müssen.

* Beim TMR1 Overflow

* Beim Drücken einer Taste

* Beim Ankommen eines seriellen Bytes.

Der letzte Weckdienst ist aber nicht möglich, weil wir das V24-Modul im Standby abschalten wollen. Die Lösung dieses Problems ist einfach. Wenn wir eine Kommunikation über die serielle Schnittstelle wünschen, müssen wir Jumba zuerst mit einem Tastendruck wecken. Danach stellt das Programm dann fest, welche Art der Kommunikation gewünscht ist. Diese Art der Bedienung ist dem Anwender zuzumuten. Die erste Taste, welche uns aufweckt, wird nicht interpretiert. Sie bewirkt, daß die Anzeige und die V24 aktiviert werden.

Nachdem wir aus dem Sleepmodus aber nur durch einen Interrupt geweckt werden können, müssen wir zu jeder dieser Aufwachursachen einen Interrupt enablen. Für die Tasten bedeutet dies, daß die Zeileneingänge auf den PORTB gelegt werden müssen.

Da im Anschluß an das Aufwachen in jedem Fall umfangreiche Bedienungen zu erledigen sind, werden wir diese nicht innerhalb der Interruptroutine erledigen können. Wir werden uns in der Interruptroutine nur Flags setzen, welche dem Hauptprogramm sagen, welcher Interrupt zwischenzeitlich tätig war. Wir werden zu diesem Zweck zwei Flags ZEITDA und TASTDA einführen. Wenn das Programm aus dem Schlaf erwacht, dann fragt es erst einmal ab, wer es geweckt hat.

Wenn es nicht der TMR1-Overflow war, dann gehen wir nach KOMM, was eine Abkürzung für Kommunikation ist. Anderfalls rufen wir das Programm TIMUP auf, welches die Zeit hochzählt und die Flags MINOVER bzw. STDOVER setzt, wenn eine Minute bzw. Stunde vorbei ist. Danach wird das Programm ARBEIT aufgerufen, was natürlich wieder in eine Reihe von Modulen aufgegliedert werden muß. Dieser erste Teil des Hauptprogramms sieht folgendermaßen aus.

```
HEIA        SLEEP
            BTFSS       ZEITDA
            GOTO        KOMM
            CALL        TIMUP
            CALL        ARBEIT
            BCF         ZEITDA
            BTFSS       TASTDA
            GOTO        HEIA
KOMM
```

Sie sehen, daß wir vor dem erneuten Schlafengehen prüfen, ob nicht zwischenzeitlich ein Tastendruck eingegangen ist.

An dieser Stelle wollen wir uns noch einmal auf das beziehen, was wir zuvor im Kapitel Programmdesign zum Thema Dokumentation gesagt haben: Der obenstehende Teil des Hauptprogramms schlägt jede andere Darstellungsart.

Nun kommt der zweite Teil des Hauptprogramms: KOMM

Wenn ein Tastendruck erkannt wurde, dann ist zuerst die Anzeige und das V24-Modul zu aktivieren. Danach können nun entweder weitere Tastendrucke oder Zeichen von der seriellen Schnittselle kommen. Was ist nun, wenn beides durcheinander ankommt? Hier muß man ganz klare **Vereinbarungen** treffen. Diese Vereinbarungen müssen natürlich in erster Linie zugunsten des Anwenders getroffen werden. Andererseits denkt man dabei aber auch an die Übersichtlichkeit der Abläufe.

Im vorliegenden Fall ist es dem Anwender zumutbar, daß er über die Tastatur die serielle Kommunikation startet , gewissermaßen als Menüauswahl, und sie auch wieder mit einem Tastendruck beendet. Damit schaffen wir auch für das Programm klare Verhältnisse: Nach dem Aktivieren der Anzeige und der V24 verzweigen wir in eine einfache Schleife (unsere Vielzweckschleife), die im Takt von 2 oder 4 Millisekunden läuft. Diese ruft mit jedem Takt ein Modul TASTE auf, welches eine einfache Tastenentprellung ist. Wenn das Modul Taste einen Tastendruck erkennt, ruft es ein Modul auf, das wir hochtrabend EDIT nennen. Diesem Modul EDIT werden wir einen eigenen Absatz am Ende dieses Kapitels widmen, wenn wir alle anderen Module besprochen haben.

Die Bedienungsschleife wollen wir wie immer LOOP nennen. Sie hat im wesentlichen die Form unseres guten alten Uhrenprogramms. Das TIMUP wird nicht von diesem Takt gesteuert, weil die Uhrzeit ja im Hintergrund durch den TMR1-Overflow organisiert wird, jedoch müssen wir regelmäßig das ZEITDA-Flag abfragen und bedienen. Dies tun wir in einem Modul ZEIT, indem wir auch die Anzahl Sekunden seit dem letzten Tastendruck überwachen. Wenn diese Zeit zu groß wird, dann schalten wir die Anzeige und die V24 wieder ab und gehen nach HEIA.

Damit sieht der zweite Teil unseres Hauptprogramms folgendermaßen aus: Diesmal wieder als Flußdiagramm.

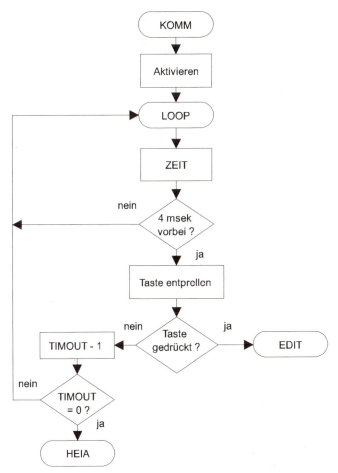

Abb. 8.4: Flußdiagramm KOMM

8.3.4 Schritt 4: Die einzelnen Module

Modul TIMUP

Das Modul TIMUP ist hier noch einfacher als das Beispiel im Kapitel „Innere Ange-
legenheiten".

Wir weisen noch einmal darauf hin, daß wir den Namen TIMUP immer dann verwenden, wenn eine Zeit hochgerechnet wird. Der Versuch, die verschiedenen Versionen durch unterschiedliche Namensgebungen zu unterscheiden, hat sich nicht
bewährt.

Wir brauchen im vorliegenden Fall nur Sekunden, Minuten und Stunden hochzuzählen. Das Erhöhen von Minute und ggfs. Stunde melden wir dem nachfolgenden
Unterprogramm ARBEIT durch Setzen entsprechender Flags.

Modul ARBEIT

Wir erinnern daran, daß wir das Gießen in einigen Intervallen durchführen, damit
das Wasser in den Pausen einsickern kann, beipielsweise 20 Sekunden gießen, 20
Sekunden warten. Der Einfachheit halber wählen wir die Pausenzeiten immer gleich
den Gießzeiten.

Das Modul Arbeit hat wiederum mehrere Untermodule. Dazu gehört auch eine kleine
Verzweigungsroutine:

- Falls Gießvorgang aktiv, dann Gießvorgang überwachen und betätigen, ggfs beenden. (Sekundenjob GIESSWATCH)

- Falls kein Gießvorgang aktiv: Startzeit für Gießvorgang überwachen und ggfs.
  Starten und, aufgrund der Temperatursumme, Gießzeiten festlegen. (Minuten-
  job GIESS-START)

- In größeren Abständen: Temperatur messen und aufsummieren. (Stundenjob
  TEMPMESS)

- In größeren Abständen den Akku überwachen (alle 10 Minuten AKKWATCH).

An Variablen benötigen wir:

- GIESSSTD, GIESMIN: Zeit, zu der Gießen startet

- GIESSZYK: Anzahl Gießzyklen

- ZYKCNT: Zähler für Zyklen

- GIESSDAU: in Vielfachen von 4 Sekunden.

- DAUCNT: Zählvariable für Giessdauer

- TEMPH:TEMPL: Temperatursumme

- VOLT: Akkuspannung, Wert zwischen 0 und 255.

- AKKMIN: Zählvariable der Zeit zwischen zwei Akkuüberwachungen. Einige Flags benötigen wir noch:

- GIESSON: Gießvorgang ist aktiv. Wird beim Start gesetzt, bei Ende gelöscht.

- PAUSE: ist 1 während Gießpause

- AKKOVER: Spannung am Akku hat oberen Grenzwert überschritten.

- AKKUNDER: Spannung am Akku hat unteren Grenzwert unterschritten.

Die Module detailliert zu programmieren, ist nicht Aufgabe dieses Kapitels. Wir werden jedoch das Flußdiagramm der Verzweigung von ARBEIT und der einzelnen Untermodule hier darstellen.

ARBEIT:Verzweigung

Das Modul Arbeit wird immer aufgerufen, wenn ZEITDA erkannt wurde, entweder aus dem Sleep-Zustand oder aus dem Tastenbedienungsprogramm heraus.

Jedesmal, wenn ZEITDA gesetzt wird, ist eine Sekunde vorbei: Ein Flag SEKOVER benötigen wir also nicht. Wir haben nur einen einzigen Sekundenjob, nämlich das GIESSWATCH, welches die Gießzyklen in Sekundenabstand überwacht. Die übrigen Jobs sind Minutenjobs bzw. Stundenjobs. Auch wenn es keine großartige Verzweigung ist, am übersichtlichsten ist der Ablauf doch mit einem Flußdiagramm darzustellen:

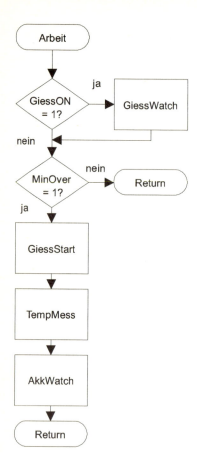

Abb. 8.5: Flußdiagramm ARBEIT

Untermodul GIESSWATCH

Dieser Sekundenjob hat die Aufgabe, die Zeit (Sekunden) eines Gießzyklus oder einer Pause zu überwachen und den Zyklus zu beenden sowie den nächsten zu starten: Während der Pausen ist das Flag PAUSE = 1.

In GIESSWATCH haben wir zunächst die Zählvariable DAUCNT herunterzuzählen. Falls sie gleich null geworden ist, muß eine Unterscheidung getroffen werden, ob eine Pause zu Ende ist (PAUSEND) oder ein Gießzyklus (ZYKEND). Wenn eine Pause zu Ende ist, geht es zum nächsten Gießzyklus, wenn ein Gießzyklus zu Ende geht, fragen wir vorher nach, ob es der letzte ist. Diesen Teil schreiben wir in fertigem Assembler-Code nieder:

```
GIESSWATCH  DECFSZ    DAUCNT      ;
            RETURN                ; Zyklus dauert an
            BTFSS     PAUSE       ; Verzweigung
            GOTO      ZYKEND
PAUSEND     BCF       PAUSE       ;
            GOTO      NEXTZYK
ZYKEND      BSF       PAUSE
            DECFSZ    ZYKCNT      ;
            GOTO      NEXTZYK
            BCF       GIESSON     ; Gießen zu Ende
            RETURN
NEXTZYK     MOVF      GIESSDAU,W  ; Sekundenzähler neu laden
            MOVWF     DAUCNT
            RETURN
```

Untermodul GIESSTART

Giesstart hat die nächste Gießzeit zu überwachen. Wenn sie erreicht ist, muß ein Gießvorgang gestartet werden. Das Flag GIESSON ist während eines Gießvorgangs = 1:

- Falls GIESSON=1: Fertig (Gießen schon aktiv)

- sonst: falls GIESSTD: GIESMIN <> STUNDE: MINUTE: fertig

- sonst: **Starte Gießen:** GIESSON:= 1, hole nächste Werte von GIESSTD, GIESSMIN aus dem EEprom, lade ZYKCNT mit GIESSZYK, berechne GIESSDAU aus der Temperatursumme (TEMPH : TEMPL), lösche TEMPH und TEMPL anschließend, lade DAUCNT mit GIESSDAU, setze PAUSE:= 0.

Bei der Gelegenheit wollen wir die Nützlichkeit kleiner Makros erwähnen. An dieser Stelle ist es nämlich gar nicht interessant, uns Gedanken zu machen, wie man zwei Zeiten vom Format STUNDE : MINUTE vergleicht. Es entlastet die Programmierarbeit sehr, wenn man an dieser Stelle einfach schreiben kann:

```
CMP2      GIESSMIN, MINUTE
SKPZ
RETURN
```

Dabei weisen wir noch einmal darauf hin, daß im Aufruf das niedrigere Byte genannt wird. Beide Bytes müssen hintereinander stehen, das niedrigere zuerst.

Untermodul TEMPMESS

Die Temperatur dient zur Bestimmung des Werts von GIESSDAU. Dabei wird ein zeitlicher Mittelwert verwendet. Eine sinnvolle Methode ist es hier, die Temperaturen seit dem letzten Gießen zu addieren. Wenn die Zeit seit dem letzten Gießen kurz ist, dann ergibt sich logischerweise eine kürzere Giessdauer, als wenn wir bei gleicher Temperatur schon längere Zeit nicht gegossen hätten.

Das Programm TEMPMESS hat folglich nur die Temperatur zu erfassen, und sie zu TEMPH : TEMPL dazu zu addieren. Wenn beispielsweise die Temperatur 8 Stunden lang 20 Grad betragen hätte, dann ergäbe sich eine Summe von 160. Dieser Wert ist als Giessdauer erfahrungsgemäß zu hoch. Man wird sie in GIESSTART vielleicht durch 8 teilen. In GIESSTART wird TEMPH und TEMPL dann anschließend gelöscht.

Untermodul AKKWATCH

Für die Überwachung des Akkus wird man in gewissen Zeitabständen nachfragen, ob die Spannung am Akku einen bestimmten Wert erreicht oder überschritten hat, und falls ja, wird man den Ausgang für die Reduzierung des Ladestroms auf 1 setzen, bzw. wenn die Spannung diesen Wert um einiges unterschreitet, diesen Pin wieder auf 0 setzen. Dabei sollte die Grenzspannung, welche für das Einschalten der Drosselung maßgebend ist, etwas höher liegen, als die, welche das Ausschalten der Drosselung bestimmt (Hysterese). Ansonsten würde tagsüber ein ständiges Aus- und Einschalten der Drosselung stattfinden.

AKKWATCH ordnen wir unter die Minutenjobs ein. Daher muß zunächst ein 10 Minuten-Zähler heruntergezählt werden. Erst wenn dieser Zähler null ist, wird er neu geladen und die Überwachung gestartet.

Bei der Überwachung auf Überspannung ist in zwei Fällen Handlungsbedarf:

1. AKKOVER = 1 und Spannung unter unterem Hysteresewert

2. AKKOVER = 0 und Spannung über oberem Hysteresewert.

Im Fall 1 ist AKKOVER:= 0 zu setzen und die Reduzierung des Ladestroms aufzuheben (Drossel-Pin:=0).

Im Fall 2 ist AKKOVER:=1 zu setzen und die Reduzierung des Ladestroms zu beginnen (Drossel-Pin:=1).

Modul ZEIT (aus Teil KOMM)

Das Modul ZEIT hat nur das ZEITDA-Flag zu überwachen und zu bedienen. Wenn ZEITDA gesetzt ist, ruft es zunächst TIMUP und ARBEIT auf. Danach ist dafür zu sorgen, daß das Modul KOMM nach einer gewissen Timout-Zeit beendet wird. Die LCD-Anzeige und das V24-Modul werden dann wieder in den Standby-Modus versetzt und das Programm geht anschließend wieder nach HEIA.

Die Timoutvariable wird im Modul ZEIT heruntergezählt und nach jeder Tastenbetätigung wieder mit ihrem Originalwert geladen. Ebenso wird sie nach jeder seriellen Kommunikation wieder neu geladen.

8.3.5 Ein EDIT Modul erstellen

Mit dem Namen EDIT bezeichnen wir aus langer Tradition ein Modul, welches über eine Tastatur und eine Anzeige ein Gerät bedient. Dabei kann es sich im kleinsten Falle um zwei Tasten handeln. Die Anzeige kann notfalls aus ein paar Siebensegment-Leds bestehen.

Das Modul EDIT hat folgende Aufgaben:

- Parameter eingeben und ändern

- Meßwerte und Status anzeigen

- Prozesse starten und beenden.

Der Name EDIT trifft eigentlich nicht ganz das, was das Modul tut. Aber der Name Operating System wäre doch ein wenig abgehoben und außerdem zu lang. So bleibt es also bei dem schönen Wort EDIT.

Wie die Überschrift andeutet, stellen wir Ihnen nicht ein bestimmtes Programm vor, sondern Elemente einer Bauanleitung.

Bevor man eine Taste bedient, muß man sie zuerst einlesen. Die einfache Entprellung wird in die Zeitorganisation des Hauptprogramms in Form eines Moduls TASTE eingebettet. Auch das Loslassen der Taste wird in TASTE überwacht.

Modul TASTE

Ein Tastenereignis wird erkannt, wenn eine Änderung des Tastenzustands stattfand und nach dieser Änderung der Tastenzustand 4 Mal gleich war.

Das Tastenereignis ist ein Tastendruck, wenn nicht alle Tasten auf Nullzustand stehen

Der Eingang von EDIT ist die Nummer einer gedrückten Taste.

Was nun mit der Taste geschieht, hängt ganz von der benutzten Tastatur und Anzeige ab, aber auch von den Bedürfnissen des Geräts. Wenn nur wenige Tasten vorhanden sind, dann kann die Eingabe einer Ziffer nur so erfolgen, daß man sie bei jedem Tastendruck um eins erhöht und beim Druck einer zweiten als eingegeben betrachtet. Dieses Verfahren ist allen Anwendern von Viderecordern , Anrufbeantwortern oder Aquarienüberwachungen bekannt.

Egal wie spartanisch oder luxuriös die verschiedenen Bedienungen sind, eines haben sie alle gemeinsam: Sie verfügen über zwei Zustände. In dem einen wird ausgewählt, um welchen Wert es sich handelt und in dem anderen Zustand werden die Werte eingegeben. Wir werden diese Zustände **Selektmodus** und **Eingabemodus** nennen. Den Selektmodus kann man auch als Menusteuerung bezeichnen, vor allem dann, wenn nicht nur Eingaben zu tätigen sind, sondern auch irgendwelche Prozesse in Gang zu setzen oder zu stoppen sind.

Ein Flag INPUT wird definiert, um den augenblicklichen Modus zu erkennen. Die Hauptverzweigung von EDIT lautet also

```
EDIT      BTFSS   INPUT
          GOTO    SELMOD
INPUMOD
```

Die Bedeutungen der Tasten sind in beiden Modi vollkommen verschieden, so daß die zwei Modi den ganzen EDIT in zwei vollkommen getrennte Untermodule teilen, welche nur dadurch zusammenhängen, daß man durch bestimmte Tastendrucke vom einen in den anderen Modus gelangt.

Als Beispiel wählen wir hier die Tastatur, die wir für Jumba ausgewählt haben, ein Tastenblock mit den 10 Ziffern und zwei Sondertasten, auf welchen # und * geschrieben steht. Die #-Taste benutzen wir für die Enter-funktion, auch CR, wie 'Carriage Return', genannt.

Als Anzeige nehmen wir in der einfacheren Version eine LCD-Anzeige mit einer Zeile und 16 Stellen.

Über die Bedeutung der Tasten gibt es im Eingabemodus keine Diskussion:

Die Tasten bedeuten eingegebene Ziffern. Mit jeder Zifferneingabe wird der Cursor eine Eingabestelle weiter gerückt.

Die #-Taste wird, wie bereits erwähnt, als Enter benutzt. Das bedeutet, daß die Zifferneingabe gültig ist und als Wert für die ausgewählte Variable eingetragen wird. Mit dieser Taste wird auch der Eingabemodus beendet und wieder in den Selektmodus verzweigt.

Für die *-Taste bleibt nur noch die Backspace Funktion, welche den Cursor um eine Stelle nach links bewegt und gleichzeitig die letzte Zifferneingabe löscht. Eine Eingabe rechts vom Cursor gibt es damit nicht.

Im Selektmodus stehen die Ziffern zur freien Verfügung.:

Man kann eine beliebige Ziffer auswählen für „nächstes Menü" und eine andere für „voriges Menü". Diese Ziffern bewirken, daß der Name der nächsten bzw. vorigen Funktion auf der Anzeige erscheint.

Die #-Taste oder die 'AUSWAHL'-Taste wird für die Auswahl des angezeigten Menüs verwendet. Wenn es sich um ein Eingabemenü handelt, wird der Selektmodus verlassen und in den Eingabemodus verzweigt.

Die erste Amtshandlung beim Bau eines EDIT-Moduls ist, eine Übersicht zu erstellen über die Funktionen der Tasten. In unserem Falle sieht sie so aus:

Tastenbelegung Eingabemodus

Ziffern 0-9:   Eingabe der Ziffer an der augenblicklichen Cursorstelle

Übernahme der Ziffern, zurück nach Select

*   Backspace

Tastenbelegung Selectmodus

Taste '6'   nächstes Menü

Taste '4'   voriges Menü

od. Taste '5'   Auswahl/Ausführung des angezeigten Menüs

Abb. 8.6: Belegung der Tasten

Damit haben wir den ganzen Edit in 6 Tastenbedienungen zerlegt, die man fast völlig unabhängig voneinander programmieren kann. Das ist eine wichtige Erkenntnis, denn die Bedienungsprogramme sind oft größere Kunstwerke, vor denen man meist zu großen Respekt hat.

Um die Angst vor solchen Programmwerken weiter zu verringern, macht man sich eine Liste von Dienstprogrammen, die man zunächst erstellt, oder so tut, als hätte man sie bereits erstellt und bräuchte sie nur noch aufzurufen.

Nützliche Diensprogramme

- LCD-Anzeige löschen

- LCD-Zeile löschen (falls mehrere vorhanden sind)

- Cursor rechts/links

- Gehe an bestimmte Cusorposition

- Schreibe Zeichen an Cursorposition

- Lese Zeichen von Cursorposition

- Schreibe Byte (BCD-Format) an zwei aufeinanderfolgende Stellen.

- Schreibe String

Bevor wir uns an die sechs Tastenbedienungen machen, haben wir noch ein paar grundsätzliche **Vorbereitungen** zu treffen. Bisher war das ganze völlig abstrakt, jetzt wollen wir an unseren konkreten Anwendungsfall denken: Welche Menüs haben wir überhaupt, welche Parameter wollen wir eingeben? Wie gestalten wir die Anzeige?

Betrachten wir Jumba: Wir könnten folgende Menus definieren:

- Uhrzeit editieren

- erste Gießzeit editieren

- zweite Gießzeit editieren

- Gießdauer in Sekunden editieren

- Anzahl Gießzyklen editieren

- V24 starten

- V24 beenden.

Zu jedem dieser Menüs benötigen wir einen Menütext, der angesichts von nur 16 Stellen nicht zu lang sein sollte. Diese Texte legen wir als ROM-Tabellen ab. Zu jedem Menü gibt es einen Zeiger, den MENUPTR, welcher auch aus einer ROM-Tabelle ermittelt wird. Jedes Menu wird mit seinem Menütext und, falls es ein Eingabemenü ist, mit dem augenblicklichen Wert der Eingabevariablen angezeigt.

Beispiele:

UHR   11:49

DAUER   20

ZYKLEN   4

V24START

V24STOP

Desweiteren müssen wir uns über die Form der einzugebenden Variablen Gedanken machen: Die Uhrzeit und die Gießzeit sind Worte, bestehend aus dem Paar STUNDE : MINUTE. Die Gießdauer und die Anzahl Zyklen werden jeweils mit einem Byte dargestellt.

Da wir sechs Tastenbedienungen zu schreiben haben, die fast alle unterschiedliche Variablenformate bearbeiten, wird die Freude etwas getrübt. Einige davon haben wesentliche Fallunterscheidungen aufgrund des Variablentyps bzw. aufgrund des Menütyps. Geduld und Sorgfalt sind angesagt. Sogar die Backspace-Bedienung hängt vom Variablentyp ab.

Damit es aber nicht ganz aus ist mit der Freude, berichten wir Ihnen von unserem letzten EDIT, der insgesamt nur gut 300 Assembler-Befehle lang ist; ohne die Tabellen und die oben erwähnten Dienstprogramme. Er hat 6 Menüs, welche alle noch in Untermenüs aufgeteilt werden können, und kann fünf verschiedene Variablentypen anzeigen und eingeben. Er verwaltet eine 4 Zeilen große Anzeige, welche außer dem Text des Menüs jeweils drei Untermenüs anzeigen kann.

8.4   Geräte

8.4.1 Geräte der Kategorie JUMBA

Mit dem Namen JUMBA bezeichnen wir mittlerweile eine Geräteklasse, welche durch folgende Eigenschaften definiert ist.

Die Hardware ist in gewissen Grenzen festgelegt:

- Art der Tastatur und LCD-Anzeige
- serielle Schnittstelle
- bei der Stromversorgung sind wir flexibel, Stromüberwachung ist vorgesehen
- zwei Takte sind vorgesehen, wegen des Sleepmodus
- alle restlichen Pins werden für die Gerätefunktion benutzt.

Bezüglich der Firmware handelt es sich um Geräte, die Arbeiten in relativ großen Zeitabständen wie Millisekunden, Sekunden oder größeren Zeiteinheiten erledigen zu müssen.

Die Grundversion der Jumba-Software kann für viele Geräte als Programmvorlage dienen.

Die Gerätefunktionen können dabei vielfältig sein. Wie das Beispiel am Gießautomaten zeigt, ist ein PIC mit einer so kleinen Aufgabe ziemlich unterfordert. Sowohl vom Programmplatz als auch von der Zeit her könnte man da viel mehr hineinpacken. Auch Variable stehen noch ausreichend zur Verfügung.

Welchen Sinn macht es, eine solche Geräteklasse zu definieren? Ganz einfach: Wenn es ein neues Gerät zu entwickeln gilt, welches in diese Kategorie paßt, dann kann man sowohl das Hardwarekonzept als auch die zugehörige Firmware aus der Schublade holen und **als Vorlage benutzen**. Manchmal kann man sogar ein Exemplar der Hardware **als Prototyp verwenden**. Das Rahmenprogramm kann man meist mit kleinen Modifikationen übernehmen (eines der beiden mit oder ohne Sleepmodus). Lediglich die Gerätefunktionen sind unter Millijobs, Sekundenjobs oder Minutenjobs einzufügen.

Sie können nun einwerfen, daß die Gerätebedienung bei jedem Gerät anders ist. Stimmt! Aber auch bei der Kommunikation sind wir einen Schritt weiter gegangen und haben einen Standard entwickelt, der für die Geräte der Kategorie Jumba meist paßt. Dieser Standard ist ganz auf die häufigen Anwendungen in unserem Hause zugeschnitten.

Wir haben die ersten 6 Menüs festgelegt, welche wiederum in Untermenüs (Items) eingeteilt werden.

Menü 0:	IDENT	Gerätenamen angeben
Menü 1:	ZEIT	Uhr und Datum anzeigen und eingeben
Menü 2:	INFO	Meßwerte, Gerätestatus
Menü 3:	MANU	Gerätefunktionen starten bzw. stoppen
Menü 4:	PARA	Parameter eingeben
Menü 5:	EEPROM	blockweise lesen

Die Menüs IDENT und INFO sind nur Anzeige-Menüs. Sie können nicht ausgewählt werden.

Daß die Zeiteingabe ein eigenes Menü ist, obwohl man sie ja eigentlich als Parameter betrachten könnte, hat interne Gründe. Die Zeit spielt doch immer eine Sonderrolle.

Um jedem Gerät gerecht zu werden, müssen wir natürlich zu jedem Menu gerätespezifische Untermenüs (Items) definieren. Beispielsweise hat das Menü INFO bei einer Heizung die Items ATEMP (Außentemperatur), ITEMP (Innentemperatur), HEIZUNG (Status: beispielsweise on/off)

Was haben wir davon? Wir haben einen Vielzweck-EDIT geschrieben (einen mit gut 300 Befehlen). Dieser bedient ein solches System, wenn man sich an bestimmte Regeln hält:

So müssen bestimmte Variablennamen immer gleich lauten, z.B. STUNDE, MONAT usw.

Alle Parametervariablen müssen zusammenhängende Variablen bilden, deren Anfangs- und Endadressen in zwei Konstanten angegeben werden. Das gleiche gilt für das Menü INFO. Für die Bedienung des Menüs MANU müssen natürlich zu jedem Item individuelle Bedienungsprogramme geschrieben werden.

Die Informationen über die Anzahl und die Namen der Items werden in einem Bereich des EEPROM abgelegt. Diese Datei erstellt man mit einem Texteditor. Alternativ sind solche EEPROM-Daten auch mit dem Assembler MPASM herzustellen.

Siehe Kapitel 'MPLAB', Seite 95 für ein Beispiel.

Fehlen nur noch die Informationen über die Variablen, welche in einer ROM-Tabelle abgelegt werden müssen. Wir verwalten vorläufig **6 Datentypen.**

- BCD1: Zahl 0-9

- BCD2: Byte, welches zwei BCD-Ziffern enthält.

- HEX2: Byte 0-99

- HEX3: Byte 0-255

- HEXV: Byte mit Vorzeichen

- TEXT: Zahl, welcher Zeiger auf Textliste ist (z.B. So, Mo, Di ... oder ON, OFF)

Die Erweiterung auf Zahlen mit Dezimalpunkt fügen wir erst ein, wenn sie erstmalig gebraucht werden (Zeit sparen!).

Außerdem geben wir in dem Variablentyp noch an, wieviele Bytes ein Item hat: Die Uhr besteht meist aus 2 Werten: Stunde und Minute, das Datum aus 3 Werten: Tag, Monat und Jahr.

Um den Komfort komplett zu machen, befindet sich in unserer ROM-Tabelle auch das Trennungszeichen bzw. das Endzeichen (Beispiele 11:49 oder 14°).

Wenn Ihnen das zu kompliziert erscheint, dann schreiben Sie doch lieber für jedes Gerät ein neues Bedienungsprogramm.

PS:

Für den Fall, daß sich jemand wundert über den Namen Jumba für so ein kleines Gerät, verraten wir, daß in unserem Hause Projektnamen häufig nach vierbeinigen Freunden benannt werden. Meist sind es schwanzwedelnde Vierbeiner, im Falle des 13 Jahre alten Jumba-Projekts, war es zufälligerweise ein berüsselter.

8.4.2 Trennung von Gerät und Eingabemodul

Geräte, die vom Laien bedient werden müssen, benötigen mindestens eine kleine Bedienungseinheit am Gerät selber. Es gibt jedoch Geräte, die nur in einem Labor oder in einer ähnlichen Einrichtung programmiert und ausgelesen werden. Es gibt verschiedene Gründe, weshalb Geräte ein separates Terminal besitzen.

Die einfachste Möglichkeit dafür ist ein PC, der mit dem Gerät über eine serielle Schnittstelle verbunden ist. So eine Schnittstelle haben wir bei Jumba zusätzlich zur Tastatur vorgesehen. Ein PC ist für die Kommunikation mit dem Menschen natürlich viel besser ausgerüstet, als ein PIC mit einer Minihardware.

Der PC teilt dem Gerät bei Bedarf mit, welches Menü und welches Item er bearbeiten möchte und ob er Daten lesen oder schreiben möchte. Solche Mitteilung nennen wir Befehle. Dem Befehl folgt dann meist der Austausch von Daten.

Das einzig Lästige an diesem Verfahren ist, daß man das Gerät immer in die Nähe eines PCs bringen muß, oder umgekehrt.

In unserer Firma gibt es eine Reihe von Geräten, die zum Steuern und Erfassen meist alleine und unbeaufsichtigt herumstehen und oft sogar mit einem Hausbus miteinander verbunden sind. Es wäre zu aufwendig, jedem dieser Geräte eine eigene Bedienungseinheit anzuhängen. Andererseits wäre es nicht angemessen, einen PC zu bemühen, um die Uhrzeit zu setzen oder um ein paar Meßwerte abzufragen. Für solche Geräte haben wir ein Miniterminal, natürlich mit einem PIC entwickelt, welches BRABBEL heißt.

BRABBEL

Brabbel ist ein eigenständiges Gerät mit einem Akku als Stromversorgung. Über die Strombilanz brauchen wir uns dennoch keine Sorgen zu machen, da er ja immer nur kurzzeitig in Gebrauch ist.

Brabbel hat die Form und die Größe eines Taschenrechners. Es besitzt eine V24-Schnittstelle zum PC und zum Gerät eine serielle Schnittstele vom Typ K2, welche wir im Kapitel über 'serielle Schnittstellen' besprochen haben.

Die Software von Brabbel besteht aus dem Einlesen der Tastatur und einem EDIT-Modul.

Im EEPROM von Brabbel stehen die Texte von mehreren Geräten. Wenn man das Terminal einsteckt, dann sendet es erst einmal den Befehl 0 an das Gerät, worauf das Gerät mit seiner Gerätenummer antwortet. Dann kann das Miniterminal seinen EEPROM-Zeiger auf die richtigen Texte setzen.

Brabbel hat auch einen größeren freien EEPROM-Bereich, in den es eventuelle Meßwerte aus dem EEPROM eines Geräts übernehmen kann. Er bringt sie anschließend zu einem PC, wo sie weiter verarbeitet werden können.

Die Kommunikation kann übrigens nicht nur mit dem Gerät stattfinden, welches direkt an das Terminal angeschlossen ist, sondern auch mit den Geräten, welche über den Hausbus mit dem angeschlossenen Gerät verbunden sind. Auf diese Weise muß man beispielsweise nicht in den Keller laufen, wenn man den Zustand der Heizung erfahren will oder sie kurzzeitig manuell einschalten möchte.

8.4.3 PICmicro-Gerät mit PC-Bus

Außer der Gerätebedienung gibt es natürlich andere Aufgaben, die einen Datentransfer zu einem PC interessant machen. Man könnte den PC auch sehr effektiv mitarbeiten lassen an den Aufgaben des Geräts. Der PC hat riesige Recourcen, jede Menge Speicher, einen großen Bildschirm, und vieles mehr, das er seinem kleinen Bruder, dem PICmicro, zeitweise zur Verfügung stellen könnte.

Die Multifunktionskarten der WDX-Familie

Den umgekehrten Fall, wo der PIC16 dem PC zu Diensten ist, haben wir schon sehr oft verwirklicht, z.B. mit unseren **Watchdogkarten**. Diese übernehmen für den PC folgende Aufgaben:

- PC-überwachen
- präzise Echtzeituhr verwalten
- DCF-Zeit per Algorithmus entstören und dekodieren
- Relais-Ausgänge steuern und Optokoppler-Eingänge einlesen.

Als komplexes System betrachtet, stand am Anfang der Entwicklung dieser Karten die Kommunikation über den PC vollkommen im Vordergrund. Sie steht es auch heute noch, denn die Dinge entwickeln sich ständig weiter.

Über die Spannungsversorgung brauchen wir uns nicht viel Gedanken zu machen, denn wir beziehen die Spannungen vom PC.

Die Kostenfrage der Bauteile steht im Hintergrund, da die Entwicklungsarbeit das eigentlich Wertvolle an diesen Produkten ist, und diese auch nicht in riesigen Stückzahlen vertrieben werden.

Die erste Karte dieses Typs war ein Kundenauftrag. Die PCs einer größeren Anlage sollten gegen mißbräuchliche Veränderung der Uhrzeit durch das Personal geschützt werden. Der PIC16 auf der Karte hatte also außer der Kommunikation mit dem PC nur eine Echtzeituhr zu verwalten, welche mit einem kleinen Akku gepuffert wurde. Die Hauptfunktion lag in der Software. Außer einer Code-Wort-Kontrolle wurde noch eine Watchdogfunktion eingebaut.

Danach ging sie als Watchdogkarte auf Reisen.

Und dann kam, was immer geschieht, wenn ein PICmicro auf einer Schaltung ist, der noch freie Pins hat und auch viel Platz im Programmspeicher.

Im Laufe der Jahre wurden so viele Wünsche an uns herangetragen, daß schließlich eine größere Version entstand. Die DCF-Option kam hinzu, die Relais waren ursprünglich zur Meldung von PC-Problemen gedacht, wurden aber dankbar für alle möglichen Zwecke angenommen.

Wenn Sie sich vorstellen, was es für einen Controller heißt, Watchdog für einen PC zu sein und gelegentlich mal ein Relais zu schalten oder den Zustand eines Optokopplers zu melden, dann können Sie erahnen, wie froh der verwendete PIC16 war, als wir ihm sagten, er dürfe jetzt auch noch die DCF-Dekodierung übernehmen.

Mit einem PIC16C72 konnten sogar die Kundenwünsche nach einer Spannungs-überwachung, einem digitalen Thermometer und einem EEPROM zur Aufzeichnung der Systemzustände erfüllt werden. Diese Aufzeichnungen können vor allem in der Zeit kurz vor einem Absturz des PCs aufschlußreich sein.

Unsere Kunden nennen die Karte immer noch Watchdogkarte. Sie selber hat es aber lieber, wenn man sie Multifunktionskarte nennt.

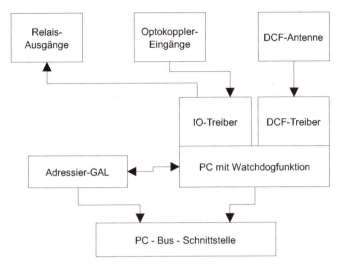

Abb. 8.7: Blockdiagramm der Multifunktionskarte

PICMONSTER

Eine Anwendung, bei welcher der PC nur im Dienste eines PIC16-Geräts steht, haben wir für den eigenen Gebrauch schon vor Jahren entwickelt, damals noch mit dem ISA-Bus. Sie hieß **PICMONSTER**. Vielleicht erinnern sich ein paar Leser an dieses Konzept, das wir in unserem ersten Buch vorgestellt haben. Die Einsteckkarte wurde als eine Art Laborgerät in einer Reihe von brisanten Anwendungen genutzt. Da konnten wir zum Beispiel herausfinden, warum eine IEEE Schnittstelle nicht funktionierte. Wir konnten serielle Schnittstellen belauschen und einen Schrittmotor auf seine Präzision überprüfen.

Leider ist es mit der Anpassung an neueste PC-Technologie und der Wartung dieser Einrichtung nie so recht vorangegangen. Der einfache Grund war der, daß kein ungeduldiger Auftraggeber drängelte, denn die Auftraggeber waren wir selber, und wenn die Zeit knapp ist, stehen wir immer ganz hinten in der Warteschlange.

Es gibt auch noch einen anderen Grund für unser Zögern bei diesem Projekt. Damals haben wir nämlich die PC-Hardware in einer inoffiziellen Weise benutzt, beispielsweise durch direkte Zugriffe auf den Bildschirmspeicher oder auf Hardwareregister. Das wird zunehmend schwieriger und gilt außerdem als anstößig.

Wahrscheinlich wird das Konzept erst wieder aufgenommen, wenn irgendetwas oder irgendjemand uns dazu eine Motivation liefert. Oder wenn der Tag einmal 36 Stunden lang wird. An Ideen fehlt es uns jedenfalls nicht. Ein PIC18 mit externem Programmspeicher könnte genutzt werden, um Programme über die Schnittstelle hineinzuladen. Die PCI-Busschnittstelle wäre auch schneller und effektiver.

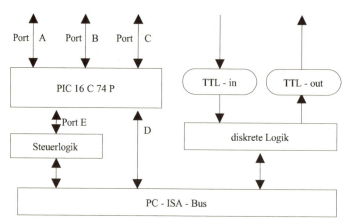

Abb. 8.8: PICMONSTER

8.4.4 Stand-alone Temperaturaufzeichnung

Ein einfaches netzunabhängiges Gerät zur Temperaturaufzeichnung wird auf die Schnelle benötigt, was uns dazu veranlaßt, den neuen PIC16HV540 zum Einsatz zu bringen.

Das Gerät soll nichts weiter tun, als im Abstand von 10 Minuten eine Temperatur aufzuzeichnen , und in einem EEPROM abzuspeichern. Der Abstand von 10 Minuten braucht nicht sehr genau zu sein.

Der PIC16HV540 zeichnet sich dadurch aus, daß man ihn ohne externen Spannungsregler an einer Spannungsversorgung von bis zu 15 Volt betreiben kann. Schön ist dabei, daß er am Port B in der Lage ist, Signale in der Größe der Versorgungsspannung zu treiben und als Eingangsspannung zu vertragen. Noch besser ist, daß er mit einem internen Spannungregler ausgestattet ist, der den Port A mit 3 bzw. 5 Volt betreiben kann.

Systemdarstellung

Bei dieser einfachen Schaltung ist das Blockschaltbild schon fast das wirkliche Schaltbild. Es fehlen nur die Pinzuweisungen an der Ports und die pullup-Widerstände. Mit Abblockkondensatoren kann man sparsam sein.

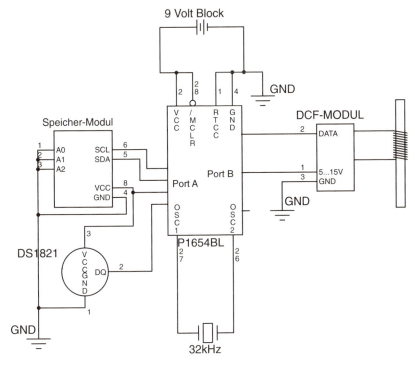

Abb. 8.9: Blockschaltbild

Die einzelnen Komponenten

Die Zusammenstellung der Komponenten ist das Interessante an diesem System.

Die Versorgung

Daß ein 9 Volt-Block als Stromversorgung dient, haben Sie sicher schon im Block-schaltbild gesehen. Aber zur Versorgung zählen wir auch noch die Beschaltung der überigen Steuersignale (/MCLR und T0CKI) und der Oszillator-Pins. Es soll ja ein Batteriegerät sein, also muß es sehr stromsparend sein. Was kann besser sein, als ein möglichst langsamer Takt. Zusätzlich werden wir natürlich auch noch den Sleep-Modus benutzen.

Den /MCLR-Anschluß legen wir auf die positive Versorgungsspannung, weil keine besonderen Anstrengungen zur Reseterzeugung unternommen werden müssen. Die Batterie wird angesteckt und dann steht die Versorgung. Es kann kein so langsamer Anstieg der Versorgungsspannung vorkommen, daß man einen externen Reset-generator benötigen würde.

Der RTCC-Anschluß wird einfach nur passiviert, damit keine Fehlerströme durch das Floaten eines Eingangs entstehen können.

Etwas Sorgfalt muß man beim Quarz walten lassen. Nicht jeder 32 kHz-Quarz schwingt in jeder Situation an. Wählen Sie am besten einen, der von Microchip getestet wurde, und dessen Kondensatorwerte gegen Masse gegeben sind.

NB: Der 4 MHz-Quarz macht in der Regel keinerlei Probleme.

Der Speicher

Damit die aufgezeichneten Temperaturwerte auch für die Nachwelt sicher abgelegt werden können, muß das System einen nichtflüchtigen Speicher, wie ein serielles EEPROM haben. Dieses benötigt 3 – 5 Volt zum Betrieb. 9 Volt sind tödlich. Aus diesem Grund ist der PIC16HV540 prädestiniert für diesen Einsatz. Er ist in der Lage das EEPROM mit 3 – 5 Volt zu versogen. Wenn keine Werte abzulegen sind und der letzte Schreibzyklus lange genug her ist, kann man ihm sogar den Saft ganz abdrehen. Damit ist dieser 'Stromverbrauch' für lange Zeiten eliminiert.

Kommunikation

In der Regel macht die Kommunikation einen großen Aufwand, sowohl an Arbeit als auch an Kosten und Stromverbrauch. Im vorliegenden Fall wurde eine schnelle, einfache Lösung benötigt, so daß auf eine Kommunikation ganz verzichtet wurde. Das EEPROM wurde als steckbares Modul ausgeführt, welches einer Telefonkarte im Handy ähnlich ist (Hersteller 'ISSI', Vertrieb: Scantec).

Über das EEPROM-Modul können dem Gerät auch Betriebsdaten mitgeteilt werden, wie beispielsweise der Zeitabstand zwischen 2 Messungen.

Der Sensor

Beim Sensor liegt die Sache ähnlich. 9 Volt sind für ihn genauso unakzeptabel wir für das EEPROM. Da nicht mehr als 4 Niedervolt-Pins zur Verfügung stehen, und drei schon verwendet sind, müssen wir die beiden Bausteine gemeinsam versorgen, und wir haben dann noch genau einen Pin frei für die Datenleitung.

Das DCF-Modul als 'Uhr'

Wenn wir den Sleepmodus verwenden, dann können wir den PIC16 nicht mit der Aufgabe betrauen, die Zeit hochzuzählen. Die Alternative ist nun, auf eine bestimmte Anzahl von Watchdog-Timeouts zu warten und dann die aktuelle Uhrzeit über das DCF-Modul zu detektieren. Da dieses Modul bis zu 15 Volt verträgt, kann es problemlos am 'Hochvoltport' angeschlossen werden. Der Ausgang des Moduls ist vom open-collector-Typ, weshalb auch diesbezüglich kein Problem auftaucht.

Der Kern, der PIC16HV540

Mit diesem Teil des Systems müssen wir uns genauer befassen. In ihm gibt es einige Besonderheiten, die in anderen PICmicros der 5X-Klasse nicht vorhanden sind:

- interne Spannungsregler für Core und PORTA
- 'Hochvoltpins' am PORTB
- Wake up on Pin change (PORTB0:3)
- Wake up bei langsam ansteigender Spannung (PORTB7)
- Brown-out Detektion
- tieferer Stack
- erweiterte Möglichkeiten beim Watchdog.

Dreh- und Angelpunkt fast all dieser Funktionen ist das OPTION2-Register.

OPTION2

7	6	5	4	3	2	1	0
-	-	WPC	SWE	RL	SL	BL	BE

WPC:	0 heißt, daß das wake up on pin change-Feature eingeschaltet ist
SWE:	0 heißt, daß der Watchdogtimer per Software eingeschaltet ist
RL:	Pegelselektion für den Spannungsregler
	0 entspricht 3 Volt; 1 entspricht 5 Volt
SL:	Pegelselektion für den Sleep-Mode
	0 entspricht 3 Volt bei Sleep;
	1 heißt: Spannung bei Sleep wird durch RL definiert
BL:	Pegelselektion für Brown-out
	0 entspricht 3 Volt
	1 heißt: RL definiert den Pegel bzw.
	SL definiert den Pegel für den Sleep-Mode
BE:	0 heißt, daß der Brown-out-detect eingeschaltet ist.

Das OPTION2-Register wird wie folgt beschrieben:

1. Wert ins W-Register laden
2. Befehl 'TRIS 7' ausführen

Für unsere Appikation stellen wir folgende Werte in OPTION2 ein:

- WPC = 1

- SWE = 1; Startwert; zu gegebener Zeit wird er eingeschaltet

- RL = 1

- SL = 1

- BL = 1

- BE = 0

Die Intialisierung lautet also:

```
INITO2     MOVLW     3EH            ; init für OPTION2
           TRIS      7
```

Der Befehl TRIS 7 gilt normalerweise, um das Richtungsregister des PortC zu setzen. Einen PortC gibt es hier natürlich nicht.

Im Konfigurationswort, welches beim Programmieren des Bausteins mitprogrammiert wird, schalten wir den Watchdogtimer nicht ein.

Funktionsablauf

Der Ablauf des Programms wird bestimmt durch die Vorgabe, daß der Sleepmodus genutzt wird, aus dem wir vom Watchdogtimer geweckt werden.

Das Problem dabei ist, daß die Länge der Zeit bis zum Watchdog-Timout keine genau spezifizierte Größe ist. Bei einem maximalen Vorteiler kann sie etwa zwischen 1 und 4 Sekunden schwanken (typisch: 2 Sekunden).

Daher wird man nach dem Powerup erst einmal feststellen, wieviele Timouts ungefähr für einen Meßabstand benötigt werden. Bei einem mittleren Wert von 2 Sekunden und einem Meßabstand von 10 Minuten, sind es 300 Timouts pro Messung.

Diesen Wert, für den man ein 2 Byte-Wort reserviert, kann man eventuell ins EEPROM schreiben, damit man ihn später nicht mehr messen muß, wobei natürlich anzumerken ist, daß er sich auch noch mit verschiedenen Parametern, z.B. der Betriebstemperatur, ändert, sonst brauchten wir kein DCF-Modul.

Das folgende Ablaufdiagramm soll den globalen Programmfluß darstellen.

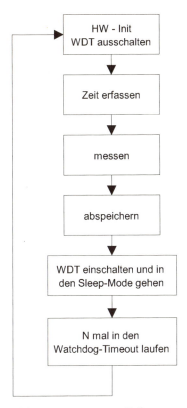

Abb. 8.10: Programmfluß

Nach dem Aufwachen werden wir in der Regel nur den Zähler für die Timouts dekrementieren und danach wieder in den Sleepmodus zurückgehen. Nur wenn der Zähler auf Null heruntergezählt wurde, ist Arbeit angesagt. Da die Arbeit auf jeden Fall mehr als eine Minute dauert, werden wir von einer Besonderheit des PIC16HV540 Gebrauch machen, nämlich insofern, daß der Watchdogtimer über die Software abgestellt werden kann. Danach ist der Ablauf der folgende:

- Zuerst wird das DCF-Modul mit Strom versorgt. Danach ist eine Wartezeit von mindestens 5 Sekunden abzuwarten bis die Einschwingvorgänge vorbei sind.

- Danach wird die DCF-Zeit gemessen. Sie dient nur dazu, den Wert für den Timoutzähler zu korrigieren, falls dies nötig ist.

- Jetzt wird das DCF-Modul abgeschaltet und der Sensor sowie das Eeprom mit Strom versorgt. Wieder ist eine kurze Zeit zu warten.

- Anschließend ist die Temperatur zu messen und aufzuzeichnen. Dann wird der Strom für den Temperatursensor und das DCF-Modul wieder abgeschaltet.

Bevor wir dann wieder in den Sleepmodus zurückkehren, darf nicht vergessen werden, den Watchdog wieder scharf zu machen.

9 PIC16 Interfacing

In diesem Kapitel möchten wir primär die hardwaremäßige Anbindung der PIC16-µController an ihre Umgebung betrachten, wozu auch Sensoren und Aktuatoren gehören. Das Feld der Sensoren und Aktuatoren ist so groß, daß man hier nicht die ganze Palette erwarten darf. Im Übrigen schreitet die Signalaufbereitung in den Sensoren so rasant voran, daß viele bereits einen digitalen Ausgang haben (z.B.: digitaler Temperatursensor).

Nehmen wir beispielsweise einen Beschleunigungssensor oder einen Dehnungsmeßstreifen. Im Endeffekt läuft vieles auf eine Änderung einer Elementardimension hinaus, die entweder fast direkt in eine Spannung umgewandelt wird, und damit dem AD-Wandler zugeführt wird, oder in eine Frequenzänderung mündet, die an einen Timereingang gelegt wird. Letztlich ist das dann wieder ein digitaler Eingang, der keinerlei Problematik darstellt.

Bei den Ausgängen ist die Sache anders gelagert. Auch wenn nur primitive Ausgabeelemente angeschlossen werden, ist Sorgfalt angesagt. Die Ausgänge der PIC16 haben zwar eine gute Treiberfähigkeit, aber aufpassen muß man trotzdem. Für jeden Pin muß man die Belastung betrachten, und für die Ports und Portgruppen sind Strombilanzen aufzustellen, damit die maximal zulässige Belastung nicht überschritten wird. Hierzu ist das Datenblatt für jeden Typen einzeln zu betrachten, wobei auch die Gehäuseform eine Rolle spielen kann, wieviel Verlustleistung verbraten werden darf.

In den folgenden Abschnitten möchten wir die unserer Meinung nach wichtigsten Punkt im Umfeld des PIC16 näher betrachten.

9.1 Minimal-Stromversorgungen

Wie oft stellt man fest, daß es sehr viel ausmacht, ob man die Versorgungsspannung an eine Schaltung angelegt hat oder nicht. Im Labor ist diese Spannung auch recht leicht bereitzustellen, aber wenn das Gerät selbstständig arbeiten soll, beginnen die Probleme mit der Stromversorgung. Ein riesiges Netzteil zu stationieren, macht nicht immer Sinn. Aus diesem Grunde müssen, orientiert an den Anforderungen und Gegebenheiten, geeignete Versorgungssysteme kreiert werden.

9.1.1 Nur diskrete Bauelemente

In Handgeräten ist die Problematik eigentlich weniger schlimm, wenn man den Stromverbrauch im Griff hat. In den bisherigen Problemstellungen war der benötigte Strom immer im Bereich von 2 bis 4 mA. Falls es die Anwendung erlaubt, kann man mit der Versorgungsspannung des PIC16, je nach Typ, bis zu 2,5 Volt heruntergehen. Das schafft nicht jeder PIC16! Maximal sollte man den Mitgliedern der PIC16CXX-Familie eine Spannung von 6,0 Volt anbieten. Die PIC16C5X-Typen vertragen eine Betriebsspannung bis zu 6,25 Volt.

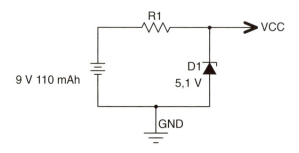

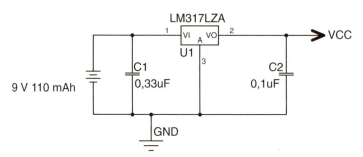

Abb. 9.1: Einfache Handgeräteversorgung

Bei größeren Geräten, eventuell auch mit etwas mehr Stromverbrauch, wird ein Netzteil mit in das Gehäuse integriert, das in seiner Dimension doch sehr unterschiedlich sein kann. Unser Augenmerk soll hier bei minimalem Aufwand für minimalen Stromverbrauch gerichtet sein.

Die folgenden drei Vorschläge für Minimalstromversorgungen sind für eine Eingangsspannung von 230 V gedacht. Gemeinsam haben sie außerdem, daß sie nur zur Versorgung einer Schaltung mit einem gesamten Strombedarf von wenigen

Milliampere geeignet sind. Für bis zu sechs Milliampere müssen diese Schaltungen kaum modifiziert werden. Bei Strömen, die darüber hinaus gehen, steigt die Verlustleistung in den vordersten Widerständen derart an, daß man sich fragen muß, ob das noch die passende Versorgungsschaltung ist.

Das erste Einfachstnetzteil ist von Herrn Stegmüller, Arizona Microchip. Es ist abgedruckt im Tagungsband des Entwicklerforums von 1995. Gedacht war es für die Versorgung eines PIC16C71, der eine Phasenanschnittsteuerung ausführen sollte. Der dafür verwendete TRIAC muß dabei aber unbedingt ein hochsensitives Gate besitzen. Ein TRIAC mit Ansteuerströmen von 10 und mehr mA ist hier nicht mehr zu gebrauchen.

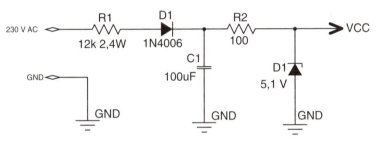

Abb. 9.2: Einfachstnetzteil 1

Das zweite Einfachstnetzteil, das wir hier vorstellen möchten, ist von Herrn Mayer, Ritterwerke Olching. Es versorgt einen PIC16C74 mit einer LCD-Anzeige, was zusammen bei 5 V Versorgungsspannung etwa 2,3 mA verbraucht. Die Spannung, die durch die Schaltung aus Abb. 9.3 an den PIC16 geliefert wird, liegt bei 2,7 Volt. Bei dieser Spannung dürfte der PIC16C74 laut Datenblatt eigentlich gar nicht mehr funktionieren. Er tut's aber.

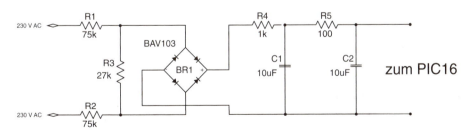

Abb. 9.3: Einfachstnetzteil 2

Als dritte Variante möchten wir den «kapazitiven Spannungsteiler» (Abb. 8.4) ins Feld führen. Er umgeht einen Nachteil des Einfachstnetzteils 1.

Ein Nachteil der Schaltung aus Abb. 9.2 ist die große Verlustleistung, die am Widerstand R1 in Wärme umgesetzt wird. Wird dieser Widerstand durch einen Kondensator ersetzt, läßt sich eine Verbesserung erreichen.

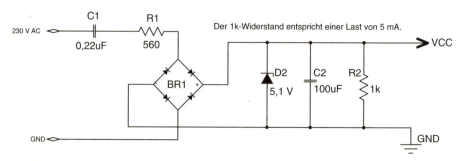

Abb. 9.4: Kapazitiver Spannungsteiler

In der dargestellten Schaltung wurden 5 mA Laststrom vorausgesetzt. Diese 5 mA werden bei fünf Volt Ausgangsspannung zur Verfügung gestellt. Durch Erhöhung des Kondensatorwerts kann man der Schaltung leicht noch mehr Ausgangstrom entlocken.

9.1.2 Mit integrierten Bauelementen

Moderner und energiebewußter ist natürlich ein Schaltregler. Erst vor kurzem haben wir die Bausteinfamilie LR6 und LR7 von Supertex Inc. kennengelernt. Mit diesen Bausteinen lassen sich PIC16-µController auch direkt ohne Transformator von der Netzspannung (230 Volt) versorgen. Wenn statt der Z-Diode ein Spannungsregler nachgeschaltet wird, sollte man auf sehr sparsame Typen, wie den LP2950 von NS, setzen.

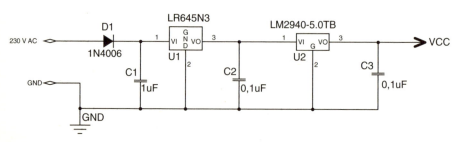

Abb. 9.5: Integrierte Lösung

Dieser Lösungsvorschlag ist zwar preislich recht günstig, aber mit 3 mA ist dieser Baustein bereits voll ausgelastet. Durch Montage an einem kühlen Blech kann man ihn bei seiner Arbeit unterstützen.

Ohne den nachgeschalteten 5 Volt-Spannungsregler läßt sich diese Schaltung auch betreiben. Hier ist allerdings zu sagen, daß die Betriebsspannung für den PIC16C74 permanent bei etwa 6,5 Volt liegt. Beim Einschalten treten Spitzen auf, die an die 12 Volt gehen. Um diese Einschaltspitzen muß man sich noch kümmern, obwohl der PIC16C74 diese Tests schadlos überstanden hat. Wir würden hier eine Z-Diode mit 6 Volt vorschlagen, um die Spitzen zu kappen.

Wird mehr Strom benötigt, kommt man nicht um externe Bauelemente herum. Aber ein Transformator ist noch nicht nötig. Es gibt einen weiteren Baustein mit der Bezeichnung HIP5600, der mit einigen externen Bauelementen schon bis zu 10 mA (peak 30 mA) liefern kann. Die Beschaffung des HIP5600 gestaltete sich als problematisch. Vielleicht haben Sie mehr Glück.

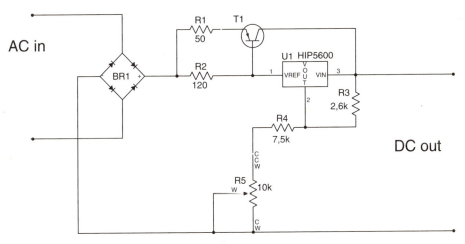

Abb. 9.6: Schaltregler mit externen Bauelementen

Mittlerweile gibt es noch weitere solcher Bausteine bzw. Lösungen, die ohne Trafo auskommen, aber doch deutlich mehr Strom bereitstellen. Schauen Sie mal bei Tekelec Airtronic vorbei. Die Bausteine heißen TINY-SWITCH.

9.2 Taktversorgung

Wie bereits in der Einführung angesprochen, stellen Oszillatoren die zweite lebensnotwendige Versorgung dar, ohne die ein μController nicht arbeiten kann. Gibt es irgendwann einmal Probleme mit einer PIC16-Schaltung, ist *nach* der Stromversorgung als nächstes die Taktversorgung zu überprüfen.

9.2.1 Prüfstrategie bei unterschiedlichen Oszillatortypen

Die Reihenfolge der ersten Tests sieht also folgendermaßen aus:

1. Spannungsversorgung prüfen

2. Masseanschlüsse prüfen

3. Schwingt der Oszillator (OSC1-Pin)?

4. Sind Spannungen an allen Pins auf TTL-konformen Pegeln?

Zurück zur Takterzeugung. Die verschiedenen Oszillatorkonfigurationen bei den PIC16 sind:

LP, XT, HS, RC

Beim Prüfen des Oszillators ist Aufmerksamkeit nötig. Durch die Berührung des OSC1-Pins mit einem Tastkopf kann die Schwingung nicht nur arg bedämpft werden, sondern sogar ganz abgewürgt werden. Aus dieser Problematik entstanden folgende Richtlinien:

- RC-Oszillator:
  Die RC-Kombination ist am OSC1-Pin. Der Pin OSC2 ist in dieser Oszillatorkonfiguration ein Ausgang, der exakt den Befehlstakt, also Fosc/4, ausgibt. Dieser Pin kann ohne Probleme abgetastet werden.

- XT-Oszillator:
  Die XT-Oszillatorkonfiguration ist für zwei verschiedene Situationen gedacht. Das Einspeisen eines externen Takts ist die unproblematischste. Der externe Oszillator hat am OSC1-Pin einen Takt zur Verfügung zu stellen, der vom Oszilloskoptastkopf nicht vernichtet werden kann. Die zweite Art ist die Beschaltung mit einem Quarz, wobei die Pins OSC1 und OSC2 die Verbindungen zum internen Verstärker darstellen. Hierbei ist das Abtasten der Oszillatorschwingung am OSC2-Pin anzuraten, weil hier der Ausgang des Oszillatorverstärkers sitzt und die Schwingung entsprechend stark ist. Statt des Quarzes kann auch ein Resonator verwendet werden.

- HS-Oszillator:
  Für diese Konfiguration gilt das gleiche wie das eben für den XT-Oszillator Gesagte. Der Unterschied ist nur, daß dieser Oszillatortyp ab vier MHz bis 20 MHz zu verwenden ist.

- LP-Oszillator:
  Auch hier gilt das gleiche wie oben gesagt wurde. Der Frequenzbereich des LP-Typen geht bis etwa 200 kHz.

9.2.2 Taktprobleme bei der Verwendung des In-Circuit-Emulators PIC-Master

Hier möchten wir nicht darüber referieren, daß die Emulatorköpfe für die verschiedenen PIC16-Typen nur bis zu einer unterschiedlichen maximalen Frequenz arbeiten. Das Thema dieses Abschnitts sollen die Sockeladapter sein.

Da es für den PIC-Master von Arizona Microchip nur Emulatorköpfe in DIL-Ausführung gibt, mußten wir uns kürzlich selbst einen Adapter herstellen, um in einem Gerät den Emulator einsetzen zu können. Da es in dem Gerät recht eng herging, mußten wir den räumlichen Gegebenheiten insofern Rechnung tragen, daß wir den Adapter etwa sechs bis sieben cm hoch machten. Die Verbindungen wurden mit einzelnen Litzen hergestellt.

Bis 10 MHz hatten wir keine Probleme den auf der Platine sitzenden Quarz zu verwenden. Bei darüberliegenden Frequenzen mußten wir auf den emulatorkopfeigenen Quarzoszillator umschalten.

9.2.3 Herstellung des Betriebstaktes

Bei den PIC16-µControllern werden verschiedene Arten von Taktversorgung unterstützt. Die teuerste Lösung ist der externe Quarzoszillator. Als Alternativen können Quarze oder Keramikresonatoren den PIC16 mit einem Betriebstakt versorgen. Die dabei benötigten Widerstände und Kapazitäten sind aus Listen vom Quarz- bzw. Resonatorhersteller zu entnehmen. Ebenfalls kann man sich aus dem PIC16-Datenbuch gute Bauteilwerte für die Quarzbeschaltung holen. Bei solchen Standardoszillatoren hatten wir noch nie Probleme, bezüglich des Anschwingens. Die billigste Art, einen Oszillator aufzubauen, ist der RC-Oszillator. Aus Tabellen und Kurven, die sich auch im PIC16-Datenbuch befinden, können Richtwerte entnommen werden. An die Genauigkeit eines RC-Oszillators darf man natürlich keine übermäßigen Erwartungen knüpfen. Je nachdem, in welchem Wertebereich sich die einzelnen Bauteile befinden, ist die zu erwartende Ungenauigkeit unterschiedlich. Auch hier steht einem das Datenbuch zur Seite. Den Einfluß der konkreten Stromversorgungsschwankung kann das Datenbuch nicht angeben.

Hier möchten wir nur ein Wertepaar erwähnen:

R = 4,7k und C = 22pF ergeben etwa einen 4 MHz-Oszillator. Nach dem Vorteiler von 4 bleibt also 1 MHz. Das ist ein Befehl pro µsek.

Eine Besonderheit hat der RC-Oszillator gegenüber all den anderen Oszillatortypen. Er kann mit Hilfe eines Pins des PIC16 in seiner Geschwindigkeit verändert werden. So ist es möglich, durch Vergrößerung des Kondensators die Frequenz zu reduzieren. Dazu wird ein zusätzlicher Kondensator zwischen den OSC1-Eingang und einen freien Pin des Controllers gelegt. Wenn nun die Frequenz reduziert werden soll, muß der Pin vom hochohmigen Zustand auf Ausgang geschaltet und eine 0 ausgegeben werden. Die Frequenzänderung in die andere Richtung ist auch möglich. Durch das Reduzieren des Widerstands kann die Betriebsfrequenz erhöht werden. Die Reduzierung des Widerstands wird durch das Parallelschalten eines weiteren Widerstands realisiert, der durch einen Pin des Controllers auf Vcc gelegt wird. Die andere Seite des Widerstands ist fest mit OSC1 verbunden. Bei all diesen Veränderungen, muß darauf geachtet werden, daß sich die Bauteilwerte innerhalb des zulässigen Bereichs bewegen.

- für den Widerstand gilt: 3 k bis 100 k
- für den Kondensator gilt: 20 pF bis 300 pF

Damit ist eine Anpassung der Rechnerleistung an die entsprechende Situation möglich. Da die aufgenommene Leistung eines µControllers proportional mit der Taktfreqenz ansteigt, kann ein Programm, welches die meiste Zeit nur eine niedrige Taktfrequenz benötigt, in einigen Ausnahmesituationen aber eine hohe, die Frequenz selbsttätig umschalten.

Dieses Verfahren ist besonders nützlich bei den PIC16C5X-Typen, weil bei diesen der Einsatz des Sleep-Modus gewissen Einschränkungen unterliegt.

Bei den PIC16C5X ist das Verlassen des Sleep-Modus nämlich nur durch einen Reset möglich. Wenn nun kein Reset erwünscht ist oder nicht erzeugt werden kann, läßt sich auf die eben beschriebene Weise die Taktfrequenz derart reduzieren, daß maximale Stromersparnis erreicht wird.

Die Lösung mit dem RC-Oszillator ist aber bezüglich ihrer Genauigkeit, nicht geeignet eine ordentliche Echtzeit zu verwalten.

Für die Echtzeitverwaltung verwenden wir gerne einen 32768 Hz Quarz, da er beim Zählen in einer16 Bit-Wortvariablen alle zwei Sekunden einen Überlauf erzeugt. Wenn diese Frequenz als Befehlfrequenz zu langsam ist, kann sie einem vaiablen RC-Oszillator zur Seite gestellt werden.

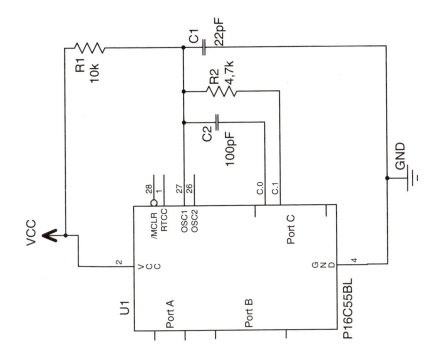

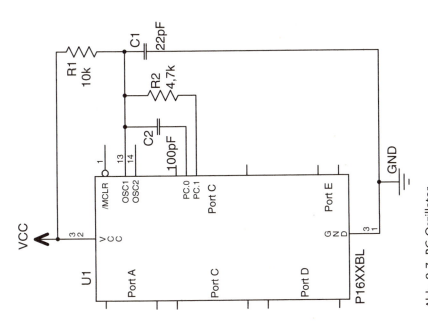

Abb. 9.7: RC-Oszillator

9.2.4 Zusätzliche Takte

Von zusätzlichen Takten für präzise Timings (Echtzeit) muß man Gebrauch machen, wenn der PIC16 nicht mit einem geeigneten Quarz versorgt werden kann oder soll. Falls Energie gespart werden muß, aber gelegentlich höhere Prozessorleistung gefordert ist, kann man mit variabler Betriebsfrequenz arbeiten, wenn exakte Timings mit einem zusätzlichen Takt versorgt werden. Bei den PIC16C5X stellt ein zusätzlicher Takt einen etwas höheren Aufwand dar, so daß man eventuell mit einem 4,194304 MHz-Quarz besser bedient ist. Diese Frequenz ist exakt 2 hoch 22. Verwendet man diesen Quarz für die Erzeugung des Befehlstakts, so reduziert sich diese Frequenz auf 2 hoch 20. Zählt man mit dieser Frequenz eine 16 Bit-Wortvariable hoch, bekommt man jede 16tel Sekunde einen Überlauf. Zählt man diese Überläufe, so ergibt sich exakt eine Sekunde. Bei einem Standardquarz von 4 MHz erreicht man das gleiche Ergebnis, muß aber in anderen Stufen zählen.

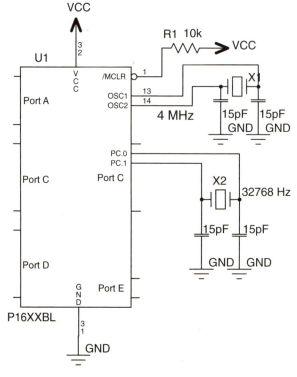

Abb. 9.8: TMR1-Oszillator

Handhabung bei den PIC16CXX

Der 32768 Hz-Takt für die Echtzeit ist ein zusätzlicher Takt, der je nach PIC16-Typ in unterschiedliche Pins einzuspeisen ist. Bei den PIC16CXX ist das kein Problem. Die Pins C.0 und C.1 sind extra dafür da, so einen zusätzlichen Taktoszillator zu bilden, d.h. es sind nur der Quarz und zwei Kondensatoren nötig. Der Oszillator ist im PIC16 und kann bei Bedarf ein- bzw. ausgeschaltet werden. Mit diesem so erhaltenen Takt kann der TMR1 versorgt werden. Dieser arbeitet sogar im Sleep-Modus, so daß ein Überlaufinterrupt des TMR1 den PIC16CXX wieder aufwecken kann.

Handhabung bei den PIC16C5X

Die PIC16C5X haben bekanntlich diese PortC.0 und C.1-Eigenschaft nicht. Was sie haben, ist wenigstens der RTCC (T0CKI)-Eingang. Da dieser Eingang keinen Oszillator bilden kann, muß dieser extern aufgebaut werden. Wie Sie bereits im Kapitel 1 gelesen haben, wird der TMR0 mit dem Betriebstakt synchronisiert. Daraus folgt, daß der TMR0 im Sleep-Modus nicht arbeiten kann. Nachdem wir aber mit dem variablen RC-Oszillator ohnehin den Sleep-Modus nicht mehr nötig haben, ist das kein Problem.

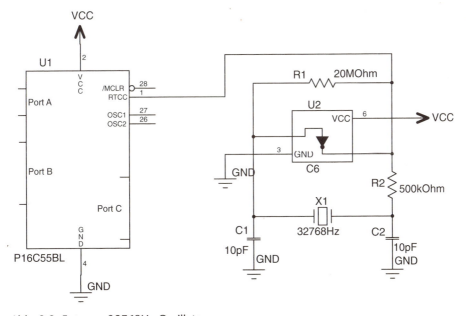

Abb. 9.9: Externer 32768Hz-Oszillator

Will man, vielleicht auch für andere externe Komponenten, noch weitere Taktfrequenzen zur Verfügung stellen bzw. den Vorteiler vom PIC16C5X nicht bemühen, dann bietet sich eine Schaltung mit dem Baustein CD4060 an. Unserer Meinung nach stellt er eine sinnvolle Kombination dar. Er beinhaltet einen Zähler mit vorgeschaltetem Oszillatorkreis. An diesen Oszillatorkreis kann mühelos ein 32768 Hz Quarz angeschlossen werden. Unter den vielen Ausgängen des CD4060 ist auch einer, der einen Halb-Sekundentakt ausgibt. Wie in der folgenden Schaltung dargestellt, sind nicht viele Bauelemente nötig, um dem PIC16C5X Echtzeittakte zur Verfügung zu stellen.

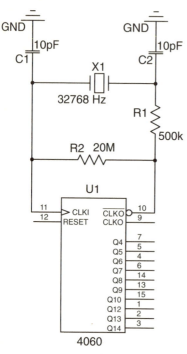

Abb. 9.10: Taktgenerator mit dem Baustein CD4060

9.3 Reset und Brown-out

Über den Reset und die Brown-Out Protection könnte man große Vorträge halten, aber in diesem Rahmen wollen wir nur darüber reden, was es uns bringt und wie wir damit umgehen.

9.3.1 Reset

Der ordentliche Reset eines Bausteins ist nach der Versorgungsspannung und dem Takt die drittwichtigste Angelegenheit. Mit einem Baustein, dessen Resetlogik defekt ist, zu arbeiten, ist nicht möglich, weil man sich auf nichts verlassen kann. Für unproblematische Umfelder des PIC16 kann man den normalen Weg der Reseterzeugung wählen. Normal heißt in diesem Zusammenhang, daß der Pin «/MCLR» entweder direkt oder über einen 10k-Widerstand auf VCC gelegt wird. Das ermöglicht es der internen Resetgeneratorschaltung, zu arbeiten, und weitere externe Bauelemente sind überflüssig. Nur in Fällen, wo die Versorgungsspannung beim Einschalten nicht mit der nötigen Entschlossenheit auftritt, müssen externe Anstrengungen unternommen werden, um einen sauberen Reset zu erhalten. Von MAXIM und DALLAS gibt es dafür spezielle Bausteine, von denen wir uns Hilfe erwarten können. Aus dem Angebot der Firma MAXIM sei die Familie der MAX700 und MAX800 genannt. Je nach Typ sind außer der Reseterzeugung noch weitere Features in diesen Bausteinen enthalten.

Verwendung fand der MAX707 in einer PIC16C55-Applikation, weil noch eine höhere Betriebsspannung auf Präsenz zu überwachen war und ein externer Resettaster benötigt wurde.

In der letzten PIC16C74 Anwendung haben wir den dreihaxigen DS1233 von DALLAS verwendet, weil wir kein Stückchen übrigen Platz hatten und über das kleine TO92-Gehäuse hoch erfreut waren.

Von Microchip gibt es seit kurzem eine große Palette von Resetgeneratoren mit unterschiedlichem Bond-out und unterschiedlichen Gehäusen. (MCP100 ... 130, MCP 809/810) Sie halten den Controller sicher im Resetzustand ab einer Versorgungsspannung von 1 Volt. Die Bausteine sind mit unterschiedlichen Schwellenspannungen zu erhalten, die auch für 3 Volt-Systeme geeignet sind. Überschreitet die Versorgungsspannung die Schwellenspannung von unten nach oben tritt noch ein Delay von 350 msek (150 – 700 msek über den ganzen Temperaturbereich) in Kraft, und dann wird der Resetausgang in den inaktiven Zustand gesteuert. Im anderen Fall, also bei Unterschreiten der Schwellenspannung, vergehen typischerweise 10 µsek bis der Reset aktiviert wird.

9.3.2 Brown-out

Wenn die Versorgungsspannung total ausfällt und dann wieder kommt, ist das ein klarer Fall von Black-out. Daß in einem solchen Falle ein Reset generiert wird, ist nur logisch. Wenn aber die Versorgungsspannung nur etwas mehr einbricht als erlaubt ist, spricht man von einem Brown-out. Auch diese Situation muß ordnungsgemäß durchgestanden werden. Die bereits angesprochenen Resetgeneratoren von MAXIM und DALLAS arbeiten bis zu einer Versorgungsspannung von unter 2 Volt. Für die Resetgeneratoren von Microchip wird eine Versorgungsspannung von 1 Volt angegeben, bis zu der sie arbeiten. Das hat zur Folge, daß vor dem PIC16 garantiert der Resetgenerator arbeitet und solange einen Reset ausgibt, bis die Spannung am PIC16 innerhalb der Toleranzen ist. Seit Anfang 1996 kommen zunehmend PIC16-Derivate auf den Markt, die eine Brown-out-Protectionschaltung besitzen. Viele ältere Typen werden künftig in einer A-Version mit Brown-out-Detection ausgeliefert. Damit ist nur noch in besonders heiklen bzw. problematischen Fällen ein zusätzlicher externen Aufwand nötig. Für die PIC16C5X-Familie, die noch ohne Brown-out-Protection sind, werden im Datenbuch einige Schaltungsbeispiele vorgestellt, die die Brownout-Protection übernehmen sollen.

9.4 Resetzustände

Dem Zustand nach dem Reset sollte man nicht nur bei der Programmentwicklung sehr sorgfältige Beobachtung schenken, sondern auch bei der Planung der äußeren Beschaltung. Eine der unnötigsten Fehlerquellen sind vergessene Anfangswerte! Die TRIS-Register besitzen Resetwerte (0FFH), d.h., daß sich alle Portpins im Tristate befinden. Das hat wiederum zur Folge, daß eine externe Elektronik, die von einem Portpin angesteuert wird, zwischen dem Einschaltzeitpunkt und dem Zeitpunkt, an dem die TRIS-Register beschrieben werden, kein definiertes Signal bekommt. Da die PIC16-µController von einem Power-up-Timer und gegebenenfalls noch einem Oscillator Start-up-Timer im Resetzustand gehalten werden, bis die Programmausführung beginnt, kann je nach Quarzfrequenz diese Zeitspanne schon in den msek-Bereich gehen. Bei Verwendung externer Resetgeneratoren wird diese Zeit noch viel länger. Beim DS1233 dauert der Reset mindestens 350msek. Nicht nur angeschlossene Leistungsendstufen, sondern auch ganz normale Logikbausteine müssen davor bewahrt werden, in dieser Zeit Dummheiten zu machen. Da die Lösung mit einem Pull-Up- oder Pull-Down-Widerstand so einfach ist, sollte man daran nicht sparen.

Die internen Weak-Pull-Up-Widerstände können für diesen Zweck nicht verwendet werden, weil diese ja erst mit einem Softwarebefehl eingeschaltet werden können. Damit scheinen diese Weak-Pull-Ups sinnlos zu sein. Dem ist aber nicht so. Für diesen Anwendungsfall sind sie nicht gedacht. Sie sind verwendbar, wenn man mit dem PIC16-Port_B eine Tastatur dekodieren will. Damit kann man sich die nötigen Widerstände sparen und auch den Stromkonsum einschränken, wenn die Tastatur nicht gelesen wird.

9.5 LEDs

Leuchtdioden sind zunehmend in µControlleranwendungen zu finden, um dem Bediener Mitteilungen zu machen. Angefangen von langsamen, regelmäßigen Blinkausgaben, die den Betrieb signalisieren, bis hin zu Alarmmeldungen durch schnelles Blinken sind die Möglichkeiten vielfältig. Auch in diesem Bereich wurden in letzter Zeit erfreuliche Fortschritte erreicht. Nicht nur die Farbpalette ist größer geworden, sondern auch die Stromaufnahme wurde verbessert. So haben früher rote LEDs locker 20 mA verspeist. Heute kommt man bei Low-Current Typen mit einem Zehntel des Stroms aus.

Die Ansteuerung durch den µController ist denkbar einfach. Eine LED in Reihe mit einem 2,2 kOhm-Widerstand kann zwischen ein Versorgungspotential und einen Portpin geschaltet werden. Die Anode der LED muß dabei natürlich immer auf positiven Seite sein. Die Kathode, mit der Abflachung am Glasrand, ist auf der anderen Seite.

Wenn es denn eine sehr leuchtstarke LED mit guten 20 mA sein soll, kann sie über einen NPN-Transistor geschaltet werden.

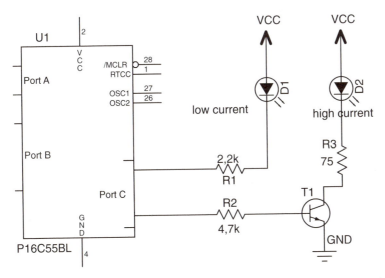

Abb. 9.11: LED-Ansteuerung

Infrarot-LEDs sind eine besondere Art von LEDs, die häufig in Handsendern zum Einsatz kommen. Da es in diesem Bereich sehr auf den Umfang einer Schaltung ankommt, ist keiner von dem zusätzlichen Transistor begeistert. Hier bedienen wir uns eines Tricks, der auch von einem Freund (Hi Bill) verwendet wird. Wir schalten mehrere Portpins zusammen. Damit das nicht zum Disaster wird, müssen die Ausgangsregister der Pintreiber mit einer 0 vorgeladen sein, und wenn die LED bestromt werden soll, werden alle Pins zu Ausgängen gemacht. Voraussetzung ist natürlich, daß die LED mit ihrem Vorwiderstand an der positiven Versorgungsspannung hängt. Aus Sicherheitsgründen sollte man regelmäßig die Werte im Ausgangs- und TRIS-Register des entsprechenden Ports auffrischen.

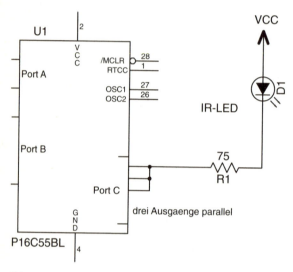

Abb. 9.12: Zusammengeschaltete Ausgänge

9.6 Optokoppler

Bei den Optokopplern gibt es viele Varianten. Um diesen Abschnitt übersichtlich zu halten, möchten wir uns auf drei Anwendungsfälle und drei konkrete Optokoppler-Typen beschränken.

Grundsätzlich handeln wir uns mit einem Optokoppler eine Signalverzögerung ein, die üblicherweise so aussieht wie das nächste Diagramm es zeigt.

Je steiler die Flanken sein sollen und je kürzer damit die Verzögerung sein soll, desto höher ist der Stromverbrauch. Durch kleine Widerstände in der Ansteuerung des Optokopplers ist es möglich die Verzögerung bei der Einschaltflanke zu reduzieren. Den Widerstand im Kollektorkreis am Ausgang des Optokopplers kann man zwar auch auf ein Minimum drücken, aber es dauert einige Zeit, bis der Ausgangstransistor aus dem Sättigungszustand herauskommt. Diese Verzögerung ist nur bei manchen Optokopplerausführungen wirksam zu bekämpfen. Der 6N139 und seine

Brüder gehören zu dieser Sorte. Die Optokoppler-Typen PC817 und ILQ 30 gehören nicht zu diesem Kreis.

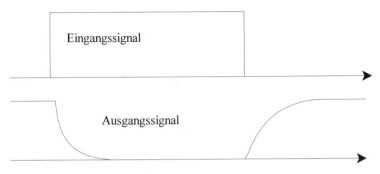

Abb. 9.13: Signalverzögerung durch einen Optokoppler

9.6.1 Der Typ: PC817

Der erste Optokoppler, den wir hier vorstellen möchten, ist ein Einzelgänger, d.h., es ist nur ein Optokoppler in diesem Gehäuse. Wir verwenden ihn gerne in Applikationen, wo zu überprüfen ist, ob die Netzspannung anliegt oder nicht.

Insbesonders in Anwendungsfällen, die mit der Hausinstallation zu tun haben ist er des öfteren bei uns zu finden. Hier ist es nicht immer möglich, Schalter und Taster irgendwo im Haus mit einer Niederspannung zu versorgen und abzufragen, ob der Schalter oder der Taster betätigt wird. Einfacher ist es, die bestehende Verdrahtung zu belassen und mit den Schaltern und Tastern die 230 Volt zu schalten. Am Eingang der µControllerschaltung ist dabei eine Anpassung der 230 Volt auf das 5 Volt-Logikniveau am Controller nötig. Gerade für diesen Anwendungsfall verwenden wir gerne den Optokoppler PC817 (siehe nachfolgendes Schaltbild).

Falls die einzelnen Schalter an unterschiedlichen Orten im Haus sind, ist davon auszugehen, daß die Schaltelemente von unterschiedlichen Sicherungen oder gar Phasen versorgt werden. Das hat zur Folge, daß jede ankommende Leitung extra über eine solche Optokopplerschaltung geführt werden muß. Die Optokopplerausgänge können dann wie alle Open-Collector-Ausgänge einfach zusammengeschaltet werden.

Arbeiten an einer 230 Volt-Netzspannung sind gefährlich und sollten nur von Personen ausgeführt werden, die wissen, was sie tun!!

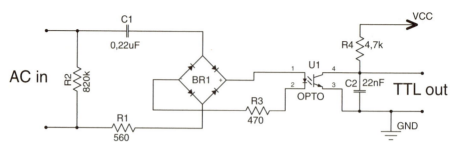

Abb. 9.14: Netzspannung erfassen

9.6.2 Der Typ: ILQ 30

Dieser Typ ist für langsame Anwendungen bestens geeignet. So sind mit ihm einfache Statusmeldungen galvanisch getrennt an die Außenwelt zu vermitteln. Durch das hohe Stromübertragungsverhältnis, wegen seiner Darlington-Fototransistoren, ist kein großer Steuerstrom nötig. Über einen Vorwiderstand von 1 kOhm ist dieser Optokopplereingang direkt an den PIC16-Portpin anschließbar. Der Ansteuerstrom liegt hier bei 5 mA, was völlig ausreicht. Die bei diesem Strom große Verzögerungszeit, bis der Ausgangstransistor durchschaltet, stört uns in diesen Situationen genauso wenig, wie die noch längere Zeit, bis der durchgeschaltete Transistor wieder sperrt. Das «Q» in seiner Typenbezeichnung kommt von quattro und bedeutet, daß sich vier Optokoppler in diesem Gehäuse befinden.

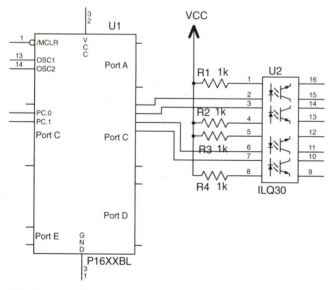

Abb. 9.15: Darlington-Optokoppler

9.6.3 Der Typ: 6N139

Für schnelle serielle Kommunikationen muß der verwendete Optokoppler andere Qualitäten aufweisen, als es der ILQ 30 tut. Für Schnittstellen wie zum Beispiel die K2ATN verwenden wir den Typ 6N139. Er bringt die Geschwindigkeit mit, um einen Wechsel des Eingangssignals innerhalb von 1 μsek auf den Ausgang zu übertragen. Durch den herausgeführten Basisanschluß des zweiten Transistors ist die Beschaltung in optimaler Weise möglich, d.h. man kann dadurch verhindern, daß der Ausgangstransistor in die Sättigung fährt.

Das untenstehende Beschaltungsbeispiel zeigt, wie eine Verbindung zweier PIC16-μController aussehen könnte. Wenn die Widerstände die angegebenen Werte haben, garantieren wir eine μsek Verzögerungszeit. Eine Anpassung der Widerstände wird allenfalls nötig, wenn zwar der gleiche Optokopplertyp verwendet wird, aber dieser von einem anderen Hersteller stammt.

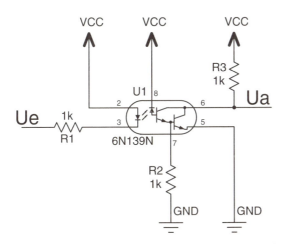

Abb. 9.16: Schnelle Optokopplerübertragung

Für die K2 mit Optokopplern müssen natürlich 2 solche Optokoppler verwendet werden. Bei der K2ATN sind je Slave-Controller sogar drei Optokoppler nötig. Beachten Sie hierzu bitte Kapitel 5, den Abschnitt über die Kx-Schnittstellen.

9.7 Leistungstreiber

Selbst die PIC16 sind nicht in der Lage, beliebig viel Strom zu treiben. Sind zum Beispiel kleine Motoren anzusteuern oder die Heizwendeln von Druckerköpfen, kommt man nicht umhin, einen Leistungtreiber einzusetzen.

9.7.1 Diskrete Transistoren

Zur Realisierung einzelner Leistungsschalter gibt es eine Fülle von Möglichkeiten. Angefangen vom ganz normalen NPN-Transitor bis zum Power MOSFET.

Was die «normalen» Transistoren betrifft, haben sie allesamt einen Nachteil. Sie benötigen zur Ansteuerung einen Steuerstrom. Das sind Ströme, die nichts bewegen und trotzdem von der Versorgung aufgebracht werden müssen. Aus diesem Grunde werden Schaltungen zunehmend mit MOSFET-Transistoren aufgebaut.

Feldeffekttransitoren sind durch die Steuerung mittels einer Spannung von diesem Nachteil nicht behaftet. Deshalb ist besonders in Handgeräten, die mit einer «Akkuladung» möglichst lange auskommen sollen, darauf zu achten, daß in solchen Fällen FETs zum Einsatz kommen.

Abb. 9 17 zeigt eine Standardlösung zum Schalten größerer Ströme als sie der PIC16 zu treiben in der Lage ist. Dabei wird der Verbraucher direkt mit der positiven Versorgungsspannung verbunden und das negative Potential mit dem PIC16-Ausgangspin oder mit Hilfe des Transistors angelegt.

Wenn sich die Ansteuerung eines «Geräts» so nicht realisieren läßt, daß die negative Versorgungsspannungsleitung geschaltet wird, dann wird die Realisierung aufwendiger.

In so einem Fall muß der Schalter in die positive Zuleitung gelegt werden. Das nennt man dann High-Side Schalter. Hier hängt der Aufwand auch noch von der Höhe der Spannung ab, die geschaltet werden soll. Bei der Realiserung mit MOSFET-Transistoren kommt es hierbei auch vor, daß man sich extra für diesen Schalter eine Hilfspannung generieren muß, um ein schnelles und verlustarmes Schalten zu gewährleisten. Trotzdem läßt sich dieses schaltungstechnische Problem am besten mit MOSFET-Transistoren lösen.

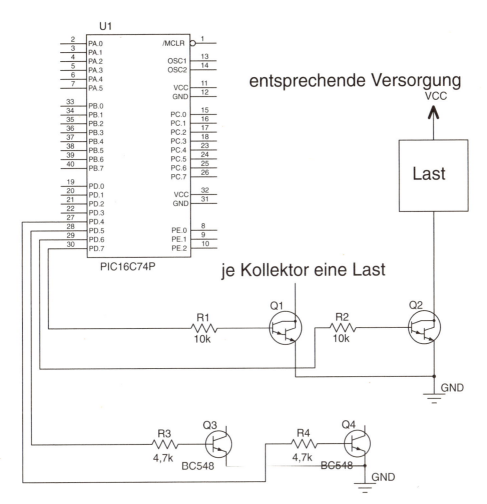

Abb. 9.17: Diskrete Transistorlösungen

Hier eine prinzipielle Darstellung des High-side Schalters (Abb. 9.18), um Ihnen die Recherche nach der optimalen Lösung zu erleichtern.

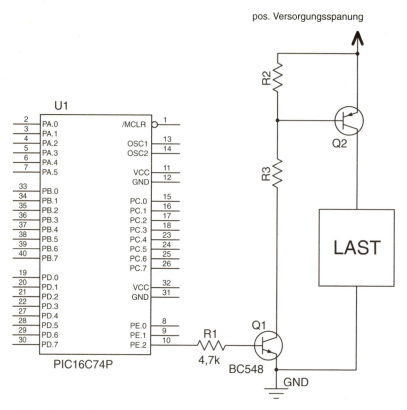

Abb. 9.18: High Side-Lösungen

9.7.2 ULN2003

Der Baustein ULN2003 ist ein 7-fach Leistungstreiber, der mit einer Freilaufdiode ausgestattet ist und damit für die Relaisansteuerung prädestiniert ist. Sieben Kleinrelais mit maximal 50 bis 80 mA Spulenstrom sind mit diesem Baustein problemlos zu schalten.

Die ausgangsseitige Spannung, die der ULN2003 verkraften kann, liegt bei 50 Volt, wegen der TTL-kompatiblen Eingänge kann er direkt mit dem PIC16 verbunden werden. Wenn jemanden stört, daß dieser Baustein nur 7 Pfade hat, der soll seinen größeren Bruder namens ULN2803 verwenden. Dieser Baustein ist überproportional teurer, weil er nicht die große Verbreitung des ULN2003 hat.

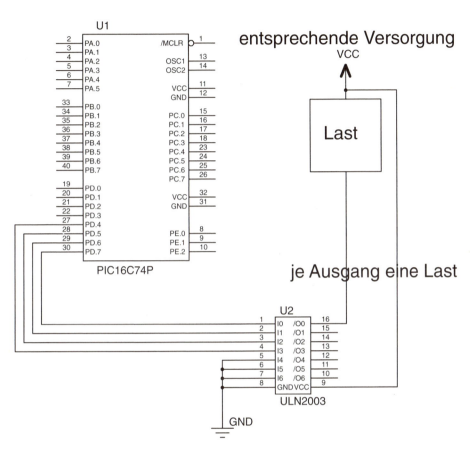

Abb. 9.19: ULN2003-Anwendung

9.7.3 Elektronische Lastrelais

Wenn es beim Schalten von ordentlichen Lasten in höhere Strombereiche geht, muß man zu einem elektronischen Lastrelais greifen. Egal, ob es ein Gleich- oder Wechselspannungsrelais ist, durch den Optokopplereingang ist der PIC16 sicher auf der anderen Seite. Unabhängig von der zu schaltenden Last ist vom PIC16-Ausgang immer der gleiche Strom zu liefern. Dieser liegt im Bereich von 2 bis 28 mA.

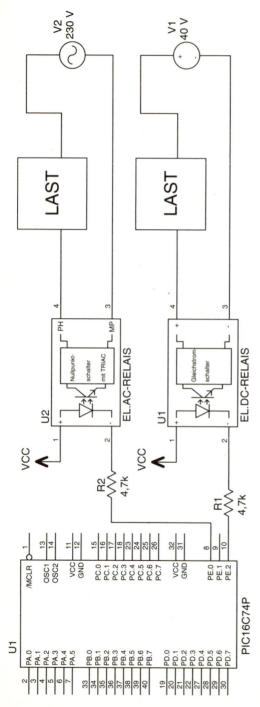

Abb. 9.20: Elektronische Lastrelais für Gleich- und Wechselstrom

9.8   230 Volt diskret schalten

In diesem Abschnitt wollen wir die Netzspannung von 230 Volt nicht mit Hilfe von fertigen Modulen wie elektronischen Lastrelais schalten, sondern selbst einen TRIAC bedienen.

9.8.1 Netzspannung ein- und ausschalten

Da der PIC16 nicht mit der Netzspannung in Berührung kommen sollte, sehen wir für unser Ansinnen einen Optokoppler vor. Hierbei kommt natürlich wieder der PC817 zum Zuge, weil er schön klein ist und separat an eine günstige Stelle auf der Leiterplatte zu positionieren ist. Mit Hilfe einer kleinen negativen Hilfsspannung schaltet der Optokoppler den TRIAC durch, wenn der Optokopplereingang bestromt wird. Für die Zeit der Ansteuerung des Optokopplers wird während beider Halbwellen Strom im Lastkreis fließen. Sobald die Ansteuerung weg ist, wird nach dem nächsten Nulldurchgang kein Strom mehr fließen. Eigentlich ist nur ein Impuls nötig, um den TRIAC einzuschalten. Sobald dieser sogenannte Zündimpuls da war und der Laststrom zu fließen begonnen hat, bleibt der TRIAC leitend bis zum nächsten Stromnulldurchgang.

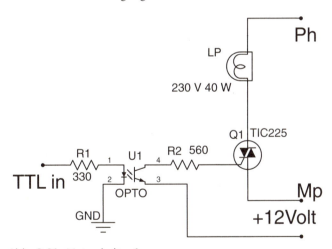

Abb. 9.21: Netzschalter 1

Ohne Hilfsspannung ist diese Ansteuerung auch möglich, wenn man einen Optokoppler einsetzt, der einen TRIAC-Ausgang besitzt. Sofern die zu schaltende Last an 230 Volt hängt, aber nicht zu viel Strom benötigt, reicht eventuell bereits dieser Optokoppler. Zu dieser Klasse Optokoppler gehören die Typen namens MOC 3040.

Seit kurzem gibt es zum Schalten von 230 Volt die ACS-Bausteine von ST.

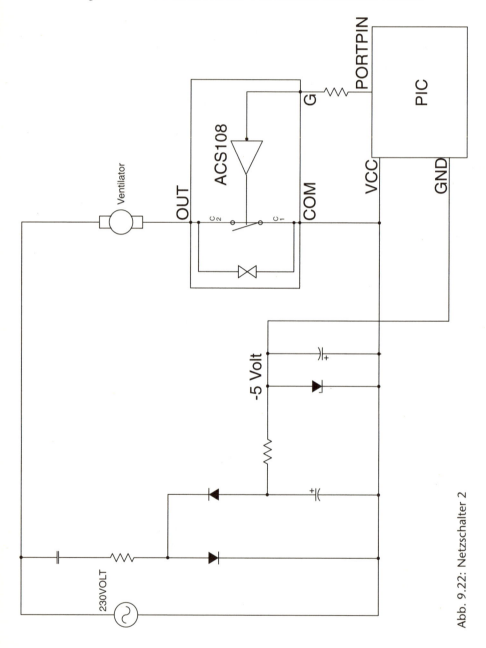

Abb. 9.22: Netzschalter 2

Wie aus dem Schaltplan ersichtlich ist, ist die Ansteuerung denkbar einfach. Ein Low-Pegel am PIC-Ausgangspin reicht zum Durchschalten des ACS108. Da der Optokoppler entfällt, ist die Schaltungstechnik etwas anspruchsvoller. Der PICmicro hängt direkt an der Netzspannung und das Emulieren dieser Schaltung ist nun nicht mehr so einfach. Nicht alle Wechselspannungsschaltelemente sind in der Lage einen Schaltvorgang auf der Sekundärseite eines Trenntrafos zu überleben.

Wegen der Schaltleistung sollten Sie unbedingt das Datenblatt konsultieren. Je nachdem, wie die Last aussieht, kann mehr oder weniger Schaltstrom zugelassen werden.

Der Ansteuerstrom beträgt typisch 10 mA, was ein PIC16-Pin locker schafft.

9.8.2 Netzspannung kontinuierlich steuern

Da wir eine Lampe oder eine Heizwendel nicht nur ein oder ausschalten wollen, sondern auch dimmen bzw. abschwächen wollen, müssen wir den Stromfluß im Lastkreis kontinuierlich regeln können. Dafür gibt es zwei Verfahren, die mit dem PIC16 einfach zu realisieren sind. Die Lösung basiert auf der Schaltung vom Abschnitt 9.8.1. Die angerissene Variante mit dem MOC-Optokoppler ist auch geeignet.

Phasenanschnittsteuerung

Bei diesem Verfahren müssen wir uns am Spannungsnulldurchgang der Phase orientieren, um den Zeitpunkt berechnen zu können, wann wir den Zündimpuls absetzen müssen. Eine permanente Ansteuerung des TRIACs durch den Optokoppler muß nicht sein. Es genügt, wenn ein kurzer Zündimpuls abgesetzt wird. Je nachdem, wie sehr wir die Lampe dimmen wollen, desto länger warten wir nach dem Nulldurchgang, bis wir den Optokoppler ansteuern, d.h. einen Zündimpuls produzieren. Wir müssen für jede Halbwelle extra einen Zündimpuls ausgeben, also alle 10 msek. Diesen Nulldurchgang müssen wir also auch noch erfassen. Die nachfolgend dargestellte Lösung dieser Aufgabe ist nur eine von vielen möglichen, aber zeichnet sich dadurch aus, daß sie den PIC16 optimal vor der Netzspannung schützt.

Die Ansteuerschaltung bleibt die gleiche wie sie schon im Punkt 9.6.1 gezeigt wurde.

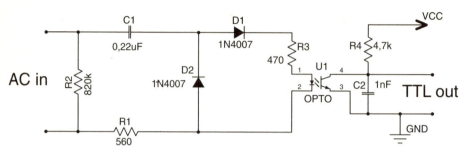

Abb. 9.23: Erfassung des Nulldurchgangs

Pulspaketsteuerung

Mit diesem Verfahren steuert man die Leistung einer Heizspirale. Da diese wesentlich träger ist als eine Lampe, kann sie derart angesteuert werden, daß man N von 256 Perioden oder Halbperioden durchsteuert. Dadurch wird im Gegensatz zur Phasenanschnittsteuerung die Störabstrahlung drastisch reduziert. Die notwendige Erfassung des Nulldurchgangs und die Ansteuerschaltung werden in gleicher Weise realisiert wie schon im letzten Abschnitt besprochen. Im oberen Teil des folgenden Diagramms wird dargestellt, daß die Heizung 0,5 sek (25 Netzfrequenzperioden) aus ist und 1 sek (50 Netzfrequenzperioden) bestromt wird. Bei sehr trägen Systemen kann die Anzahl Perioden noch weiter ausgedehnt werden. Unpraktisch wird es nur, wenn die Gesamtanzahl Netzfrequenzperioden pro Regelperiode größer als 256 wird. Im unteren Teil des Diagramm wird nur 1/3 der maximalen Heizleistung verwendet. Es wird also 50 Perioden lang kein Strom fließen, und 25 Perioden werden zur Wärmeerzeugung an die Heizwendel durchgeschaltet.

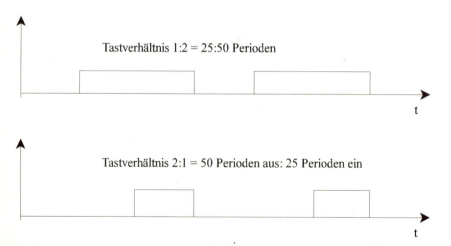

Abb. 9.24: Beispiele für die Pulspaketsteuerung

9.9   Lautsprecher und Buzzer

Diese akustischen Meldeelemente sind für den PIC16 unterschiedlich in der Bedienung. Beim Lautsprecher muß der PIC16 die Tonfrequenz selbst erzeugen und ausgeben. Je nach der erzeugten Frequenz ist der Ton, der aus dem Lautsprecher kommt, anders. Bereits im Kapitel 7 hat der PIC16 für uns Musik gemacht. Hier möchten wir noch eine alternative Schaltung zum Anschluß eines Lautsprechers zeigen.

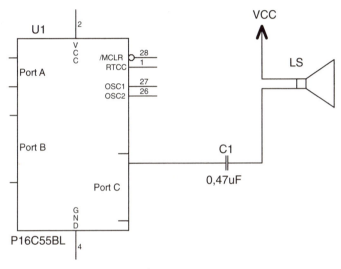

Abb. 9.25: Lautsprecheranschluß

Bei den bereits erwähnten Buzzern muß der µController nur Spannung anlegen, und der Ton wird im Buzzer produziert. Da die meisten Buzzer bei +5 Volt noch nicht arbeiten, kann die Ansteuerung wie umseitig abgebildet aussehen. Da in µControllersystemen in der Regel mehrere Ausgänge zu bedienen sind, kann es sich lohnen, einen ULN2003 für alle Ausgänge zu verwenden, die etwas mehr Strom benötigen. Dabei macht es nichts, wenn z.B. eine LED nur mit +5 Volt versorgt wird, sofern die an den Freilaufdioden anliegende Spannung immer die höchste im System vorhanden ist.

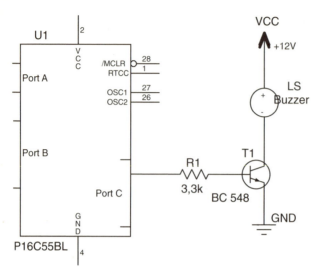

Abb. 9.26: Buzzeransteuerung

9.10 Relais

Relais sind mechanische Schaltelemente mit garantierter galvanischer Trennung, einer maximalen Schaltfrequenz, die ziemlich niedrig liegt (Hz-Bereich) und einer sehr begrenzten Lebensdauer, also ein Bauteil mit Vor- und Nachteilen. Auch hier wollen wir uns auf Bauformen beschränken, die im µController-Umfeld relevant sind.

9.10.1 Reed-Relais

Meist findet man diese Typen in Programmiergeräten zum Umschalten von höheren Programmierspannungen auf verschiedene Pins des Sockels. Auch in diesem Bereich gibt es noch genug Varianten, wovon einige direkt von einem Portpin bedient werden können. Natürlich nur mit Freilaufdiode. Es ist nach wie vor eine Spule, mit der wir es zu tun haben. Bei etwas kräftigeren Typen ist ein Leistungstreiber wie der ULN 2003 ein praktikables Mittel zur Ansteuerung.

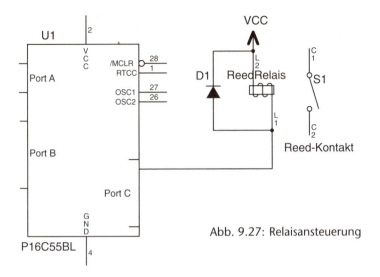

Abb. 9.27: Relaisansteuerung

9.10.2 Normale Relais

Unter «normalen» Relais verstehen wir hier kleine, z.T. vergossene Bauformen für Leiterplattenmontage. Diese werden ebenfalls mittels eines ULN 2003 betrieben. Im ULN 2003 ist bereits eine Freilaufdiode integriert.

9.11 Spezielle Bausteine in diesem Buch

In diesem Abschnitt möchten wir eine kurze Beschreibung der besonderen Bausteine bringen, die in diesem Buch verwendet bzw. angesprochen werden. Dazu gehören auch die Pinbelegung und die Bezugsquelle.

9.11.1 MAX471, MAX472

Mit diesem Baustein kann der Strom in der Plusleitung (High Side) gemessen werden. Der MAX471 hat bereits einen Präzisionswiderstand auf dem Chip. Beim MAX472 kann man selbst einen Sensorwiderstand wählen. Ausgegeben wird eine auf Masse bezogene Spannung, die dem Strom entspricht, der durch den Sensorwiderstand fließt. Die Stromrichtung wird mit der Leitung SIGN angezeigt. Wenn der Akku an RS+ angeschlossen ist und die Zuleitung an RS-, dann heißt High-Signal am Pin SIGN, daß der Strom in den Akku fließt. Er wird also geladen. Im

Datenblatt ist ausführlich erklärt, welche Sensorwiderstände und andere Widerstände man wählen kann, und wie sich diese Wahl auf die Genauigkeit auswirkt.

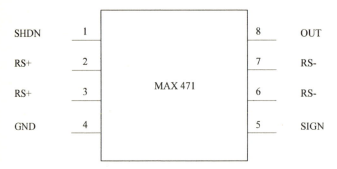

Abb. 9.28: High-Side Stromsensorverstärker

Bezugsquelle für die Bausteine MAX471 und MAX472 ist SE Bückeburg mit Niederlassung in München.

9.11.2 DS1620

Dieser DALLAS-Baustein ist ein digitales Thermometer und Thermostat. Es wird bereits intern die Temperatur in einen digitalen Wert umgewandelt. Die Auflösung beträgt 0,5° und der Meßbereich überstreicht -55°C bis +125°C. Es gibt noch drei feste Komparatorausgänge, deren Vergleichswerte an den Baustein übermittelt werden können. Damit kann bei Über- oder Unterschreiten von bestimmten Schwellwerten eine Aktivität ausgelöst werden. So kann z.B. beim Überschreiten einer bestimmten Temperatur selbstständig ein Ventilator eingeschaltet werden, oder es wird beim Unterschreiten einer Temperaturschwelle eine Heizung eingeschaltet.

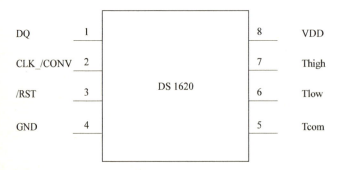

Abb. 9.29: Digitales Thermometer und Thermostat

Zu beziehen ist dieser Baustein von DALLAS-Distributoren wie z.B. Future Electronics in München.

9.11.3 LCD-Anzeige LTD202

Dieses zweistellige LCD-Anzeige-Modul hat je Anzeigestelle links unten einen Dezimalpunkt. Es arbeitet von 3 bis 6 Volt. Daher ist ein Multiplexbetrieb möglich, bei dem die permanent anliegende Spannung bei 2.5 Volt bleibt. Die Ziffern sind 12,7 mm hoch. Beinchen sind vorhanden, so daß das Modul problemlos in einen Sockel gesteckt oder direkt auf eine Platine gelötet werden kann. Es ist also kein segmentweise leitender Moosgummi nötig, um die Glasplatte auf ein entsprechend gestaltetes Layout auf der Platine zu kontaktieren.

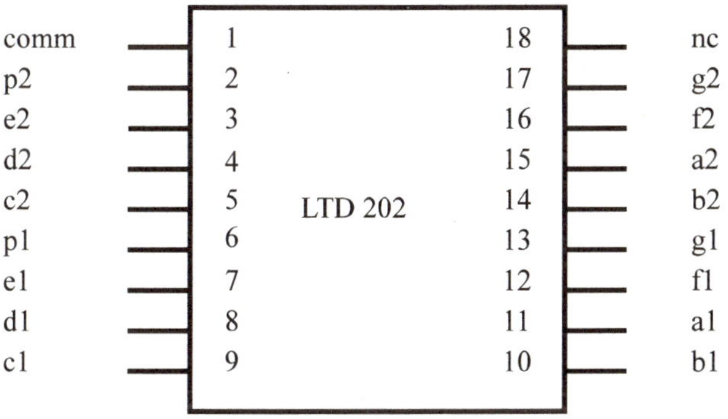

comm	1			18		nc
p2	2			17		g2
e2	3			16		f2
d2	4			15		a2
c2	5	LTD 202		14		b2
p1	6			13		g1
e1	7			12		f1
d1	8			11		a1
c1	9			10		b1

Abb. 9.30: Anschlußbelegung beim LCD-Modul LTD202

Wir haben dieses LCD-Modul von der Fa. Bürklin OHG in München bezogen.

9.11.4 LED-Anzeige-Stelle HPSP-7303

Diese kleinen LED-Anzeige-Stellen zeichnen sich durch den geringen Strombedarf aus, den sie zum Leuchten benötigen. Mit weniger als 5 mA haben wir eine ordentliche Helligkeit erreicht. Sie haben ebenfalls einen Dezimalpunkt, aber in diesem Falle ist er rechts unten.

Diese Anzeigen waren noch aus alten Zeiten in der Schublade, die exakte Typenbezeichnung haben wir beim Bürklin nicht gefunden, aber irgend ein Typ mit ähnlich geringem Strombedarf wird sich finden.

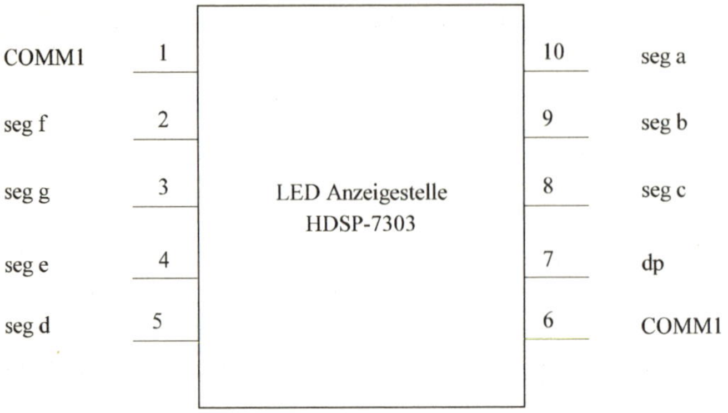

COMM1	1	LED Anzeigestelle HDSP-7303	10	seg a
seg f	2		9	seg b
seg g	3		8	seg c
seg e	4		7	dp
seg d	5		6	COMM1

Abb. 9.31: Das LED-Anzeige-Segment HPSP-7303

9.11.5 LR645

Dieser Baustein ist für die Erzeugung von Niederspannung aus der Netzspannung geeignet. Der lieferbare Strom ist zwar nur etwa 3 mA, aber das reicht in vielen PIC16-Applikationen aus. Der Spitzenstrom beträgt 30 mA. Von den LR6- und LR7-Familien gibt es einige Bausteinvarianten und Bauformen, so daß sicher der optimale gefunden werden kann. Die Ausgangsleerlaufspannung liegt bei 8 bis 12 Volt.

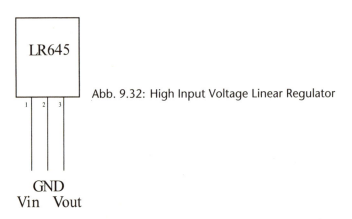

Abb. 9.32: High Input Voltage Linear Regulator

Der LR645 von Supertex INC. wird von der Firma SCANTEC in Planegg vertrieben und kostet derzeit unter einer Mark.

9.11.6 HIP5600

Erst kurz vor Ende des Buches sind wir über den Baustein HIP5600 gestolpert. Seine Funktion konnten wird leider nicht mehr selbst betrachten. Er funktioniert in etwa so wie der eben vorgestellte LR645.

HIP5600

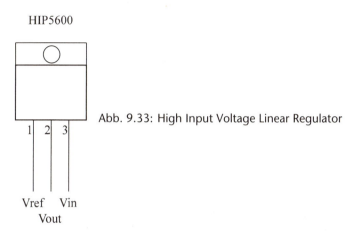

Abb. 9.33: High Input Voltage Linear Regulator

Die Bezugsquelle für den HIP5600 ist die Fa. Conrad aus Hirschau.

9.11.7 DS1233

Dieser Resetgenerator der Firma DALLAS überwacht die Versorgungsspannung auf Einhaltung eines bestimmten Bereichs, je nach Typ unterschiedlich. Außerdem kann an dieser Resetleitung, die zum Resetpin des µControllers führt, ein Resettaster eingefügt werden, der erfaßt und entprellt wird. Nach dem Loslassen des Tasters bleibt der Resetausgang noch 350 msek lang aktiv. Dieser Reset kann auch parallel dazu an weitere Bausteine geführt werden, wie z.B. Latches für Ausgänge, die einen bestimmten Resetzustand einnehmen müssen.

Zu beziehen ist auch dieser Baustein von DALLAS-Distributoren, wie z.B. Future Electronics in München.

DS1233

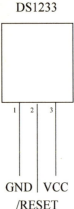

GND | VCC

/RESET   Abb. 9.34: Resetgenerator und Brown-out-Schutz

9.11.8 MCP1xx

Diese Resetgeneratorfamilie der Firma Arizona Microchip überwacht auch die Versorgungsspannung auf Einhaltung eines bestimmten Bereichs. Sie werden in unterschiedlichen Bondouts geliefert; einer davon ist somit sicher ein absoluter Ersatz für den DS1233. Nach dem Überschreiten der Schwellenspannung bleibt der Resetausgang noch 350 msek (150 .. 650) lang aktiv.

MCP1XX

Abb. 9.35: Resetgenerator und Brown-out-Schutz

Für das TO92- Gehäuse gibt es vier verschiedene Bondouts. Nicht jeder Typ wird in allen Bondouts geliefert. Datenblatt konsultieren!

	Bondout D	Bondout F	Bondout G	Bondout H
Pin 1	/Reset	GND	VCC	VCC
Pin 2	VCC	/Reset	GND	/Reset
Pin 3	GND	VCC	/Reset	GND

Zu beziehen ist dieser Baustein von allen Microchip-Distributoren.

Typenbezeichnung z.B.: MCP120-xxx b t /pp

b kennzeichnet die Bondout Option; t steht für Temperatur ; /pp ist die Gehäuseform

Für xxx siehe Tabelle:

xxx	min.	max. Schaltpunkt
270	2,55	2,70
300	2,85	3,00
315	3,00	3,15
450	4,25	4,50
460	4,35	4,60
475	4,50	4,75
485	4,60	4,85

9.11.9 LTC1382

Der LTC1382 ist ein modener V24-Treiberbaustein. Mit 220μA Versorgungsstrom im Betrieb ist er sehr gut, und bei 0,2 μA Shutdown-Strom bleiben keine Wünsche mehr offen. Er bietet zwei Transmitter und zwei Receiver und benötigt nur 4 Kondensatoren mit einem Wert von 0,1 μF. Mit dem Pin 18, welchen der μController eventuell ohnehin zum Abschalten der übrigen Peripherie bereitstellt, kann dieser Schnittstellenbaustein in den stromsparenden Shutdown-Modus geschaltet werden.

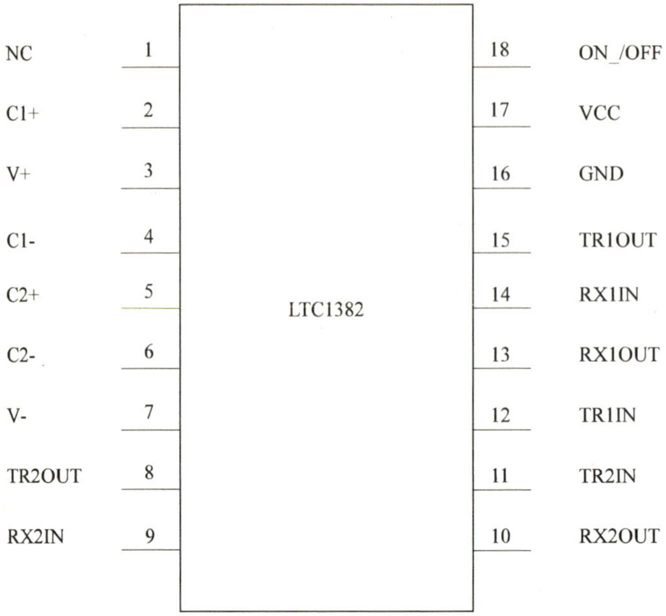

NC	1		18	ON_/OFF
C1+	2		17	VCC
V+	3		16	GND
C1-	4		15	TR1OUT
C2+	5	LTC1382	14	RX1IN
C2-	6		13	RX1OUT
V-	7		12	TR1IN
TR2OUT	8		11	TR2IN
RX2IN	9		10	RX2OUT

Abb. 9.36: V24- Schnittstellentreiber mit Shutdown-Mode

Zu erhalten ist dieser Baustein bei der Metronik in Unterhaching.

9.11.10   LTC1286

Dieser serielle AD-Wandler von Linear Technology hat eine Auflösung von 12 Bit und benötigt eine externe Referenz. Die Eingangsspannung und die Versorgungsspannung liegt bei 5 Volt. Er ist in der Lage, eine Differenzspannung zu messen. Sein Bruder , der LTC1298, kann zwei Kanäle lesen. Diese Eingänge sind aber nicht mehr differentiell. Es müssen lediglich mehrere CS-Leitungen zur Verfügung gestellt werden, und dann können mehrere dieser AD-Wandler gleichzeitig an der Clock- und Datenleitung hängen. Je nach Aktivierung mit der CS-Leitung kann von einem ganz bestimmten Wandler gelesen werden.

Linear Technology wird von einigen Distributoren vertrieben. Wir haben diese Bausteine durch die Fa. Metronik in Unterhaching erhalten.

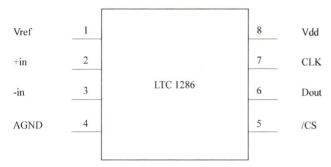

Abb. 9.37: Serieller AD-Wandler LTC1286

9.11.11 AD7249

Der AD7249 ist ein zweikanaliger DA-Wandler von Analog Devices. Außer der positiven Versorgungsspannung von 5 Volt benötigt er noch eine negative Spannung zwischen -12 und -15 Volt. Er bietet eine eigene interne Referenz an und hat ein serielles Interface für die Kommunikation. Wenn ein AD-DA-Wandlerpärchen zusammen seine Arbeit verrichten soll, haben sich der LTC1286 und der AD7249 bewährt. Die Clockleitung steht für beide zur Verfügung, und der DA-Wandler kann den AD-Wandler mit der Referenzspannung bedienen. Für diesen DA-Wandler kann man drei verschiedene Ausgangsbereiche auswählen.

- -5 V bis +5 V

- 0 bis +5 V

- 0 bis +10 V

Beide Bausteine, den AD- und DA-Wandler, haben wir sowohl rein per Software als auch mit Hilfe des SSP-Moduls angesprochen.

Die Baustein von Analog Devices werden u. a. von der Fa. Semitron aus Küssaberg vertrieben.

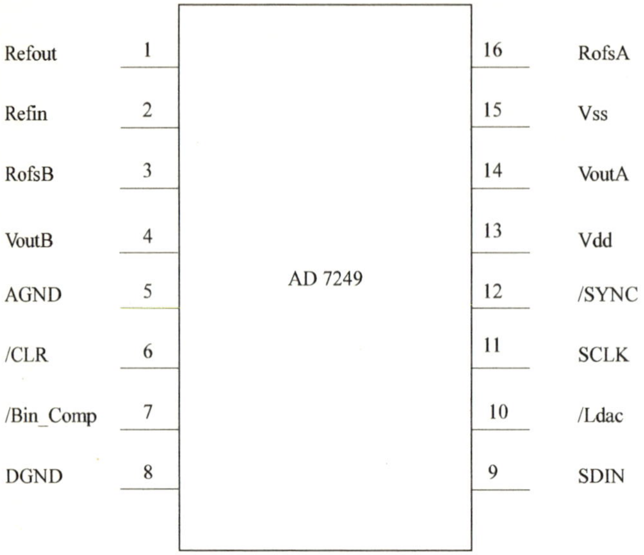

Refout	1		16	RofsA	
Refin	2		15	Vss	
RofsB	3		14	VoutA	
VoutB	4		13	Vdd	
AGND	5	AD 7249	12	/SYNC	
/CLR	6		11	SCLK	
/Bin_Comp	7		10	/Ldac	
DGND	8		9	SDIN	

Abb. 9.38: Serielle DA-Wandler AD7249

9.11.12 CD4060

Dieser CMOS-Baustein ist ein 14 Bit-Zähler mit Oszillatorkreis. Der Oszillatorkreis kann mit einem RC-Glied betrieben werden oder mit einem Quarz. Für einen PIC16C55 in einer Echtzeitanwendung ist die Quarzoszillatorvariante von ganz besonderem Vorteil. Am Pin 14 (Out 7) läßt sich bereits ein Halb-Sekundentakt abgreifen, mit dem eben diese Echtzeitvorgänge im PIC16 getaktet werden können.

Diesen Baustein gibt es ebenfalls bei der Fa. Bürklin OHG in München.

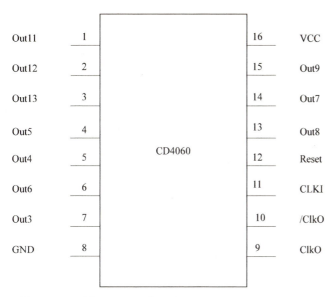

Abb. 9.39: Zähler mit Oszillatorkreis

9.11.13 CD4069UB (C6)

Der C6 ist ein SMD-Baustein und beinhaltet nur einen einzigen Inverter vom Typ
CD4069UB. Nicht nur bei Platzknappheit ist dieser Baustein eine schöne Alternative zu den «großen» Chips. Von dieser Art Bausteinen gibt es eine ganze Familie.

- C1 NAND mit zwei Eingängen

- C2 AND mit zwei Eingängen

- C3 NOR mit zwei Eingängen

- C4 OR mit zwei Eingängen

- C8 XOR mit zwei Eingängen

- C9 bilateraler Schalter

- CA Schmitt-Trigger Inverter

Wir verwenden diese Bausteintypen gerne, wenn nur ein Gatter nötig ist und kein
GAL zur Verfügung steht, der noch diese eine Gatterfunktion übernehmen könnte.

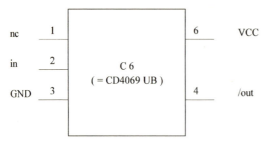

Abb. 9.40: SMD-Inverter

Diese Bausteine fanden wir im Conrad-Katalog. Fa. Conrad, Hirschau.

9.11.14 6N139

Der Optokoppler 6N139 hat einen Darlingtonausgangstransistor, der durch seine herausgeführte Basis optimal beschaltet und so auf höchste Geschwindigkeit getrimmt werden kann. Für Audioanwendungen ist er ebenfalls geeignet. Er arbeitet bis zu einem Eingangsstrom von 0,5 mA und hat ein Stromübertragungsverhältnis von 2000%.

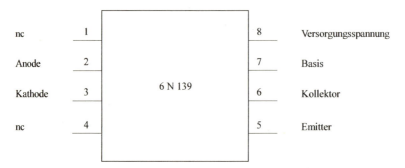

Abb. 9.41: Schneller Optokoppler 6N139

Diesen Baustein gibt es ebenfalls bei der Fa. Bürklin OHG in München.

9.11.15 DS2405

Der Baustein DS2405 von DALLAS ist ein adressierbare Schalter, der mit Hilfe des One-Wire-Protokolls angesprochen wird. Über die einmalige Seriennummer jedes dieser Bausteine lassen sich viele DS2405 mit einer Leitung ansprechen. Der maximale Schaltstrom von 4 mA ist zwar berauschend, aber mit einer einzigen Leitung, die quer über die Leiterplatte führen kann, an jedem beliebigen Ort einen smarten Schalter im TO92-Gehäuse zu haben, ist toll.

DS2405

Abb. 9.42: Adressierbare Schalter mit One-Wire-Anschluß

Zu beziehen ist auch dieser Baustein von allen DALLAS-Distributoren, wie z.B. Future Electronics in München.

10 Entwicklungssysteme und Programmiersprachen

Dieses Kapitel ist bei weitem keine Komplettübersicht der Entwicklungstools für die PIC16 μController. Dazu sollten Sie das «Third Party Guide» von Arizona Microchip zur Hand nehmen. Das ist ein Buch, aber auf der CD-ROM und im Internet ist es in elektronischer Form vorhanden.

Unsere Zielsetzung war, in diesem Kapitel einige uns mehr oder weniger gut bekannte Werkzeuge vorzustellen, und zum Teil ihre Funktionen darzulegen.

Wir wollen Sie in keinem Falle dazu verleiten, irgendein Soft- oder Hardwareprodukt zu kaufen. Wir werden lediglich Gesichtspunkte aufzählen, die in Ihre Entscheidung einfließen können. Dazu werden wir Argumente für und wider ins Feld führen, damit Sie besser in der Lage sind, einen optimalen Einstieg durch diese große Auswahl von Entwicklungstools hindurch zu Ihren geeignetsten Werkzeugen zu finden.

Ein Gesichtspunkt ist, wie schnell Sie mit neuesten PICs arbeiten können. Wenn Sie auf diese Frage mit 'sofort' antworten, muß Ihre Wahl auf Microchip-eigene Tools fallen. Kein Drittanbieter kann einen neuen Baustein so schnell und umfassend unterstützen, wie es der Hersteller selbst kann.

Wenn Sie in Ihrem Haus mehrere Controller oder Prozessoren einsetzen, werden Sie möglicherweise ein Tool bevorzugen, welches alle Ihre Bausteine unterstützt. Der Grund dafür könnte sein, daß Sie sich nur mit einer Oberfläche befassen und sich nicht bei jedem Tool an ein anderes System bzw. Sprachsyntax gewöhnen müssen. Ist allerdings der Preis für ein Tools nicht zu hoch, ist eventuell ein Zweittool sinnvoll, zumal eines ja auch einmal kaputt gehen kann.

10.1 Assembler

Eines der wichtigsten Programme ist der Assembler. Es ist das Programm, welches die Assemblerquelldatei in Maschinencode übersetzt und einige andere notwendige Dateien zum Debuggen erzeugt. In dieser Quelldatei befinden sich nicht nur Assemblerbefehle, die direkt in einen oder mehrere Maschinenbefehle konvertiert werden, sondern auch Assembleranweisungen, welche Vereinbarungen mit dem Assemblerprogramm sind, wie er mit dem umzugehen hat, was er in der Quelldatei vorfindet. Die elementaren Assembleranweisungen wurden in Kapitel 2 im Abschnitt „MPASM" besprochen.

Was den Namen Assembler betrifft, so wird er in einer doppelten Bedeutung benutzt:

- Assembler ist das Übersetzungswerkzeug

- Assembler ist die mnemoische Form der Maschinensprache von μControllern.

Wir werden für die zweite Verwendung den Namen «Befehlssprache» verwenden, oder wenn es gescheiter klingen soll, auch «Befehlsmnemonik».

Es gibt nämlich noch einen weiteren Begriff, den wir davon auseinanderhalten müssen, nämlich die Sprache, in welcher der Assembler die Assembleranweisungen haben möchte. Letztere Sprache werden wir als «Assemblersyntax» bezeichnen.

Die unten aufgeführten Assembler verwenden sowohl unterschiedliche Befehlssprachen als auch unterschiedliche Assemblersyntax. Jeder davon hat seine Vorteile. Daß wir mit dem Assembler von Microchip arbeiten, hat den wichtigen Grund, daß wir mit der Befehlssprache einmal vertraut sind. Dieses ist ein entscheidender Punkt bei der Wahl von Werkzeugen. Jeder, der mehrere Programmiersprachen anwendet, weiß, wie wichtig die Gewöhnung an vertraute Sprachelemente ist. Ein Mensch ist schließlich kein Computer.

10.1.1 MPASM, Microchip

Arizona Mircochip hat derzeit zwei Assembler im Umlauf:

- MPASM für DOS

- MPASMWIN für Windows

Einen zugehörigen Linker gibt es mittlerweile auch, d.h., daß künftig auch Objekte zusammen gelinkt werden können.

Weiter möchten wir auf diesen Assembler nicht eingehen, da er doch im Kapitel „MPLAB" hinreichend beschrieben wurde.

10.1.2 Parallax, Wilke Technology und Elektronik Laden

Der Assembler von Parallax heißt PASM. Die aktuelle, uns vorliegende Version ist die mit der Nummer 2.2. Sie läuft unter DOS, was kein Makel ist!

Dieser Assembler benutzt eine Befehlsmnemonik, welche sehr eng an die Sprache vom INTEL 8051 bzw. Zilog Z80 angelehnt ist. Das ist für langjährige Benutzer dieser Controller bzw. Prozessoren sicherlich sehr angenehm.

Der PASM wurde bis vor kurzem noch zusammen mit einem Simulator (siehe weiter unten) und einem «Emulator für den kleinen Mann» verkauft. Dieses Ensemble haben wir schon vor Jahren getestet und als sehr angenehm empfunden. Im Rahmen der Umstellung auf CE-Produkte sollte ein neues System auf den Markt kommen.

Was uns heute noch an hervorstechenden Eigenschaften im Gedächtnis ist, war die Verwendung von lokalen Labeln im Programm, welche mittlerweile wohl Allgemeingut ist. Diese sind sehr nützlich, um die Symboltabelle nicht unnötig aufzublähen.

10.1.3 UCASM, Elektronik Laden

Der universellste Assembler ist wohl der UCASM. Für Anwender, die viele unterschiedliche Prozessoren und Controller zu programmieren haben, ist dieses Werkzeug insofern gut, als nicht für jeden Typ eine andere Assemblersyntax erlernt werden muß.

Die besonderen Eigenschaften im Überblick:

• gleiche Assemblersyntax für viele Prozessoren und Controller

• die Befehlsmnemonic ist gleich der von Microchip

• sehr hohe Übersetzungsgeschwindigkeit

• Kennzeichnung von Labeln mit einem nachgestellten Doppelpunkt

• Kennzeichnung von Anweisungen für den Assembler durch einen vorangestellten Punkt.

Die letzten beiden Eigenschaften werden von uns sehr geschätzt, da sie für Klarheit sorgen, und die Fehlersicherheit erhöhen, sie führen leider zur Inkompatibilität mit anderen Werkzeugen.

Der UCASM ist ein gut durchdachter vielseitiger Assembler, den wir lange in Gebrauch hatten, bevor wir uns aus praktischen Gründen entschlossen haben, den MPASM zu akzeptieren.

10.1.4 Weitere Assembler

An dieser Stelle möchten wir noch einen anderen Assembler aus deutschen Landen erwähnen:

P-As von Hamis

Daß wir dieses Produkt nicht beschreiben können, liegt nur an der fehlenden Zeit und das ist kein Argument dagegen.

10.2 Simulatoren

Simulatoren sind wertvolle Hilfsmittel bei der Entwicklung, wenn man nicht direkt mit einem Emulator an die Hardware heran kann oder keinen Emulator besitzt. Sie dienen dazu, Programmabläufe zu testen, was natürlich seine Grenzen hat, wenn schnell veränderliche Zustände an den Eingängen den Programmablauf bestimmen.

Wir haben selber noch sehr selten Gebrauch von einem Simulator gemacht, da es uns meist weniger mühevoll erschien, über einen Programmablauf noch einmal gründlich nachzudenken.

10.2.1 Der Simulator im MPLAB von Microchip

Mit dem «alten» MPSIM war das Simulieren keine Freude. Es ist aber generell ein Problem, an ein simuliertes Programm Eingaben zu vermitteln, die normalerweise von den unterschiedlichsten Schaltungselementen kommen. Für die Simulation von Unterprogrammen, die ausschließlich mit Daten jonglieren, ist der Simulator gut einzusetzen.

Seitdem es die neueren Versionen von MPLAB gibt, ist der Simulator integriert und fast genauso zu bedienen, wie der Emulator, nur eben langsamer und ohne IOs. Im Kapitel „MPLAB" kann man sich mit der Bedienung vertraut machen.

Die Befehle einzeln zu behandeln, würde heißen, noch einmal ein Buch zu schreiben. Hier möchten wir auf die Handbücher verweisen.

10.2.2 Weitere Simulatoren

Von diesen Simulatoren liegt uns zwar nichts vor, was wir beschreiben könnten, aber unerwähnt lassen, möchten wir sie nicht:

PSIM von Parallax

P-Sim von Hamis

iL_SIM16 von IB Lehmann

SIMPIC von Jürgen Ortmann Verlag

10.3 In-Circuit-Emulatoren

Ein In-Circuit-Emulator, im Folgenden kurz Emulator genannt, ist ein Entwicklungshilfsmittel, welches statt dem eigentlichen Baustein in die Schaltung gesteckt wird, und es dem Entwickler ermöglicht, ein Programm in beliebigen Schritten abzuarbeiten und dabei alle Register sehen und ändern zu können. Dabei kann man das Programm entweder an bestimmten Stellen (Break-Points) anhalten lassen, oder auch Schritt für Schritt (Single Step) abarbeiten. Komfortable Emulatoren lassen auch das Abarbeiten bis zum Erfüllen bestimmter Bedingungen zu, was aber oft sehr lange dauert und nicht in Echtzeit möglich ist. Ausnahme: der neue MPLAB-ICE.

Im Gegensatz zum Simulator befindet sich der Emulator in der wirklichen Welt.

Komfortable Emulatoren besitzen die Möglichkeit, ausgewählte Teile des Programmablaufs in einem **Tracespeicher** in Echtzeit abzuspeichern. Dabei können zu jedem abgearbeiteten Programmbefehl die Zustände einer Anzahl (üblich 8) von externen Dateneingängen mit abgespeichert werden.

Diese Tracespeicher sind eine wertvolle Hilfe, wenn man im Fehlerfalle Klarheit über den tatsächlichen Ablauf des Programms schaffen möchte. Auch die genaue Kenntnis über die Zustände der externen Signale und ihre Zuordnung zu bestimmten Stellen des Programmablaufs ist sehr wertvoll bei der Fehlersuche.

Jedoch ist der Tracespeicher nicht nur im Fehlerfalle eine nützliche Einrichtung.

Er kann vom Entwickler auch benutzt werden, um Schaltungen auszuprobieren oder die Eigenschaften von Schaltungselementen kennenzulernen. Mit Hilfe des Tracespeichers wird der Emulator zu einem nützlichen Experimentiergerät, was wir mit dem PIC-Master von Arizona Mircochip an den folgenden zwei Beispielen zeigen. Der neue MPLAB-ICE hat diese Eingänge natürlich auch.

10.3.1 Anwendungsbeispiele

Der Emulator als einfacher Logic-Analyzer

Am Beispiel eines prellenden Schalters wollen wir zeigen, wie man dem PIC-Master die Eigenschaften eines Logicanalyzers abringen kann. Ziel der folgenden Untersuchungen ist es, die ungefähre Prellfrequenz und Prelldauer einer Taste zu ermitteln. In diesem Fall schreibt man eine kleine Programmloop, welche mit einem oder mehreren Trace-Punkten versehen wird, die in bestimmten Zeitabständen erreicht werden. Die Wahl der Zeitabstände überlegt man sich zuvor mit dem gesunden Menschenverstand. Im Zweifelsfalle wählt man sie sehr klein. Daß man sie hätte größer wählen sollen, erkennt man daran, daß man unsinnig große Mengen unveränderter Werte hat.

Das folgende Schaltbild zeigt die Beschaltung mit dem PIC-Master:

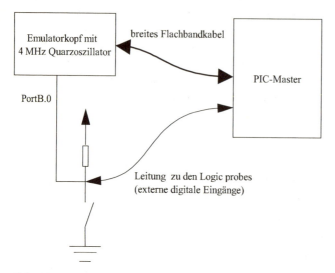

Abb. 10.1: Der Logikanalysator als Datenaufnahmegerät

Wir nehmen an, daß der auf dem Emulatorkopf befindliche 4 MHz-Quarzoszillator ausreicht. Da wir auch sehr feine Prellpulse erfassen wollen, setzen wir an jeden Befehl der Schleife einen Trace-Point. Wenn uns dies zu viel erscheint, weil der ganze Speicher mit unveränderten Werten gefüllt ist, können wir einen weiteren Versuch starten, wobei wir weniger Trace-Points setzen.

Der Anfang des Programms, mit seinen Initialisierungen und Definitionen, sei hier beiseite gelassen.

Das Programm sieht beispielsweise so aus:

```
MAIN     CLRF   TMRO       ; TRIS_B nicht nötig, PORT_B ist Eingang
START    BTFSC  PORT_B,0   ; vorangestellte Schleife, damit die
         GOTO   START      ; Erfassung erst beim Schalten beginnt
LOOP     NOP               ; TRACE-POINT
         GOTO   LOOP
```

Die hier abgebildete Loop ist drei Befehlszyklen lang, so daß wir alle drei µsek einen Trace-Wert erhalten.

Die Option „BREAK on Trace-Buffer full" ist eingeschaltet!! Da der Tracespeicher 8192 Speicherplätze hat, können wir bei einem Abtastintervall von 3 µsek insgesamt 24576 µsek erfassen, was für einen Prellvorgang mehr als genug ist.

Ein Prellvorgang ist in der Regel nicht länger als einige msek.

Bei jedem Tracepunkt wird der aktuelle Zustand des zu überwachenden Signals aufgezeichnet. Im Trace-Speicher kann dann der Signalverlauf analysiert werden. Zum Sichtbarbachen als Kurve ist es möglich, die Daten im Trace-Speicher auf die Harddisk zu schreiben. Mit einem selbst erstellten Pascal- oder C-Programm wird diese Quelldatei derart bearbeitet, daß nur noch die relevanten Daten in der Datei bleiben. In einem weiteren Schritt lassen sich diese Daten dann auf Pulsdauer und Pulsanzahl analysieren. Diese relevanten Daten grafisch auszugeben, sollte auch keine Hürde sein.

Bei dieser Art der Datenerfassung muß man aber berücksichtigen, daß die Tracespeichereingänge eventuell eine andere Eingangsspannungsbewertung durchführen als die PIC16-Eingänge. Wenn man eine Aufzeichung aus der Sicht bzw. mit der Eingangscharakteristik eines PIC16 machen will, muß die Loop so aussehen, daß man einen Port einliest und ihn an einem Hilfsportpin ausgibt. Dieser andere Portpin wird dann an einen Eingang des Tracespeichers gelegt.

Dies ist übrigens ein interessantes Experiment. Beim gleichzeitigen Aufzeichnen des Originalsignals und des Hilfsportpins erhält man zwei verschobene Signalverläufe, anhand derer die unterschiedliche Bewertung durch die zwei Eingangscharakteristiken ersichtlich wird.

Der Emulator als Datenerfassungsgerät

Bei diesem Experiment sollen folgende Randbedingungen herrschen:

1. Ein zeitlich kurzes Analogsignal soll erfaßt werden.

2. Die erfaßten, analogen Werte sollen für eine Auswertung zur Verfügung stehen.

3. Ein digitales Speicheroszilloskop mit Datenausgang steht nicht zur Verfügung.

Um diese Aufgabe unter den genannten Nebenbedingungen zu bewältigen, muß eine kleine Schaltung mit einem AD-Wandler entsprechender Geschwindigkeit aufgebaut werden. Der Einfachheit halber spielen wir den Versuch jetzt mit einem 8 Bit-Wandler durch. Mit einem 12- oder 16-Bit-Wandler ist es auch möglich, doch der Aufwand hierfür steigt etwas an, und die Befehlsschritte für die Erfassung dauern auch etwas länger.

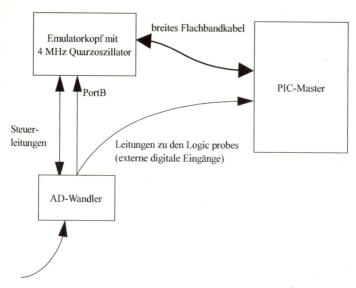

Abb. 10.2: Erfassen analoger Signale mit dem PIC-Master

Ein Vorlauf, der in die Erfassungroutine eingeht, muß auf ein bestimmtes Ereignis warten, welches z.B. ein Schwellwert sein kann.

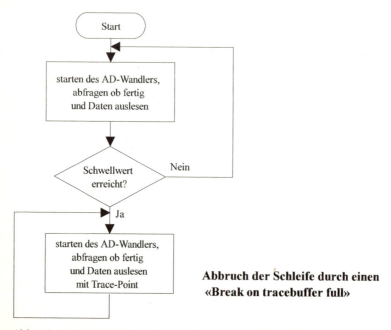

Abb. 10.3: Programmablauf beim Erfassen analoger Signale

Die Programmloop für die Erfassung muß also den AD-Wandler starten und einlesen. Die digitalen Werte werden im Tracespeicher erfaßt, dazu wird in die Einleseschleife an dieser Stelle ein Trace-Point gesetzt.

Die mit dieser Methode erfaßten Daten werden nun aus dem Tracespeicher auf die Harddisk abgespeichert. Die weitere Verarbeitung erfolgt analog zu der im vorherigen Abschnitt. Liegen die Daten dann im Zahlenformat vor, kann jede Art von Analyse damit durchgeführt werden.

Ergebnis:

Wir haben soeben 8k Byte Daten erfaßt, was wir mit einem PIC16 nicht geschafft hätten, weil die Anzahl Register wesentlich geringer ist. Eine schnelle Ankopplung an einen größeren Speicher, was erheblichen Aufwand bedeutet hätte, mußten wir trotzdem nicht realisieren. Auch das noch relativ einfache Anschließen eines externen RAMs an den PIC16 wäre nicht die beste Lösung gewesen, denn dieser Mehraufwand hätte trotz allem bedeutet, daß die Erfassung langsamer geworden wäre als sie mit der oben beschriebenen Lösung erreicht wurde. Im Übrigen helfen uns die Daten im RAM auch nicht sehr viel weiter. Von dort aus müssen sie noch in eine Datei übertragen werden, was wieder einen Programm- und Hardwareaufwand bedeutet hätte.

Wie auch bei den Programmiergeräten und vielen anderen Laborgeräten gibt es bei den Emulatoren ebenfalls unterschiedliche Ausführungen. Es sind also Low-Cost-Systeme und High-End-Geräte erhältlich.

10.3.2 Microchip

Arizona Microchip hat eine Schnittstelle für drei Emulatoren in sein MPLAB integriert.

- PIC-Master, mit und ohne CE

- ICEPIC (I und II)

- MPLAB-ICE

Hier noch kurz die Leistungsmerkmale dieser drei Emulatoren:

Eigenschaft	ICEPIC	PIC-Master	MPLAB-ICE
unterstützt PIC12C(E)XXX	ja	ja	ja
unterstützt PIC16C5X	ja	ja	ja
unterstützt PIC16CXX	ja	ja	ja
unterstützt PIC17CXX	nein	ja	ja

Eigenschaft	ICEPIC	PIC-Master	MPLAB-ICE
«Break» bei externem Eingangssignal	nein	ja	ja
«Break» bei bestimmtem Registerwert	nein	ja	ja, Echtz.
EEPROM-Veränderung	ja	ja	ja
Opcode ausführen	nein	ja	ja
Einfrieren der Peripherie bei HALT	ja	ja	ja
Mehrprozessorunterstützung	nein	ja	ja
online Hilfe	beschränkt	massiv	spitze
Projektmanagement	beschränkt	massiv	neu + gut
Quellcodedebugging	beschränkt	massiv	ja
step out of	ja	nein	nein
step over	ja	ja	ja
Trace Analysator	nein, II ja	ja	2000er ja
Trigger-Ausgang	nein, II ja	ja	ja
externe Logikeingänge	nein, II ja	ja	ja
Watch-Fenster	eines	unbegrenzt	unbegrenzt

Alles Weitere dazu im Kapitel „MPLAB".

10.3.3 Yahya

Dieser kleine Emulator vom Elektronik Laden soll hier zumindest Erwähnung finden, da er sich für Einsteiger mit kleinem Bugdet anbietet. Die Lektüre der entsprechenden Ausgaben der Zeitschrift ELRAD ist anzuraten. Dieses kleine, handliche Gerät, welches mit DOS-Software betrieben wird, ist preislich attraktiv und bietet einem Anfänger einen guten Einstieg.

10.3.4 Weitere Emulatoren

Auch hier wollen wir einige Anbieter nennen.

- Parallax, Vertrieb: Elektronikladen und Wilke
- Dr. Krohn&Stiller
- iSystem
- softec, Vertrieb: Firma Ahlers

Wenn Interesse an einem Gerät dieser Hersteller/Vertreiber besteht, sollte es kein Problem sein, diese Firmen zu kontaktieren.

Anhang: Bezugsadressen; Third party guide

10.4 Demoboards

Demoboards sind eines der wichtigsten Beigaben von Entwicklungswerkzeugen. Sie gewährleisten ein schnelles, problemloses Nachvollziehen von Beispielen, was nicht nur beim Einstieg in neue Gefilde sehr nützlich ist. Als Hilfsmittel bei Schulungen und Seminaren haben wir gerne die Demoboards von Microchip verwendet.

Man spart sehr viel Zeit, indem man schnell mal etwas aufbaut, wozu man normalerweise einige Stunden gebraucht hätte. Es werden verschiedene PICmicro-Typen unterstützt, und den Oszillatortyp kann man auch frei wählen. Leuchtdiodenanzeigen, ein V24-Baustein für die Verbindung zum PC, und ein frei verwendbares Lötfeld bieten eine Menge Experimentiermöglichkeiten. Dokumentationen aller Demoboards sind ebenfalls auf der CD-ROM.

10.4.1 Microchip

Die Demoboards von Arizona Microchip liegen stets in Reichweite, und sind immer wieder eine willkommene Unterstützung, wenn zum Herstellen einer eigenen Testplatine keine Zeit ist.

10.4.2 Weitere Demoboards

CCS, der Hersteller eines C-Compilers bietet ein Demoboard an. Parallax und viele mehr bieten ebenfalls Entwicklungsplatinen an. Eine große Auswahl ist im Third Party Guide zu finden.

10.5 Programmiergeräte

Am Ende jeder Entwicklung muß der Maschinencode in einen Baustein gelangen. Für diesen Vorgang gibt es keinen zufriedenstellenden Namen. Das Wort Brennen ist falsch, des es brennt schießlich nichts, und das Wort Progammieren ist doppeldeutig und wird eigentlich für das Erstellen eines Programms verwendet. Nichtsdestotrotz heißen die Geräte, die für diese Aufgabe zuständig sind, Programmiergeräte, die nach den vom Hersteller vorgegebenen Algorithmen, das Programm in die Bausteine «einbrennen». Einmal programmierte Bausteine sind nicht mehr reprogrammierbar, sofern es sich nicht um Flash- oder Fenster-Typen handelt. Es ist wohl möglich in noch freie Bereiche des EPROM-Programmspeichers nachträglich Programmcodes einzuprogrammieren. Dabei sollte man beim ersten Programmiervorgang die «Code-Protection-Fuse» noch nicht programmieren. Das geht auch seriell und im eingelöteten Zustand, das heißt:

in-circuit-serial-programable

Um sich vor Nachbau zu schützen, ist nach dem letzten Programmiervorgang die «Code-Protection-Fuse» zu programmieren. Bei den größeren Bausteinen gibt es für mehrere Bereiche getrennte «Code-Protection-Fuses».

Achtung bei den Fenstertypen:

Bei den PIC16CXX ist diese Fuse an eine andere Stelle gewandert als sie bei den PIC16C5X war. *Die PIC16CXX-Bausteine sind nicht mehr löschbar, wenn die Code-Protection-Fuse programmiert wurde!!*

Fenstertypen können also nur dann wieder verwendet werden, wenn die «Code-Protection-Fuse» nicht programmiert wurde!

Generell gibt es ein Merkmal für Programmiergeräte, auf das geachtet werden muß, wenn es um Bausteine für die Produktion geht. Hier müssen Programmiergeräte verwendet werden, die für die Produktion zugelassen sind. Kein µControllerhersteller wird irgendeine Gewährleistung übernehmen, wenn Sie das Programm mit Ihrem eigenen Meißelchen in den Baustein programmiert haben. Welches Programmiergerät Sie für sich bzw. im Entwicklungslabor verwenden, ist Ihre Sache.

10.5.1 Microchip

Von Arizona Microchip gibt es mehrere Programmiergeräte. Das kleine System ist der PICSTART Plus. Das große, für die Produktion zugelassene, ist der PROMATE 2.

Beide Geräte sind im Kapitel „MPLAB" ausführlich beschrieben.

10.5.2 Elektronik Laden

ALL07 und ALL11

Ein Universal-Programmer vom Elektronik Laden ist der ALL07 von HILO. Wir arbeiten selbst mit diesem Typen. Vor allem von der Programmiergeschwindigkeit sind wir begeistert. Keiner der anderen uns bekannten Programmer ist so schnell wie der ALL07.

Er kann natürlich alle PICmicro-Derivate und ist schnell dabei, wenn neue Derivate auf den Markt kommen. Er ist ebenfalls für die Produktion zugelassen.

PICPROG16

Daneben bietet der Elektronik Laden auch noch ein Low-Cost System von Bassem Yahya an. Es enthält ein Programmiergerät für die kleinen Typen und ist mittels eines kleinen Adapters auch in der Lage die großen PIC16-Bausteine zu programmieren.

Sogar der PIC17C42 ist damit programmierbar.

Mit einem weiteren Adapter kann ein kleiner Emulator für den PIC16C84 ähnlich einem EPROM-Simulator realisiert werden.

Er hat genau wie die PICSTARTs auch eine serielle Anbindung an den PC, und die Programme laufen unter DOS.

10.5.3 Weitere Programmiergeräte

Diese Sparte ist im Third Party Guide wohl die größte. Der GALEP-III ist vielleicht der kleinste Universal-Programmer. Angeboten wird er von Conitec, Dieburg. Auch Parallax, BP Microsystems, Data IO, Dataman, Leap und Hamis bieten PIC-Programmer an. Klingler Engineering, Kreuzlingen, bietet sogar einen PIC-Programmer für den Macintosh an.

10.6 Hochsprachen für die PICmicros

Als Hochsprache für µController gibt es hauptsächlich C-Compiler. Pascal konnte sich nicht recht durchsetzen auf diesem Gebiet, obwohl wir meinen, daß es eine geeignete Sprache wäre. Nur wenn man genauer hinschaut, tauchen ein paar Alternativen zu C auf. Eine dieser Alternativen könnte die Sprache JAL sein. Laut Verfasser ist es eine Pascal-ähnliche Sprache. Da ich diesen Compiler erst kurz vor Ende der Schreibarbeit zu diesem Buch entdeckt habe, bin ich nicht in der Lage, Genaueres zu sagen. Falls ich Ihr Interesse geweckt haben sollte, sehen Sie doch einfach selbst nach: Beim Elektronikladen.DE habe ich ihn gefunden. Auf der Thomas Wurlitzer-Seite.

10.6.1 Der C-Compiler von CCS

Dieser C-Complier, der vom Elektronik Laden vertrieben wird und mir für dieses Buch zur Verfügung stellt wurde, ließ sich problemlos installieren und in MPLAB integrieren. Er besteht aus 2 DOS-Compilern, denen eine Windows-IDE aufgesetzt wurde. Damit sind drei Version erhältlich:

Die Windows-Version PCW beinhaltet die beiden DOS-Compiler PCB, für die Base Line-PICs und PCM für die mid range-PICs. Alle drei sind recht günstig. Deshalb sind sie sowohl für Studierende als auch für fertige Ingenieure geeignet.

Installation

Bei der Installation gibt es keinerlei Probleme oder Schwierigkeiten. Man läßt einfach das Installationprogramm arbeiten. Dazu wird die Datei INSTALL.EXE entweder aus DOS oder WIN (3.11/95) aufgerufen. Ich habe mir zur Gewohnheit gemacht, dem Installationsprogramm nicht zu widersprechen, wenn es eine Default-Directory vorschlägt. Die Änderung in der AUTOEXEC.BAT ist harmlos, so daß nichts dagegen einzuwenden ist, es einfach machen zu lassen.

Integration in MPLAB

Genauso einfach wie die Installation ist die Integration in die IDE MPLAB. Dazu befolgt man die gegebene Anweisung, und schon ist alles fertig.

Die Anweisung lautet für   WIN3.1:   WIN CCSC +SETUP

                              WIN95:   CCSC +SETUP

Projekteröffnung

Nachdem wir die Projekterstellung schon aus dem FF können, ist es überhaupt kein Problem, mit einer kleinen Abwandlung ein C-Projekt zu definieren.

Nach der Eingabe des Namens eines neuen Projekts (in einem Sub-DIR von MPLAB) erscheint das bekannte Edit Projekt-Fenster. Auf halber Höhe haben wir zwei Zeilen welche lauten: 'Development Mode' und 'Language Tool Suite', die untere von den beiden gewinnt jetzt an Bedeutung. Mit dem Knopf auf dessen rechter Seite, wird eine Liste sichtbar, aus der Sie jetzt CCS auswählen. Das nächste Fenster ist wie üblich das 'Node Properties'-Fenster. Bevor wir nicht besser hinter die Kulissen blicken können, klicken wir dieses Fenster so wie es ist einfach wieder weg. Jetzt ist der Weg frei zum Definieren des Mainfile-Namens. Der heißt jetzt *.c und ist natürlich auch in der gleichen SUB-DIR zu positionieren. Bis jetzt muß die Datei ja noch nicht existieren. Ich habe nun einfach aus der DIR C:\PICC\EXAMPLES\ ein Source-File geholt und mit 'save as' in das Projekt-DIR weggeschrieben. Zuletzt wird noch das Projekt mit der grünen Diskette (Toolbar) abgespeichert.

Übrigens: Gleich der erste Versuch, das Projekt mit dem entsprechenden Button (ganz rechts in der USER-Toolbar) zu kompilieren hat funktioniert.

Arbeiten in CCS-C

Wie auch bei 'normalen' Projekten in Assembler müssen wir uns jetzt die benötigten Fenster plazieren.

Für den Anfang sollten Sie sich folgende Fenster öffnen:

- *.LST -Window; Step by step auf Assemblerschritt-Ebene

- *.c-Fenster; Step by step auf C-Ebene

- ein Watchfenster mit den Variablen

- das File-Register-Fenster

Anmerkungen

Mit seinen umfangreichen Demofiles werden viele Details schön beleuchtet. Falls Sie einmal Grund zu der Vermutung haben, daß der Compiler nicht das produziert, was Sie meinen, dann können Sie sich vertrauensvoll an der Elektronikladen in Detmold wenden. Die haben einen heißen Draht nach Amerika.

Auf der MICROCHIP-CD-ROM ist eine Demoversion:

E:\download\tools\picmicro\code\third\ccssetup.exe

10.6.2 Der C-Compiler CC5X von Bengt Knudson

Der CC5X-C-Compiler von Knudson Data ist **kein reiner 5X-Compiler!!** Er kann auch die 16CXX-Typen!! Der Name verwirrt leicht.

Installation

Die Installation, dieses DOS-basierenden Compilers ist denkbar einfach. Zumindest bei der freien Demoversion reicht es, das ZIP-File in das Directory zu entpacken, wo der Compiler zu liegen kommen soll (z.B.: C:\CC5X).

Integration in MPLAB

Anschließend kopiert man die Files mit der Endung *.MTC und das File mit der Endung *.INI in das MPLAB-Stammverzeichnis C:\MPLAB. Beim nächsten Aufruf von MPLAB geht man als erstes mal in project/install language tool. Dort hat man in der obersten Zeile die Auswahl, welchen Hersteller man installieren will. Wenn Sie auf den Knopf rechts neben diesem Feld drücken, wird eine Liste nach unten aufgerollt. Achtung, nicht verwirren lassen. CC5X kommt im Alphabet vor Microchip. Wenn sie nach unten rollen, kommt nichts mehr. Sie müssen nach oben rollen, und dort erscheint dann CC5X. Nachdem Sie das getan haben, sorgen Sie dafür, daß im Feld darunter CC5Xfree steht. Unter executable muß dann noch die ausführbare Programmdatei C:\CC5X\CC5XFREE.EXE eingetragen sein. Da es sich um ein DOS-Programm handelt, muß die Auswahl command-line angeklickt sein. Raus mit OK und fertig ist die Integration.

Projekteröffnung

Das erste Projekt, das ich für einen Test dieses Compilers eröffnet habe, war wie so oft ein Beispiel direkt vom Compiler-Hersteller. Dazu habe ich im Verzeichnis C:\CC5X mein Projekt mit dem Sourcefile SAMPLE1.C eröffnet. Im Feld 'language tool suite' muß der CC5XFREE ausgewählt werden, und schon kann es losgehen. Sourcefile öffnen, Project speichern und 'Make' gedrückt. Sowohl bei Win 3.11 als auch bei Win 95 wurde ich sofort mit einem fehlerfreien Compilerlauf begrüßt.

Arbeiten in CC5X

Auch bei diesem Compiler habe ich getestet, ob ich auf Assemblerebene und Hochsprachenebene 'steppen' kann. Ich konnte.

Als angenehm empfand ich, daß im Programmfenster recht viele Labels standen. Sowohl die globalen Funktions- und Prozedurnamen, als auch noch interne Schleifenlabels.

Anmerkungen

Der CC5X Version 3.0 ist ein C Compiler für die PIC Microcontroller der Familien PIC12CXXX, PIC14000 und PIC16CXXX. Also für die 12- und 14-Bit-Cores.

Die 'Free Edition' ist auf 1024 Befehle beschränkt.

Verfasser und Copyright (c) B. Knudsen Data, Norway, 1992 – 1999

Internetadresse: http://www.bknd.com

Auf der CD-ROM ist die free-edition als ZIP-File vorhanden. Ein PDF-File mit massiven Infos ist darin enthalten.

Wie bei jeder Software, ist man immer an Rückmeldungen interessiert, wenn Übersetzungsfehler auftreten. Wenden Sie sich dafür an die eben angegebene Internet-Seite, dort bekommen Sie Support für Ihren Compiler.

10.6.3 Der Pascal-Compiler in der IDE PICCO-PED32 von E-LAB

Den Pascal-Compiler habe ich bei E-LAB gefunden. Das heißt, es ist eigentlich eine IDE mit einem Pascal-Compiler und einem Assembler. Über die normalen Pascal-Befehle hinaus ist dieser Compiler noch mit vielen controllerspezifischen Befehlen ausgestattet worden.

Installation

Es handelt sich um ein 32-Bit System, dementsprechend kann es nur auf Win 95 und aufwärts laufen.

Die Installation läuft problemlos ab. Ich habe beim Installieren der Demo-Version einfach die Datei SETUP.EXE von Diskette 1 gestartet und schon funktioniert die Sache. Insgesamt sind es zwei Disketten gewesen. Die Help-Files sowohl für die Entwicklungsoberfläche als auch für das Pascal selbst sind als PDF-Files dabei. Wer sich das nicht ausdruckt und liest, der ... gehört wohl zur Mehrheit.

Integration in MPLAB

Eine Integration ins MPLAB ist nicht sinnvoll, denn es handelt sich um ein Softwareentwicklungssystem, das auch noch Controller von Texas und Zilog unterstützt. Es ist also nicht nur ein Compiler alleine.

Alle für das MPLAB nötigen Dateien werden vom PED32 erzeugt. Der Aufruf von MPLAB aus dem PED32 heraus ist konfigurierbar, so daß ein komfortabler Übergang ins MPLAB gewährleistet ist.

Projekteröffnung

Wie eben erwähnt, wird das Projekt automatisch von PED32 erstellt. Im MPLAB wird dann nur noch die Einstellung gemacht, welcher Emulator verwendet wird und wo die diversen Fenster positioniert sein sollen. Vom PED32 werden zwar einige Fenster auf dem Desktop dargestellt, aber plazieren muß man sie schon selbst. Nicht zuletzt wegen der Vertrautheit, wo was ist. Anschließend wird das Projekt noch einmal gespeichert und die Post geht ab.

Arbeiten mit PICCO-PED32

Aufgrund der Zweiteilung, wie oben beschrieben, gibt es eine Arbeit im PED32 und eine Arbeit im MPLAB. Im PED32 wird Pascal-Code geschrieben, bis keine Fehlermeldungen mehr erscheinen. Anschließend wird im MPLAB emuliert bis die volle Funktionalität hergestellt ist. Dazu bedient man sich aller verfügbaren Hilfsmittel.

Die sinnvollen Fenster sind u.a.:

- PAS-Fenster, mit dem Sourcecode zum Steppen auf High-Level

- ROM-Fenster; zum Steppen auf Assembler-Ebene

- so viele Watchfenster mit Variablen wie nötig

- das File-Register-Fenster

Hat man einen Fehler gefunden, verläßt man MPLAB mit ALT-F4, korrigiert im PED32 den Pascal-Quellcode, compiliert mit dem Hämmerchen und geht anschließend wieder mit einem einzigen Buttondruck ins MPLAB. Schon steht das Projekt da, wie zuvor verlassen, nur dieses Mal ohne diesen Fehler.

Anmerkungen

Da ich bisher MPLAB als die Basis meiner Arbeit sah und die Compiler nur Übersetzer waren, die wahlweise gestartet wurden, dauerte es etwas bis ich mich an das Konzept einer IDE, als ein Softwareentwicklungstool, gewöhnt habe.

Mittlerweile sind das für mich zwei gleichberechtigte Wege. Je nachdem, mit welcher Sprache ein Projekt entwickelt wird, geht man diesen oder den anderen Weg.

Die Fileübergabe vom PED32 ins MPLAB ist echt komfortabel. Hier könnte IAR vielleicht noch was lernen.

Bei Fragen bezüglich des PED32 wenden Sie sich am Besten an: www.e-lab.de

10.6.4 Die IAR-embedded workbench

Dieses System habe ich bewußt nicht als IAR-C-Compiler bezeichnet, weil es sehr viel mehr ist und kann.

Der Systemüberblick auf der nächsten Seite zeigt, es handelt sich um ein komplettes Software-Entwicklungssystem. Angefangen vom Text-Editor, der selbstverständlich gegen den eigenen, gewohnten Editor ausgetauscht werden kann. Die nächste Stufe dieses Systems bilden der C-Compiler und der Assembler, d.h., daß Sie auch ohne weiteres ein Projekt in C anfangen, irgendwann in Assembler übersetzen lassen und dann in Assembler eventuell notwendige Feinkorrekturen durchführen. Die geringfügigen Unterschiede zwischen dem IAR-Assembler und dem Microchip-Assembler, glaube ich, kann man verschmerzen, wenn man dafür dieses mächtige Tool unter der Haube hat.

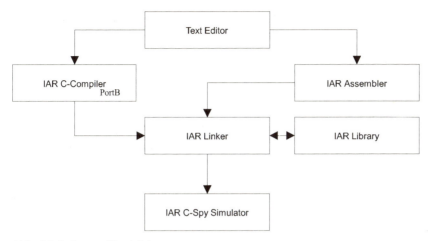

Abb. 10.4: Systemüberblick

Installation

Folgende Systemvoraussetzungen müssen Sie mitbringen, um das IAR-embedded workbench installieren zu können:

- Windows 95/98/NT 3.51 oder neuer

- mind. 40 Mbyte Harddisk-Speicher

- mind. 32 Mbyte RAM

Wenn die CD-ROM-Version installiert werden soll, kann eigentlich gar nichts schief gehen. Unter Win 95 wird die CD-ROM automatisch erkannt, und Sie brauchen nur noch die Installation zu starten. Folgen Sie dabei den Instruktionen, die am Bildschirm erscheinen. Wie immer, sollte man eine Grundregel beachten: 'Laß das Installationsprogramm nur machen und verändere keinen Pfad.' Ich habe das nicht getestet, weil ich nicht vergnügungssüchtig bin, aber die Erfahrung lehrt: laß es bleiben. Das Geringste, was passieren kann ist, daß Pfade, auf die sich das Handbuch bezieht, ganz anders heißen und jeden verwirren. Auch Sie. Das Schlimmste ist, daß die Installation fehlschlägt.

Genug des Ausflugs in die glorreiche Windowswelt.

Integration in MPLAB

Diese System ist eine eigenständige komplexe IDE, so daß die Frage nach Integration in MPLAB entfällt. Bei der Embedded Workbench ist alles dabei, was man benötigt, um den Code auf Herz und Nieren zu testen. Erst nach erfolgreichen Tests 'zuhause' kann man in den Emulator, um zu sehen, wie das Programm mit der rauhen Wirklichkeit zurecht kommt.

Mehr dazu später, denn hier ging es nur um die Gesichtspunkte der Integration.

Projekteröffnung

Für die Arbeit im MPLAB müssen wir wie gewohnt ein Projekt definieren. Eine Programmiersprache müssen wir nicht auswählen, weil wir im MPLAB nicht kompilieren. Den PIC-Typen müssen wir angeben, und daß wir z.B. mit dem MPLAB-ICE 2000 emulieren wollen, muß natürlich auch angegeben werden. Zu beachten ist dabei noch, daß die Dateien am besten dort bleiben, wo sie sind. Wir definieren also das Projekt für MPLAB im Projektverzeichnis der Workbench. Im COD-File steht dann schon der komplette Name mit dem Pfad für die Library-Files und alle anderen eingebundenen Sourcen.

Komponenten des IAR-Workbench und seine Features

Da das ein PIC-Buch sein soll und kein Workbench-Kompendion, kann das auch nur ein kurzer Abriss sein. Eine Demo-Version mit Online-Hilfe, die alles kann, nur keine Outputfiles erzeugen, ist sicherlich sehr aufschlußreich.

Text-Editor

Über den Editor brauchen wir wirklich nicht viele Worte verlieren. Hätte er nur die Standard-Editierfunktionen, wäre es ein Editor wie viele. Etwas besonderes ist, daß er den Programmtext farblich und stilistisch differenziert aufarbeitet.

Unter anderem werden folgende Farben für folgende Items verwendet:

* normaler Text: schwarz
* C-Keywords: schwarz und fett
* Strings: blau
* Integer (dezimal):   rot
* Integer (hex):   magenta

Seine Suchfunktion fällt auch leicht aus dem Rahmen. Er kann mehrere Files benennen, in denen er nach dem gesuchten Begriff sucht.

Daß er bei einem Doppelklick auf eine Fehlermeldung zum vermuteten Ort des Fehlers springt, ist wohl selbstverständlich.

Zuletzt sei noch sein beeindruckendes UNDO und REDO für jedes Fenster erwähnt.

C-Compiler

Der IAR C-Compiler ist ein ANSI C-Compiler für die PICmicros mit 14- und 16-Bit-Core. Er hat Standardlibraries von Funktionen für embedded Systeme, deren Sourcecode verfügbar ist. Nicht jeder C-Compiler hat Floating-Point-Arithmetik. Dieser hat sie.

Dadurch, daß die Übersetzung der Source im Speicher passiert, werden keine temporären Files erzeugt, und er ist schnell fertig.

Während des Compilierens prüft er streng, ob überall die Typen stimmen, insbesondere bei der Übergabe an Funktionen und Proceduren (LINT).

Der Optimierungsgrad hinsichtlich Geschwindigkeit und Platzbedarf ist einstellbar.

Die #PRAGMA-Anweisung wird für PIC-spezifische Erweiterungen verwendet, um die Portabilität zu gewährleisten. Der PICmicro ist nur einer von über 30 Controllern und Prozessoren, die diese Workbench bzw. dieser Compiler unterstützt.

Eine hochaktuelle Neuerung bei den Features ist, daß eine Variable im internen EEPROM-Bereich der PICs definiert werden kann. Jeder Zugriff auf diese Variable ist also ein EERD- oder EEWR-Vorgang. Der Benutzer dieser Eigenschaft braucht sich darum nicht zu kümmern, das macht alles der Compiler.

```
__eeprom int i;     // Definition der Variablen i als Integer im
                    // internen EEPROM-Bereich
int temp;           // Definition der Variablen temp als Integer
void main(void)
{
        i=23;       // schreibt 23 in die EEPROM-Variable i
        temp=i;     // liest vom EEPROM in die Variable temp
}
```

So einfach ist dieses Feature anwendbar.

Assembler

Der PICmicro-Assembler von IAR ist ein leistungsfähiger Macro-Assembler. 32Bit-Arithmetik und Floating-Point gehören genauso zu seinen Features wie rekursive Macros und 'Forward Reference' in jede Tiefe.

Linker

Mit dem Linker werden unbegrenzt viele Eingangsfiles zu über 30 möglichen Outputformaten zusammengelinkt. Zugelinkt wird natürlich nur das benötigte Modul, und nicht das ganze Library-File.

Da man das Programm optimal simulieren und damit debuggen möchte, ist es nicht verwunderlich, daß es im Bereich IO zwei verschiedene Varianten gibt. Eine Variante zum Debuggen mit der Simulator-IO und eine andere Variante für die Wirklichkeit. Deshalb auch die zwei Begriffe DEBUG und RELEASE.

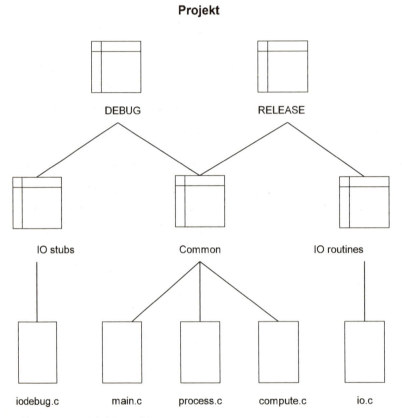

Abb. 10.5: Projekthierarchie

Über die Simulator-IO ist es zum Beispiel möglich Get- und Put-Funktionen umzuleiten in ein Terminal-IO-Fenster, wo in der Wirklichkeit eine echte Kommunikation stattfinden muß.

C-Spy Simulator

Dieser Teil der IAR-Werkbank ist wohl der mächtigste Debugger/Simulator, den ich bislang gesehen habe.

Die folgenden Highlights sind nur ein Teil dessen, was der C-Spy kann:

Eine **leistungsfähige Macro-Sprache** ermöglicht es dem User zum Beispiel ein Eingangssignal für ein Programm zu simulieren. Basierend auf dem Zykluszähler kann man ein Rechtecksignal mit der Frequenz erzeugen, daß man 50 Hz-Anwendungen, die sich an der Netzspannung synchronisieren, simulieren kann.

Komplexe Breakpoints ermöglichen einen Programmstop nicht nur an einer bestimmten Adresse, sondern zusätzlich auch noch nur dann, wenn andere Bedingungen erfüllt sind. Egal, ob es sich dabei um den Wert einer Variablen handelt oder um die Anzahl, wie oft man schon an diese Programmstelle gekommen ist.

Mit Hilfe der speziellen **Interrupt-Simulation** kann auch dieses Thema auf Herz und Nieren ausgetestet werden. Damit können einzelne und periodische Interrupts basierend auf dem Zykluszähler generiert werden.

Code coverage ist einer der Punkte, die mich sehr erfreut haben. Mit dieser Funktion kann dokumentiert werden, welcher Programmteil nie zur Ausführung gekommen ist.

Der **Profiler** ist der zweite Punkt, der unheimlich nützlich sein kann. Wenn es um die Frage geht, wie und wo mein Programmablauf beschleunigt werden kann, muß man wissen, wo denn die meiste Zeit verbraucht wird. In einer Prozedur, in der sich das Programm nur zu 1% aufhält, muß man nicht anfangen zu sparen. In einem Programmteil der einen erheblichen Teil der Controller-Laufzeit in sich bindet, da lohnt es sich Optimierungen jeglicher Art anzusetzen.

Mit der Eigenschaft '**Function Trace**' ist es möglich, das Eintauchen in Unterprogramme nachzuvollziehen.

Normale **Watchfenster** und sogenannte **Quickwatch**-Fenster bieten alle Einblicke, die man sich wünscht.

In einem **View-Fenster** können Speicher und Register angeschaut werden. Mit einem Doppelklick ist man schon imstande, Register oder Speicherzellen zu verändern.

Die **Multistep**-Eigenschaft ist ein gutes Zwischending zwischen Step und Run. Der Animate-Mode ist selbstverständlich auch verfügbar. Er heißt hier **Autostep** und besitzt zusätzlich die Möglichkeit einer einstellbaren Verzögerungszeit zwischen zwei Befehlen.

Arbeiten mit dem IAR-Workbench EW22

Ich kann jeden verstehen, der sich als erstes ans Gerät setzt und probiert und erst bei Problemen anfängt, irgendwo nachzulesen, woran es liegt. Meistens mache ich das auch so. Im Falle dieses komplexen Softwareentwicklungstools bin ich über mich hinaus gewachsen. Ich habe tatsächlich vorher gelesen, bin dann mit dem Buch die Tutorials durchgegangen, und dann wußte ich genug. Jetzt werden die Handbücher wahrscheinlich nur noch zum gezielten Nachlesen von einzelnen Features Verwendung finden. Ich finde das ist so in Ordnung.

Anmerkungen

Diese Werkbank gibt es in einer Lite-Version für etwa 1600DM zzgl. der ges. MwSt. und in der Vollversion für 4,5k zzgl. ges. MwSt. Die Lite-Version ist auf den 14-Bit-Core, und auf 2kWorte beschränkt. Will man die PIC17 einsetzen oder zum Beispiel den PIC16C77 voll machen, dann braucht man, wie der Name sagt, die Vollversion.

Außer der technischen Unterstützung für die Kunden, die sich die Embedded Workbench gekauft haben, bieten IAR zusätzlich dienstleisterische Unterstützung für C-Projekte.

10.7   Programmgeneratoren

Dieses Softwareentwicklungtool ist nun auch für die PIC16 verfügbar (nicht nur PIC17). Die Aufgabe dieses Programmwerks ist es, dem Entwickler das Handling mit den Konfigurationsregistern aus der Hand zu nehmen. In einem Windows-basierenden System muß vom Entwickler die Funktion der einzelnen Hardwaremodule ausgewählt werden, und die Software schreibt dann einen Programmteil, der die Initialisierung der Module erledigt. Aus unserer Sicht ist es schon wünschenswert, diese Arbeit einem PC-Programm zu überlassen, aber der Umstand, daß das Ergebnis dieses Programmgenerators C-Code ist, mindert unsere Freude darüber. Da es in unserer Leserschaft sicher Interessenten dafür gibt, folgender Hinweis: Das Programm heißt «DRIVEWAY», und eine Demoversion ist auf der CD-ROM und im Web von Microchip.

11 Fehlersuche und Geräte, die helfen

Die Fehlersuche ist das tägliche Brot eines Entwicklungsingenieurs. Selten ist ein Programm sofort fehlerfrei und fast keine Hardware funktioniert beim ersten Prototypen so wie sie soll. Die Geschicklichkeit bei der Fehlersuche macht zu einem wesentlichen Teil den „alten Hasen" aus.

Meist verdächtigt man zuerst das Programm, obwohl häufig die Hardware schuld ist, wenn etwas nicht richtig läuft. Sehr oft liegt die Ursache im Grenzbereich zwischen beiden. Ungeachtet der Schuldzuweisung ist meist die erste Frage, die zu stellen ist: Was läuft da eigentlich hard-*und* softwaremäßig ab?

Die drei wichtigsten Hilfsmittel sind: Erstens ein Emulator (manchmal reicht ein Simulator), zweitens ein paar gute Meßgeräte (Oszilloskop, Logikanalysator) und drittens die Denkweise eines Detektivs. Wenn man eines der beiden ersten Hilfsmittel nicht hat, gibt es immer Tricks und Wege, ohne diese auszukommen. Je spartanischer die Werkzeuge, desto mehr bekommt der Kopf zu tun.

Als erstes wird man eine oder mehrere Fehlerhypothesen aufstellen, die man dann entweder ausschließt oder bestätigt. Die häufigsten Möglichkeiten sind:

• Der Programmablauf ist fehlerhaft konzipiert

• Der Programmablauf ist prinzipiell richtig, läuft aber wegen eines falschen Zwischenergebnisses in falschen Bahnen.

• Der Ablauf ist zwar richtig, aber das Programm liefert falsche Ergebnisse

• Der PIC16 erhält fehlerhafte Eingaben.

• PIC Ausgänge kommen nicht richtig an (Hardware)

Nehmen wir ein einfaches Beispiel: Eine Lampe soll mit einer Phasenanschnittsteuerung bedient werden, aber sie bleibt dunkel. Die folgenden Fehlermöglichkeiten kommen in Betracht:

Das Programm kommt gar nicht an die Stelle, wo es die Zündzeit überwachen und ggfs. zünden soll. Oder aber es kommt zwar an diese Stelle, hat aber einen unsinnigen Wert für den Zündzeitpunkt, der nie erreicht wird. Oder es zündet tatsächlich, aber der Zündpuls ist zu kurz, oder er kommt zu nahe vor einem Nulldurchgang oder die Zündung kommt wegen eines nachfolgenden Hardwarefehlers nicht am Triac an.

Mit dem Emulator würde man einen Breakpoint auf diejenige Stelle des Programms setzen, an welcher die Zündzeit erreicht ist und dann sehen, wie die Variablen zu diesem Zeitpunkt stehen. Wird diese Programmstelle nicht erreicht, dann wird man den Breakpunkt an diejenige Stelle setzen, wo die Zündzeit abgefragt wird. Wenn auch diese Stelle nicht erreicht wird, dann versucht man an andere Stellen Breakpunkte zu setzen, um zu sehen wo das Programm denn herumläuft.

Eine andere sehr einfache Möglichkeit, mit der man auch das dynamische Verhalten des Programms verfolgen kann, sind die Testausgaben, die man auf einen Logikanalysator ausgibt. Man setzt Signale an wichtigen Stellen des Programms auf high, setzt sie an bestimmten anderen Stellen wieder zurück. Ein gutes Speicheroszilloskop tut es auch. Jedoch wenn man eine größere Anzahl von Signalen hat, ist ein Logikanalysator oder ein MSO (Mixed Signal Oszilloskop) sehr nützlich.

11.1 Typische Fehler

Programmierfehler wird man machen, solange man programmiert: Schreibfehler, Flüchtigkeitsfehler, Denkfehler. (Wenn einer keine Denkfehler macht, liegt es vielleicht daran, daß er gar nicht denkt.)

Es gibt einige typische Fehler, bei denen Ratlosigeit aufkommt, wenn sie einem zum ersten Mal begegenen. Solche Fehler sollte man sich schleunigst notieren, sonst kann es sein, daß beim zweitenmal die Ratlosigkeit erneut da ist.

Ursachen unsinniger Programmabläufe

- Der Watchdog wurde versehentlich nicht disabled. Man erkennt diesen Fehler meist an einem typisch rythmischen Flackern.

- Unwissentlich wurde eine Page überschritten. Der Fehler passiert oft nach einer unwesentlichen Änderung, nachdem das Programm kurz zuvor noch gelaufen ist. Auch Tabellen, die über die Grenze von 100H gehen, gehören in diese Fehlerkategorie. Bei der 5x-Familie bereiten auch Unterprogramme Ärger, wenn sie nicht in der unteren Hälfte einer Page beginnen.

- Durch ungültige Eingangswerte beim Table-Read kann man auch in der Prärie landen. Dabei sollte man sich nicht darauf verlassen, daß ungültige Werte nicht vorkommen können. Die Eingangswerte sollten in ihrem Maximalwert gekappt werden, und außerdem sollte eine Tabelle immer auf eine sichere Länge aufgefüllt sein.

Fehlerhafte Ein/Ausgänge

Sie haben das wahrscheinlich schon erlebt. Der PICmicro liest offenkundig etwas anderes, als Sie am Eingang messen, oder er will partout am Ausgang nicht zeigen, was Sie ganz sicher sind, ausgegeben zu haben. Dafür gibt es eine Reihe von möglichen Erklärungen.

- Ein TRIS-Register wurde falsch gesetzt.

- Ein Wert, der ins Ausgangsregister geschrieben worden ist, wurde durch einen Read-modify-write Befehl überschrieben. Dies kann nicht nur dann geschehen, wenn ein Pin zwischenzeitlich Eingang war, sondern auch, wenn er überlastet ist, und daher nicht als der Wert gelesen wird, der ausgegeben wurde.

- Bei PortA oder PortE wurde versäumt, die Definition als digitale Pins richtig zu setzten. Der Defaultwert ist so, daß alle Pins analoge Eingänge sind!

- Der PortD wurde versehentlich zum PSP gemacht (TRISE.4=1)

- Ein sonstiges Hardwaremodul hat von einem Pin Besitz ergriffen.

- Es gibt einen Kurzschluß oder eine Überlastung am Pin

- Ein Pintreiber ist defekt oder ein Eingang zerstört.

11.2 Testausgaben

Die Methode der Testausgaben ist nicht nur dann interessant, wenn kein Emulator zur Verfügung steht. Insbesondere bei sehr dynamischen Abläufen sind ohne diese Methode schwierige Probleme kaum in den Griff zu bekommen, besonders, wenn sie im Grenzbereich zwischen Hard-und Software liegen. Die Methode ist auch zusätzlich zum Emulator nützlich.

11.2.1 Pulsausgabe an einem Pin

Von HP wurde auf einem Microchip-Seminar einmal eine Technik vorgestellt, wo an bestimmten Programmstellen ein Unterprogramm aufgerufen wurde, das entsprechend der Stelle definierte Pulse auf einen Pin ausgab. Diese Pulse wurden mit einem MSO aufgezeichnet und analysiert. Man konnte daran erkennen, daß das Programm nicht den geordneten Weg nahm, sondern an einer bestimmten Stelle ausbrach.

Dies ist ein elegantes Verfahren für Aufgaben, bei denen ausreichend Zeit für die Ausgaben zur Verfügung steht. Meist ist dies jedoch nicht der Fall. Bei zeitkritischen

Anwendungen ist dieser Weg überhaupt nicht gangbar. Die Ausgaben unterschiedlich langer Pulse beeinträcht das ganze Zeitverhalten meist zu sehr.

11.2.2 Zustandsanzeige mit mehreren Pins

Wir setzen voraus, daß für das Setzen und Löschen eines Testpins an bestimmten Stellen des Programms genügend Zeit ist. Falls keine Pins für Testausgaben frei sind, dann ist es bei schwieriger Hardware durchaus sinnvoll, den Prototypen mit einem größeren Controller auszustatten als mit dem, der in der Produktion dann eingesetzt werden soll. Oder man läßt in der Testphase nebensächliche Pinfunktionen vorübergehend außer Kraft.

Wenn man mit einem Emulator arbeitet, dann emuliert man mit einem größeren PIC16 und verbindet nur die nötigen Signale mit der Applikation und den Diagnoseteil gibt man auf das MSO.

Wir wollen den Nutzen des Verfahrens an Hand eines häufig vorkommenden Problems erläutern, nämlich der Zündung eines Triac.

Bei solchen Problemen ist ein MSO (Mixed Signal Oscilloscope) ein hervorragendes Werkzeug, da es erlaubt, neben zahlreichen digitalen Signalen auch die analoge Phase mit der gleichen Triggerung darzustellen. Man kann mehrere Perioden aufnehmen und dann dehnen und ausdrucken. Die so erstellten Bilder können solange in Ruhe betrachtet werden wie nötig, und unsere Erfahrung bestätigt, daß solche Bilder immens aufschlußreich sein können.

Nulldurchgang

Ein neuralgischer Punkt ist die Nulldurchgangserkennung. Je nach Schaltung ist bereits zwischen dem analogen Signal und dem digitalen Abbild eine Verzögerung. Genauso vergeht wiederum Zeit, bis der µController aufgrund dieses digitalen Signals erkannt hat, daß ein Nulldurchgang war.

Es können auch Störungen auf dem digitalen Erkennungssignal sein, die man nicht bemerkt hat, die aber zu fehlerhaften Interpretationen als Nulldurchgang führen. Es kann auch sein, daß das Programm verspätet an die Stelle der Nulldurchgangsabfrage kommt, sodaß es zu einem völlig falschen Zeitpunkt einen Nulldurchgang feststellt.

Setzt man einen Pin genau dann high, wenn der positive Nulldurchgang erkannt wird, und wieder null beim negativen Durchgang, dann hat man genaue Kenntnis darüber, ob mit der Erkennung alles in Ordnung ist.

Zündpuls

Bei der Darstellung des Zündpulses haben wir uns ein bewährtes Verfahren ausgedacht: Da der Zündpuls doch sehr schmal ist, kann es leicht sein, daß er nicht mehr dargestellt wird bzw. nicht mehr sichtbar ist, wenn mehrere Perioden des Signals auf einer Schirmbreite angezeigt werden sollen. Aus diesem Grunde führen wir ein weiteres Signal namens ZUTOG ein. Bei der Zündung in der positiven Halbwelle wird dieses Signal gesetzt, wenn die Zündung in der negativen Halbwelle erfolgt, wird das Signal zurückgesetzt. Dieses Signal toggelt also bei jedem Zündpuls.

Sollten nun Zündaussetzer auftreten, so sind diese leicht zu erkennen. Der Zeitpunkt der Zündung ist übrigens auch besser sichtbar, als mit dem Zündimpuls selbst.

Andere Zeitmarken

Weitere Signale, die von Interesse sein könnten, wären z.B. solche, die einen Meßzeitpunkt markieren, oder eine sonstige Abtastung eines Zustands. Solche Signale setzt man am günstigsten beim nächsten Nulldurchgang wieder zurück.

Fehlerkennzeichen

Für den Fall, daß der Controller merkt, daß er aus dem Takt der Phase geraten ist, weil ein Nullpunkt zu einem unsinnigen Zeitpunkt erkannt wird, wird er sich neu auf die Phase synchronisieren. In diesem Fall kann er ein Signal abgeben, welches diesen Umstand widerspiegelt. D.h., daß sich dieses Signal im fehlerfreien Normalzustand eigentlich nicht verändern dürfte.

Die ganzen Signale, die sich etwa so darstellen dürften, wie im Screenshot auf der nächsten Seite sichtbar, sind recht aussagekräftig. Man weiß also genau, zu welchem Zeitpunkt man Timingprobleme hat.

Das MSO HP 54645D mit seinen 2 analogen und 16 digitalen Kanälen, hat sich in unserem Hause für diese Art von Fehlersuche hervorragend bewährt. Die Bedienung ist einfach, es können Screenshots gemacht und bearbeitet werden. Sie können dem Gesprächspartner zwecks Diskussion übersandt werden, notfalls in ferne Kontinente.

Es gab bei unserer Arbeit einige Problemstellungen, bei denen die Hardware so sensibel auf verschiedene Parameter reagierte, daß wir nicht gewußt hätten, wie wir sie ohne unser MSO hätten lösen sollen.

Für die meisten Probleme gibt es wohl mehrere Wege zur Lösung, aber die Zeit bis zur Lösung ist mit diesem Hilfsmittel am kürzesten.

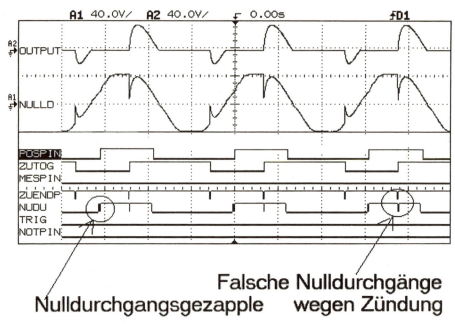

Abb. 11.1: Screenshot MSO

11.3   Eingänge belauschen

Eine mögliche Fehlerquelle entsteht durch fehlerhafte Eingänge. Statische oder periodische Eingänge kann man mit einem einfachen Oszilloskop überprüfen. Jedoch dynamische Eingänge, die sich in unregelmäßigen Abständen verändern, benötigen ein Speicheroszilloskop, bei dem man die eingegangenen Signale in Ruhe analysieren kann. Häufig entstehen Probleme auch durch Verzögerungen zwischen gesendeten und empfangenen Signalen. Ein Meßgerät mit einer ausreichend großen Anzahl von digitalen Kanälen ist dabei eine große Hilfe.

11.3.1   Lauschangriff auf serielle Kommunikationen

Die Bedienung serieller Kommunikationen stellt prinzipiell kein besonderes Problem dar. Jedoch gibt es vielfältige Möglichkeiten, daß dabei etwas nicht so funktioniert, wie es soll.

Eine schnelle und effektive Fehlersuche bei seriellen Kommunikationen ist sehr wichtig, da sie immer häufiger vorkommen und das Entdecken der Fehlerursache ohne geeignete Hilfsmittel oft gar nicht so einfach ist.

Wenn sich ein angesprochener Partner gar nicht rührt, ist dieser Umstand meist leicht zu entdecken. Oft sind es aber sehr sensible Details des Timings, die einen Fehler verursachen.

Von vorneherein ist nicht einmal klar, welcher von beiden Teilnehmern der Urheber des Fehlers ist.

Die hauptsächlichen Fehlerursachen sind die folgenden:

- Die Verbindung ist nicht hergestellt.

- Die Verbindung hat keinen ausreichenden Pegel.

- Die Verbindung hat zu große zeitliche Verzögerungen.

- Einer der Controller ist defekt oder abgestürzt.

- Ein Peripheriebaustein ist defekt oder nicht richtig enabled.

- Ein Teilnehmer ist „busy", der andere wartet nicht lange genug.

- Das Protokoll wurde nicht vorschriftsmäßig ausgeführt. (z.B.: ungleiche Baudrate)

- Das Verabredungshandshake wurde nicht richtig ausgeführt.

Es führt oft kein Weg daran vorbei, das Gespräch aufzuzeichnen und das Ergebnis in Ruhe zu untersuchen:

Dazu gibt es zwei brauchbare Möglichkeiten: Die erste bietet der Emulator mit seinem Tracespeicher. Die zweite Möglichkeit ist ein Speicheroszilloskop oder besser noch ein Logikanalysator.

Mit Hilfe des Tracespeichers können wir die Zustände der Leitungen gut in Zusammenhang mit den wesentlichen Befehlen sehen. Man kann beispielsweise erkennen, wenn der eine Controller sehr lange auf eine Antwort wartet, bis zum Timout, oder daß eine Antwort zu früh begann, als der PIC16 noch gar nicht bereit war.

Ein Nachteil des Tracespeichers ist, daß keine unmittelbare zeitliche Übersicht über die Abläufe erkennbar ist. Man kann ja nicht jeden Befehl als Tracepunkt auswählen, weil sonst der Tracespeicher schon nach viel zu kurzer Zeit voll wäre. Die ausgewählten Tracepunkte liegen daher in unterschiedlichen zeitlichen Abständen voneinander. Erfahrungsgemäß ist das Analysieren eines Tracespeichers zwar effektiv, aber keinesfalls mühelos.

Die Darstellung mit einem Logikanalysator zeigt sofort in Echtzeit die Vorgänge auf den beteiligten Leitungen, wobei man auch noch Testausgänge mit aufzeichnen kann, die zeigen, an welcher Programmstelle man sich gerade befindet. Besonders bei den Gesprächen zwischen zwei Contollern ist es nützlich, wenn man Testausgaben von beiden Teilnehmern mitaufzeichnet. Wenn man dies geschickt macht, dann kann man meist sehr schnell erkennen, warum ein PICmicro keine richtige Antwort von einem Device erhält, oder warum die beiden Teilnehmer aneinander vorbeireden.

Das folgende Diagramm zeigt das korrekte Handshake einer K2-Schnittstelle.

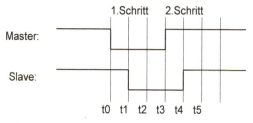

t0: Master sendet Request
t1: Slave empfängt Request und antwortet
t2: Master erhält Antwort
t3: Master nimmt Request zurück
t4: Slave erkennt Rücknahme und nimmt Antwort zurück
t5: Master erkennt Rücknahme der Antwort
t6: Kommunikation beginnt.

Abb. 11.2: Master-Slave-Handshake

11.3.2 Der Logic-Dart

Für Aufnahmen dieser Art benutzen wir gerne ein kleines Gerät von HP, von dem auch das obige Diagramm stammt. Es handelt sich um ein Handheldmultimeter mit 3-Kanal Logikanalysator, genannt LogicDart. Mit diesem kleinen Gerät ist auch die Fehlerdiagnose im Feld schnell durchgeführt.

Der Multimeterteil erlaubt Spannungsmessung bis +-35V, eine Widerstandsmessung und Durchgangsprüfung mit akustischem Signal, außerdem Frequenzmessung. Strommessung ist nicht direkt möglich.

Der Logikanalysatorteil besitzt drei Modi, welche einfach durch drei Tasten ausgewählt werden.

Untersuchen: 1 Kanal: Darstellung von Signalpegel und Frequenz.

Analysieren: 3 Kanäle: Darstellung der Signalpegel.

Vergleichen: 1 Kanal: Darstellung der Differenz zu einem gespeicherten Signal.

Als Logikschwellen können verschiedene Standardpegel gewählt werden oder auch benutzerdefinierte Schwellen eingegeben werden.

Bei den Triggerbedingungen können sowohl Pegel als auch Flankenereignisse bewertet werden. Wenn mehrere Kanäle aufgezeichnet werden, kann für jeden eine Triggerbedingung angegeben werden, jedoch nur ein Flankenereignis.

Die Abtastrate kann zwischen 10nsek und 100msek eingestellt werden. Ein Speicherzyklus besteht aus 2048 Abtastungen pro Kanal. Damit ist eine Aufzeichnungsdauer von 20,48μsek bis knapp 205sek abgedeckt.Das sind immerhin 3¾ Minuten.

In der Praxis heißt das, daß zur Darstellung von 10 Bit (Startbit, 8 Datenbits, Stopp-bit) einer seriellen Übertragung bei 9600 Baud eine Abtastrate von bestenfalls 0,5µsek eingestellt werden kann. Da eine Bitlänge 104µsek beträgt, ist mit dieser Einstellung eine exakte Überprüfung auf die richtige Baudrate möglich. (200 Abtastungen pro Bit) Nach dieser ersten genauen Untersuchung, kann mit 10 bis 20 Abtastungen pro Bit ein Datenstrom von 20 bis 10 'Byte' erfaßt werden, wobei ein 'Byte' gleich 10 Bit sind (Startbit, 8 Datenbits + 1 Stoppbit).

Die Bedienung dieses Gerätes ist sehr einfach. Das Tastenfeld ist gut aufgeteilt und fast selbsterklärend, sodaß man nach Einschalten des Gerätes nur wenige Erklärungen benötigt, um mit dem Gerät arbeiten zu können. Der User's Guide enthält auf 37 Seiten sehr übersichtlich alles, was man wissen muß. Er wird in deutsch und vier weiteren Sprachen geliefert.

Für die Analyse einer seriellen Kommunikation ist der Modus 'Analysieren' nützlich, da er zwei Handshakeleitungen darstellen kann und zusätzlich noch ein weiteres Signal als Referenz. Will man ein einzelnes Signal genauer unter die Lupe nehmen, wählt man den Modus 'untersuchen'. In diesem Modus lassen sich unzureichende Pegel sofort entdecken.

Ganz besonders nützlich ist dieser Modus auch bei den immer häufiger vorkommenden One-Wire-Bausteinen. Mit Hilfe des HP-LogicDart's kann man blitzschnell erkennen, ob nach dem Senden des Resetpulses innerhalb der richtigen Zeit der 'Presence-Puls' kommt. Die Grund für falsche Ergebnisse bei der Bedienung eines solchen Bausteins ist damit schnell erklärt.

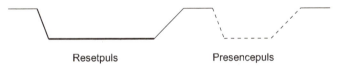

Resetpuls   Presencepuls

Abb. 11.3: One-wire-Protokoll

Folgende einfache Schritte sind für die Beobachtung einer seriellen Schnittstelle mit dem Logic-Dart notwendig:

1. EIN schalten

2. FUNKTION auswählen

3. TRIGGER-Bedingungen einstellen

4. SINGLE-Acquisition selektieren

5. ABTASTRATE wählen

6. SIGNAL anlegen

7. evntl. ABTASTRATE korrigieren

8. erneut SINGLE-Acquisition drücken

11.4   Unterstützung des MPLAB-ICE bei der Fehlersuche

Über den neuen MPLB-ICE können wir noch keinen größeren Erfahrungsbericht geben, da er erst vor ganz kurzer Zeit in unserem Hause angekommen ist. Jedoch läßt er erwarten, daß er eine Menge Wünsche erfüllt, die man schon lange in Bezug auf einen Emulator hatte.

Die Breakpoints:

Die unbegrenzte Anzahl von Breakpoints, die ein guter Emulator ermöglicht, werden natürlich auch vom MPLAB-ICE zur Verfügung gestellt.

Jeder, der schon einmal mit einem Emulator gearbeitet hat, der weiß, daß oft ein Break an einer Stelle nur unter ganz bestimmten Bedingungen erwünscht ist. Diese Fähigkeit hat nun der neue MPLAB-ICE in einer Weise, die komfortabel und gut durchdacht zu sein scheint:

Die complex trigger-Fähigkeiten des MPLAB-ICE:

Unter einem Trigger verstehen wir einen Break und/oder ein Festhalten des Trace-speichers.

Auch ein Hardware-Triggeroutput kann erzeugt werden.

Im Complex-Trigger-Mode ist es möglich, Ereignisse zu definieren, mit denen man einen Trigger auslösen kann.

Diese Ereignisse können aus bis zu vier verschiedenen Einzelereignissen zusammengesetzt sein. Die Zusammensetzung kan als „Oder"-Bedingung oder als „Und"-Bedingung gewählt werden. Eine besonders nützliche Eigenschaft ist, daß auch die Einhaltung einer Reihenfolge dieser Einzelereignisse verlangt werden kann (sequential events).

Konkret bedeutet dies, daß der complex trigger ausgelöst wird, sobald nach dem Eintreten der ersten drei Events (event = Ereignis) in bestimmter Reihenfolge das vierte Ereignis eintritt.

Auch bei den Definitionsmöglichkeiten der Einzelevents kommt Freude auf: Ein Event ist die Beschreibung eines Systemzustands, zu einem bestimmten Zeitpunkt.

Das können Befehlsholzyklen, Datenschreib- und Datenlesezyklen sein, aber auch externe Signalzustände.

Für jedes Ereignis kann man einen Passcounter definieren.

Für den Fall, daß man weniger als vier Bedingungen definieren möchte, soll man sie rechtsbündig eintragen. D.h., Event 1 wird als erstes nicht ausgefüllt.

Im nonsequential-Mode ist es egal welche Bedingung als erstes erfüllt ist. Nach Eintreten einer der formulierten Bedingungen wird der Trigger ausgelöst.

Die Oberfläche, mit der man die Ereignisse definiert, ist übersichtlich und trotz der komplexen Möglichkeiten einfach zu bedienen.

Die Complex-Trigger Fähigkeit ist nicht vorhanden, wenn eine alte Probe verwendet wird oder eine neue (Prozessormodul) mit einem 12Bit-Core.

Codecoverage beim MPLAB-ICE:

Egal aus welchen Gründen, kann es interessant sein, ob wirklich alle Befehles eines Programms irgendwann einmal zum Zuge kommen; sei es Platznot oder Sicherheit. Diese Eigenschaft des MPLAB-ICE zeichnet auf, auf welche Befehle zugriffen wurde. Es wird keine Unterscheidung gemacht, zwischen einem Befehl, der nur geholt wurde und einem Befehl der zudem auch noch ausgeführt wurde. Also der Befehl hinter einem SKIP-, GOTO- oder RETURN-Befehl wird in jedem Fall geholt und damit aufgezeichnet, egal ob er ausgeführt wird.

Wenn Codecoverage aktiviert ist, dann wird im Anschluß an eine Emulation (mit RUN) im Programmspeicher jede Befehlszelle farblich gekennzeichnet, die während der Emulation geholt wurde.

Wenn man diesen Modus auswählt, ist kein complex trigger mehr möglich. Wird dieser Mode wieder verlassen, muß ein vorher definierter complex trigger Modus neu zugewiesen werden.

Sinnvoll ist das Codecoverage in mehreren Fällen. Zum einen können Programmteile und Routinen gefunden werden, die nicht benutzt werden. Also z.B. Unterprogrammleichen.

Ein anderer Einsatzfall kann die Diagnose sein:

Man stelle sich von, es passieren innerhalb eines Programmablaufs Dinge, die in einer *gegebenen Situation* garnicht auftreten dürften. Mit dem Codecoverage kann eindeutig gezeigt werden, ob entsprechende Programmteile ausgeführt wurden. Um zu finden, wie und wo das passiert, setzt man auf alle Programmstellen, die eigentlich nicht ausgeführt werden dürften einen Breakpoint. In dem Moment, wo das

Programm aus dem Rahmen fällt, tritt ein Interrupt auf und der Trace-Speicher zeigt auf welchem Wege der unzulässige Programmbereich erreicht wurde.

Der Tracespeicher:

Im Gegensatz zum alten PIC-Master wird beim neuen MPLAB-ICE grundsätzlich immer aufgezeichnet. Man muß dazu nur das Tracefenster öffnen.

Um die Laufzeit einer Delay-Routine zu messen, klammert man die Routine selbst für die Aufzeichnung in den Tracespeicher aus. Dieses Ausklammern geschieht mit dem Trace filtering. Hinter der Routine wird ein Breakpoint gesetzt.

Wenn der Programmablauf dann am Breakpoint stoppt, sieht man im Tracespeicher unter anderem die Zeitmarken. Die Differenz der letzten beiden Zeitmarken stellt die Laufzeit des Delays dar.

Was kann alles im Tracespeicher aufgezeichnet werden?

- Die relative Position zum Endpunkt. (negative Zahlen)

- Die Programmadresse, von der ein Befehl geholt wurde.

- Der Opcode des geholten Befehls.

- Die Aufzeichnung des Programmlabels ist jetzt im Tracespeicher möglich.

- der disassemblierte Hexcode

- die Adresse der Sourcevariable, falls beteiligt

- ebenso deren Wert

- desgleichen für die Destinationvariable

- Die Pegel an den externen Eingängen können dargestellt werden.

- Zuletzt noch die wichtige Zeitmarke.

Bei den PICmicros mit dem 12Bit-Core ist der Zugriff auf die Datenadressen und -werte nicht möglich. Ebenso wenig ist das möglich, wenn eine PIC-Master-Probe mittels eines Adapters verwendet wird.

11.5 Ein paar kleine Tips

Fehlersuchen ist Detektivarbeit. Wir haben das Aufstellen von Fehlerhypothesen als eine wesentliche Grundlage erkannt. Das Auflisten der möglichen Ursachen ist der erste Teil der Kunst. Der zweite besteht darin, diese Ursachen entweder auszuschließen oder zu bestätigen.

Beim Auflisten der möglichen Fehlerursachen sollte man eine Aussage mit größter Vorsicht treffen, nämlich „ das kann ja gar nicht passieren, weil ...". Versehentlich kann nämlich fast alles passieren, auch wenn es eigentlich niemals passieren kann.

Listfile ansehen:

Wenn sich auf Anhieb keine plausible Fehlerursache anbietet, haben wir uns angewöhnt, erst einmal einen Blick auf das Listfile zu werfen. Nehmen Sie auch Warnings ernst!

Warnings können nämlich dicke Fehler bedeuten. Wenn Sie beispielsweise einen Befehl falsch geschrieben haben, dann wird ihnen der MPASM die Warnung schikken, daß ein Label an einer Stelle ungleich der ersten Spalte gefunden wurde.

Aus dem Listfile geht auch hervor, wenn irgendwo versehentlich die Pagegrenzen überschritten wurden.

Das Listfile ist auch dann wichtig (und gerade dann) wenn nicht fehlerfrei assembliert wurde. Im Pull down Menu **Window** wird im Unterpunkt **absolute listing** das Listfile in einem View-Fenster angeboten. Sollte es versehentlich in einer kommenden Version von MPLAB einmal nicht angeboten werden, suchen Sie sich das File. Es existiert sicher im Projekt-Subdirectory. Suchen Sie es mit file/view.

Auch ohne Interrupt eine ISR schreiben

Wenn ein Programm fehlerhaft abläuft, dann ist auch nicht auszuschließen, daß versehentlich in Register beschrieben wurde. Das geschieht beispielsweise sehr leicht, wenn im STATUS-Register ein Bank-Selekt-Bit falsch gesetzt ist. Auch bei Schreibsequenzen mit dem FSR können unbabsichtigte Registerzugriffe geschehen.

Auf diese Weise können auch Intcrrupt-Enable-Bits versehentlich gesetzt werden.

Wir haben uns schon lange zur Gewohnheit gemacht, an die Stelle des Interruptvektors keinen normalen Code zu schreiben, sondern einen Dummy-Befehl, auf den man einen Breakpoint setzen kann, wenn man einen Verdacht auf einen „wilden" Interrupt hat.

Man kann dann zumindest an Hand der Interruptflags erkennen, welcher Wert in welches Register geladen wurde. Wo dieser Fehler geschah, ist erfahrungsgemäß schnell entdeckt.

Während der Programmentwicklung ist der Breakpoint wichtig. Programmabstürze sind damit sofort zu erkennen, und den Weg dorthin steht im Trace-Speicher.

Auch für ein fehlersicheres Gerät ist eine Interruptroutine sehr wichtig.

Wenn man an die Stelle des Interruptvektors ein paar Befehle schreibt, die alle möglichen Interruptflags und auch ggfs die Interruptenables wieder löscht mit einem anschließenden RETFIE, dann kann man auch dem fertigen Gerät eine gewisse Sicherheit gegen Störungen von außen geben. Das Auffrischen von Konfigurationsregistern gehört auch zu sicherheitsfördernden Maßnahmen.

Achtung beim Lesen des FSR-Registers beim PIC16C5x

Die PIC16C5X haben zwar keinen Interrupt, aber Schleifen können auch hier außer Kontrolle geraten. Grund dafür kann das in die Endbedingung einfließende FSR-Register sein. Es ist nur 5 bzw. 7 Bit breit, und **die oberen Bits werden als Einsen gelesen**. Damit geht jeder Vergleich mit einer Endadresse in die Binsen, wenn man vergißt, die nicht relevanten Bits mit ANDLW 1FH bzw. 7FH abzuhacken.

Breakpoints, vermehret Euch

Richtig hilfreich sind Breakpoints eigentlich, wenn sie miteinander arbeiten können. Ein wesentlicher Nutzen der Breakpoints ist nämlich, daß sie Aufschluß über den Programmablauf geben, indem man feststellt, welche von mehreren Programmstellen als erstes erreicht wird.

Beim MPLAB-ICD gibt es leider nur einen Breakpoint. Will man sich nun auf die Lauer legen, an welche Stelle das Programm als erstes verzweigt, hat man ein Problem. Man kann aber aus beliebigen Programmstellen einen Breakpoint machen, indem man einen GOTO Befehl einfügt.

Entweder man verzweigt dabei an eine Stelle, die einer ID-Variablen einen bestimmten Wert zuweist, und dann an die Breakpointadresse weiterspringt. Oder man lädt vor dem GOTO-Befehl gleich das W-Register mit einem unverwechselbaren Code, und springt dann zum Breakpoint. In beiden Fällen ist nachvollziehbar, von woher der Breakpoint angesprungen wurde.

```
Rout1      bef1
           bef2
           bef3
           MOVLW    .1
           Fehlerbedingungsabfrage
           SKIP falls kein Fehler
           GOTO     BREAK
weiter     bef4
           bef5
           RETURN
```

Eine oder mehrere andere Routinen können ebenso gestaltet werden.

Zentrales BREAK-Programm:

```
BREAK     NOP      ; auf diese Programmzeile einen Breakpoint setzen.
          NOP
          NOP
```

Nachdem das Programm dann am Breakpoint angehalten hat, ist im W-Register ein Wert, der Ihnen eindeutig zeigt, welche Fehlerbedingung gegeben war.

Für den Fall, daß das W-Register nicht verändert werden soll, kann dieses Programm auch noch anders gestaltet werden:

```
Rout1     bef1
          bef2
          Fehlerbedingungsabfrage
          SKIP falls kein Fehler
          GOTO     FEHLER1
weiter    bef4
          bef5
          RETURN
```

Auch bei dieser Variante müssen an alle gewünschten Stellen im Programm die entsprechenden Fehlerbedingungsabfragen positioniert werden. Natürlich mit dem SKIP-Befehl über den entsprechenden GOTO-Befehl, dessen Zieladresse den jeweiligen Aussprung kennzeichnet.

```
FEHLER5   INCF     FEHLER
FEHLER4   INCF     FEHLER
FEHLER3   INCF     FEHLER
FEHLER2   INCF     FEHLER
FEHLER1   INCF     FEHLER
          NOP      ; auf diese Programmzeile einen Breakpoint setzen.
          NOP
          NOP
```

Die Variable FEHLER muß zu Beginn des Programms null gesetzt werden.

Da der Befehl INCF die Flags in STATUS nicht in Frieden läßt, gibt es auch noch die Möglichkeit ihn durch den Befehl INCFSZ zu ersetzen. Dann muß allerdings ein NOP-Befehl eingefügt werden, damit der nächste INCFSZ nicht übersprungen wird.

```
FEHLER5   INCFSZ   FEHLER
          NOP
FEHLER4   INCFSZ   FEHLER
          NOP
FEHLER3   INCFSZ   FEHLER
          NOP
FEHLER2   INCFSZ   FEHLER
          NOP
FEHLER1   INCFSZ   FEHLER
          NOP      ; diesen NOP nicht vergessen!!!
          NOP      ; auf diese Programmzeile einen Breakpoint setzen.
          NOP
          NOP
```

Durchlaufzähler

Eine weitere Möglichkeit, den Ablauf eines Programms zu kontrollieren ist die Installation von Durchlaufzählern an bestimmten Stellen des Programms.

Will man z.B. wissen, ob zwei Routinen abwechselnd abgearbeitet werden, kann man Durchlaufzähler installieren. Das sind pro Routine eine Variable, die bei jedem Durchlauf erhöht wird. Werden die zwei Routinen wirklich abwechselnd abgearbeitet, darf die Differenz zwischen den beiden Zählern maximal 1 sein. Bei einer größeren Zählerdifferenz ist offensichtlich, daß eine Routine vernachlässigt wurde.

12 Anhang

12.1 PIC12C(E)XXX – Überblick

8 Pin-Gehäuse; max. 6 IO; 25mA sink/soucre; in ciruit seriell programmierbar

OTP	Memory	RAM	MHz	Timers	Main Features
12C508	512 x 12	25	4	1 + WDT	int. RC-Osc. kalibrierbar
12C509	1024 x 12	41	4		
12CE518	512 x 12	25	4	1 + WDT	int. RC-Osc kalibrierbar; 16 Byte EE
12CE519	1024 x 12	41	4		
12C671	1024 x 14	128	10	1 + WDT	int. RC-Osc. kalibrierbar, 8 Bit ADC,
12C672	2048 x 14	128	10		4 Interruptquellen
12CE673	1024 x 14	128	10	1 + WDT	int. RC-Osc kalibrierbar, 8 Bit ADC,
12CE674	2048 x 14	128	10		4 Interruptquellen, 16 Byte EE

12.2 PIC16C5X – Überblick

Nur der 16C505 ist in-circuit-seriell-programmierbar!

Übersicht der PIC16C5X-Familie

OTP	Memory	RAM	I/O	MHz	Timers	Main Features	Packages
16C52	384 x 12	25	12	4	1	10 mA source/sink per I/O, 2.5V	18P, 18SO
16C54	512 x 12	25	12	20	1 + WDT	20mA source & 25mA sink per I/O, 2.0V	18 JW, 18P, 18SO, 20SS
16C54A	512 x 12	25	12	20	1 + WDT	20mA source & 25mA sink per I/O, 2.0V	18 JW, 18P, 18SO, 20SS
16C55	512 x 12	24	20	20	1 + WDT	20mA source & 25mA sink per I/O, 2.5V	28P, 28JW, 28SP 28SO, 28SS
16C56	1024 x 12	25	12	20	1 + WDT	20mA source & 25mA sink per I/O, 2.5V	18P, 18JW, 18SO, 20SS
16C57	2048 x 12	72	20	20	1 + WDT	20mA source & 25mA sink per I/O, 2.5V	28P, 28JW, 28SP 28SO, 28SS
16C58A	2048 x 12	73	12	20	1 + WDT	20mA source & 25mA sink per I/O, 2.0V	18P, 18SO, 20SS
16HV540	512 x 12	25	12	20	1 + WDT	10mA source & 25mA sink per I/O, 3.5V -15V	18P, 18SO, 20SS
16C505	1024 x 12	72	12	20	1 + WDT	25mA source & 25mA sink per I/O, 2.5V	14P, 14JW, 14SO

12.3 PIC16C55X – Überblick

Alle sind in ciruit seriell programmierbar.

OTP	Memory	RAM	I/O	MHz	PWM	Cmp	ICSP	Timers
16C554	512 x 14	80	13	20/5 MIPS			4	1 + WDT
16C556	1024 x 14	80	13	20/5 MIPS			4	1 + WDT
16C558	2048 x 14	128	13	20/5 MIPS			4	1 + WDT

12.4 PIC16CXX – Überblick

Alle sind in ciruit seriell programmierbar.

Übersicht der PIC16CXX-Familie

OTP	Memory	RAM	I/O	A/D	Serial + E^2 + PWM + Cmp	BOD	Timers
16C62B	2048 x 14	128	22		I^2C/SPI PWM	✓	3 + WDT
16C63A	4096 x 14	192	22		USART/I^2C/SPI/2 PWM	✓	3 + WDT
16C64A	2048 x 14	128	33		I^2C/SPI 1 PWM	✓	3 + WDT
16C65A	4096 x 14	192	33		USART/I^2C/SPI/2 PWM	✓	3 + WDT
16C66	8192 x 14	368	22		USART/I^2C/SPI	✓	3 + WDT
16C67	8192 x 14	368	33		USART/I^2C/SPI	✓	3 + WDT
16C620	512 x 14	80	13		2 CMP	✓	1 + WDT
16C621	1024 x 14	80	13		2 CMP	✓	1 + WDT
16C622	2048 x 14	128	13		2 CMP	✓	1 + WDT
16CE623	512 x 14	96	13		2 CMP	✓	1 + WDT
16CE624	1024 x 14	96	13		2 CMP	✓	1 + WDT
16CE625	2048 x 14	128	13		2 CMP	✓	1 + WDT
16C642	4096 x 14	176	22		2 CMP	✓	1 + WDT
16C662	4096 x 14	176	33		2 CMP	✓	1 + WDT
16C710	512 x 14	36	13	4		✓	1 + WDT
16C71	1024 x 14	36	13	4			1 + WDT
16C711	1024 x 14	68	13	4		✓	1 + WDT
16C72	2048 x 14	128	22	5	I^2C/SPI PWM	✓	3 + WDT
16C73A	4096 x 14	192	22	5	USART/I^2C/SPI/2 PWM	✓	3 + WDT
16C74A	4096 x 14	192	33	8	USART/I^2C/SPI/2 PWM	✓	3 + WDT
16C76	8192 x 14	368	22	5	USART/I^2C/SPI/2 PWM	✓	3 + WDT
16C77	8192 x 14	368	33	8	USART/I^2C/SPI/2 PWM	✓	3 + WDT
16C923	4096 x 14	176	52		I^2C/SPI/PWM/8 MHz		3 + WDT
16C924	4096 x 14	176	52	5	I^2C/SPI/PWM/8 MHz		3 + WDT

12.5 PIC16FXXX – Überblick

Alle sind in ciruit seriell programmierbar.

Übersicht der PIC16FXX-Familie

OTP	Memory	RAM	I/O	A/D	Serial + Cmp.	PWM	EE	MHz	BOD	Timers
16F627	1024 x 14	224	16		SCI/SPI/2 Cmp	1	128 E^2	20	✓	3 + WDT
16F628	2048 x 14	224	16		SCI/SPI/2 Cmp	1	128 E^2	20	✓	3 + WDT
16F83	512 x 14	36	13				64 E^2	10		1 + WDT
16F84	1024 x 14	68	13				64 E^2	10		1 + WDT
16F84A	1024 x 14	68	13				64 E^2	20		1 + WDT
16F873	4096 x 14	192	22	5	SCI/I^{2}C/SPI	2	128 E^2	20	✓	3 + WDT
16F874	4096 x 14	192	33	8	SCI/I^{2}C/SPI	2	128 E^2	20	✓	3 + WDT
16F876	8192 x 14	368	22	5	SCI/I^{2}C/SPI	2	256 E^2	20	✓	3 + WDT
16F877	8192 x 14	368	33	8	SCi/I^{2}C/SPI	2	256 E^2	20	✓	3 + WDT

12.6 Programmpages und Registerbänke

Der Umgang mit den Programmpages und den Registerbänken wird von den einzelnen Familien unterschiedlich behandelt. Um die Verwirrung zu begrenzen, hier ein Überblick:

Zusammenstellung der Page- und Bank-Selektionen

	Program-Page-select	Register-Bank-select
PIC16C5X	STATUS <5:6> (7 Zukunft)	FSR <5:6>
PIC16CXXX PIC16FXXX	PCLATH	STATUS <5:6> ind. <7>
PIC17CXX	PCLATH	BSR Bank select register

12.7 Registeradressliste

Adressen der Special Function-Register (bei PIC16C74)

00	INDF		80	INDF
01	TMR0		81	OPTION
02	PC		82	PC
03	STATUS		83	STATUS
04	FSR		84	FSR
05	PORTA		85	TRISA
06	PORTB		86	TRISB
07	PORTC		87	TRISC
08	PORTD		88	TRISD
09	PORTE		89	TRISE
0A	PCLATH		0A	PCLATH
0B	INTCON		8B	INTCON
0C	PIR1		8C	PIE1
0D	PIR2		8D	PIE2
0E	TMR1L		8E	PCON
0F	TMR1H		8F	-
10	T1CON		90	-
11	TMR2		91	-
12	T2CON		92	PR2
13	SSPBUF		93	SSPADD
14	SSPCON		94	SSPSTAT
15	CCPR1L		95	-
16	CCPR1H		96	-
17	CCP1CON		97	-
18	RCSTA		98	TXSTA
19	TXREG		99	SPBRG
1A	RCREG		9A	-
1B	CCPR2L		9B	-
1C	CCPR2H		9C	-
1D	CCP2CON		9D	-
1E	ADRES		9E	-
1F	ADCON0		9F	ADCON1

12.8 Die Special Function Register der PIC16CXX

In der folgenden Zusammenstellung des Registersatzes der derzeitigen PIC16-Typen steht als erstes immer der Name. In der gleichen Zeile, etwa in der Mitte, steht die Adresse, und im Kasten stehen die einzelnen Bits des Registers. Anschließend folgen Biterklärungen.

STATUS   03H

IRP	RP1	RP0	/TO	/PD	ZR	DC	CY

IRP: Registerbankselektion für die indirekte Adressierung

RP0-1:   Registerbankselektion für die direkte Adressierung

/POR aus PCON	/TO	/PD	Bedeutung
0	1	1	Power-on-reset
1	0	1	WDT reset during normal function
1	0	0	WDT timout wake-up from sleep
1	1	1	MCLR reset during normal function
1	1	0	MCLR reset during sleep or interrupt wake-up from sleep

Die Flage ZR, DC und CY werden bei bestimmten Befehlen als Ergebnis der Operation zur Verfügung gestellt. Die Verwendung des CY-Flags ist nicht üblich.

PCON   8EH

-	-	-	-	-	-	/POR	/BOR

/POR: 1: Power-on Reset fand nicht statt

        0: ein Power-on Reset fand statt; Bit per Software zurücksetzen

/BOR: 1: Brown-out fand nicht statt

        0: ein Brown-out-Ereignis (Spannungseinbruch) fand statt; Bit per Software zurücksetzen

INTCON   0BH

GIE	PEIE	T0IE	INTE	RBIE	T0IF	INTF	RBIF
Global interrupt.	Peripheral interrupt bit.	T0IF interrupt bit.	INT interrupt bit.	RB port change interrupt bit.	TMR0 overflow interrupt flag.	External interrupt flag.	RB port change interrupt flag.

PIR1   0CH

PSPIF	ADIF	RCIF	TXIF	SSPIF	CCP1IF	TMR2F	TMR1IF

Biterklärungen: siehe PIE1, nächste Seite

PIE1   8CH

PSPIE	ADIE	RCIE	TXIE	SSPIE	CCP1IE	TMR2IE	TMR1IE

PSPIX: Parallel slave port interrupt bit.

ADIX: A/D converter interrupt bit.

RCIX: SCI receive interrupt bit.

TXIX: SCI transmit interrupt bit.

SSPIX: SSP interrupt bit.

CCP1IX: CCP1 interrupt bit.

TMR2IX: Timer2 interrupt bit.

TMR1IX: Timer1 interrupt bit.

PIR2   0DH

-	-	-	-	-	-	-	CCP2IF

PIE2   8DH

-	-	-	-	-	-	-	CCP2IE

CCP2IX: CCP2 interrupt bit.

TMR1L   0EH

TMR1 niederwertigeres Zählerbyte

TMR1H   0FH

TMR1 höherwertiges Zählerbyte

T1CON   10H

-	-	T1CKPS1	T1CKPS0	T1OSCEN	T1SYNC	TMR1CS	TMR1ON

TMR1prescaler-Selektionsbits:

11=Vorteilerwert=8; 10=Vorteilerwert=4

01=Vorteilerwert=2; 00=Vorteilerwert=1

T1OSEN: 1=Oszillator einschalten

T1SYNC: externer Takt: 1=not synch; 0=Synch

TMR1CS: Clock-selection: 1=extern; 0=intern

TMR1ON: 1=TMR1 ein; 0=TMR1 aus

TMR2   11H

TMR2-Zählerbyte

T2CON   12H

-	TOUTPS3	TOUTPS2	TOUTPS1	TOUTPS0	TMR2ON	T2CKPS1	T2CKPS0

TMR2postscaler-Selektionsbits:

0000=Nachteiler ist 1

0001=Nachteiler ist 2

...

1111= Nachteiler ist 16

TMR2ON: 1=TMR2 ein; 0=TMR2 stop

T2prescaler-Selektionsbits:

00 = Vorteiler ist 1

01 = Vorteiler ist 4

1X = Vorteiler ist 16

SSBUF 13H

Synchronous Serial Port Receive Buffer/Transmit Register

SSPCON 14H

WCOL	SSPOV	SSPEN	CKP	SSPM3	SSPM2	SSPM1	SSPM0

WCOL: Write collision detect
1=das SSBUF Register wird beschrieben, während es noch das vorige Wort überträgt. Clear per Software

SSPOV: Receive overflow flag; 1=neues Byte wird empfangen, während SSBUF noch die vorherigen Daten hält. Muß per Software gelöscht werden.

SSPEN: Sync serial port enable
Im SPI Modus: 1=Einschalten des SSP-Moduls und Konfiguration der notwendigen Pins

CKP: Clock polarity select

Im SPI Modus:
1: Idlezustand für den Clock ist high.
0: Idlezustand für den Clock ist low.

Im I²C Modus: SCK release control
1=Clocksignal zulassen
0=hält Clock auf Low Synchronous serial prot mode select
0000=SPI Master Modus, clock= osc/4
0001=SPI Master Modus, clock= osc/16
0010=SPI Master Modus, clock= osc/64
0011=SPI Master Modus, clock= (TMR2output/2)
0100=SPI Slave Modus, clock= SCK pin. /SS pin control disabled
0101=SPI Slave Modus, clock= SCK pin. /SS pin control disabled/SS kann als I/O Pin genutzt werden.
0110=I²C Slave Modus, 7-bit adress
0111=I²C Slave Modus, 10-bit adress
1011=I²C Master Modus, support enabled (Slave Idle)
1110=I²C Slave Modus, 7-bit adress mit Master Modus support enabled
1111=I²C Slave Modus, 10-bit adress mit Master Modus support enabled

CCPR1L 15H

Capture/Compare/Duty Cycle Register (LSB)

CCPR1H 16H

Capture/Compare/Duty Cycle Register (MSB)

CCP1CON   17H

-	-	CCP1X	CCP1Y	CCP1M3	CCP1M2	CCP1M1	CCP1M0

CCP1X + Y: niederwertige Bits für die PWM im hochauflösenden Mode (10 Bit);
        sie bleiben bei Standardauflösung auf null.

CCP1 mode select.
0000=Capture/Compare/PWM aus; CCP1-Modul wird zurückgesetzt (siehe compare-mode)
0100= Capture-Modus, jede fallende Flanke
0101= Capture-Modus, jede steigende Flanke
0101= Capture-Modus, jede vierte steigende Flanke
0111=Capture-Modus, jede 16te steigende Flanke
1000=Compare-Modus, setze Output bei Gleichheit (CCPxIF bit ist gesetzt)
1001=Compare-Modus, setze Output bei Gleichheit zurück (CCPxIF bit ist gesetzt)
1010=Compare-Modus, generiere Software interrupt (CCPxIF bit ist gesetzt). CCP1 Pin ist unbeeinfußt
1011=Compare-Modus, – CCP1 setzt TMR1 zurück
                – CCP2 löscht TMR1 und startet eine A/D Wandlung (wenn A/D Modul an ist)
11XX=PWM-Modus

RCSTA   18H

SPEN	RC8/9	SREN	CREN	-	FERR	OERR	RCD8

SPEN: 1=macht RC7 und RC6 zu seriellen Portpins; 0=Serieller Port disabled.

RC8/9; 1 = 9-bit Empfang; 0 = 8-bit Empfang

SREN: Sync Modus: 1 = Empfang ein; 0 = Empf aus

CREN: 1 = permanenten Empfang ein; 0 = Empf aus

-:   nicht belegt, wird als 0 gelesen

FERR: 1 = Framing-Fehler; 0 = kein Fehler

OERR: 1 = Overrun-Fehler; reset durch clear CREN

RCD8:   9. bit der empfangenen Daten, kann Parität sein

TXREG   19H

SCI Transmit Data Register

RCREG   1AH

SCI Receive Data Register

CCPR2L   1BH

Capture/Compare/Duty Cycle Register (LSB)

CCPR2H   1CH

Capture/Compare/Duty Cycle Register (MSB)

CCP2CON   1DH

-	-	CCP2X	CCP2Y	CCP2M3	CCP2M2	CCP2M1	CCP2M0

siehe CCP1CON 17H

ADCON0   1FH

ADCS1	ADCS0	CHS2	CHS1	CHS0	GO_/DONE	-	ADON

A/D Wandlerclock-Selektion: 00=fosc/2; 01=fosc/8; 10=fosc/32; 11=f_{RC} (interner RC-Oscillator)

Analog-Kanal-Selektion:

000=Kanal 0 (RA0/AIN0); 001=Kanal 1 (RA1/AIN1); 010=Kanal 2 (RA2/AIN2)
011=Kanal 3 (RA3/AIN3); 000=Kanal 4 (RA5/AIN4); 001=Kanal 5 (RE0/AIN5)
010=Kanal 6 (RE1/AIN6); 111=Kanal 7 (RE2/AIN7)

GO/DONE: Steuer- und Statusbit
falls ADON = 1: 1 = A/D-Wandlung in Arbeit. Setzen dieses Bits startet die Wandlung
0 = keine A/D-Wandlung oder bereits ferig; Bit wird automatisch per Hardware gelöscht, wenn fertig

Wenn ADON=0, wird dieses Bit auf null gezwungen

ADON: 1 = A/D-Wandlermodul ein; 0 = A/D-Wandlermodul aus; kein Stromverbrauch

ADRES   1EH

A/D Result Register

OPTION   81H

/RBPU	INTEDG	RTS	RTE	PSA	PS2	PS1	PS0

Port B pull-up enable: 1 = Port B pull-ups aus
0=Port B pull-ups ein, bei Eingängen

INTEDG: 1 = Interrupt bei steigender Flanke
0 = Interrupt bei fallender Flanke

RTS: TMR0-Signalquelle:
1 = RA4/T0CKI-Pin; 0 = CLKOUT

RTE: TMR0-Signalflanke:
1 = Inkr. bei negativer Flanke an RA4
0 = Inkr. bei positiver Flanke an RA4

PSA: Prescalerzuordnungsbit
1 = Prescaler gehört zum WDT
0 = Prescaler gehört zum TMR0

PS2, 1, 0: Prescalerwert

Prescaler Wert				
PS2	PS1	PS0	TMR0 Rate	WDT Rate
0	0	0	1 : 2	1 : 1
0	0	1	1 : 4	1 : 2
0	1	0	1 : 8	1 : 4
0	1	1	1 : 16	1 : 8
1	0	0	1 : 32	1 : 16
1	0	1	1 : 64	1 : 32
1	1	0	1 : 128	1 : 64
1	1	1	1 : 256	1 : 128

TRISE   89H

IBF	OBF	IBOF	PSPMODE	-	TRISE2	TRISE1	TRISE0

IBF: Input buffer full: 1 = Byte empfangen
  0 = Kein Wort wurde empfangen

OBF: Output buffer full: 1 = noch ein Byte drin
  0 = Output Buffer wurde gelesen

IBOV: Input Buffer overflow
  1 = overrun-error; zu löschen per Software
  0 = kein Fehler trat auf

PSPMODE: 1 = Parallel Slave Port Modus ein
  0 = General Purpose I/O.

Direction control bit for port pin RE2
  1 = input
  0 = Output

Direction control bit for port pin RE1
  1 = input
  0 = Output

Direction control bit for port pin RE0
  1 = input
  0 = Output

PCON   08EH

				OSCF		/POR	/BOR

OSCF (nur 16F62X): INTRC/ER-Modus: 1 = typisch 4 MHz, 0 = typisch 37 kHz

/POR: Power-on Reset flag
  1 = kein power-on-Ereignis fand statt;
  0 = Ein power-on-Ereignis fand statt; Bit muß nach power-up per Software gesetzt werden.

/BOR: Brown-out Detect flag (wenn vorhanden)
  1 = kein brown out-reset fand statt;
  0 = ein brown out-reset fand statt; Bit muß nach brownout per Software gesetzt werden.

PR2   92H

Timer2 Period Register

SSPADD   93H

Synchronous Serial Port (I^2C mode) Address Register

SSPSTAT   94H

-	-	D_/A	P	S	R_/W	UA	BF

D-/A: Data /Address bit (nur I^2C Modus)
  1 = letztes empf. Zeichen waren Daten
  0 = letztes empf. Zeichen war eine Adresse

P. Stopbit (nur I^2C Modus)
Dieses Bit wird gecleared, wenn das SSP Module
ausgeschaltet ist
  1 = Stopbit erkannt. Dieses Bit ist 0 on reset
  0 = kein Stopbit erkannt

Start bit (nur I^2C Modus): Dieses Bit wird gecleared, wenn das SSP Module ausgeschaltet ist
  1 = Startbit erkannt. Dieses Bit ist 0 on reset
  0 = kein Startbit erkannt

R-/W: Dieses Bit hält die R/_W Bit Information, die
auf die letzte Adressgleichheit folgte. Dieses Bit ist nur
gültig während Transmission.
  1 = Lesen; 0 = Schreiben

UA: Update Adress (nur 10-bit I^2C Slave Modus)
  1 = SSPADD-Register soll aufgefrischt werden
  0 = SSPADD-Register nicht updaten

BF: Buffer voll:
Empfang (SPI und I^2C Modus):
  1 = Empfang komlpett, SSPBUF ist voll
  0 = Empfang nicht komlpett, SSPBUF ist leer
Transmit (nur I^2C Modus):
  1 = Übertragung im Gange; SSPBUF ist voll
  0 = Übertragung fertig; SSPBUF ist leer.

TXSTA   98H

CSRC	TX8/9	TXEN	SYNC	-	BRGH	TRMT	TXD8

CSRC: Clock source select bit; nur synchr. Modus:
  1 = Master Modus (selbst generiert)
  0 = Slave Modus: (Clock von extern)
TX8/9: Transmit Data Length Bit
  1 = Selects 9-bit Transmission
  0 = Selects 8-bit Transmission
TXEN: Transmit enable Bit
  1 = Transmitter einschalten
  0 = Transmitter aus
SYNC: SCI Modus
  1 = synchron; 0 = asynchron

BRGH: High Baud Rate Select Bit
Asynchronous Modus:
  1 = hohe Geschwindigkeiten
  0 = niedrige Geschwindigkeiten
Synchronous Modus:
  Unbenutzt
TRMT: Transmit Shift Register (TSR) leer
  1 = TSR leer
  0 = TSR voll
TXD8: Das neunte Bit der zu übertrangenden Daten.
Kann ein berechnetes Paritätsbit sein.

SPBRG   99H

Baud Rate Register

ADCON1   9FH

-	-	-	-	-	PCFG2	PCFG1	PCFG0

A/D Port Konfigurationsbits.
Diese Bits konfigurieren die analogen Portpins bei
den verschiedenen PIC16C7X-Typen

PCFG	RA	RA1	RA2	RA5	RA3	RE0	RE1	RE2	VREF
000	A	A	A	A	A	A	A	A	VDD
001	A	A	A	A	VREF	A	A	A	RA3
010	A	A	A	A	A	D	D	D	VDD
011	A	A	A	A	VREF	D	D	D	RA3
100	A	A	D	D	A	D	D	D	VDD
101	A	A	D	D	VREF	D	D	D	RA3
11x	D	D	D	D	D	D	D	D	-

Bei den verschiedenen PIC16 Typen werden die jeweils vorhandenen Portpins als analog oder digital definiert.

12.8.1 PIC16C62X und PC16F62X

CMCON   01FH

C2OUT	C1OUT	C2INV	C1INV	CIS	CM2	CM1	CM0

C2/1OUT: Comparator 2 output: 1=C2 Vin+ >C2 Vin-; 0=C2 Vin+ <C2 Vin-
               Comparator 1 output: 1=C1 Vin+ >C1 Vin-; 0=C1 Vin+ <C1 Vin-

C2/1INV (nur 16F62X): Comp.-Ausgangsinvertierung: 1 = Ausgang invertiert; 0 = Ausgang nicht invertiert

CIS: Comparator Input Switch:
Wenn CM<2:0>=001: 1 = C1 Vin-connects to RA3. 0 = C1 Vin-connects to RA0
Wenn CM<2:0>=010: 1 = C1 Vin-connects to RA3; C2 Vin-connects to RA2 0 = C1 Vin-connects to RA0;
C2 Vin-connects to RA1

CM<2:0>: Comparator mode siehe Tabelle Comparator I/O Operating Modes

Comparatoren rueckgesetzt CM = 000   Comparatoren aus CM = 111

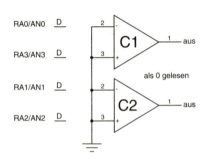

zwei unabhaengige Comparatoren   vier Eing. auf zwei Comps gemultiplext
                CM = 100   CM = 010

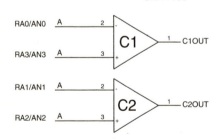
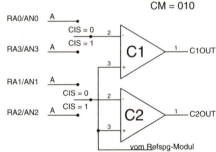

Abb. 12.1: Aufstellung der verschiedenen Komparatormodi (1)

zwei Comparatoren mit gem. Ref
CM = 011

zwei Comparatoren mit gem. Ref
und Ausgaengen   CM = 110

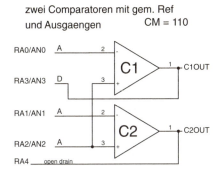

ein Comparator
CM = 101

drei Eing. auf zwei Comps gemultiplext
CM = 001

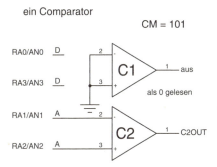
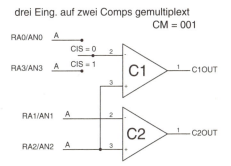

Abb. 12.1: Aufstellung der verschiedenen Komparatormodi (2)

VRCON   **09FH**

VREN	VROE	VRR		VR3	VR2	VR1	VR0

VREN: VREF enable:
1 = VREF-Erzeugung ein
0 = VREF-Erzeugung aus; kein Stromverbrauch.

VROE: VREF output enable:
1 = RA2-Pin:= Vref
0 = RA2-Pin nicht verbunden mit Vref

VREF value selction 0<> Vr (3:0) <>15
wenn VRR=1; (VR<3:0>/24)*VDD
wenn VRR=0; VREF = 1/4*VDD+(VR<3:0>*VDD)
VRR: VREF Range selection:
1 = unterer Spgsbereich
2 = oberer Spgsbereich

12.8.2 PIC16C8X, und ähnliche; PIC16F87X

EECON1   088H/16F87X: 18CH

EEPGM			EEIF	WRERR	WREN	WR	RD

EEPGM: nur bei Flash-Typen 16F87X
  1 = Programmspeicherzugriff;
  0 = Datenspeicherzugriff

EEIF: EEPROM Write Operation Interrupt Flag Bit:
  1 = Schreib-Operation fertig; Bit muß per Software gelöscht werden
  0 = Schreib-Operation nicht fertig oder noch nicht gestartet

WRERR: EEPROM Schreibfehlerbit
  1 = Schreibvorgang durch /MCLR-Reset oder WDT abgebrochen
  0 = Schreib-Operation fertig

WREN: EEPROM Write Enable Bit:
  1 = Schreibzugriff erlaubt;
  0 = Schreibzugriff gesperrt

WR: Write Control Bit:
  1 = Schreibvorgang starten; Bit kann nur von der HW zurückgesetzt werden;
  0 = fertig

RD: Read Control Bit:
  1 = Lesevorgang starten; Bit kann nur von der HW zurückgesetzt werden;
  0 = keine Aktion

EECON2   089H/16F87X: 18DH

EEPROM Control-Register 2

EEADR   09H/16F87X: 10DH

EEPROM Adress-Register

EEDATA   08H/16F87X: 10CH

EEPROM Daten-Register

EEADRH   nicht bei C84/16F87X: 10FH

höheres EEPROM Adress-Register-Byte

EEDATH   nicht bei C84/16F87X: 10EH

höheres EEPROM Daten-Register-Byte

12.9 Resetwerte der Special Function Register der PIC16CXX

Register	Adress	Power-on Reset
W	-	xxxx xxxx
INDF	00H	-
RTCC	01H	xxxx xxxx
PC	02H	0000 0000
STATUS	03H	0001 1xxx
FSR	04H	xxxx xxxx
PORTA	05H	--xx xxxx
PORTB	06H	xxxx xxxx
PORTC	07H	xxxx xxxx
PORTD	08H	xxxx xxxx
PORTE	09H	---- -xxx
PCLATH	0AH	---0 0000
INTCON	0BH	0000 000x
PIR1	0CH	0000 0000
PIR2	0DH	---- ---0
TMR1L	0EH	xxxx xxxx
TMR1H	0FH	xxxx xxxx
T1CON	10H	-000 0000
TMR2	11H	xxxx xxxx
T2CON	12H	-000 0000
SSBUF	13H	xxxx xxxx
SSPCON	14H	0000 0000
CCPR1L	15H	xxxx xxxx
CCPR1H	16H	xxxx xxxx
CCP1CON	17H	--00 0000
RCSTA	18H	0000 0000
TXREG	19H	xxxx xxxx
RCREG	1BH	xxxx xxxx
CCPR2L	1BH	xxxx xxxx
CCPR2H	1CH	xxxx xxxx
CCP2CON	1DH	0000 0000
ADRES	1EH	xxxx xxxx
ADCON0	1FH	0000 0000
INDF	80H	-
OPTION	81H	1111 1111
PC	82H	0000 0000
STATUS	83H	0001 1xxx
FSR	84H	xxxx xxxx
TRISA	85H	--11 1111
TRISB	86H	1111 1111
TRISC	87H	1111 1111
TRISD	88H	1111 1111

```
TRISE      89H      0000 -111
PCLATH     8AH      ---0 0000
INTCON     8BH      0000 000x
PIE1       8CH      0000 0000
PIE2       8DH      0000 0000
PCON       8EH      ---- --0-
PR2        92H      xxxx xxxx
SSPADD     93H      0000 0000
SSPSTAT    94H      -00 0000
TXSTA      98H      0000 0000
SPBRG      99H      xxxx xxxx
ADCON1     9FH      ---- -000
```

12.9.1 Betrifft nur PIC16C62X

```
Register   Address  Power-on Reset
CMCON      1FH      00-- 0000
PCON       8EH      ---- --0x
VRCON      9FH      000- 0000
```

12.9.2 Betrifft nur PIC16C8X

```
Register   Address  Power-on Reset
EECON1     88H      ---0 x000
EECON2     98H      ---- ----
```

12.10 Bezugsquellen:

12.10.1 für Software, Dokumentation, aktuelle Infos:

Die erste Adresse, die Sie ansteuern sollten, wenn Sie Datenblätter zu den verfügbaren PIC-µControllern haben wollen, ist die CD-ROM von Arizona Microchip. Hier finden Sie auch das 'Third Party Guide', ein Verzeichnis von Anbietern von Tools und Software im PIC-Umfeld. Falls Sie dort nicht fündig werden oder wenn Sie neueste Informationen und sonstige Links benötigen, dann ist die Internet-Adresse von Microchip der beste Weg:

www.microchip.com

Wenn es um Fragen geht, die im direkten Zusammenhang mit irgendwelchen Textpassagen oder Programmteilen in diesem Buch stehen, dann sehen Sie in unserer

Homepage im Abschnitt 'unser Buch' (o.ä.) nach. Vielleicht steht dort bereits die Lösung Ihres Problems:

www.ib-koenig.com

Für Microchip-Tools-CD-ROM wenden Sie sich an einen Microchip-Repräsentanten. Das sind die Active Reps und die Distributoren.

12.10.2 für die im Buch besprochenen Bauteile:

PIC16-µController und CCS-C-Compiler:

Elektronik Laden	PTL Elektronik GmbH
Mikrocomputer GmbH	Putzbrunner Straße 264
W.-Mellies-Straße 88	www.elektronikladen.de
32758 Detmold	81739 München
Tel.: 05232/8171	Tel.: 089/6018020
FAX: 05232/86197	FAX: 089/6012505

MAX471 und MAX472:

MAXIM GmbH	SE Spezial Elektronik KG	
Lochhamer Schlag 6	Kreuzbreite 14	
82166 Gräfelfing	31675 Bückeburg	81806 München
Tel.: 089/898137-0	Tel.: 05722/203-0	089/427412-0
FAX: 089/8544239	FAX: 05722/203-120	089/428137

DS1620, DS1233, LED-Anzeigestelle HPSP-7303, 6N139, PIC16-µController:

Future Electronics Deutschland GmbH
Zentrale: München
Münchner Straße 18
85774 Unterföhring
Tel.: 089/95727-0
FAX: 089/95727-173

LCD-Modul LTD202, CD 4060, 6N139:

Bürklin OHG
Schillerstraße 41
80336 München
Tel.: 089/55875-110
FAX: 089/55875-421

Spannungsregler LR645 von Supertex INC:

SCANTEC GmbH
www.scantec.de
Behringstraße 10
82152 Planegg
Tel.: 089/899143-0
FAX: 089/89914327

Spannungsregler HIP5600, C6, PIC16-µController:

Conrad Electronic
Klaus-Conrad-Straße 1
92240 Hirschau
Tel.:. 09604/408988
FAX: 09604/408936

LTC1382, LTC1286, PIC16-µController:

Metronik GmbH
Leonhardweg 2
82008 Unterhaching
Tel.: 089/61108-0
FAX: 089/61108-110

AD7249, PIC16-µController:

Semitron W. Röck GmbH
Im Gut 1
79790 Küssaberg
Tel.: 07742/8001-0
FAX: 07742/6901

PIC16-µController:

Avnet E2000 GmbH
Stahlgruberring 12
81829 München
Tel.: 089/45110-01
FAX: 089/45110-210

PIC16-µController:

Sasco Semiconductor
Herrmann-Oberth Str. 16
85640 Putzbrunn
Tel.: 089/4611-0
FAX: 089/4611-270

PIC16-µController und ACS-Bausteine:

Rutronik RSC-Halbleiter GmbH
Industriestraße 2
75228 Ispringen
Tel.: 07231/801-0
FAX: 07231/82282

Sachverzeichnis